U0934661

21世纪高等院校电气信息类系列教材

数字图像处理与识别

孙　正　等编著

机械工业出版社

本书从工程应用的角度出发，介绍了数字图像处理和识别的基础理论和实用技术，以及近年来的最新研究成果。全书分为 10 章，主要内容包括：数字图像处理、分析与识别的基本概念和基础理论；图像增强、复原和变换等预处理技术；图像分割的主要方法和技术；图像特征的概念、提取和分类方法；基于模板匹配的图像识别方法；运动图像序列的分析方法；变形模型技术及其应用以及三个综合应用实例。

本书可作为通信与信息工程、电子科学与技术、计算机科学与技术、控制科学与工程、生物医学工程等相关专业的本科及研究生的教材和参考用书，也可供从事图像处理、分析和识别等相关领域的科技工作者和工程技术人员参考。

图书在版编目（CIP）数据

数字图像处理与识别 / 孙正等编著．—北京：机械工业出版社，2014.10（2025.1 重印）
21 世纪高等院校电气信息类系列教材
ISBN 978-7-111-47968-0

Ⅰ．①数…　Ⅱ．①孙…　Ⅲ．①数字图象处理－高等学校－教材②数字图象－模式识别－高等学校－教材　Ⅳ．①TN911.73

中国版本图书馆 CIP 数据核字（2014）第 212991 号

机械工业出版社（北京市百万庄大街 22 号　邮政编码 100037）
策划编辑：尚　晨　　责任编辑：尚　晨
责任校对：张艳霞　　责任印制：单爱军
北京虎彩文化传播有限公司印刷

2025 年 1 月第 1 版第 6 次印刷
184mm×260mm・19.25 印张・476 千字
标准书号：ISBN 978-7-111-47968-0
定价：59.00 元

电话服务	网络服务
客服电话：010-88361066	机　工　官　网：www.cmpbook.com
010-88379833	机　工　官　博：weibo.com/cmp1952
010-68326294	金　　书　　网：www.golden-book.com
封底无防伪标均为盗版	机工教育服务网：www.cmpedu.com

出 版 说 明

随着科学技术的不断进步，整个国家自动化水平和信息化水平的长足发展，社会对电气信息类人才的需求日益迫切、要求也更加严格。在教育部颁布的“普通高等学校本科专业目录”中，电气信息类（Electrical and Information Science and Technology）包括电气工程及其自动化、自动化、电子信息工程、通信工程、计算机科学与技术、电子科学与技术、生物医学工程等子专业。这些子专业的人才培养对社会需求、经济发展都有着非常重要的意义。

在电气信息类专业及学科迅速发展的同时，也给高等教育工作带来了许多新课题和新任务。在此情况下，只有将新知识、新技术、新领域逐渐融合到教学、实践环节中去，才能培养出优秀的科技人才。为了配合高等院校教学的需要，机械工业出版社组织了这套“21 世纪高等院校电气信息类系列教材”。

本套教材是在对电气信息类专业教育情况和教材情况调研与分析的基础上组织编写的，期间，与高等院校相关课程的主讲教师进行了广泛的交流和探讨，旨在构建体系完善、内容全面新颖、适合教学的专业教材。

本套教材涵盖多层面专业课程，定位准确，注重理论与实践、教学与教辅的结合，在语言描述上力求准确、清晰，适合各高等院校电气信息类专业学生使用。

机械工业出版社

前　　言

随着计算机技术、微电子技术和图像处理技术的飞速发展，数字图像处理、分析与识别技术在包括航空航天、生物医学工程、工业检测、机器人视觉、公安司法、武器制导、文化艺术等许多应用领域受到广泛重视并取得了重大的开拓性成就。

本书主要介绍数字图像处理和识别的基础理论和实用技术，以及近年来的最新研究成果。全书分为10章，每章都结合多个具体的工程实例来叙述其相关的理论和算法。本课程建议授课学时为40学时，建议实验学时为10学时。

第1章介绍数字图像处理、分析和识别的基本概念、理论和研究内容，以及计算机模式识别的概念、研究内容和主要方法。目的是使读者了解图像识别的研究内容和研究现状以及与其他图像处理技术和模式识别技术的联系和区别。

第2章介绍图像预处理的主要技术和方法，包括图像增强、复原和变换等。

第3章介绍图像分割的各种基本技术、评价方法、研究现状和发展趋势等。

第4章介绍图像特征提取和分类的基本理论和相关算法，包括颜色特征、纹理特征、形状特征和空间关系特征的描述和主要提取方法；主成分分析法（PCA）、Fisher线性判别分析法（FLDA）、多维尺度法（MDS）等特征空间的降维方法；Adaboost、支持向量机（SVM）和随机森林分类器等特征向量的分类方法。

第5章介绍基于模板匹配的图像识别方法、研究现状和目前的发展趋势，包括基于图像灰度的模板匹配、基于图像特征的模板匹配、二阶段模板匹配、投影模板匹配、自适应模板匹配和模板匹配快速算法等。

第6章介绍运动图像序列的分析方法，包括运动基础知识、基于光流场的运动分析方法、基于配准的运动图像分析方法。

第7章介绍变形模型技术，包括snake模型及其改进模型、可变形曲面、超二次曲面等，及其在图像分割、运动跟踪和运动图像序列分析中的应用。

第8章介绍一个医学图像的应用实例——血管内超声图像中血管壁边缘的提取、斑块的自动识别、标定和按照成分的分类。

第9章介绍一个交通监控图像的应用实例——车辆图像中车牌字符的自动识别。

第10章介绍一个工业图像的应用实例——航拍绝缘子图像自动分割和定位。

本书各章之间的理论分析和算法介绍具有一定的相关性和独立性。从实际应用的角度来讲，图像处理与识别的各种不同方法之间没有明显的界限，也并不是完全独立的，在解决实际问题时，通常需要各种方法的配合和协调才能达到最佳的应用效果。本书在章节安排上考虑了一般教科书的层次性、连贯性、系统性，各章节既可独立阅读，也可相互贯通地理解和实践。

本书可作为工科院校相关专业的高年级本科生、研究生和工程软件人员的“数字图像处理、分析与识别”课程的参考教材和自学用书，能够帮助读者了解图像识别技术的基本概念、典型方法和发展趋势以及国内外相关领域的研究现状和一些最新研究成果与实用技术。

本书由孙正等编著。其中：第 1、2、3、5、6、7、9 章由孙正编写；第 4 章和第 8 章由周雅编写；第 10 章由赵振兵编写，全书由孙正负责统稿。石振海、姜浩、阮鹏、康元元、杨宇、郭晓帅、田美影、丁伟荣、韩少勤、刘存、刘冰茹、白桦、纪四稳、董艺、高启翔、李梦婵、王立欣和胡宏伟等硕士研究生完成了书中的图表制作、文字录入编排、习题解答及电子课件的制作整理工作。本书的出版得到了国家自然科学基金资助项目（编号：61372042）和中央高校基本科研业务费专项资金（项目号：2014ZD31）的资助，在此一并表示衷心的感谢。

由于编者水平与能力有限，书中难免存在错误和不妥之处，敬请广大读者批评指正。

编　者

目　录

第1章　绪　　论

数字图像处理又称为计算机图像处理，它是指将图像信号转换成数字信号并利用计算机对其进行处理的过程。本章主要介绍数字图像处理的发展概况、研究内容以及与其他相关学科的关系，从而引出数字图像识别的研究内容。

1.1　数字图像处理

1.1.1　图像的概念及分类

图像是对客观对象的一种相似性的、生动的描述或表示[1]。图像的种类很多，属性及分类方法也很多。从不同的视角看图像，其分类方法也不同。

（1）按人眼的视觉特点对图像分类

按人眼的视觉特点，可将图像分为可见图像和不可见图像。其中可见图像又包括生成图像（通常称为图形或图片，如图 1-1 所示）和光图像（如图 1-2 所示）两类。图形侧重于根据给定的物体描述模型、光照及想象中的摄像机的成像几何，生成一幅图或像的过程。光图像侧重于用透镜、光栅和全息技术产生的图像。我们通常所指的图像是后一类图像。不可见的图像包含不可见光（如 X 射线、红外线、紫外线、超声、磁共振等）成像和不可见量成像，如温度、压力及人口密度的分布图等。

图 1-1　生成图像（图形）

（2）按波段分类

按波段可将图像分为单波段、多波段和超波段图像。单波段图像在每个像素点只有一个亮度值；多波段图像上的每一个像素点具有不止一个亮度值，例如红、绿、蓝三波段光谱图像或彩色图像在每个像素具有红、绿、蓝三个亮度值，这三个值表示在不同光波段上的强度，人眼看来就是不同的颜色；超波段图像上每个像素点具有几十或几百个亮度值，如遥感图像等。

（3）按空间坐标和明暗程度的连续性分类

按空间坐标和明暗程度的连续性，可将图像可分为模拟图像和数字图像。模拟图像的空间坐标和明暗程度都是连续变化的，计算机无法直接处理。数字图像是指其空间坐标和灰度均不连续、用离散的数字表示的图像，这样的图像才能被计算机处理。因此，数字图像可以理解为图像的数字表示，是时间和空间的非连续函数（信号），是由一系列离散单元经过量化后形成的灰度值的集合，即像素的集合。

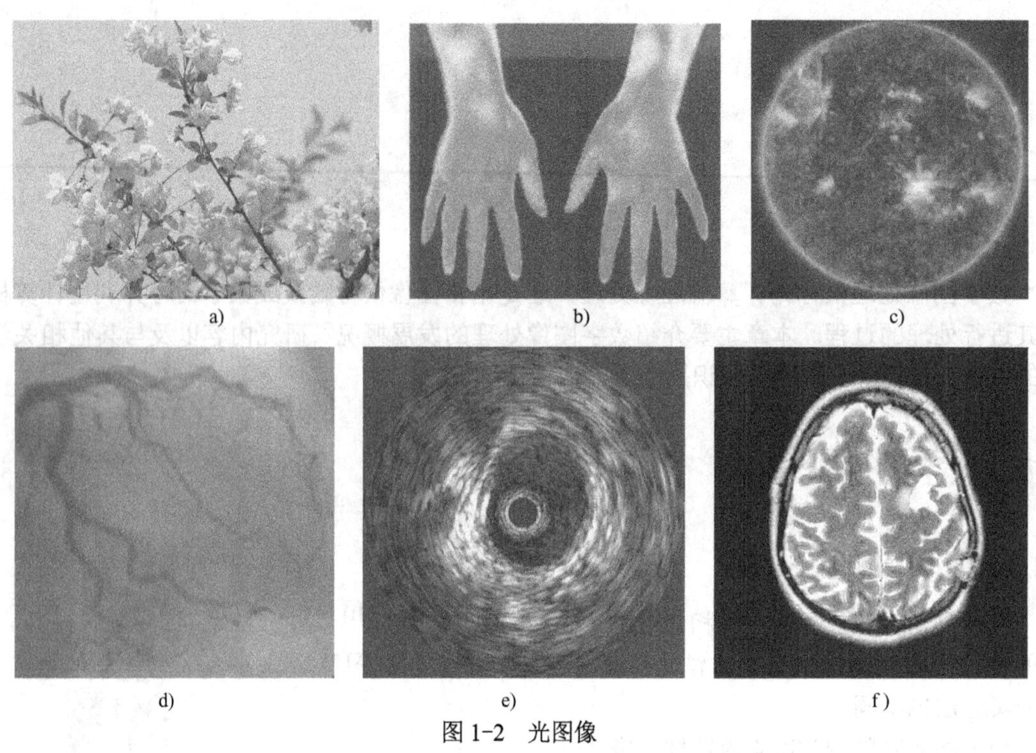

图 1-2　光图像

a) 可见光图像　b) 红外线图像　c) 紫外线图像　d) X 射线血管造影图像　e) 血管内超声图像　f) 人脑磁共振图像

1.1.2　数字图像处理的发展概况

20 世纪 50 年代，人们开始利用电子计算机来处理图形和图像信息。数字图像处理作为一门学科大约形成于 20 世纪 60 年代初期。早期图像处理的目的是提高图像的质量，改善图像的视觉效果，输入的是质量较低的图像，输出的是改善质量后的图像，常用的方法有图像增强、复原、编码、压缩等。首次获得实际成功应用的是 1964 年美国宇航局喷气推进实验室（JPL）对航天探测器“徘徊者 7 号”发回的几千张月球照片使用了图像处理技术，如几何校正、灰度变换、去除噪声等，并考虑了太阳位置和月球环境的影响，由计算机成功地绘制出月球表面地图。随后又对探测飞船发回的近十万张照片进行了更为复杂的图像处理，获得了月球的地形图、彩色图以及全景镶嵌图，为人类登月壮举奠定了坚实的基础，也推动了数字图像处理这门学科的发展。

20 世纪 60 年代到 70 年代，由于离散数学的创立和完善，使数字图像处理技术得到迅猛发展，理论和方法进一步完善，应用范围更加广阔。这一时期，数字图像处理取得的另一个巨大成绩是在医学上获得的成果。1972 年英国 EMI 公司工程师 Housfield 发明了用于头颅诊断的 X 射线计算机断层摄影装置（Computer Tomography，CT），它根据人头部截面的 X 射线投影，经计算机处理来重建截面图像。1975 年 EMI 公司又成功研制出全身用的 CT 装置，获得了人体各个部位鲜明清晰的断层图像，1979 年这项无损伤诊断技术获得了诺贝尔奖。

与此同时，图像处理技术在许多应用领域受到广泛重视并取得了重大的开拓性成就，例如航空航天、生物医学工程、工业检测、机器人视觉、公安司法、武器制导、文化艺术等，使图像处理成为一门引人注目、前景远大的新兴学科。

从 20 世纪 70 年代中期开始，随着计算机技术和人工智能、思维科学研究的迅速发展，数字图像处理向更高、更深层次发展。人们已经开始研究如何用计算机系统解释图像，实现类似人类视觉系统的功能来理解外部世界，这被称为图像理解或计算机视觉。其中代表性的成果是 20 世纪 70 年代末 Marr 提出的视觉计算理论，该理论成为计算机视觉领域其后十多年的主导思想。

图像的计算机处理和理解虽然在理论方法研究上已取得不小的进展，但因人类本身对自己视觉过程的了解还不完全，因此仍然是一个有待进一步探索的新领域。

1.1.3 数字图像处理的研究范畴

图像是人类获取信息、表达信息和传递信息的重要手段。因此，数字图像处理技术已经成为信息科学、计算机科学、工程科学、地球科学等诸多领域的学者研究图像的有效工具。

1. 图像处理

所谓数字图像处理，就是利用计算机对数字图像进行的一系列操作，从而获得某种预期结果的技术。数字图像处理离不开计算机，因此又称为计算机图像处理。

数字图像处理的内容相当丰富，包括狭义的图像处理、图像分析（识别）与图像理解。狭义的图像处理着重强调在图像之间进行的变换，如图 1-3 所示，它是一个从图像到图像的过程，属于底层的操作。它主要在像素级进行处理，处理的数据量非常大。虽然人们常用图像处理泛指各种图像技术，但狭义图像处理主要指对图像进行各种加工，以改善图像的视觉效果，并为自动识别打基础，或对图像进行压缩编码，以减少所需存储空间或传输时间。它以人为最终的信息接收者，主要目的是改善图像的质量。主要研究内容包括图像变换、编码压缩、增强和复原、分割等。

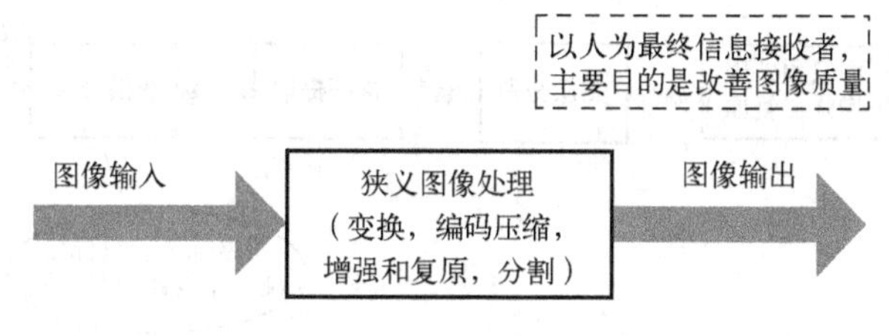

图 1-3　狭义图像处理

（1）图像变换

由于图像阵列很大，直接在空间域中进行处理涉及的计算量很大。因此，往往采用各种图像变换方法，如傅里叶变换、离散余弦变换、哈达玛变换、小波变换等间接处理技术，将空间域的处理转化为变换域的处理，不仅可以减少计算量，而且可获得更有效的处理。

（2）图像的压缩编码

图像压缩编码技术可减少用于描述图像的数据量（即比特数），以便节省图像传输和处理的时间，并减少存储容量。压缩可以在不失真的前提下获得，也可以在允许的失真条件下进行。编码是压缩技术中最重要的方法，它在图像处理技术中是发展最早且比较成熟的技术。

（3）图像的增强和复原

图像增强和复原技术的目的是为了提高图像的质量，如去除噪声，提高清晰度等。其中图像增强不考虑图像降质的原因，目的是突出图像中所感兴趣的部分。如果强化图像的高频分量，可使图像中物体的轮廓清晰，细节明显。强调低频分量则可减少图像中噪声的影响。图像复原要求对图像降质（或退化）的原因有一定的了解，建立降质模型，再采用某种方法，如去除噪声、干扰和模糊等，恢复或重建原来的图像。

（4）图像分割

图像分割是将图像中有意义的特征（包括图像中物体的边缘、区域等）提取出来，是进一步进行图像识别、分析和理解的基础。虽然目前已研究出不少边缘提取、区域分割的方法，但还没有一种普遍适用于各种图像的有效方法。因此，对图像分割的研究还在不断深入之中，是目前图像处理研究的热点之一。

2．图像分析

图像分析是对图像中感兴趣的目标进行检测和测量，从而建立对图像的描述。它以机器为对象，目的是使机器或计算机能自动识别目标。

图像分析是一个从图像到数值或符号的过程，主要研究用自动或半自动装置和系统，从图像中提取有用的测度、数据或信息，生成非图像的描述或者表示。它不仅给景物中的各个区域进行分类，还要对千变万化和难以预测的复杂景物加以描述。因此，常依靠某种知识来说明景物中物体与物体、物体与背景之间的关系。目前，人工智能技术正在被越来越普遍地应用于图像分析系统中，进行各层次控制和有效地访问知识库。

如图 1-4 所示，图像分析的内容包括特征提取、符号描述、目标检测、景物匹配和识别等。它是一个从图像到数据的过程，数据可以是对目标特征测量的结果，或是基于测量的符号表示，它们描述了图像中目标的特点和性质，因此图像分析可以看作是中层处理。

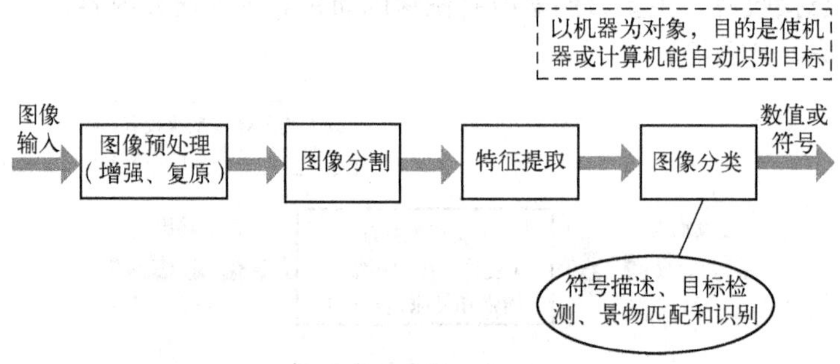

图 1-4　图像分析流程图

3．图像理解

利用计算机系统解释图像，实现类似人类视觉系统的功能来理解外部世界，被称为图像理解或计算机视觉，有时也叫做景物理解。正确地理解要有知识的引导，因此图像理解与人工智能等学科有密切联系。

图像理解是由模式识别发展起来的，输入的是图像，输出的是一种描述，如图 1-5 所示。这种描述不仅仅是单纯的用符号做出详细的描述，而且要利用客观世界的知识使计算机进行联想、思考及推论，从而理解图像所表现的内容。

图像理解的重点是在图像分析的基础上，进一步研究图像中各目标的性质和它们之间的相互联系，并得出对图像内容含义的理解以及对原来客观场景的解释，从而指导和规划行动。如果说图像分析主要是以观察者为中心研究客观世界，那么图像理解在一定程度上则是以客观世界为中心，并借助知识、经验来把握和解释整个客观世界。因此图像理解是高层操作，其处理过程和方法与人类的思维推理有许多类似之处。

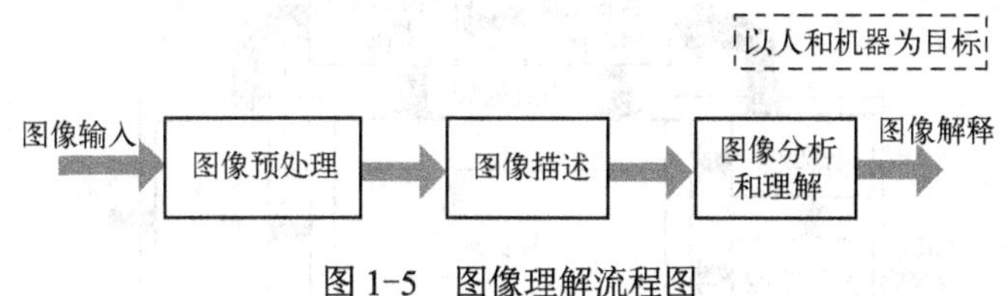

图 1-5　图像理解流程图

1.1.4　数字图像处理的基本特点

数字图像处理具有如下的特点：

1）处理的信息量很大。如一幅 256×256 像素的低分辨率黑白（二值）图像，需要约 64kbit 的数据量；对高分辨率彩色 512×512 像素的图像，则需要 768kbit 数据量；如果要处理 30 帧/秒的电视图像序列，则每秒需要 500kbit～22.5Mbit 数据量。因此对计算机的计算速度、存储容量等要求较高。

2）占用的频带较宽。与语言信息相比，图像占用的频带要大几个数量级。如电视图像的带宽约 5.6MHz，而语音带宽仅为 4kHz 左右。所以在成像、传输、存储、处理、显示等各个环节的实现上，技术难度较大，成本也高，这就对频带压缩技术提出了更高的要求。

3）数字图像中各个像素是不独立的，相关性较大。在图像画面上，常有多个像素有相同或接近的灰度或颜色。就电视画面而言，同一行中相邻两个像素或相邻两行间的像素，其相关系数可达 0.9 以上，而相邻两帧之间的相关性比帧内相关性一般来说还要更大些。因此，图像处理中信息压缩的潜力很大。

4）在理解三维景物时需要知识导引。由于图像是三维景物的二维投影，一幅图像本身不具备复现三维景物的全部几何信息的能力，很显然三维景物背后的部分信息在二维图像画面上是反映不出来的。因此，要分析和理解三维景物必须作适当的假设或附加新的测量，例如双目图像或多视点图像，这也是人工智能中正在致力解决的问题。

5）结果图像一般是由人来观察和评价的。对图像处理结果的评价受人的主观因素影响较大。由于人的视觉系统很复杂，受环境条件、视觉性能、人的情绪爱好以及知识状况影响很大，对图像质量的评价还有待进一步深入研究。另一方面，计算机视觉是模仿人的视觉，因而人的感知机理必然影响着计算机视觉的研究。例如，什么是感知的初始基元、基元是如何组成的、局部与全局感知的关系、优先敏感的结构、属性和时间特征等，这些都是心理学和神经心理学正在着力研究的课题。

1.1.5　数字图像处理与相关学科的关系

综上所述，数字图像处理技术包括三种基本范畴，如图 1-6 所示。低级处理：包括图像获取、预处理，不需要智能分析；中级处理：包括图像分割、表示与描述，需要智能分析；高级处理：包括图像识别、解释，但缺少理论支持，为降低难度，常设计得更专用。

数字图像处理是一门系统研究各种图像理论、技术和应用的新的交叉学科。从研究方法来看，它与数学、物理学、生理学、心理学、计算机科学等许多学科相关；从研究范围来看，它与模式识别、计算机视觉、计算机图形学等多个专业又互相交叉。

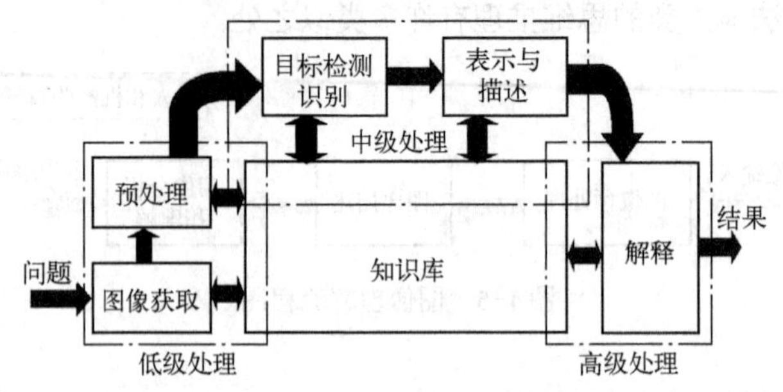

图 1-6　图像处理系统的组成

图 1-7 给出了数字图像处理与相关学科和研究领域的关系，可以看出数字图像处理的三个层次的输入输出内容，以及它们与计算机图形学、模式识别、计算机视觉等相关领域的关系。计算机图形学研究的是在计算机中表示图形、以及利用计算机进行图形的计算、处理和显示的相关原理与算法，是从非图像形式的数据描述生成图像，与图像分析相比，两者的处理对象和输出结果正好相反。另一方面，模式识别与图像分析则比较相似，只是前者把图像分解成符号等抽象地描述方式，二者有相同的输入，而不同的输出结果可以比较方便地进行转换。计算机视觉则主要强调用计算机实现人的视觉功能，这实际上用到了数字图像处理三个层次的许多技术，但目前研究的内容主要与图像理解相结合。

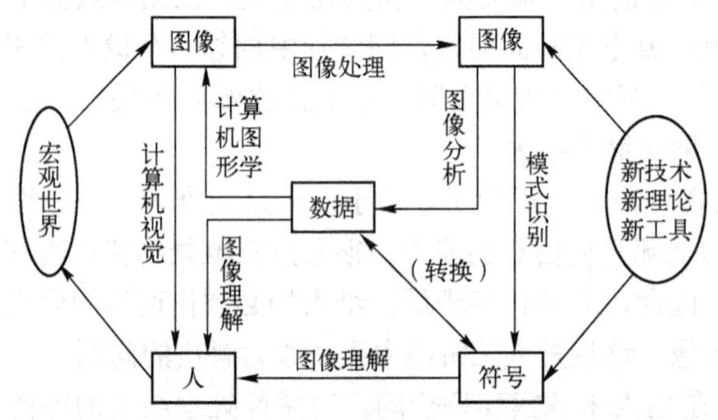

图 1-7　数字图像处理与相关学科和研究领域的关系

以上各学科都得到了包括人工智能、神经网络、遗传算法、模糊逻辑等新理论、新工具和新技术的支持，因此它们在近年得到了长足进展。另外，数字图像处理的研究进展与人工智能、神经网络、遗传算法、模糊逻辑等理论和技术都有密切的联系，它的发展应用与医学、遥感、通信、文档处理和工业自动化等许多领域也是不可分割的。

1.1.6　数字图像处理的应用

图像是人类获取和交换信息的主要来源，因此，图像处理的应用领域必然涉及到人类生活和工作的方方面面。随着人类活动范围的不断扩大，图像处理的应用领域也将随之不断扩大。数字图像处理的主要应用领域包括：

1. 航天和航空技术

数字图像处理技术在航天和航空技术方面的应用，除了上面提到的美国宇航局对月球和火星照片的处理之外，另一方面的应用是在飞机遥感和卫星遥感技术中。此外，在利用陆地卫星所获取的图像进行资源调查（如森林调查、海洋泥沙、渔业和水资源调查等）、灾害检测（如病虫害、水火灾害、环境污染等）、资源勘察（如石油勘查、矿产量探测、大型工程地理位置勘探分析等）、农业规划（如土壤营养、水分和农作物的生长、产量的估算等）、城市规划（如地质结构、水源及环境分析）、气象预报和对太空其他星球的研究等方面，数字图像处理技术也发挥了相当大的作用。

2. 生物医学工程

数字图像处理技术在生物医学工程方面的应用十分广泛，除了上面介绍的 CT 成像技术之外，还有对医学显微图像的处理分析，如红细胞、白细胞分类、染色体分析、癌细胞识别等。此外，在 X 射线图像、超声波图像、心电图分析、立体定向放射治疗、磁共振成像、光学相干断层扫描成像、红外热成像等医学诊断方面都广泛地应用了数字图像处理技术。

3. 通信工程

当前通信技术的主要发展方向是声音、文字、图像和数据结合的多媒体通信，也就是将电话、电视和计算机以三网合一的方式在数字通信网上进行传输。其中以图像通信最为复杂和困难，因为图像的数据量十分巨大，如传送彩色电视信号的速率达 100Mbit/s 以上。要将这样高速率的数据实时传送出去，必须采用编码技术来压缩信息的比特量。因此从一定意义上讲，编码压缩是这些技术成败的关键。

4. 工业和工程

在工业和工程领域中图像处理技术有着广泛的应用，如自动装配线中检测零件的质量并对零件进行分类、印制电路板的瑕疵检查、弹性力学照片的应力分析、流体力学图片的阻力和升力分析、邮政信件的自动分拣、在有毒或放射性环境内识别工件及物体的形状和排列状态、先进设计和制造技术中采用的工业视觉等。

5. 军事和公安

在军事方面，图像处理和识别主要用于导弹的精确制导、各种侦察照片的判读、具有图像传输、存储和显示的军事自动化指挥系统、飞机、坦克和军舰模拟训练系统等；在公共安全方面，刑事图像的判读分析、指纹识别、人脸鉴别、不完整图片的复原，以及交通监控或事故分析等，都需利用图像处理技术。目前已投入运行的高速公路不停车自动收费系统中的车辆和车牌照的自动识别就是图像处理技术成功应用的例子。

6. 文化艺术

目前这类应用包括电视或电影画面的数字编辑和处理、动画的制作、电子游戏的设计、纺织工艺品设计、服装设计与制作、发型设计、文物资料照片的复制和修复、运动员动作分析和评分等。

1.2 模式识别

模式识别是人类的一项基本智能，在日常生活中，人们经常在进行“模式识别”。随着 20 世纪 40 年代计算机的出现以及 50 年代人工智能的兴起，人们当然也希望能用计算机来代替或扩展人类的部分脑力劳动。（计算机）模式识别在 20 世纪 60 年代初迅速发展并成为一门新学科。

1.2.1 模式和模式识别的概念

广义地说，模式就是存在于时间和空间中，可以区别它们是否相同或相似的可观察的事物。狭义地说，模式所指的不是事物本身，是通过对具体的个别事物进行观测所得到的具有时间和空间分布的信息。把模式所属的类别或同一类中模式的总体称为模式类（或简称为类）。“模式识别”则是在某些一定量度或观测基础上把待识别模式划分到各自的模式类中去。

模式可分成抽象的和具体的两种形式。前者如意识、思想、议论等，属于概念识别研究的范畴，是人工智能的另一研究分支。我们所指的模式识别主要是对语音波形、地震波、心电图、脑电图、图片、文字、符号、三维物体和景物以及各种可以用物理、化学、生物传感器对对象进行测量的具体模式进行分类和辨识。

模式识别是指对表征事物或现象的各种形式的（数值的、文字的和逻辑关系的）信息进行处理和分析，以对事物或现象进行描述、辨认、分类和解释的过程，是信息科学和人工智能的重要组成部分。换种方式来说，就是通过对对象进行特征抽取，再按事先由学习样本建立的有代表性的识别字典，把抽取出的特征向量分别与字典中的标准向量进行匹配，根据不同的距离来完成对象的分类。

1.2.2 研究内容

模式识别的研究主要集中在两个方面，即研究生物体（包括人）是如何感知对象的，以及在给定的任务下，如何用计算机实现模式识别的理论和方法。前者是生理学家、心理学家、生物学家、神经生理学家的研究内容，属于认知科学的范畴；后者通过数学家、信息学专家和计算机科学工作者近几十年来的努力，已经取得了系统的研究成果。

1.2.3 系统组成

如图 1-8 所示，一个计算机模式识别系统基本上是由三部分组成的：信息获取、数据预处理、特征提取和分类决策或分类器设计。针对不同的应用目的，这三部分的内容可以有很大的差别。特别是在数据预处理和识别部分，为了提高识别结果的可靠性往往需要加入知识库（规则），以对可能产生的错误进行修正，或通过引入限制条件大大缩小待识别模式在模型库中的搜索空间，以减少匹配计算量。在某些具体应用中，如机器视觉，除了要给出被识别对象外，还要求出该对象所处的位置和姿态以引导机器人的工作。

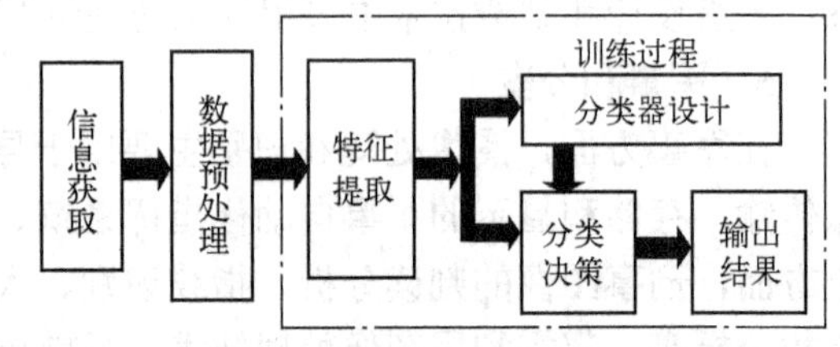

图 1-8 模式识别系统的基本组成

1. 信息获取（数据采集）

任何一种模式识别方法首先都要通过各种传感器把被研究对象的各种物理变量转换为计算机可以接受的数值或符号（串）集合。习惯上，称这种数值或符号（串）所组成的空间为模式空间。通过测量、采样和量化，可以用矩阵或者向量来表示待识别对象的信息，这就是信息获取的过程。

2．数据预处理

预处理的目的就是去除噪声，加强有用的信息，排除不相干的信号，并对输入测量仪器或其他因素所造成的退化现象进行复原。进行与对象的性质和采用的识别方法密切相关的特征的计算（如表征物体的形状、周长、面积等）以及必要的变换（如为得到信号功率谱所进行的快速傅里叶变换）等。

对于数字图像来说，预处理就是应用图像复原、增强和变换等技术对图像进行处理，提高图像的视觉效果，优化各种统计指标，为特征提取提供高质量的图像。

3．特征提取和分类决策

由于待识别对象的数据量可能是相当大的，为了有效地实现分类识别，就要对原始数据进行某种变换，得到最能反映分类本质的特征，形成模式的特征空间。以后的模式分类或模型匹配就在特征空间的基础上进行。

分类决策就是利用特征空间中获得的信息，对计算机进行训练，从而制定判别标准，用某种方法把待识别对象归为某一类别的过程。如通过系统的输出或者对象所属的类型以及模型数据库中与对象最相似的模型编号进行归类。

1.2.4　主要方法

模式识别的方法主要包括统计模式识别、句法结构模式识别、人工神经网络模式识别和模糊模式识别四种方法。

1．统计模式识别

统计模式识别是对模式的统计分类方法，即结合统计概率论的贝叶斯决策系统进行模式识别的技术，又称为决策理论识别方法。这是最经典的分类识别方法，在图像模式识别中有着非常广泛的应用。统计模式识别是受数学中的决策理论的启发而产生的，一般假定被识别的对象或特征向量是符合一定分布规律的随机变量。其基本思想是将特征提取阶段得到的特征向量定义在一个特征空间中，这个空间包含了所有的特征向量，不同的特征向量或者不同类别的对象都对应于空间中的一点。在分类阶段，则利用统计决策的原理对特征空间进行划分，从而达到识别不同特征的对象的目的。主要方法有：判别函数法、K 近邻分类法、非线性映射法、特征分析法以及主成分分析法等。统计模式识别中应用的统计决策分类理论相对比较成熟，研究的重点是特征提取。

2．句法结构模式识别

句法（结构）模式识别着眼于对待识别对象结构特征的描述，利用主模式与子模式分层结构的树状信息完成模式识别工作。将一个识别对象看成是一个语言结构，例如一个句子是由单词和标点符号按照一定的语法规则生成的，同样，一幅图像是由点、线、面等基本元素按照一定的规则构成的。

3．人工神经网络模式识别

人工神经网络的研究起源于对生物神经系统的研究，它将若干个处理单元（即神经元）通过一定的互连模型连接成一个网络，这个网络通过一定的机制（如误差后向传播）可以模仿人的神经系统的动作过程，以达到识别分类的目的。人工神经网络区别于其他识别方法的最大特点是它对识别的对象不要求有太多的分析与了解，具有一定的智能化处理的特点。

4．模糊模式识别

模糊模式识别是对传统模式识别方法即统计方法和句法方法的有用补充，能对模糊事物进行识别和判断，其理论基础是模糊数学。它根据人辨识事物的思维逻辑，吸取人脑的识别特点，将计算机中常用的二值逻辑转向连续逻辑。模糊识别的结果是用被识别对象隶属于某一类别的程度，即隶属度来表示的。可简化识别系统的结构，更广泛、更深入地模拟人脑的思维过程，从而对客观事物进行更为有效地分类与识别。

1.2.5 应用现状

模式识别是人工智能经常遇到的问题之一，其主要的应用领域包括手写字符识别、自然语言理解、语音信号识别、生物测量以及图像识别等。目前，模式识别已经在天气预报、卫星航空图片解释、工业产品检测、字符识别、语音识别、指纹识别、医学图像分析等许多方面得到了成功的应用。所有这些应用都和具体问题的性质密不可分，至今还没有形成统一的、有效的、可用于解决所有模式识别问题的理论和技术。

1.3 图像识别

图像识别研究的目的是赋予机器类似生物的某种信息处理能力，对图像中的物体进行分类，或者找出图像中有哪些物体，有些情况下还要描绘图像中目标的形态等。图像识别属于模式识别的范畴，其主要内容是图像经过某些预处理（如增强、复原、变换或者压缩）后，进行图像分割和特征提取，进而对特征向量进行判断与分类。从图像处理的角度来讲，图像识别又属于图像分析的范畴，它得到的结果是一幅由明确意义的数值或符号构成的图像或图形文件，而不再是一幅具有随机分布性质的图像。

图像识别技术是图像处理中的高难技术，是一门集数学、电子、物理、计算机软硬件及相关应用学科（如航空航天、医学、工业等）等多学科多门类的综合科学技术。因其具有较高的人工智能（专家知识）成分以及计算机特有的优势，可以快速、准确地捕获目标，进行自动分析处理，并得到有用的图像信息，因此实用价值非常高。

1.3.1 系统的基本构成

如图 1-9 所示，一个完整的数字图像识别系统通常包括四个组成部分：①规范：估计信息模型，压制噪声，即图像预处理；②标记和分组：判定每个像素属于哪一个空间对象或把属于同一对象的像素分组，即图像分割；③抽取：为每组像素计算特征，即图像特征提取；④匹配：解释图像对象，即判断匹配。

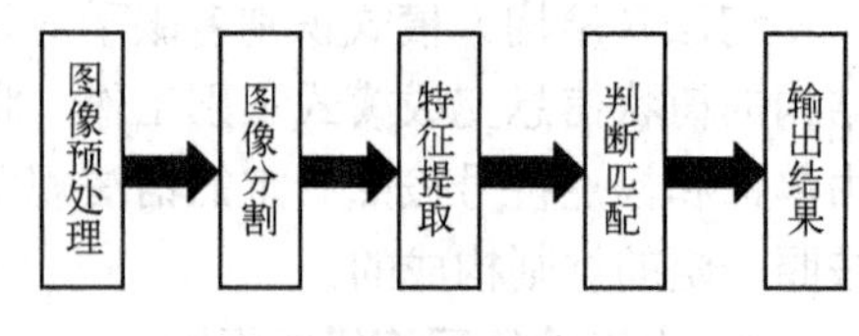

图 1-9 图像识别系统框图

图像分割将图像划分为多个有意义的区域，然后对每个区域的子图像进行特征提取，最后根据提取的图像特征，利用分类器对图像中的目标进行相应的分类。实际上，图像识别和图像分割并不存在严格的界限。从某种意义上讲，图像分割的过程就是图像识别的过程。图像分割着重于对象和背景的关系，研究的是对象在特定背景下所表现出来的整体属性。而图像识别则着重于对象本身的属性。

但是，并非所有的数字图像识别问题都是按照上述步骤进行的，根据具体图像的特征，有时可采用简单的方法实现对目标对象的识别。例如，图 1-10a 所示的图像是著名的华盛顿纪念碑，怎样自动检测出纪念碑在水平方向上的位置呢？仔细观察不难发现，纪念碑区域内像素的灰度值相差不大，而且与背景区域相差很大，因此可通过选取合适的阈值做削波处理，将该图像二值化，这里选 175～220（灰度值），结果如图 1-10b 所示。由于纪念碑所在的那几列中，白色像素比其他列多很多，如果把该图向垂直方向作投影，如图 1-10c 所示，其中黑色线条的高度代表了该列上白色像素的个数。图中间的高峰部分就是我们要找的水平方向上纪念碑所在的位置，这就是投影法。为了得到更好的效果，投影法经常和阈值化一起使用。由于噪声点对投影有一定的影响，所以处理前最好先对原始图像进行平滑，去除噪声。

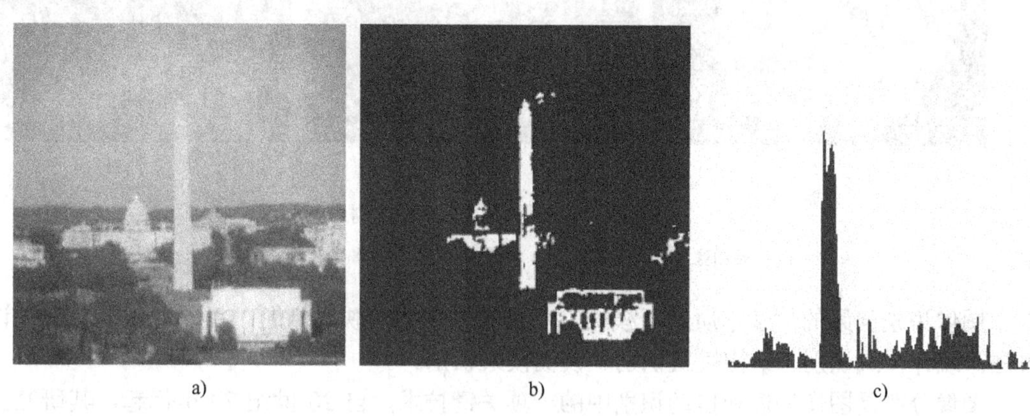

a)　　b)　　c)

图 1-10　投影法图像识别实例

a) 华盛顿纪念碑图像　b) 将图 a)二值化的结果　c) 将图 b)做垂直投影

如果可以得到原始图像中除目标之外的背景图像，那么就可将原始图像和背景图像相减，得到的差作为结果图像，实现对图像中感兴趣目标的识别，即所谓的差影法。差影法就是图像的相减运算，又称为减影技术，是把同一景物在不同时间拍摄的图像或者同一景物在不同波段的图像相减，利用差影图像提供的图像之间的差异信息以达到动态监测、运动目标检测和识别等目的。例如，图 1-11a 是前景图（猫）加背景图（星球），图 1-11b 是背景图，图 1-11b 减去图 1-11a 的结果如图 1-11c 所示，这样就得到了前景。再如，在银行金库的监控系统中，摄像头每隔一小段时间，拍摄一帧图像，与上一帧图像做差影。如果差别超过了预先设置的阈值，说明金库中有人，这时就应拉响警报。此外数字电影特技中的“蓝幕”技术也包含了差影法的原理。

1.3.2　研究现状

图像的识别与分割是图像处理领域中研究最多的课题之一，但由于已经取得的成果远没有待解决的问题多，因而依然是图像处理领域的研究重点和热点。

图像识别的发展经历了三个阶段：文字识别、数字图像处理与识别、物体识别。文字识别的研究是从 1950 年开始的，一般是识别字母、数字和符号，从印刷文字识别到手写文字识别，应用非常广泛，并且已经研制了许多专用设备。数字图像处理和识别的研究开始于

1965 年，数字图像与模拟图像相比具有存储，传输方便可压缩、传输过程中不易失真、处理方便等诸多优势，这些都为图像识别技术的发展提供了强大的动力。物体的识别主要指对三维世界的客体及环境的感知和认识，属于高级的计算机视觉范畴。它以数字图像处理与识别为基础，结合人工智能和系统学等学科的研究方向，其研究成果被广泛应用在各种工业及探测机器人上。现代图像识别技术的主要不足就是自适应性能差，一旦目标图像被较强的噪声污染或是目标图像有较大残缺，往往就不能得出理想结果。

a)

b)

c)

图 1-11　差影法图像识别实例

a) 原始图像（前景+背景）　b) 背景图像　c) 图 a 和图 b 相减的结果

图像识别问题的数学本质属于模式空间到类别空间的映射问题。目前，主要有三种识别方法：统计模式识别、结构模式识别、模糊模式识别。

图像分割是图像处理和自动识别中的一项关键技术，自 20 世纪 70 年代起，其研究已经有几十年的历史，一直都受到人们的高度重视，至今借助于各种理论提出了数以千计的分割算法，而且这方面的研究仍然在积极地进行着。现有的图像分割方法包括阈值分割法、边缘检测法、区域提取法、结合特定理论工具的分割方法等。从图像的类型来分有灰度图像分割、彩色图像分割和纹理图像分割等。在近二十年间，随着基于直方图和小波变换的图像分割方法的研究以及超大规模集成电路（Very Large Scale Integration，VLSI）技术的迅速发展，图像分割的研究取得了很大进展，并结合了一些特定理论、方法和工具，如基于数学形态学的图像分割、基于小波变换的分割、基于遗传算法的分割等。

1.3.3　应用现状

图像识别的应用领域已从传统的遥感图像、医学图像处理、机器人视觉控制，发展到视觉监测、人机交互、基于内容的视频和图像信息检索、虚拟现实等。其中医学图像自动识别具有广泛的发展前景和重大意义，尤其在图像诊断检测过程中已有许多应用了计算机智能图像识别处理系统，如红血球自动分类计数、癌细胞自动识别系统等。

人类的视觉系统是非常发达的，它包含了双眼和大脑，可以从很复杂的景物中分开并识别每个物体。例如，图 1-12 中少了很多线条，人眼很容易看出来是英文单词“THE”，但让计算机来识别就很困难了。图 1-13 中尽管没有任何线条，但人眼还是可以很容易地看出中间存在一个白色矩形，而计算机却很难发现。由于人类在观察图像时使用了大量的知识，所以没有任何一台计算机在分割和检测图像时，能达到人类视觉系统的水平。正因为如此，图像的自动识别实际上是一项非常困难的工作，对于大部分图像应用来说，自动分割、检测与识别技术还不成熟。目前只有少数几个领域（如印刷体识别 OCR、指纹识别、人脸识别等）达到了实用的水平。

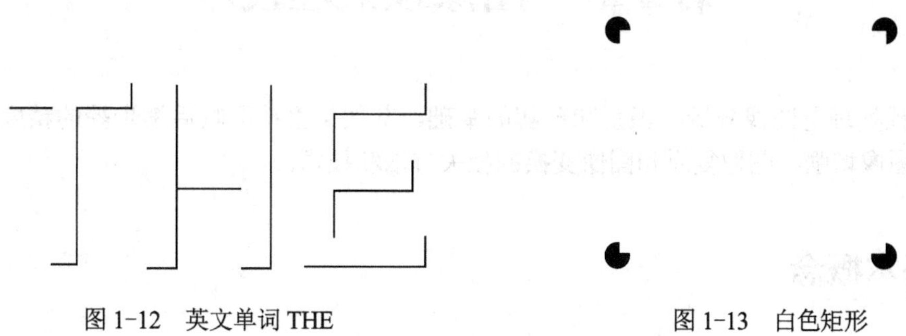

图 1-12　英文单词 THE　　　　图 1-13　白色矩形

1.4　本章小结

本章介绍了数字图像处理、分析和识别的基本概念、理论和研究内容，以及模式识别的概念、研究内容和主要方法。目的是通过介绍广义数字图像处理和计算机模式识别的相关研究内容，帮助读者了解图像识别的研究内容和研究现状，在广义图像处理中所处的位置及其与其他图像处理技术和模式识别技术的联系和区别。

第 2 章　图像预处理技术

图像预处理是图像分析、识别和理解的基础，其效果直接影响后续步骤的精度。本章将分别介绍图像增强、图像复原和图像变换的相关方法和技术。

2.1　基本概念

2.1.1　邻域、邻接、区域和连通的概念

对于任意像素(i, j)，(s,t)是一对适当的整数，则把像素的集合$\{(i+s, j+t)\}$称作像素(i, j)的邻域（Neighborhood），也就是像素(i, j)附近的像素形成的区域。通常邻域是远比图像尺寸小的一个规则形状，例如正方形（2×2、3×3、4×4），或用来近似表示圆及椭圆等形状的多边形。最经常采用的是 4 邻域和 8 邻域，如图 2-1a 所示，与某个像素相邻的上、下、左、右四个像素（a_0、a_1、a_2和a_3）组成其 4 邻域。如图 2-1b 所示，某个像素的 3×3 邻域称为其 8 邻域，包括其自身和与其相邻的八个像素（a_0、a_1、a_2、a_3、a_4、a_5、a_6和a_7）。互为 4 邻域的两个像素叫 4 邻接，互为 8 邻域的两个像素叫 8 邻接，如图 2-2 所示。

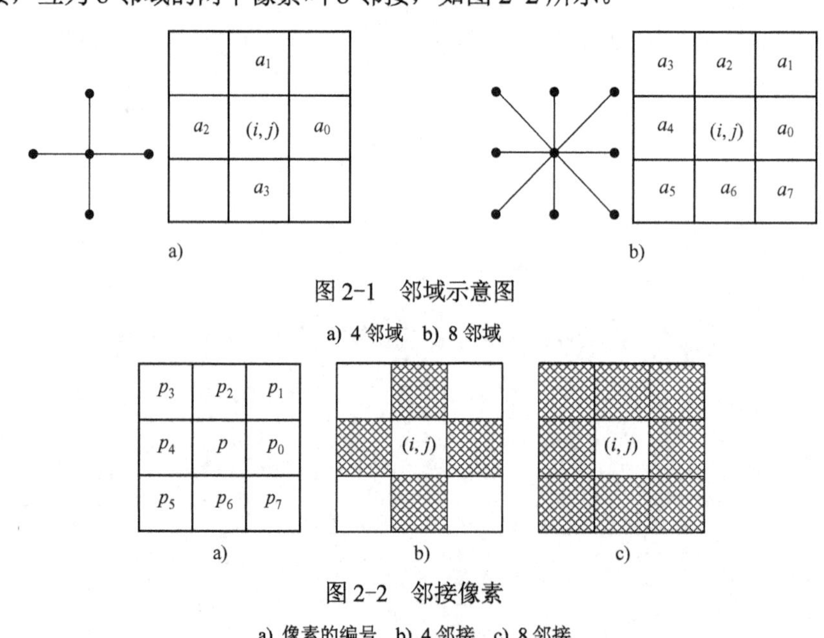

图 2-1　邻域示意图

a) 4 邻域　b) 8 邻域

图 2-2　邻接像素

a) 像素的编号　b) 4 邻接　c) 8 邻接

区域（Region）是图像中相邻的、具有类似性质的点组成的集合。区域是像素的连通（Connectedness）集，在连通集的任意两个像素之间，存在一条完全由这个集合中的元素构成的路径。同一区域中的任意两个像素之间至少存在一条连通路径。连通性有两种度量准则，如果只依据 4 邻域确定连通，就称为 4 连通，物体也被称为是 4 连通的。如果依据 8 邻域确 0

定连通，就称为 8 连通。在同一类问题的处理中，应当采用一致的准则。通常采用 8 连通的结果误差较小，与人的视觉感觉更相近。

2.1.2 邻域（模板）运算

邻域运算（Neighborhood Operation）或模板（Filter mask 或 Template）运算是指输出图像中每个像素的灰度值是由对应的输入像素及其一个邻域内的像素灰度值共同决定的图像运算。信号与系统分析中的相关和卷积运算，在数字图像处理中都表现为邻域运算。邻域运算与点运算是最基本、最重要的图像处理工具。

设图像 $f(x, y)$ 的大小为 $N\times N$（宽度×高度）像素，模板 $T(i,j)$ 的大小为 $m\times m$ 像素（m 为奇数），使模板中心 $T((m-1)/2, (m-1)/2)$ 与当前像素 (x, y) 对应，则相关运算定义为

$$g(x,y)=T\bullet f(x,y)=\sum_{i=0}^{m-1}\sum_{j=0}^{m-1}T(i,j)f\left(x+i-\frac{m-1}{2},y+j-\frac{m-1}{2}\right) \tag{2-1}$$

式中，$g(x,y)$ 是经模板运算后得到的图像。例如当 $m=3$ 时，

$$\begin{aligned}g(x,y)=&T(0,0)f(x-1,y-1)+T(0,1)f(x-1,y)+T(0,2)f(x-1,y+1)\\&+T(1,0)f(x,y-1)+T(1,1)f(x,y)+T(1,2)f(x,y+1)\\&+T(2,0)f(x+1,y)+T(2,1)f(x+1,y)+T(2,2)f(x+1,y+1)\end{aligned} \tag{2-2}$$

卷积运算定义为

$$g(x,y)=T*f(x,y)=\sum_{i=0}^{m-1}\sum_{j=0}^{m-1}T(i,j)f\left(x-i+\frac{m-1}{2},y-j+\frac{m-1}{2}\right) \tag{2-3}$$

当 $m=3$ 时，

$$\begin{aligned}g(x,y)=&T(0,0)f(x+1,y+1)+T(0,1)f(x+1,y)+T(0,2)f(x+1,y-1)\\&+T(1,0)f(x,y+1)+T(1,1)f(x,y)+T(1,2)f(x,y-1)\\&+T(2,0)f(x-1,y+1)+T(2,1)f(x-1,y)+T(2,2)f(x-1,y-1)\end{aligned} \tag{2-4}$$

可见，相关运算是将模板作为权重矩阵对当前像素的灰度值进行加权平均，而卷积与相关不同的只是需要将模板沿次对角线翻转后再加权平均。如果模板是对称的，那么相关与卷积运算结果完全相同。实际上常用的模板如平滑模板、边缘检测模板等都是对称的，因而这种邻域运算实际上就是卷积运算，从信号与系统分析的角度来说就是滤波，平滑处理即为低通滤波，锐化处理即为高通滤波。

例如，3×3 的模板

$$\frac{1}{9}\begin{pmatrix}1&1&1\\1&1\bullet&1\\1&1&1\end{pmatrix} \tag{2-5}$$

式中，中间的黑点表示中心元素，即用哪个元素作为处理后的元素。该模板表示将原图中的每一像素的灰度值和它周围 8 个像素的灰度值相加，然后除以 9，作为新图中对应像素的灰度值。模板

$$\begin{pmatrix} 2\bullet \\ 1 \end{pmatrix} \tag{2-6}$$

表示将当前像素灰度值的 2 倍加上其右边像素的灰度值作为新值，而模板

$$\begin{pmatrix} 2 \\ 1\bullet \end{pmatrix} \tag{2-7}$$

表示将当前像素的灰度值加上其左边像素灰度值的 2 倍作为新值。

如图 2-3 所示，对一幅图像进行模板操作的步骤如下：

1）用模板遍历整幅图像，并将模板中心与当前像素重合。

2）将模板系数与模板下对应像素相乘。

3）将所有乘积相加。

4）将上述求和结果赋予模板中心的对应像素。

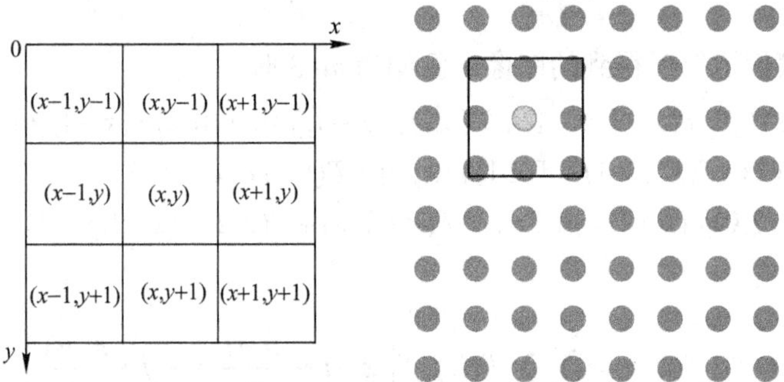

图 2-3　模板操作示意图

通常，模板不允许移出图像边界，所以结果图像会比原图小，例如模板是

$$\begin{pmatrix} 1\bullet & 0 \\ 0 & 1 \end{pmatrix} \tag{2-8}$$

原图是

$$\begin{pmatrix} 1 & 1 & 1 & 1 & 1 \\ 2 & 2 & 2 & 2 & 2 \\ 3 & 3 & 3 & 3 & 3 \\ 4 & 4 & 4 & 4 & 4 \end{pmatrix} \tag{2-9}$$

经过模板操作后的图像为

$$\begin{pmatrix} 3 & 3 & 3 & 3 & x \\ 5 & 5 & 5 & 5 & x \\ 7 & 7 & 7 & 7 & x \\ x & x & x & x & x \end{pmatrix} \tag{2-10}$$

式中，数字代表灰度，x 表示边界上无法进行模板操作的像素，通常的做法是直接复制原图的灰度，不进行任何处理。

可以看出，模板运算是一项非常耗时的运算。以模板

$$\frac{1}{16}\begin{pmatrix} 1 & 2 & 1 \\ 2 & 4\bullet & 2 \\ 1 & 2 & 1 \end{pmatrix} \tag{2-11}$$

为例，每个像素完成一次模板操作要用 9 次乘法、8 次加法和 1 次除法。对于一幅 $N \times N$ 像素的图像，就是 $9N^2$ 次乘法，$8N^2$ 次加法和 N^2 次除法，算法复杂度为 $O(N^2)$，对于较大尺寸的图像来说，运算量是非常可观的。所以，一般常用的模板并不大，如 3×3 或 4×4。另外，可以将二维模板运算转换成一维模板运算，可在很大程度上提高运算速度。例如，式（2-5）可以分解成一个水平模板和一个竖直模板，即

$$\frac{1}{16}\begin{pmatrix} 1 & 2 & 1 \\ 2 & 4\bullet & 2 \\ 1 & 2 & 1 \end{pmatrix} = \frac{1}{4}\begin{pmatrix} 1 & 2\bullet & 1 \end{pmatrix} \frac{1}{4}\begin{pmatrix} 1 \\ 2\bullet \\ 1 \end{pmatrix} = \frac{1}{16}\begin{pmatrix} 1 & 2\bullet & 1 \end{pmatrix}\begin{pmatrix} 1 \\ 2\bullet \\ 1 \end{pmatrix} \tag{2-12}$$

2.2 图像增强

2.2.1 图像增强的概念

图像增强（Image Enhancement）是数字图像处理的基本内容之一，也是完整的图像处理系统中重要的预处理技术。它是指按照特定的需要突出图像中的某些信息，同时削弱或去除某些不需要的信息。其主要目标是：通过对图像的处理，使图像比处理前更适合一个特定的应用。这类处理并不能增加原始图像的信息，而只能增强对某种信息的辨识能力，是为了某种应用目的去改善图像质量，处理的结果更适合于人的视觉特性或机器识别系统。

图像增强可能的处理包括：去除噪声、增强边缘、提高对比度、增加亮度、改善颜色效果和细微层次等。

图像增强的方法可分为空间域和变换域两种。在图像处理中，空间域是指由像素组成的空间。空间域的图像增强算法是直接在空间域中通过线性或非线性变换来对图像像素的灰度进行处理，从根本上说是以图像的灰度映射变换为基础的，所用的映射变换类型取决于增强的目的。变换域增强方法是首先将图像以某种形式转换到其他空间（如频域或者小波域）中，然后利用该空间的特有性质对变换系数进行处理，最后通过相关的变换再转换到原来的图像空间中，从而得到增强后的图像。空间域增强方法因其处理的直接性，相对于频域增强复杂的空间变换，运算量相对要少，因此广泛应用于实际中。本节重点介绍空间域的图像增强算法，图像变换及变换域增强的相关内容将在本章的第 4 节中详细介绍。

空间域增强的方法主要分为点处理和邻域（模板）处理两大类：点处理是作用于单个像素的空间域处理方法，包括图像灰度变换、直方图处理、伪彩色处理等技术；而邻域处理是作用于像素邻域的处理方法，包括空域平滑和空域锐化等技术。

2.2.2 基于点操作的图像增强

基于点操作的图像增强是指在空间域内直接对图像进行点运算，修正像素灰度。本节主

要介绍图像灰度变换和直方图增强。

1. 灰度变换

由于图像的亮度范围不足或非线性会使图像的对比度不理想。灰度变换（Gray-Scale Transformation，GST）是将原图中像素的灰度经过一个变换函数转化成一个新的灰度，以调整图像灰度的动态范围，从而增强图像的对比度，使图像更加清晰，特征更加明显。它不改变图像内的空间关系，除了灰度级的改变是根据某种特定的灰度变换函数进行之外，可以看作是“从像素到像素”的复制操作。灰度变换有时又被称为图像的对比度增强或对比度拉伸。

设原图像为$f(x,y)$，处理后的图像为$g(x,y)$，则灰度变换可表示为

$$g(x,y)=T[f(x,y)] \tag{2-13}$$

式中，$T(\cdot)$是对f的操作，定义在当前像素(x,y)的邻域，它描述了输入灰度值和输出灰度值之间的转换关系。T也能对输入图像集进行操作，例如为了增强整幅图像的亮度而对图像进行逐个像素的操作。

T操作最简单的形式是针对单个像素，也就是在当前像素的 1×1 邻域中，g 仅依赖于 f 在点(x, y)的值，T操作即为灰度级变换函数

$$s=T(r) \tag{2-14}$$

式中，r和s分别是$f(x,y)$和$g(x,y)$在点(x,y)的灰度级。也就是说，将输入图像$f(x,y)$中的灰度r，通过映射函数映射成输出图像 $g(x,y)$中的灰度 s，其运算结果与被处理像素位置及其邻域灰度无关。

根据变换函数的形式，灰度变换分为线性变换和非线性变换，非线性变换包括对数变换和指数（幂次）变换。

（1）线性变换

灰度线性变换表示对输入图像灰度作线性扩张或压缩，映射函数为一个直线方程。假定原图像 $f(x,y)$的灰度级范围为$[a,b]$，希望变换后的图像 $g(x,y)$的灰度级范围线性地扩展至$[c,d]$。对于图像中一点(x,y)的灰度值$f(x,y)$，线性变换表示式为

$$g(x,y)=\frac{d-c}{b-a}[f(x,y)-a]+c \tag{2-15}$$

此关系式可用图 2-4a 表示。若原始图像中大部分像素的灰度级分布在区间$[a, b]$内，只有很小一部分的灰度级超过了此区间，则为了改善增强效果，可以令

$$g(x,y)=\begin{cases} c, & 0\leqslant f(x,y)<a \\ c+\dfrac{d-c}{b-a}[f(x,y)-a], & a\leqslant f(x,y)\leqslant b \\ d, & b<f(x,y)\leqslant F_{\max} \end{cases} \tag{2-16}$$

式中，$F_{\max}$是原始图像$f(x,y)$的最大灰度值。

上式表示采用斜率大于 1 的线性变换来进行扩展，而把其他区间用 a 或 b 来表示，如图 2-4b 所示。

在曝光不足或过度曝光的情况下，图像的灰度级可能会局限在一个很小的范围内，这时

图像可能会表现得模糊不清，或者没有灰度层次。采用线性变换对图像像素的灰度进行线性拉伸，就可以有效地改善图像的视觉效果。例如图 2-5b 就是对图 2-5a 进行线性灰度变换的结果。

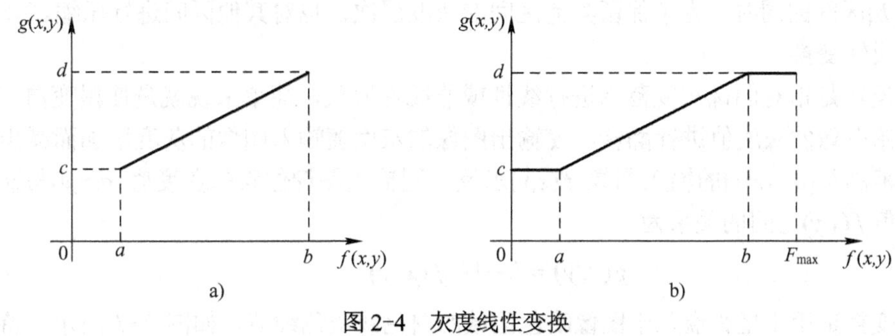

a)　　　　b)

图 2-4　灰度线性变换

a) 在[a、b]区间内　b) 超过[a、b]区间

（2）分段线性变换

分段线性变换即灰度切割，其目的是增强特定范围内的对比度，用来突出图像中特定灰度范围的亮度。它与线性变换相似，都是对输入图像的灰度对比度进行拉伸，只是对不同灰度范围进行不同的映射处理，从而突出感兴趣目标所在的灰度区间，抑制其他的灰度区间。

其基本原理是将原图像的灰度分布区间划分为若干个子区间，对每个子区间采取不同的线性变换。选择不同的参数可以实现不同灰度区间的灰度扩张和压缩，所以分段线性变换的使用是非常灵活的。通过增加灰度区间分割的段数，以及调节各个区间的分割点和变换直线的斜率，就可以对任何一个灰度区间进行扩展和压缩。

常用的是三段线性变换法，如图 2-6 所示，其数学表达式为：

$$g(x,y)=\begin{cases}\dfrac{c}{a}f(x,y), & 0\leqslant f(x,y)<a\\ c+\dfrac{d-c}{b-a}[f(x,y)-a], & a\leqslant f(x,y)\leqslant b\\ d+\dfrac{G_{\max}-d}{F_{\max}-b}[f(x,y)-b], & b<f(x,y)\leqslant F_{\max}\end{cases}\tag{2-17}$$

a)

b)

图 2-5　灰度线性变换示例

a) 原始图像　b) 变换后的图像

$g(x,y)$, $G_{\max}$, d, c, 0, a, b, $F_{\max}$, $f(x,y)$

图 2-6　灰度分段线性变换

式中，$F_{\max}$和$G_{\max}$分别是原始图像$f(x,y)$和变换后图像$g(x,y)$的最大灰度值。

显然对灰度区间$[a, b]$进行了线性变换，而灰度区间$[0, a]$和$[b, F_{\max}]$受到了压缩。通过调整折线拐点的位置及控制分段直线的斜率，可对任一灰度区间进行扩展或压缩。即在扩展感兴趣的$[a, b]$区间的同时，为了保留其他区间的灰度层次，也对其他区间进行压缩。

（3）反转变换

灰度反转是指对图像灰度范围进行线性或非线性取反，简单来说就是使黑变白，使白变黑，将原始图像的灰度值进行翻转，使输出图像的灰度随输入图像的灰度增加而减少。假设对灰度级范围是$[0, L-1]$的输入图像$f(x,y)$求反，则输出图像像素的灰度值$g(x,y)$与输入图像像素灰度值$f(x,y)$之间的关系为

$$g(x,y)=L-1-f(x,y) \tag{2-18}$$

反转变换适用于增强嵌入于图像暗色区域的白色或灰色细节，如图 2-7 所示，特别是当黑色面积占主导地位时。

a)

b)

图 2-7　反转变换示例

a) 原始图像　b) 变换后的图像

（4）对数变换（动态范围压缩）

在某些情况下，例如在显示图像的傅里叶谱时，其动态范围远远超过显示设备的上限，在这种情况下，所显示的图像相对于原图像就存在失真。要消除这种因动态范围太大而引起的失真，一种有效的方法是对原图像的动态范围进行压缩，最常用的方法是对数变换。

对数变换是指输出图像像素的灰度值$g(x,y)$与对应的输入图像像素的灰度值$f(x,y)$之间为对数关系

$$g(x,y)=c\ln(1+f(x,y)) \tag{2-19}$$

式中 c 为尺度比例常数，其取值可以结合原图像的动态范围以及显示设备的显示能力而定。为了增加变换的动态范围，在式（2-19）中可以加入一些调制参数，即

$$g(x,y)=a+\frac{\ln(1+f(x,y))}{b\ln c} \tag{2-20}$$

式中，a、b 和 c 都是为便于调整曲线的位置和形状而引入的参数，a 为 y 轴上的截距，用以确定变换曲线的初始位置的变换关系，b 和 c 两个参数确定变换曲线的变化速率。

图像灰度的对数变换可在很大程度上压缩图像灰度值的动态范围，扩张数值较小的灰度范围，压缩数值较大的图像灰度范围，使一窄带低灰度输入图像值映射为一宽带输入值，较适用于过暗的图像，用来扩展被压缩的高值图像中的暗像素，从而使图像的灰度分布均匀，

与人的视觉特性相匹配。

（5）指数（幂次）变换

指数变换函数为

$$g(x,y)=c[f(x,y)]^{\gamma} \tag{2-21}$$

式中，c 是可以调整的参数。幂次变换是通过指数函数中的 γ 值把输入的窄带值映射到宽带输出值。当 $\gamma<1$ 时，把输入的窄带暗值映射到宽带输出亮值；当 $\gamma>1$ 时，把输入高值映射为宽带输出值。

2．直方图增强

（1）灰度直方图的原理

对应于每一个灰度值，统计出具有该灰度值的像素数，并据此绘出像素数-灰度值图形，则该图形称为该图像的灰度直方图，简称直方图。其横坐标是灰度值，纵坐标是具有某个灰度值的像素数，有时也用某一灰度值的像素数占全图总像素数的百分比（即某一灰度值出现的频数）作为纵坐标。图像的灰度直方图事实上就是图像亮度分布的概率密度函数，用来反映数字图像中的每一个灰度级与其出现频率之间的关系，是一幅图像所有像素集合的最基本的统计规律。

灰度级范围为$[0, L-1]$的数字图像的直方图是离散函数

$$h(r_k)=n_k \tag{2-22}$$

式中，r_k 是第 k 级灰度；n_k 是图像中灰度级为 r_k 的像素个数。常以图像中像素的总数（用 n 表示）来除它的每一个值得到归一化的直方图

$$P(r_k)=n_k/n \tag{2-23}$$

式中，$k=0,1,\ldots,L-1$。$P(r_k)$是灰度值 r_k 发生的概率值，即 r_k 出现的频数，因此归一化直方图的所有值之和应等于 1。

灰度直方图具有如下性质：

1）直方图是一幅图像中各像素灰度出现频率数的统计结果，它只反映图像中不同灰度值出现的次数，不反映某一灰度所在的位置。也就是说，它只包含该图像的某一灰度像素出现的概率，而忽略其所在的位置信息。

2）任意一幅图像都有唯一确定的直方图与之对应。但不同的图像可能有相同的直方图，即图像与直方图之间是多对一的映射关系。

3）由于直方图是对具有相同灰度值的像素统计得到的，因此一幅图像各子区的直方图之和等于该图像全图的直方图。

直方图是多种空间域图像处理技术的基础，直方图操作能有效地用于图像增强。除了提供有用的图像统计资料外，直方图固有的信息在其他图像处理的应用中也是非常有用的，如图像压缩与分割。

（2）直方图均衡化

直方图均衡化是一种最常用的直方图修正方法，如图 2-8b 所示。在图像处理前期经常要采用此方法来修正图像。它是指运用灰度点运算来实现原始图像直方图的变换，得到一幅灰度直方图为均匀分布的新图像，使得图像的灰度分布趋向均匀，图像所占有的像素灰度间

距拉开，加大图像的反差，改善视觉效果，达到图像增强的目的。

设原始图像 $f(x,y)$ 的灰度级范围为[0, $L-1$]，其像素灰度值用 r 表示，假设 r 被归一化到区间[0,1]中。做如下变换：$s=T(r)$，则原始图像的每一个 r 产生一个灰度值 s。可以假设变换函数 $T(r)$ 满足如下条件：a）$T(r)$ 在区间 $0 \leqslant r \leqslant 1$ 中为单值且单调递减；b）当 $0 \leqslant r \leqslant 1$ 时，$0 \leqslant T(r) \leqslant 1$。条件 a）要求 $T(r)$ 为单值是为了保证存在反变换，单调是为了保持输出图像的灰度值从黑到白顺序增加。条件 b）保证输出灰度级与输入灰度级有同样的范围。由 s 到 r 的反变换可以表示为 $r=T^{-1}(s)$，其中 $0 \leqslant s \leqslant 1$。

一幅图像的灰度级可被视为区间[0,1]的随机变量。令 $P_r(r)$ 和 $P_s(s)$ 分别表示随机变量 r 和 s 的概率密度函数。由基本概率理论可知：如果 $P_r(r)$ 和 $T(r)$ 已知，且满足条件 a），那么变换变量 s 的概率密度函数 $P_s(s)$ 可由下式得到：

$$P_s(s) = p_r(r)\left|\frac{\mathrm{d}r}{\mathrm{d}s}\right| \tag{2-24}$$

因此，变换变量 s 的概率密度函数由输入图像灰度级的概率密度函数和所选择的变换函数决定。

直方图均衡化的变换函数可表示为

$$s = T(r) = \int_0^r p_r(r)\mathrm{d}r \tag{2-25}$$

式（2-25）的右部为随机变量 r 的累积分布函数，显然该变换函数是单值且单调增加，即满足条件 a）。类似地，区间[0,1]上变量的概率密度函数的积分也在区间[0,1]中，因此也满足条件 b）。式（2-25）的离散化形式为

$$s_k = T(r_k) = \sum_{j=0}^{k} p_r(r_j) = \sum_{j=0}^{k} \frac{n_j}{n} \tag{2-26}$$

采用直方图均衡化方法进行图像增强的步骤如下：

1）按照式（2-23）统计原始图像的直方图。

2）按照式（2-26）计算直方图累积分布曲线。

3）用步骤 2）得到的累积分布函数作变换函数进行图像灰度变换：根据计算得到的累积分布函数，建立输入图像与输出图像灰度级之间的对应关系，即通过与归一化灰度等级 r_k 比较，重新定位累计分布函数 s_k，寻找最接近的一个作为原灰度级 k 变换后的新灰度级。

（3）直方图规定化

直方图均衡化的优点是能自动增强整幅图像的对比度，得到全局均衡化的直方图。但是在某些应用中，并不一定需要增强后的图像具有均匀的直方图，而是需要具有特定形状的直方图，以便能够增强图像中的某些灰度级，突出感兴趣的灰度范围。直方图规定化（或规格化）方法就是针对这种需求提出来的，是一种使原始图像灰度直方图变成规定形状的直方图而对图像进行修正的增强方法，如图 2-8c 所示。如使被处理图像与某一标准图像具有相同的直方图，或者使图像的直方图具有某一特定的函数形式等。

直方图规定化是在运用均衡化原理的基础上，通过建立原始图像和期望图像之间的关系，选择性地控制直方图，将原始图像的直方图转化为指定的直方图，从而弥补直方图均衡化不具备交互作用的缺点，可用来校正因拍摄亮度或者传感器的变化而导致的图像差异。

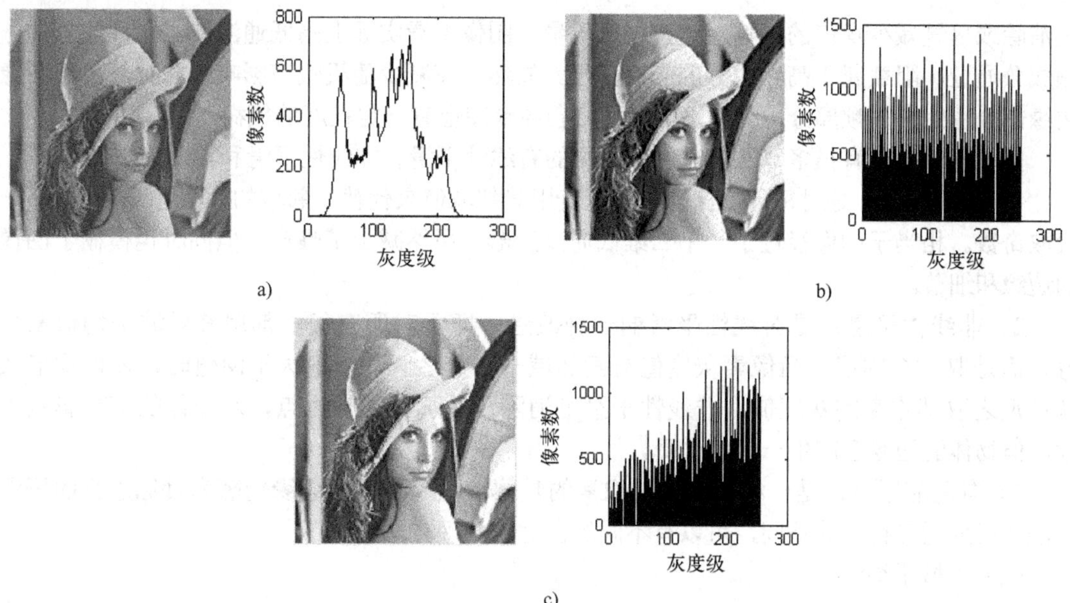

图 2-8　灰度直方图均衡化和规定化示例

a) 原始图像及其直方图　b) 直方图均衡化后的图像及其直方图　c) 直方图规定化后的图像及其直方图

直方图规定化的主要步骤如下：

令 $p_r(r)$和 $p_z(z)$分别为原始图像和期望图像的灰度概率密度函数。首先对原始图像和期望图像均作直方图均衡化处理，即

$$s_k = T(r_k) = \sum_{j=0}^{k} p_r(r_j) = \sum_{j=0}^{k} \frac{n_j}{n}，k=0,1,\ldots,L-1 \tag{2-27}$$

$$v_k = G(z_k) = \sum_{i=0}^{k} p_z(z_i)，k=0,1,\ldots,L-1 \tag{2-28}$$

由于都是进行均衡化处理，因此处理后的原图像概率密度函数及理想图像概率密度函数是相等的，即 $p_r(r)$和 $p_z(z)$具有同样的均匀密度，即 $v_k=s_k$。针对式（2-28）的逆变换函数，将 s_k 代入，其结果就是要求的灰度级

$$Z_k = G^{-1}(v_k) = G^{-1}(s_k) \tag{2-29}$$

此外，利用式（2-27）还可得到组合变换函数

$$Z_k = G^{-1}[T(r_k)] \tag{2-30}$$

直方图均衡化采用的变换函数是累积分布函数，其实现方法简单，效率也较高，但只能产生近似均匀分布的直方图，其弊端也是显而易见的。直方图规定化方法可以得到具有特定需要的直方图的图像，克服了变换函数单一的缺点。

2.2.3　基于邻域操作的图像增强

1．图像平滑

（1）图像平滑的原理

图像在获取和传输的过程中会受到各种噪声的干扰，使图像质量下降。图像平滑的目的是消除或尽量减少噪声的影响，改善图像质量。图像平滑实际上是低通滤波，允许信号的低频成分通过，阻截属于高频成分的噪声信号。显然，在减少随机噪声影响的同时，由于图像边缘部分也处在高频部分，因此平滑过程将会导致图像有一定程度的模糊。

空域平滑处理有很多算法，其中最常见的有线性平滑、非线性平滑和自适应平滑等。

1）线性平滑：是对每一个像素的灰度值用其邻域值来代替，邻域的大小为 $m\times m$，m 一般取奇数。相当于图像经过了一个二维低通滤波器，虽然减少了噪声，但同时也模糊了图像的边缘和细节。

2）非线性平滑：是对线性平滑的一种改进，即不对所有像素都用其邻域平均值来代替，而是取一个阈值，当像素灰度值与其邻域平均值之间的差值大于阈值时，才以均值代替；反之取其本身的灰度值。非线性平滑可消除一些孤立的噪声点，对图像的细节影响不大，但物体的边缘会产生一定的失真。

3）自适应平滑：是一种根据当前像素的具体情况以不模糊边缘轮廓为目标进行的平滑方法。根据适应目标的不同，可以有不同的自适应处理方法。

（2）邻域平均法

邻域平均法是一种局部的空域处理算法，在假定加性噪声是随机独立分布（均值为零）、且与图像信号互不相关的条件下，利用邻域平均或加权平均可以有效地抑制噪声干扰。邻域平均法实际上就是进行空间域的滤波，所以这种方法也称为均值滤波。

设一幅图像 $f(x,y)$为 $N\times N$ 的阵列，平滑后的图像 $g(x,y)$中某个像素的灰度值由以其为中心的邻域内像素的灰度值的平均值所决定，即

$$g(x,y)=\frac{1}{M}\sum_{i,j\in s}f(i,j)\quad x,y=1,\ 2,\dots,N-1 \tag{2-31}$$

式中，S 是以像素(x, y)为中心的邻域内像素坐标的集合；M 是 S 内坐标点的总数。

如果取 3×3 的正方形邻域（即 8 邻域），那么这种平滑操作的模板表示式就如式（2-5）所示，称之为 Box 模板。

Box 模板虽然考虑了邻域点的作用，但并没有考虑各点位置的影响，对于所有的 9 个点都一视同仁，所以平滑的效果并不理想。实际上，离某点越近的点对该点的影响应该越大。为此，可引入加权系数，即加权平均

$$g(x,y)=\frac{1}{M}\sum_{i,j\in s}w(i,j)f(i,j) \tag{2-32}$$

式中，$w(i, j)$为权值，且 $\sum\limits_{i,j\in s}w(i,j)=1$。显然邻域平均法是邻域加权平均的特例。高斯函数（即正态分布函数）常用作加权函数，二维高斯函数如下：

$$G(x,y)=A\mathrm{e}^{-\frac{x^2+y^2}{2\sigma^2}}=A\mathrm{e}^{-\frac{r^2}{2\sigma^2}} \tag{2-33}$$

式中，σ 是高斯函数的尺度参数。当$r=\pm\sigma$ 时，$G(r)=A\mathrm{e}^{-1/2}=0.6A$；$r>3\sigma$ 时，$G<0.01A$。在实际应用中，一般取高斯模板的大小为$m=2\times 2\sigma^2+1$。如当 σ^2=1/2 时，即得到式（2-11）所示的模板，称为高斯（Gauss）模板。可以看出，距离越近的点，加权系数越大。

图 2-9 是对加入随机噪声的雷娜（Lena）图像进行不同尺度的高斯滤波的结果。可见虽

然均值滤波器对噪声有抑制作用，但同时会使图像变得模糊，而且尺度参数 T 越大，图像越模糊，即使是加权均值滤波，改善的效果也是有限的。

a) b) c)

图 2-9 高斯滤波示例

a) 加入随机噪声的原始雷娜（Lena）图像 b) 进行 σ=1 的高斯滤波结果 c) 进行 σ=2 的高斯滤波结果

（3）空间域低通滤波法

图像中目标的边缘以及噪声干扰都属于高频成分，因此可以用低通滤波的方法去除或减少噪声。而频率域滤波可以用空间域的卷积来实现，为此只要恰当地设计空间域低通滤波器的单位冲激响应矩阵，就可以达到滤波的效果。

中值滤波（Median Filter）就是一种典型的空间域低通滤波器，也是一种非线性平滑方法，它可在保护图像边缘的同时抑制随机噪声。其基本思想是：因为噪声（如椒盐噪声）的出现，使该像素比周围的像素亮（暗）许多，如果把某个以当前像素(x, y)为中心的模板内所有像素的灰度值按照由小到大的顺序排列，则最亮或者最暗的点一定被排在两侧，那么取模板中排在中间位置上的像素的灰度值作为处理后的图像中像素(x, y)的灰度值，就可以达到滤除噪声的目的。若模板中有偶数个像素，则取两个中间值的平均。

中值滤波的效果依赖于两个要素：邻域的空间范围和中值计算中涉及的像素数。当空间范围较大时，一般只取若干稀疏分布的像素作中值计算。

（4）多图像平均法

多幅图像平均法是利用对同一景物的多幅图像相加取平均来消除噪声等高频成分

$$\overline{g}(x,y)=\frac{1}{M}\sum_{i=1}^{M}[f_i(x,y)+n_i(x,y)]=f(x,y)+\frac{1}{M}\sum_{i=1}^{M}n_i(x,y) \tag{2-34}$$

式中，$n_i(x,y)$是第 i 帧图像的噪声信号。显然经过如此操作后，信噪功率比增加 M 倍，噪声方差减小 M 倍。

该方法常用于视频图像的平滑，以减少摄像机光电摄像管或 CCD 器件所引起的噪声。这种方法在实际应用中的难点在于如何将多幅图像配准，以便使相应的像素能正确地对应排列。

（5）边界保持类平滑滤波器

如前所述，经过平滑滤波处理之后，图像就会变得模糊。这是由于在图像上的景物之所以可以辨认清楚是因为目标物之间存在边界，而边界点与噪声点有一个共同的特点是，都具有灰度的跃变特性，也就是都属于高频分量，所以平滑滤波会同时将边界也过滤掉。为了解决这个问题，可在进行平滑处理时，首先判别当前像素是否为边界上的点，如果是，则不进行平滑处理；否则进行平滑处理。

例如，K 近邻（K-Nearest Neighbors，KNN）平滑，也称为灰度最相近的 K 个邻点平均法，其核心是确定边界点与非边界点。如图 2-10 所示，点 1 是深灰色区域内部的非边界点，点 2 是浅灰色区域的边界点。以点 1 为中心的 3×3 模板中的像素全部是同一区域的；以点 2 为中心的 3×3 模板中的像素则包括了两个区域。在模板中，分别选出 5 个与点 1 或点 2 灰度值最相近的点进行计算，则不会出现两个区域信息的混叠平均，这样就达到了边界保持的目的。

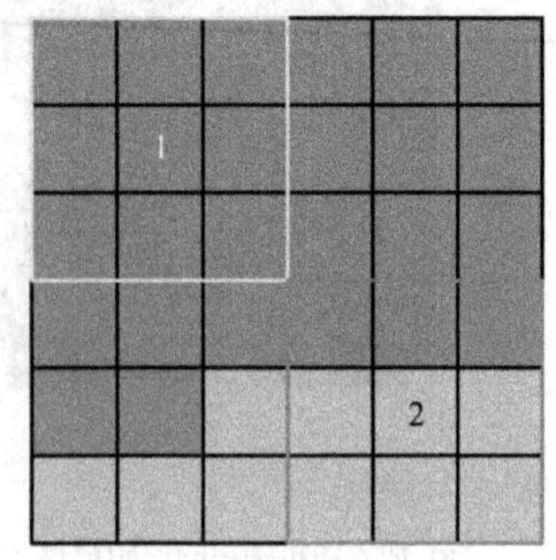

图 2-10　包含和不包含边界点的邻域

KNN 平滑算法的具体实现步骤：

1）以待处理像素为中心取 3×3 的模板。

2）在模板中，选择 K 个与待处理像素的灰度差为最小的像素。

3）将这 K 个像素的灰度均值替换待处理像素的灰度值。

2. 图像锐化

锐化和平滑相反，是通过增强高频分量来减少图像中的模糊，因此又称为高通滤波。图像平滑通过积分过程使得图像边缘模糊，而图像锐化则通过微分而使图像边缘突出、清晰。常用的锐化模板是拉普拉斯（Laplacian）模板

$$\begin{pmatrix} -1 & -1 & -1 \\ -1 & 9\bullet & -1 \\ -1 & -1 & -1 \end{pmatrix} \tag{2-35}$$

它是先将当前像素的灰度值与其周围 8 个像素的灰度值相减，表示自身与周围像素的差别，再将这个差别加上自身作为新像素的灰度值。可见，如果一片暗区出现了一个亮点，那么锐化处理的结果是这个亮点变得更亮，因而锐化处理在增强图像边缘的同时也增强了图像的噪声。因为图像中的边缘就是那些灰度发生跳变的区域，即高频成分，所以锐化模板在边缘检测中很有用，这一点将在第 3 章详细介绍。

2.3　图像复原

数字图像复原技术（Image Restoration），以下简称复原技术，是图像处理中的一种重要技术，对于改善图像质量具有重要的意义。解决该问题的关键是对图像的退化过程建立相应的数学模型，然后通过求解该逆问题获得图像的复原模型并对原始图像进行合理估计。本节主要介绍图像退化的原因、图像复原技术的分类和目前常用的几种图像复原方法，包括维纳滤波、正则滤波、LR 算法和盲区卷积等。

2.3.1　图像的退化和复原概述

在图像的获取、传输以及保存过程中，由于各种因素，如大气的湍流效应、摄像设备中光学系统的衍射、传感器特性的非线性、光学系统的像差、光学成像衍射、成像系统的非线

性畸变、成像设备与物体之间的相对运动、不当的焦距、环境随机噪声、感光胶卷的非线性及胶片颗粒噪声、电视摄像扫描的非线性所引起的几何失真以及照片的扫描等，都难免会造成图像的畸变和失真。通常将由于这些因素引起的质量下降称为图像退化。一些退化因素只影响一幅图像中某些点的灰度，称为点退化；另外一些退化因素则可以使一幅图像中的一个空间区域变得模糊，称为空间退化。

图像退化的典型表现是图像出现模糊、失真以及出现附加噪声等。由于图像的退化，在图像接收端显示的图像已不再是传输的原始图像，图像的视觉效果明显变差。为此，必须对退化的图像进行处理，才能恢复出真实的原始图像，这一过程就称为图像复原。图像复原是利用图像退化现象的某种先验知识，建立退化现象的数学模型，再根据模型进行反向的推演运算，以恢复原来的景物图像。因而图像复原可以理解为图像降质过程的反向过程。

图像复原与图像增强等其他基本图像处理技术类似，也是以获取视觉质量某种程度的改善为目的。所不同的是图像复原过程是试图利用退化过程的先验知识使已退化的图像恢复本来面目，实际上是一个估计过程。即根据退化的原因，分析引起退化的因素，建立相应的数学模型，并沿着使图像降质的逆过程恢复图像。从图像质量评价的角度来看，图像复原就是提高图像的可理解性。简言之，图像复原的处理过程就是对退化图像品质的提升，从而达到在视觉效果上的改善。所以，图像复原本身往往需要有一个质量标准，即衡量接近全真景物图像的程度，或者说对原图像的估计是否达到最佳的程度。而图像增强基本上是一个探索的过程，它利用人的心理状态和视觉系统去控制图像质量，直到人们的视觉系统满意为止。

由于引起图像退化的因素很多，且性质各不相同，因此目前没有统一的复原方法。早期的图像复原是利用光学的方法对失真的观测图像进行校正，而数字图像复原技术最早则是从对天文观测图像的后期处理中逐步发展起来的。其中一个成功例子是美国 NASA 的喷气推进实验室在 1964 年用计算机处理有关月球的照片，照片是在空间飞行器上用电视摄像机拍摄的，图像的复原包括消除干扰和噪声、校正几何失真和对比度损失以及反卷积等。另一个典型例子是对美国肯尼迪总统遇刺事件现场照片的处理。由于事发突然，照片是在相机移动过程中拍摄的，图像复原的主要目的就是消除移动造成的失真。

早期的复原方法有：非邻域滤波法、最近邻域滤波法、维纳滤波和最小二乘滤波等。随着数字信号处理和图像处理的发展，新的复原算法不断出现，在应用中可以根据具体情况加以选择。

2.3.2 图像退化的数学模型

图像复原要求对图像降质的原因有一定的了解，一般应根据降质过程建立降质模型，再采用某种滤波方法，恢复或重建原来的图像。决定图像复原方法有效性的关键之一是描述图像退化过程模型的精确性。要建立图像的退化模型，首先必须了解和分析图像退化的机理并用数学模型表现出来。在实际的图像处理过程中，图像均用数字离散函数表示，所以必须将退化模型离散化。

输入图像 $f(x,y)$经过某个退化系统后输出的是一幅退化的图像。为了讨论方便，一般把噪声引起的退化即噪声对图像的影响，作为加性噪声考虑，这也与许多实际应用情况一致，如图像数字化时的量化噪声、随机噪声等就可以作为加性噪声，即使不是加性噪声而是乘性噪声，也可以用对数方式将其转化为相加形式。如图 2-11 所示，原始图像 $f(x,y)$经过一个退

化算子或退化系统 $h(x,y)$的作用，再和噪声 $n(x,y)$进行叠加，形成退化后的图像 $g(x,y)$：

$$g(x,y)=h[f(x,y)]+n(x,y) \tag{2-36}$$

式中，$h(\cdot)$概括了退化系统的物理过程，就是要寻找的退化数学模型；$n(x,y)$是一种具有统计性质的信息，在实际应用中往往假设噪声是白噪声，即它的平均功率谱密度为常数，并且与图像不相关。数字图像的图像恢复问题，可看作是根据退化图像 $g(x,y)$和退化算子 $h(x,y)$的形式，沿着反向过程去求解原始图像 $f(x,y)$，或者说是逆向地寻找原始图像的最佳近似估计。

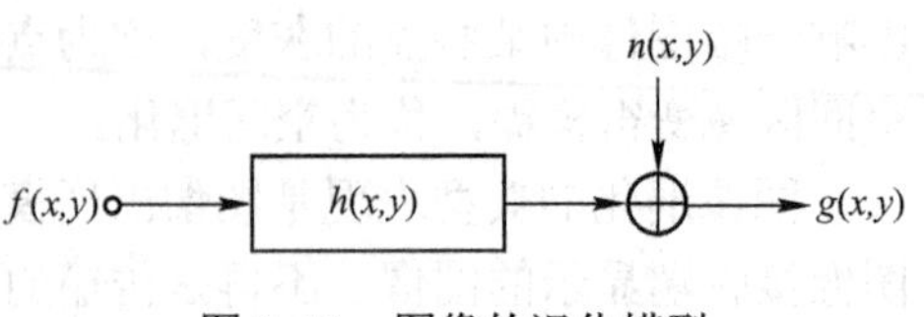

图 2-11　图像的退化模型

在图像复原处理中，尽管非线性、时变和空间变化的系统模型更具有普遍性和准确性，更与复杂的退化环境相接近，但它给实际处理工作带来了很大的困难。因此，往往用线性系统和空间不变系统模型来加以近似，这使得线性系统中的许多理论可直接用于解决图像复原问题，同时又不失可用性。

假设退化系统是线性和空间不变的，则连续函数的空域退化模型可表示为

$$\begin{aligned} g(x,y) &= f(x,y)^{*}h(x,y)+n(x,y) \\ &= \int_{-\infty}^{+\infty}\int_{-\infty}^{+\infty} f(\alpha,\beta)h(x-\alpha,y-\beta)\mathrm{d}\alpha\mathrm{d}\beta+n(x,y) \end{aligned} \tag{2-37}$$

即图像退化的过程可以表示为清晰图像和点扩散函数（Point Spread Function，PSF）的卷积加上噪声。上式的频域形式为

$$G(u,v)=F(u,v)H(u,v)+N(u,v) \tag{2-38}$$

式中，$G(u,v)$、$f(u,v)$和 $N(u,v)$分别是退化图像 $g(x,y)$、原图像 $f(x,y)$和噪声信号 $n(x,y)$的傅里叶变换；$h(x,y)$和 $H(u,v)$分别是退化系统的单位冲激响应和频率响应。

数字图像的恢复问题就是根据退化图像 $g(x,y)$和退化算子 $h(x,y)$，反向求解原始图像 $f(x,y)$，或已知 $G(u,v)$和 $H(u,v)$反求 $F(u,v)$的问题。

如果式（2-37）中的 g、f、h 和 n 按相同间隔采样，产生相应的阵列$[g(i,j)]_{\mathrm{AB}}$、$[f(i,j)]_{\mathrm{AB}}$、$[h(i,j)]_{\mathrm{CD}}$和$[n(i,j)]_{\mathrm{AB}}$，然后将这些阵列补零增广得到大小为 $M\times N$ 的周期阵列，为了避免混叠误差，这里$M\geqslant A+C-1$，$N\geqslant B+D-1$。当 $k=0,1,\ldots,M-1$ 且 $l=0,1,\ldots,N-1$ 时，即可得到二维离散退化模型

$$g_{\mathrm{e}}(k,l)=\sum_{i=0}^{M-1}\sum_{j=0}^{N-1} f_{\mathrm{e}}(i,j)h_{\mathrm{e}}(k-i,l-j)+n_{\mathrm{e}}(k,l) \tag{2-39}$$

上式的矩阵表示可写为

$$\boldsymbol{g}=\boldsymbol{Hf}+\boldsymbol{n} \tag{2-40}$$

式中，$\boldsymbol{g}$、$\boldsymbol{f}$ 和 $\boldsymbol{n}$ 为行堆叠形成的 $MN\times 1$ 列向量，分别是退化图像、原始图像和加型噪声向量；$\boldsymbol{H}$ 为 $MN\times MN$ 的块循环矩阵，是线性空间不变系统的点扩展函数的离散形式。

实际应用中，造成图像退化或降质的原因很多，下面列出几种常见的图像退化模型：

（1）线性移动降质

因为摄像时相机和被摄景物之间有相对运动而造成的图像模糊称为运动模糊。所得到图

像中的景物往往会模糊不清，我们称其为运动模糊图像。运动造成的图像退化是非常普遍的现象，例如城市中的交通管理部门通常在重要的路口设置“电子眼”即交通监视系统，及时记录下违反交通规则的车辆的车牌号。摄像机摄取的画面有时是模糊不清的，这就需要运用运动模糊图像复原技术进行图像复原，来得到违章车辆可辨认的车牌图像。

因为变速的非直线运动在某些条件下可以被分解为分段匀速直线运动，因此这里只给出由匀速直线运动所致图像模糊的退化模型。假设图像 $f(x,y)$相对于摄像机存在平面运动，$x_0(t)$和 $y_0(t)$分别为 x 和 y 方向上的位移分量，T 是运动的时间。则模糊后的图像 $g(x,y)$为

$$g(x,y)=\int_0^T f[x-x_0(t),y-y_0(t)]\mathrm{d}t \tag{2-41}$$

运动模糊图像实际上就是同一景物的图像经过一系列的距离延迟后再叠加形成的图像。运动模糊与时间无关，只与运动的距离有关。

水平方向的匀速线性移动可用以下降质函数来描述：

$$h(x,y)=\begin{cases}\dfrac{1}{d}, & 0\leqslant x\leqslant d, y=0\\ 0, & \text{其他}\end{cases} \tag{2-42}$$

式中，d 是降质函数的长度，即图像中景物移动的像素数的整数近似值；$h(x,y)$为点扩散函数。

沿其他方向的线性移动降质函数可仿照上式类似定义。则退化图像为

$$g(x,y)=f(x,y)^{*}h(x,y) \tag{2-43}$$

（2）散焦降质

当镜头散焦时，光学系统造成的图像降质相应的点扩展函数是一个均匀分布的圆形光斑。此时，降质函数可表示为

$$h(m,n)=\begin{cases}\dfrac{1}{\pi R^2}, & m^2+n^2=R^2\\ 0, & \text{其他}\end{cases} \tag{2-44}$$

式中，R 是散焦半径。

（3）高斯降质

高斯（Gauss）降质函数是许多光学测量系统和成像系统（如光学相机、CCD 摄像机、γ 射线成像仪、CT 成像仪、成像雷达、显微光学系统等）中最常见的降质函数。对于这些系统，决定系统点扩展函数的因素比较多，但众多因素综合的结果使点扩展函数趋近于 Gauss 型。Gauss 降质函数可以表达为

$$h(m,n)=\begin{cases}K\exp[-\alpha(m^2+n^2)], & (m,n)\in C\\ 0, & \text{其他}\end{cases} \tag{2-45}$$

式中，K 是归一化常数；α 是正常数；C 是 $h(m,n)$的圆形支持域。

（4）离焦模糊

由于焦距不当导致的图像模糊可以用如下函数表示：

$$H(u,v)=\frac{J_1(u,v)}{ar} \tag{2-46}$$

式中，J_1 是一阶 Bessel 函数；$r^2=u^2+v^2$；a 是位移。

该模型不具有空间不变性。

（5）大气扰动

在遥感和天文观测中，大气的扰动也会造成图像的模糊，它是由大气的不均匀性使穿过的光线偏离引起的。这种退化的点扩散函数为：

$$H(u,v)=\mathrm{e}^{-c(u^2+v^2)^{5/6}} \tag{2-47}$$

式中，c 是一个依赖扰动类型的变量，通常通过实验来确定。幂 5/6 有时用 1 来代替。

2.3.3 几种经典的图像复原方法

一般可采用两种方法对退化图像进行复原：一种是估计方法，即估计图像被已知的退化过程影响以前的情况，适用于对于图像缺乏先验知识的情况，此时可以对退化过程建立模型并进行描述，进而寻找一种去除或削弱其影响的过程。另一种是检测方法，即如果对于原始图像有足够的先验知识，则对原始图像建立一个数学模型，并据此对退化图像进行复原。例如，假设已知图像仅含有确定大小的圆形物体，则原始图像仅有很少的几个参数（如圆形物体的数目、位置、幅度等）未知。

图像复原算法有线性和非线性两类。线性算法通过对图像进行逆滤波来实现反卷积，这类方法方便快捷，无需循环或迭代，就可直接得到反卷积结果，但是无法保证图像的线性。而非线性方法是通过连续的迭代过程不断提高复原质量，直到满足预先设定的终止条件，结果往往是令人满意的。但是迭代过程会导致计算量很大，图像复原的耗时较长。实际应用中还需要对两种处理方法进行综合考虑和选择。

在实际的图像复原工作中，针对各种不同的具体情况，需要用特定的复原方法去解决。下面介绍一些经典的图像复原方法。

1．非约束复原的基本方法

当图像退化系统为线性不变系统，且噪声为加性噪声时，可将复原问题在线性系统理论的框架内处理。非约束复原就是指对退化模型 $\boldsymbol{g}=\boldsymbol{Hf}+\boldsymbol{n}$，在已知退化图像 $\boldsymbol{g}$ 的情况下，根据对退化系统 $\boldsymbol{H}$ 和 $\boldsymbol{n}$ 的了解和假设，估计出原始图像 $\boldsymbol{f}$，使得某种事先确定的误差准则为最小，其中最常见的准则为最小二乘准则。

若 $\boldsymbol{n}=0$ 或对噪声一无所知，则可以把复原问题当作一个最小二乘问题来解决。令 $e(\hat{\boldsymbol{f}})$ 为 $\hat{\boldsymbol{f}}$ 与其近似向量 $\boldsymbol{f}$ 之间的残差向量，则有

$$\boldsymbol{g}=\boldsymbol{H}\hat{\boldsymbol{f}}+e(\hat{\boldsymbol{f}}) \tag{2-48}$$

使目标函数

$$W(\hat{\boldsymbol{f}})=\left\|e(\hat{\boldsymbol{f}})\right\|^2=\left\|\boldsymbol{g}-\boldsymbol{Hf}\right\|^2 \tag{2-49}$$

最小化，其中$\|\cdot\|$是一个向量的 2-范数，即其各元素二次方和的均方根。令 $W(\hat{\boldsymbol{f}})$ 对 $\hat{\boldsymbol{f}}$ 的导数等于 0，得

$$\frac{\partial W(\hat{\boldsymbol{f}})}{\partial\hat{\boldsymbol{f}}}=-2\boldsymbol{H}'(\boldsymbol{g}-\boldsymbol{Hf})=0 \tag{2-50}$$

求解 $\hat{\boldsymbol{f}}$，由于 $\boldsymbol{H}$ 为方阵，得

$$\hat{\boldsymbol{f}} = (\boldsymbol{H}'\boldsymbol{H})^{-1}\boldsymbol{H}'\boldsymbol{g} = \boldsymbol{H}^{-1}\boldsymbol{g} \tag{2-51}$$

2．逆滤波

在许多实际场合，图像退化模型可以认为是一个线性模糊（例如运动、大气扰动和离焦等）和一个加型高斯噪声的合成，图像复原可以通过设计复原滤波器，即逆滤波（去卷积）来实现。逆滤波又叫反向滤波，是最早应用于数字图像复原的一种方法，是非约束复原的一种。

由式（2-40）可知

$$\boldsymbol{n} = \boldsymbol{g} - \boldsymbol{H}\boldsymbol{f} \tag{2-52}$$

逆滤波法是指在对 $\boldsymbol{n}$ 没有先验知识的情况下，可以依据这样的最优准则，即寻找一个 $\hat{\boldsymbol{f}}$，使得 $\boldsymbol{H}\boldsymbol{f}$ 在最小二乘误差的意义下最接近 g，即要使 n 的模或2-范数最小：

$$\|\boldsymbol{n}\|^2 = \boldsymbol{n}^{\mathrm{T}}\boldsymbol{n} = \left\|\boldsymbol{g} - \boldsymbol{H}\hat{\boldsymbol{f}}\right\|^2 = (\boldsymbol{g} - \boldsymbol{H}\hat{\boldsymbol{f}})^{\mathrm{T}}(\boldsymbol{g} - \boldsymbol{H}\hat{\boldsymbol{f}}) \tag{2-53}$$

上式的极小值为

$$L(\hat{\boldsymbol{f}}) = \left\|\boldsymbol{g} - \boldsymbol{H}\hat{\boldsymbol{f}}\right\|^2 \tag{2-54}$$

如果我们在求最小值的过程中不做任何约束，由极值条件可以解出 $\hat{\boldsymbol{f}}$ 为

$$\hat{\boldsymbol{f}} = (\boldsymbol{H}^{\mathrm{T}}\boldsymbol{H})^{-1}\boldsymbol{H}^{\mathrm{T}}\boldsymbol{g} = \boldsymbol{H}^{-1}\boldsymbol{g} \tag{2-55}$$

对上式进行傅里叶变换得

$$\hat{F}(u,v) = \frac{G(u,v)}{H(u,v)} \tag{2-56}$$

可见，如果知道 $g(x,y)$和 $h(x,y)$，也就知道了 $G(u,v)$和 $H(u,v)$，根据上式即可得出 $\hat{F}(u,v)$，再经过傅里叶逆变换就能求出原图像 $\hat{f}(x,y)$。在有噪声的情况下，由式（2-38）可知

$$\hat{F}(u,v) = \frac{G(u,v)}{H(u,v)} - \frac{N(u,v)}{H(u,v)} \tag{2-57}$$

也就是说，该方法是用退化函数除退化图像的傅里叶变换来计算原始图像的傅里叶变换估计值，这个公式说明逆滤波对于没有被噪声污染的图像很有效，这里不考虑在空间的某些位置上当 $H(u,v)$接近于 0 时可能遇到的计算问题，忽略这些点在恢复结果中并不会产生可感觉到的影响。若 $H(u,v)$出现奇异点或者 $H(u,v)$非常小的时候，即使没有噪声，也无法精确恢复 $f(x,y)$。另外，在高频处 $H(u,v)$的幅值较小时，或当噪声存在时，$H(u,v)$可能比 $N(u,v)$的值小得多，噪声的影响可能变得显著，这样也可能使得 $f(x,y)$无法正确恢复。为了克服 $H(u,v)$接近 0 所引起的问题，通常在分母中加入一个小的常数 k，将式（2-57）修改为

$$\hat{F}(u,v) = \frac{G(u,v) - N(u,v)}{H(u,v) + k} \tag{2-58}$$

3．维纳滤波法

在大部分图像中，邻近的像素是高度相关的，而距离较远的像素则相关性较弱。由此，

我们可以认为典型图像的自相关函数通常会随着与原点距离的增加而下降。由于图像的功率谱是图像本身自相关函数的傅里叶变换，因此可以认为图像的功率谱随着频率的升高而下降。一般地，噪声源往往具有平坦的功率谱，即使不是如此，其随着频率的增加而下降的趋势也要比典型图像的功率谱慢得多。因此，图像功率谱的低频成分以信号为主，而高频部分则主要被噪声所占据。由于逆滤波器的幅值常随着频率的升高而升高，因此会增强高频部分的噪声。为了克服以上缺点，提出了采用最小均方误差的方法（维纳滤波）进行模糊图像的恢复。

维纳（Wiener）滤波可以归于反卷积（或反转滤波）算法一类，它是由 Wiener 首先提出的，应用于一维信号处理时取得了很好的效果。在图像复原方面，由于维纳滤波计算量小，复原效果好，并且抗噪性能优良，得到了广泛的应用和发展，许多高效的复原算法都是以此为基础形成的。

维纳滤波也是最小二乘滤波，是使原始图像 $f(x,y)$与其恢复图像 $\hat{f}(x,y)$ 之间的均方误差最小的复原方法。由式（2-37）可知原始图像 $f(x,y)$、退化图像 $g(x,y)$和图像噪声 $n(x,y)$之间的关系它们都是随机的，并假设噪声的统计特性已知。因此给定了 $g(x, y)$，仍然不能精确求解$f(x, y)$，只能找出$f(x, y)$的一个估计值 $\hat{f}(x,y)$，使得均方误差式

$$e^2 = E[(f-\hat{f})^2] \tag{2-59}$$

最小。

式中，$\hat{f}(x,y)$ 是给定 $g(x, y)$对$f(x, y)$的最小二乘估计；$E[\cdot]$是求期望。该式在频域可表示为

$$\hat{F}(u,v) = \left\{\frac{1}{H(u,v)}\frac{|H(u,v)|^2}{|H(u,v)|^2 + \gamma[S_n(u,v)/S_f(u,v)]}\right\}G(u,v) \tag{2-60}$$

式中，$H(u,v)$表示退化函数，$|H(u,v)|^2=H^*(u,v)H(u,v)$，$H^*(u,v)$表示 $H(u,v)$的复共轭，$S_n(u,v)=|N(u,v)|^2$ 表示噪声的功率谱，$S_f(u,v)=|F(u,v)|^2$ 表示未退化图像的功率谱。$\gamma=1$ 时，为标准维纳滤波器；$\gamma\neq1$ 时，为含参维纳滤波器。没有噪声（即 $S_n(u,v)=0$）时维纳滤波器退化成理想逆滤波器。实际应用中必须调节 γ 以使式（2-59）最小。因为实际很难求得 $S_n(u,v)$和 $S_f(u,v)$，因此可以用一个比值 k 代替噪声和未退化图像的功率谱之比，从而得到简化的维纳滤波公式

$$\hat{F}(u,v) = \frac{1}{H(u,v)}\frac{|H(u,v)|^2}{|H(u,v)|^2 + k}G(u,v) \tag{2-61}$$

对一幅灰度图像的逆滤波和维纳滤波复原图像的结果如图 2-12 所示，可见图 2-12d 的维纳滤波复原结果明显比图 2-12c 的逆滤波复原结果更接近原始图像。

4．有约束最小二乘复原（正则滤波法）

正则滤波即约束的最小二乘滤波。由于大多数图像恢复问题都不具有唯一解，或者说恢复过程具有病态特征，因此在最小二乘复原处理中通常需要对运算施加某种约束。例如，令 $\boldsymbol{Q}$ 为对图像 $\boldsymbol{f}$ 施加的某一线性算子，那么最小二乘复原的问题可以看成使形式为$\|\boldsymbol{Q}\hat{\boldsymbol{f}}\|^2$ 的函数，服从约束条件

$$\|\boldsymbol{n}\|^2=\|\boldsymbol{g}-\boldsymbol{Hf}\|^2 \tag{2-62}$$

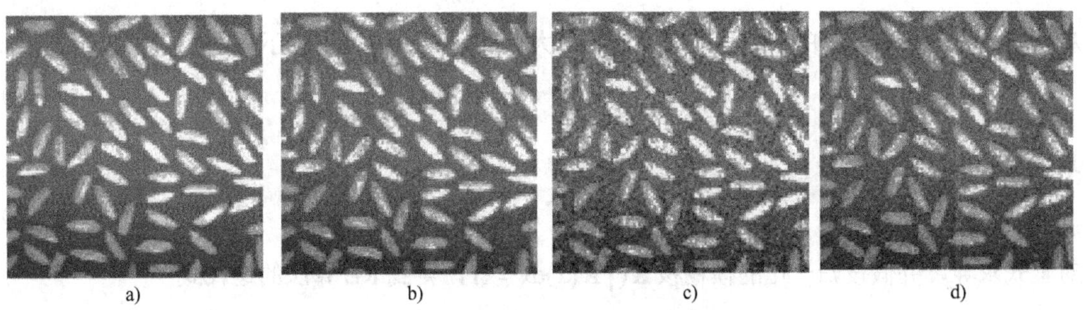

a) b) c) d)

图 2-12 逆滤波和维纳滤波复原图像结果

a) 原始图像 b) 退化图像 c) 逆滤波复原结果 d) 维纳滤波复原结果

的最小化问题，这种有附加条件的极值问题可以用拉格朗日乘数法来处理。

寻找一个$\hat{\boldsymbol{f}}$，使下述准则函数为最小

$$W(\hat{\boldsymbol{f}})=\|\boldsymbol{Q}\hat{\boldsymbol{f}}\|^2+\lambda\|\boldsymbol{g}-\boldsymbol{Hf}\|^2-\|\boldsymbol{n}\|^2 \tag{2-63}$$

式中，λ为一个常数，称作拉格朗日系数。通过指定不同的$\boldsymbol{Q}$，可以达到不同的复原目标。令

$$\frac{\partial W(\hat{\boldsymbol{f}})}{\partial\hat{\boldsymbol{f}}}=0 \tag{2-64}$$

可得

$$2\boldsymbol{Q}'(\boldsymbol{Q}\hat{\boldsymbol{f}})-2\lambda\boldsymbol{H}'(\boldsymbol{g}-\boldsymbol{H}\hat{\boldsymbol{f}})=0 \tag{2-65}$$

解得

$$\hat{\boldsymbol{f}}=(\boldsymbol{H}'\boldsymbol{H}+\gamma\boldsymbol{Q}'\boldsymbol{Q})^{-1}\boldsymbol{H}'\boldsymbol{g} \tag{2-66}$$

式中$\gamma=1/\lambda$，为一个必须调整使式（2-61）成立的函数，这是求有约束最小二乘复原解的通用形式。

把式（2-66）代入式（2-62）中可以证明，$\|\boldsymbol{n}\|^2$是γ的单调递增函数，因此可以用迭代法求出满足约束条件（2-62）式的待定系数γ。首先任取一个γ代入式（2-66），把求得的$\hat{\boldsymbol{f}}$再代入式（2-62），若结果大于$\|\boldsymbol{n}\|^2$时，便减少γ；反之增大γ，再重复上述过程，直到满足约束条件式（2-62）为止。实际求解时，只要能使$\|\boldsymbol{g}-\boldsymbol{Hf}\|^2-\|\boldsymbol{n}\|^2$小于某一给定值就可以了。把求得的$\gamma$代入，最后求得最佳估计$\hat{\boldsymbol{f}}$。

应用有约束最小二乘方恢复方法时，只需有关噪声均值和方差的知识就可对每幅给定的图像给出最佳恢复结果。

5. Richardson-Lucy 算法（RL 算法）

RL 算法是一种迭代的非线性复原算法，它假设图像服从泊松（Poisson）噪声分布，采用最大似然法进行估计，是一种基于贝叶斯分析的迭代算法。

对于泊松噪声分布，图像I的似然概率可以表达为

$$p(\boldsymbol{B}\mid\boldsymbol{I})=\prod_{x}\frac{\boldsymbol{I}^{*}K(x)^{B(x)}\exp[-(\boldsymbol{I}^{*}\boldsymbol{K})(x)]}{B(x)!} \tag{2-67}$$

B_{P}=Poisson((I*K)(x))为泊松过程。图像 I 的最大似然解是通过最小化下面的能量函数得到的

$$\boldsymbol{I}^{*}=\arg\min_{I}E(\boldsymbol{I}) \tag{2-68}$$

式中

$$E(\boldsymbol{I})\sum[(\boldsymbol{I}^{*}\boldsymbol{K})-\boldsymbol{B}\lg(\boldsymbol{I}^{*}\boldsymbol{K})] \tag{2-69}$$

对上式求导，并假设归一化的模糊核 $\boldsymbol{K}(\int\boldsymbol{K}(x)\mathrm{d}x=1)$，得到 RL 算法的迭代式

$$\boldsymbol{I}^{t+1}=\boldsymbol{I}^{t}\left[\boldsymbol{K}^{*}\frac{\boldsymbol{B}}{\boldsymbol{I}^{t*}\boldsymbol{K}}\right] \tag{2-70}$$

式中，$\boldsymbol{K}^{*}$为 $\boldsymbol{K}$ 的伴随矩阵，即 $\boldsymbol{K}^{*}(i,\ j)=\boldsymbol{K}(-j,\ -i)$；$t$ 为迭代次数。

RL 算法有两个重要特性：非负性和能量保持性质。非负性保证估计值都是正值，同时迭代过程中保持全部能量，这保证了 RL 算法的优越性。同时，RL 算法的效率也是比较高的，每次迭代仅需要两个卷积和两个乘法操作。

但 RL 算法也存在一些缺陷，使其在实际应用中存在局限性：第一是振铃效应，当迭代次数增加时，能恢复更多的图像细节，但是平滑区域的振铃效应也会增多，影响图像恢复的质量；第二是噪声放大问题，RL 算法在噪声影响可忽略或较小的情况下具有唯一解，但尚未涉及噪声对复原结果的影响。经多次迭代，尤其是在低信噪比的情况下，重建图像可能会出现一些斑点，这些斑点并不代表图像的真实结构，是输出图像过于逼近噪声所产生的结果。因此，对于实际应用中常见的低信噪比图像，在每一次迭代中噪声都会被放大，这也严重影响了图像复原的质量，难以获得较好的复原效果。

6. 盲去卷积

盲信号处理（Blind Signal Processing，BSP）是目前信号处理中最热门的新兴技术之一，其目标是在没有任何或很少关于源信号和混合先验知识的前提下，从一组混合（或观测）信号中恢复原始信号。在考虑时间延迟的情况下，观测到的信号应该是源信号和通道的卷积，对卷积混叠信号进行盲分离通常称为盲去卷积（或盲反卷积）（Blind Deconvolution，BD）。盲去卷积的基本步骤是：首先根据研究的问题建立模型，然后根据信息理论和统计理论等方法建立目标函数，在不同的应用中，目标函数或其期望值可能被称为代价函数、损失函数或对比函数等；最后寻求一种有效的算法。

图像复原最困难的问题之一是如何获得对点扩散函数（PSF）的恰当估计。根据 PSF 是否已知，去卷积分为盲去卷积和非盲去卷积。非盲去卷积方法是在 PSF 已知的情况下，由退化图像求得清晰图像的近似。由于存在噪声，以及退化过程高频信息的丢失，去模糊问题也是欠约束的，经典算法有维纳滤波、卡尔曼滤波和 RL 算法等，这些方法在图像复原的过程中会出现振铃效应和噪声放大等问题。而那些不以 PSF 为基础的图像复原方法统称为盲去卷积，由于 PSF 未知，因而这类问题变得更加复杂。盲去卷积的方法已经受到了人们的极大重视，对于给定的原图像，使其退化，得到退化图像，再利用盲去卷积的方法使其恢复，得到视觉效果更好的图像。

盲去卷积图像复原算法可以分为两步：先估计 PSF，再使用非盲去卷积算法去模糊。也可以把这两个过程同时进行，交替估计 PSF 和清晰图像，交替优化，直到得到满意的结果。该算法优点是，可同时恢复图像和点扩散函数，在对失真情况毫无先验知识的情况下，仍能实现对模糊图像的恢复操作。

本节介绍了图像退化的数学模型和几种常用的图像复原方法，包括逆滤波法、有约束最小二乘法、维纳滤波法、RL 法和盲去卷积。逆滤波对噪声比较敏感，恢复结果受噪声的影响较大；有约束最小二乘法在无噪声或者噪声很小的情况下恢复效果比较理想，对于含有一定强度噪声的情况，恢复效果也不理想；在不含有噪声的情况下，RL 法的恢复效果随着迭代次数的增加而变得越来越好，但是对于含有噪声的图片，RL 法会对噪声进行放大，而且迭代次数的增加也会导致计算量大幅增加，不利于图像的实时复原；维纳滤波法可以通过选择合适的参数来抑制噪声，而且其算法是在频域完成的，计算速度相对来说要优于其他算法。

2.4 图像变换

数字图像处理的方法很多，根据它们处理数字图像时所用的系统，主要可以归纳为两大类：空间域处理法（空域法）及频域法（或称为变换域法）。前面所介绍的图像的增强和复原等所用算法都是在空间域中进行的，本节将着重介绍数字图像处理中常见的频域变换方法。

2.4.1 图像变换概述

图像变换理论是信号与线性系统理论在图像处理领域的推广与应用，是指为了用正交函数或正交矩阵表示图像而对原图像所作的二维线性可逆变换。它将图像看作依赖于空间坐标参数(x, y)的二维信号，并通过特定的数学运算（例如积分或求和）对其进行参量变换，从而实现用不同的参量对信号进行描述的目的。一般称原始图像为空间域图像，变换后的图像称为转换域图像，转换域图像可反变换为空间域图像。

图像变换是图像频域增强技术的基础，也是变换域图像分析理论的基础。经过变换后的图像往往更有利于特征抽取、增强、压缩和编码。此外，多数图像滤波技术要求求解复杂的微分方程，利用图像变换可以将这些微分方程转换为代数方程，大大简化数学分析和求解。

由于变换的目的是为了使图像处理简化，因而对图像变换有以下三方面的要求：变换必须是可逆的，它保证了图像变换后，还可以变换回来；变换应使处理得到简化；变换算法本身不能太复杂。每种图像变换都有严格的数学模型，并且通常都是酉变换，即是完备和正交的，但不是每种变换都有其适合的实现物理意义。

实现图像变换的手段有数字和光学两种方式，分别对应二维离散和连续函数的运算。本节重点介绍数字变换方法，通常在计算机或专用的数字信号处理芯片中进行。数字图像变换常用的三种方法：

1）离散傅里叶变换（DFT）：它是应用最广泛和最重要的变换。其基函数是复指数函数，转换域图像是原空间域图像的二维频谱，其直流项与原图像亮度的平均值成比例，高频项表征图像中边缘变化的强度和方向。为了提高运算速度，计算机中多采用快速傅里叶变换算法（Fast Fourier Transform，FFT）。

2）离散沃尔什-阿达玛变换（Discrete Walsh Hadamard Transform，DWHT）：它是一种便于运算的变换。其基函数是+1 或-1 的有序序列。这种变换只需要作加法或减法运算，不需要像傅里叶变换那样作复数乘法运算，所以能提高运算速度，减少所需的存储容量。而且这种变换已有快速算法，能进一步提高运算速度。

3）离散卡夫纳-勒维（K-L）变换：它是以图像的统计特性为基础的变换，又称霍特林变换或本征向量变换。变换的基函数是样本图像的协方差矩阵的特征向量。这种变换用于图像压缩、滤波和特征抽取时在均方误差意义下是最优的。但在实际应用中往往不能获得真正协方差矩阵，所以不一定有最优效果。它的运算较复杂且没有统一的快速算法。

除上述变换外，离散余弦变换（Discrete Cosine Transform，DCT）、离散正弦变换（Discrete Sine Transform，DST）、哈尔变换、斜变换和小波变换等也在图像处理中得到应用。目前，图像变换技术被广泛运用于图像增强、图像复原、图像压缩、图像特征提取以及图像识别等领域。本节将重点介绍这些与图像变换相关的算法。

2.4.2 傅里叶变换

傅里叶变换是信号处理的理论基础，它建立了信号时域与频域的联系，在各种数字信号处理的算法中起着核心的作用，尤其是在一维信号处理中被广泛使用。这里我们将介绍它在数字图像处理中的使用方法。

1．二维连续傅里叶变换的定义

傅里叶变换建立了以时间为自变量的“信号”与以频率为自变量的“频率函数（频谱）”之间的某种变换关系。根据时间或频率取连续还是离散值，就形成各种不同形式的傅里叶变换对：

1）傅里叶级数（FS）：针对连续周期信号，时间连续，频率离散。

2）傅里叶变换（FT）：针对连续非周期信号，时间连续，频率连续。

3）离散时间傅里叶变换（DTFT）：针对离散时间信号，时间离散，频率连续。

4）离散傅里叶变换（DFT）：针对离散时间信号，时间离散，频率离散。

设 $f(x)$为实变量 x 的连续函数，如果 $f(x)$满足绝对可积的条件：

$$\int_{-\infty}^{+\infty}\left|f(x)\right|\mathrm{d}x<\infty \tag{2-71}$$

则定义 $f(x)$的傅里叶变换为

$$F(u)=\int_{-\infty}^{+\infty}f(x)\exp\left[-\mathrm{j}2\pi ux\right]\mathrm{d}x \tag{2-72}$$

其逆变换为

$$f(x)=\int_{-\infty}^{+\infty}F(u)\exp\left[\mathrm{j}2\pi ux\right]\mathrm{d}u \tag{2-73}$$

式中，x 为时域自变量，u 为频域自变量，通常称为频率变量。显然，傅里叶变换的结果是一个复数表达式。

我们可以把傅里叶变换推广到二维情况。如果二维连续函数 $f(x,y)$满足绝对可积的条件，则可导出下面的二维傅里叶变换：

$$F(u,v)=\int_{-\infty}^{+\infty}\int_{-\infty}^{+\infty}f(x,y)\exp[-\mathrm{j}2\pi(ux+vy)]\mathrm{d}x\mathrm{d}y \tag{2-74}$$

如果 $F(u,v)$是可积的，则逆变换为

$$f(x,y)=\int_{-\infty}^{+\infty}\int_{-\infty}^{+\infty}F(u,v)\exp[\mathrm{j}2\pi(ux+vy)]\mathrm{d}u\mathrm{d}v \tag{2-75}$$

设 $F(u,v)$的实部为 $R(u,v)$，虚部为 $I(u,v)$，则二维傅里叶变换的幅度谱和相位谱分别为

$$|F(u,v)|=\sqrt{R^2(u,v)+I^2(u,v)} \tag{2-76}$$

和

$$\phi(u,v)=\arctan\frac{I(u,v)}{R(u,v)} \tag{2-77}$$

能量谱为

$$E(u,v)=R^2(u,v)+I^2(u,v) \tag{2-78}$$

例如，计算函数

$$f(x,y)=\begin{cases}A, & 0\leqslant x\leqslant X, 0\leqslant y\leqslant Y\\ 0, & \text{其他}\end{cases}$$

的傅里叶变换表达式

$$\begin{aligned}F(u,v)&=\iint_{-\infty}^{\infty}f(x,y)\mathrm{e}^{-\mathrm{j}2\pi(ux+vy)}\mathrm{d}x\mathrm{d}y\\&=A\iint_{-\infty}^{\infty}\mathrm{e}^{-\mathrm{j}2\pi(ux+vy)}\mathrm{d}x\mathrm{d}y\\&=A\int_0^X\mathrm{e}^{-\mathrm{j}2\pi ux}\mathrm{d}x\cdot\int_0^Y\mathrm{e}^{-\mathrm{j}2\pi vy}\mathrm{d}y\\&=A\int_0^X\frac{\mathrm{e}^{-\mathrm{j}2\pi ux}\mathrm{d}(-\mathrm{j}2\pi ux)}{-\mathrm{j}2\pi u}\int_0^Y\frac{\mathrm{e}^{-\mathrm{j}2\pi vy}\mathrm{d}(-\mathrm{j}2\pi vy)}{-\mathrm{j}2\pi v}\end{aligned}$$

因为 $\int\mathrm{e}^x\mathrm{d}x=\mathrm{e}^x$ 且 $\mathrm{d}(cx)=c\cdot\mathrm{d}x$

则

$$\begin{aligned}F(u,v)&=\frac{A}{-\mathrm{j}2\pi u}\mathrm{e}^{-\mathrm{j}2\pi ux}\Big|_0^X\frac{1}{-\mathrm{j}2\pi v}\mathrm{e}^{-\mathrm{j}2\pi vy}\Big|_0^Y\\&=\frac{A}{-\mathrm{j}2\pi u}(\mathrm{e}^{-\mathrm{j}2\pi uX}-1)\frac{1}{-\mathrm{j}2\pi v}(\mathrm{e}^{-\mathrm{j}2\pi vY}-1)\\&=\frac{A}{-\mathrm{j}2\pi u}\mathrm{e}^{-\mathrm{j}\pi uX}(\mathrm{e}^{-\mathrm{j}\pi uX}-\mathrm{e}^{\mathrm{j}\pi uX})\frac{1}{-\mathrm{j}2\pi v}\mathrm{e}^{-\mathrm{j}\pi uX}(\mathrm{e}^{-\mathrm{j}\pi uX}-\mathrm{e}^{\mathrm{j}\pi uX})\\&=\frac{A}{-\mathrm{j}2\pi u}\mathrm{e}^{-\mathrm{j}\pi uX}(-2\mathrm{j}\sin(\pi uX))\frac{1}{-\mathrm{j}2\pi v}\mathrm{e}^{-\mathrm{j}\pi vY}(-2\mathrm{j}\sin(\pi vY))\end{aligned}$$

由欧拉公式 $\mathrm{e}^{-\mathrm{j}X}-\mathrm{e}^{\mathrm{j}X}=-2\mathrm{j}\sin X$ 可知

$$F(u,v)=AXY\frac{\mathrm{e}^{-\mathrm{j}\pi uX}\sin(\pi uX)}{\pi uX}\frac{\mathrm{e}^{-\mathrm{j}\pi vY}\sin(\pi vY)}{\pi vY}$$

其幅度谱为

$$|F(u,v)| = AXY\left|\frac{\sin(\pi uX)}{\pi uX}\right|\left|\frac{\sin(\pi vY)}{\pi vY}\right|$$

2．二维连续傅里叶变换的性质

傅里叶变换具有很多方便运算处理的性质。下面列出二维连续傅里叶变换的一些重要性质。

（1）线性

傅里叶变换是一个线性变换，即

$$FT\left[a\cdot f(x,y)+b\cdot g(x,y)\right]=a\cdot FT\left[f(x,y)\right]+b\cdot FT\left[g(x,y)\right] \tag{2-79}$$

（2）可分离性

一个二维傅里叶变换可以用二次一维傅里叶变换来实现。推导如下：

$$\begin{aligned}F(u,v)&=\int_{-\infty}^{+\infty}\int_{-\infty}^{+\infty}f(x,y)\exp\left[-\mathrm{j}2\pi(ux+vy)\right]\mathrm{d}x\mathrm{d}y\\&=\int_{-\infty}^{+\infty}\int_{-\infty}^{+\infty}f(x,y)\exp\left[-\mathrm{j}2\pi ux\right]\exp\left[-\mathrm{j}2\pi vy\right]\mathrm{d}x\mathrm{d}y\\&=\int_{-\infty}^{+\infty}\left[\int_{-\infty}^{+\infty}f(x,y)\exp\left[-\mathrm{j}2\pi ux\right]\mathrm{d}x\right]\exp\left[-\mathrm{j}2\pi vy\right]\mathrm{d}y\\&=\int_{-\infty}^{+\infty}\left\{FT\left[f(x,y)\right]\right\}\exp\left[-\mathrm{j}2\pi vy\right]\mathrm{d}y\\&=FT_y\left\{FT_x\left[f(x,y)\right]\right\}\end{aligned} \tag{2-80}$$

（3）平移性

傅里叶变换具有平移特性，即

$$FT\left[f(x-x_0,y-y_0)\right]=F(u,v)\exp\left[-\mathrm{j}2\pi(ux_0+vy_0)\right] \tag{2-81}$$

$$FT\left[f(x,y)\exp\left[\mathrm{j}2\pi(u_0x+v_0y)\right]\right]=F(u-u_0,v-v_0) \tag{2-82}$$

（4）共轭性

如果函数 $f(x,y)$的傅里叶变换为 $F(u,v)$，$F^*(-u,\ -v)$为 $f(-x,\ -y)$傅里叶变换的共轭函数，那么

$$F(u,v)=F^*(-u,-v) \tag{2-83}$$

（5）尺度变换特性

如果函数$f(x,y)$的傅里叶变换为$F(u,v)$，a 和 b 为两个标量，那么

$$FT\left[af(x,y)\right]=aF(u,v) \tag{2-84}$$

$$FT\left[f(ax,by)\right]=\frac{1}{|ab|}F\left(\frac{u}{a},\frac{v}{b}\right) \tag{2-85}$$

（6）旋转不变性

如果空间域函数旋转角度为 θ_0，则该函数的傅里叶变换函数也将旋转同样的角度。表达式如下：

$$FT\left[f(r,\theta+\theta_0)\right]=F(k,\varphi+\theta_0) \tag{2-86}$$

式中，$f(r,\theta)$和 $F(k,\varphi)$为极坐标表达式，其中 $x=r\cos\theta$，$y=r\sin\theta$，$u=k\cos\theta$，$v=k\sin\theta$，$f(r,\theta)$的傅里叶变换为 $F(k, \varphi)$。

（7）对称性

如果函数 $f(x,y)$的傅里叶变换为 $F(u,v)$，那么

$$FT\left[F(x,y)\right]=f(-u,-v) \tag{2-87}$$

（8）能量保持定理

能量保持定理也称 Parseval 定理，数学描述如下：

$$\int_{-\infty}^{+\infty}\int_{-\infty}^{+\infty}\left|f(x,y)\right|^2\mathrm{d}x\mathrm{d}y=\int_{-\infty}^{+\infty}\int_{-\infty}^{+\infty}\left|F(u,v)\right|^2\mathrm{d}u\mathrm{d}v \tag{2-88}$$

表明傅里叶变换前后信号的能量守恒。

（9）相关定理

如果 $f(x,y)$和 $g(x,y)$为两个二维时域函数，那么可以定义相关运算“○”如下：

$$f(x,y)\circ g(x,y)=\int_{-\infty}^{+\infty}\int_{-\infty}^{+\infty}f(a,b)g(x+a,y+b)\mathrm{d}a\mathrm{d}b \tag{2-89}$$

则

$$FT\left[f(x,y)\circ g(x,y)\right]=F(u,v)\cdot G^*(u,v) \tag{2-90}$$

$$FT\left[f(x,y)\cdot g^*(x,y)\right]=F(u,v)\circ G(u,v) \tag{2-91}$$

式中，$F(u,v)$为函数 $f(x,y)$的傅里叶变换；$G(u,v)$为函数 $g(x,y)$的傅里叶变换；$G^*(u,v)$为 $G(u,v)$的共轭；$g^*(x,y)$为 $g(x,y)$的共轭。

（10）卷积定理

如果 $f(x,y)$和 $g(x,y)$为两个二维时域函数，那么可以定义卷积运算“*”如下：

$$f(x,y)^*g(x,y)=\int_{-\infty}^{+\infty}\int_{-\infty}^{+\infty}f(a,b)g(x-a,y-b)\mathrm{d}a\mathrm{d}b \tag{2-92}$$

则

$$FT[f(x,y)^*g(x,y)]=F(u,v)\cdot G(u,v) \tag{2-93}$$

$$FT[f(x,y)\cdot g(x,y)]=F(u,v)^*G(u,v) \tag{2-94}$$

式中，$F(u,v)$为函数 $f(x,y)$的傅里叶变换；$G(u,v)$为函数 $g(x,y)$的傅里叶变换。

3．二维离散傅里叶变换的定义

连续函数的傅里叶变换是波形分析的有力工具，但是为了使之适用于计算机技术，必须将连续变换转变成离散变换，这样就必须引入离散傅里叶变换（DFT）。离散傅里叶变换在数字信号处理和数字图像处理中都得到了十分广泛的应用，它在离散时域和离散频域之间建立了联系。

如果 $f(x)$为一长度为 N 的序列，则其离散傅里叶正变换由下式来表示：

$$F(u)=DFT\left[f(x)\right]=\sum_{x=0}^{N-1}f(x)\exp\left[-\mathrm{j}\frac{2\pi ux}{N}\right] \tag{2-95}$$

逆变换为

$$f(x)=DFT^{-1}\left[F(u)\right]=\frac{1}{N}\sum_{u=0}^{N-1}F(u)\exp\left[\mathrm{j}\frac{2\pi ux}{N}\right] \tag{2-96}$$

式中，$x=0,1,2,\ldots,N-1$

如果令 $W_{\mathrm{N}}=\exp[-\mathrm{j}2\pi/N]$，那么上述公式变成

$$F(u)=\sum_{x=0}^{N-1}f(x)W_N^{ux} \tag{2-97}$$

$$f(x)=\frac{1}{N}\sum_{u=0}^{N-1}F(u)W_N^{-ux} \tag{2-98}$$

式（2-97）写成矩阵形式为

$$\begin{pmatrix}F(0)\\F(1)\\\vdots\\F(N-1)\end{pmatrix}=\begin{pmatrix}W^0 & W^0 & W^0 & \cdots & W^0\\W^0 & W^{1\times1} & W^{2\times1} & \cdots & W^{(N-1)\times1}\\\vdots & \vdots & \vdots & \vdots & \vdots\\W^0 & W^{1\times(N-1)} & W^{2\times(N-1)} & \cdots & W^{(N-1)\times(N-1)}\end{pmatrix}\begin{pmatrix}f(0)\\f(1)\\\vdots\\f(N-1)\end{pmatrix} \tag{2-99}$$

式（2-98）写成矩阵形式为

$$\begin{pmatrix}f(0)\\f(1)\\\vdots\\f(N-1)\end{pmatrix}=\frac{1}{N}\begin{pmatrix}W^0 & W^0 & W^0 & \cdots & W^0\\W^0 & W^{-1\times1} & W^{-2\times1} & \cdots & W^{-(N-1)\times1}\\\vdots & \vdots & \vdots & \vdots & \vdots\\W^0 & W^{-1\times(N-1)} & W^{-2\times(N-1)} & \cdots & W^{-(N-1)\times(N-1)}\end{pmatrix}\begin{pmatrix}F(0)\\F(1)\\\vdots\\F(N-1)\end{pmatrix} \tag{2-100}$$

二维离散傅里叶变换很容易从一维的概念推广得到。二维离散函数 $f(x,y)$的傅里叶变换为

$$F(u,v)=DFT\left[f(x,y)\right]=\sum_{x=0}^{M-1}\sum_{y=0}^{N-1}f(x,y)\exp\left[-\mathrm{j}2\pi\left(\frac{ux}{M}+\frac{vy}{N}\right)\right] \tag{2-101}$$

逆变换为

$$f(x,y)=DFT^{-1}\left[F(u,v)\right]=\frac{1}{MN}\sum_{u=0}^{M-1}\sum_{v=0}^{N-1}F(u,v)\exp\left[\mathrm{j}2\pi\left(\frac{ux}{M}+\frac{vy}{N}\right)\right] \tag{2-102}$$

式中，$x=0,1,\ldots,M-1$，$y=0,1,\ldots,N-1$。

在数字图像处理中，图像取样一般是方阵，即 $M=N$，则二维离散傅里叶变换式为

$$F(u,v)=DFT\left[f(x,y)\right]=\sum_{x=0}^{N-1}\sum_{y=0}^{N-1}f(x,y)\mathrm{e}^{-\mathrm{j}2\pi\left(\frac{ux+vy}{N}\right)} \tag{2-103}$$

逆变换为

$$f(x,y)=DFT^{-1}\left[F(u,v)\right]=\frac{1}{N^2}\sum_{u=0}^{N-1}\sum_{v=0}^{N-1}F(u,v)\exp\left[\mathrm{j}2\pi\left(\frac{ux+vy}{N}\right)\right] \tag{2-104}$$

图像的频率是表征图像中灰度变化剧烈程度的指标，是灰度在平面空间上的梯度。如大

面积的沙漠在图像中是一片灰度变化缓慢的区域，对应的频率值很低；而对于地表属性变换剧烈的边缘区域在图像中是一片灰度变化剧烈的区域，对应的频率值较高。

从物理效果看，傅里叶变换是将图像从空间域转换到频率域，其逆变换是将图像从频率域转换到空间域。实际上对图像进行二维傅里叶变换得到的频谱图就是图像梯度的分布图，当然频谱图上的各点与图像上各点并不存在一一对应的关系。我们在傅里叶频谱图上看到的明暗不一的亮点，就是图像上某一点与其邻域点差异的强弱，即灰度梯度的大小，也即该点的频率的大小。经过傅里叶变换后的图像，四角对应于低频成分，中央部位对应于高频部分，如图 2-13～图 2-15 所示。

a)

b)

图 2-13　对雷娜（Lena）图像进行傅里叶变换前后的结果

a) 原始图像　b) 离散傅里叶变换后的频谱图

a)

b)

图 2-14　对维维安（Vivien）图像进行傅里叶变换前后的结果

a) 原始图像　b) 离散傅里叶变换后的频谱图

4．二维离散傅里叶变换的性质

二维离散傅里叶变换与二维连续傅里叶变换有相似的性质，下面列出它的几种常用性质。

（1）线性

设 $F_1(u,v)$ 和 $F_2(u,v)$ 分别为二维离散函数 $f_1(x,y)$ 和 $f_2(x,y)$ 的离散傅里叶变换，则

$$DFT[af_1(x,y)+bf_2(x,y)]=aF_1(u,v)+bF_2(u,v) \tag{2-105}$$

式中，a 和 b 是常数。

（2）可分离性

由式（2-101）和式（2-102）可以看出，式中的指数项可分成只含有 x, u 和 y, v 的二项乘积，其相应的二维离散傅里叶变换对可分离成两部分的乘积

$$F(u,v)=\frac{1}{N^2}\sum_{x=0}^{N-1}\exp\left[-\mathrm{j}2\pi ux/N\right]\times\sum_{y=0}^{N-1}f(x,y)\exp\left[-\mathrm{j}2\pi ux/N\right] \tag{2-106}$$

$$f(x,y)=\sum_{x=0}^{N-1}\exp\left[\mathrm{j}2\pi ux/N\right]\times\sum_{y=0}^{N-1}F(u,v)\exp\left[\mathrm{j}2\pi vy/N\right] \tag{2-107}$$

式中，u、v、x 和 y 均取 $0,1,2,\ldots,N-1$。

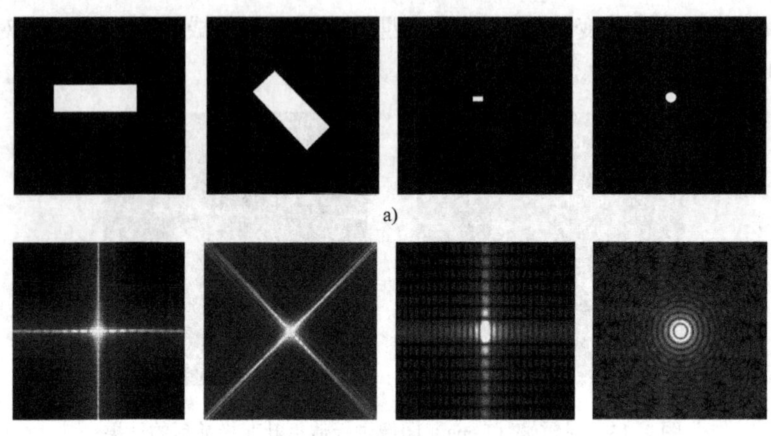

a)

b)

图 2-15　对二值图像进行傅里叶变换前后的结果

a) 原始图像　b) 频谱图

可分离性的重要意义在于：一个二维傅里叶变换或反变换都可分解为两步进行，其中每一步都是一个一维傅里叶变换或反变换。为说明问题，以二维傅里叶正变换式（2-50）为例，设式（2-107）的求和项为 $F(x, v)$，即

$$F(x,v)=N\left[\frac{1}{N^2}\sum_{y=0}^{N-1}f(x,y)\exp\left[-\mathrm{j}2\pi uy/N\right]\right] \tag{2-108}$$

表示对每一个 x 值，$f(x, y)$先沿每一行进行一次一维傅里叶变换，再将 $F(x, v)$沿每一列进行一次一维傅里叶变换，就可得二维傅里叶变换 $F(u, v)$，即

$$F(u,v)=\frac{1}{N}\sum_{x=0}^{N-1}F(x,v)\exp\left[-\mathrm{j}2\pi ux/N\right] \tag{2-109}$$

显然，改为先沿列后沿行分离为二个一维变换，其结果是一样的。此时，式（2-108）和式（2-109）改为下列形式：

$$F(u,y)=N\left[\frac{1}{N^2}\sum_{x=0}^{N-1}f(x,y)\exp\left[-\mathrm{j}2\pi ux/N\right]\right] \tag{2-110}$$

$$F(u,v)=\frac{1}{N}\sum_{y=0}^{N-1}F(u,y)\exp\left[-\mathrm{j}2\pi vy/N\right] \tag{2-111}$$

二维离散傅里叶逆变换的分离过程与正变换相似，不同的只是指数项为正，这里就不再赘述了。

（3）平移性

$$f(x,y)\exp\left[\mathrm{j}2\pi(u_0x+v_0y)/N\right]\Leftrightarrow F(u-u_0,v-v_0) \tag{2-112}$$

和

$$f(x-x_0,y-y_0)\Leftrightarrow F(u,v)\exp\left[-\mathrm{j}2\pi(ux_0+vy_0)\right]/N \tag{2-113}$$

上式表明，在空域中图像原点平移到(x_0, y_0)时，其对应的频谱 $F(u, v)$要乘上指数项 $\exp[-\mathrm{j}2\pi(ux_0+vy_0)/N]$；而频域中原点平移到$(u_0, v_0)$时，其对应的 $f(x, y)$要乘上指数项 $\exp[\mathrm{j}2\pi(ux_0+vy_0)/N]$。当空域中 $f(x, y)$产生移动时，在频域中只发生相移，而频谱的幅值不变，因为

$$\left|F(u,v)\exp[-\mathrm{j}2\pi(ux_0+vy_0)/N]\right|=\left|F(u,v)\right| \tag{2-114}$$

反之，当频域中 $F(u, v)$产生移动时，相应的$f(x, y)$在空域中也产生相移，而幅值不变。

在数字图像处理中，常常需要将 $F(u, v)$的原点移到 $N\times N$ 频域方阵的中心，以便可以清楚地分析其频谱的情况。要做到这一点，只需要令 $u_0=v_0=N/2$，则

$$\exp\left[\mathrm{j}2\pi(u_0x+v_0y)/N\right]=\mathrm{e}^{\mathrm{j}\pi(x+y)}=(-1)^{x+y} \tag{2-115}$$

将式（2-115）代入式（2-112）可得

$$f(x,y)(-1)^{x+y}\Leftrightarrow F\left(u-\frac{1}{2}N,v-\frac{1}{2}N\right) \tag{2-116}$$

上式说明如果需要将图像频谱的原点从起始点(0, 0)移到图像的中心点$(N/2, N/2)$，只要$f(x, y)$乘上$(-1)^{x+y}$因子进行傅里叶变换即可实现。图 2-16 为图像平移前后其频谱图的变化情况。

a)

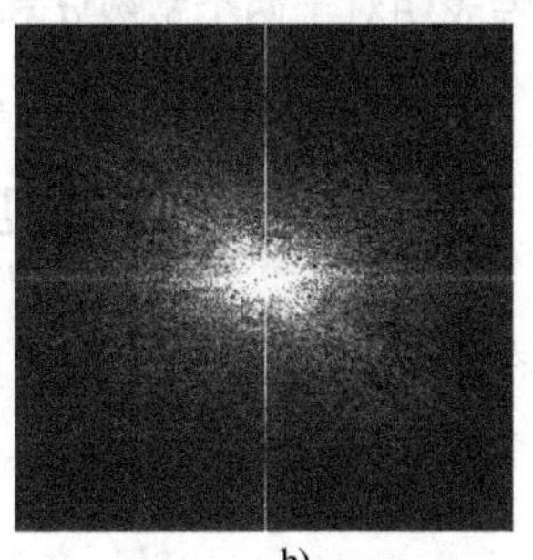
b)

图 2-16　傅里叶变换的平移性

a) 平移前的频谱图　b) 平移后的频谱图

（4）周期性和共轭性

离散傅里叶变换和反变换具有周期性和共轭对称性。其中周期性表示为

$$F(u,v)=F(u+aN,v+bN) \tag{2-117}$$

$$f(x,y)=f(x+aN,y+bN) \tag{2-118}$$

式中，$a, b=0, \pm1, \pm2,\ldots$。

共轭对称性表示为

$$F(u,v)=F^*(-u,-v) \tag{2-119}$$

$$|F(u,v)|=|F(-u,-v)| \tag{2-120}$$

离散傅里叶变换对的周期性，说明正变换后得到的 $F(u,v)$或反变换后得到的 $f(x, y)$都是周期为 N 的离散函数。但是，为了确定 $F(u, v)$或$f(x, y)$，只需得到一个周期中的 N 个值。就是说，为了在频域中完全地确定 $F(u, v)$，只需要变换一个周期。在空域中，对$f(x, y)$也有类似的性质。共扼对称性说明变换后的幅值是以原点为中心对称的。利用此特性，在求一个周期内的值时，只需求出半个周期，另半个周期也就知道了，如此可大大减少计算量。

（5）旋转不变性

若引入极坐标$\begin{cases}x=r\cos\theta\\y=r\sin\theta\end{cases}$和$\begin{cases}u=\omega\cos\varphi\\v=\omega\sin\varphi\end{cases}$，则$f(x,y)$和 $F(u, v)$分别变为$f(r,\theta)$和 $F(\omega,\varphi)$。在极坐标系中，存在以下变换对：

$$f(r,\theta+\theta_0)\Leftrightarrow F(\omega,\varphi+\theta_0) \tag{2-121}$$

此式表明，如果$f(x, y)$在时间域中旋转 θ_0 角后，相应的 $F(u, v)$在频域中也旋转 θ_0 角；反之，如果 $F(u, v)$在频域中旋转 θ_0 角，其反变换$f(x, y)$在空间域中也旋转 θ_0 角。

（6）分配性和比例性

傅里叶变换的分配性表明傅里叶变换和反变换对于加法可以分配，而对于乘法则不行，即

$$DFT\{f_1(x,y)+f_2(x,y)\}=DFT\{f_1(x,y)\}+DFT\{f_2(x,y)\} \tag{2-122}$$

$$DFT\{f_1(x,y)f_2(x,y)\}\neq DFT\{f_1(x,y)\}\cdot DFT\{f_2(x,y)\} \tag{2-123}$$

傅里叶变换的比例性表明对于两个常数 a 和 b，有

$$af(x,y)\Leftrightarrow aF(u,v) \tag{2-124}$$

$$f(ax,by)\Leftrightarrow\frac{1}{|ab|}F\left(\frac{u}{a},\frac{v}{b}\right) \tag{2-125}$$

式（2-125）说明在空间尺度的展宽，相应于频域尺度的压缩，其幅值也减少为原来的 $1/|ab|$。

（7）平均值

二维离散函数的平均值定义如下：

$$\overline{f(x,y)}=\frac{1}{N^2}\sum_{x=0}^{N-1}\sum_{y=0}^{N-1}f(x,y) \tag{2-126}$$

将 $u=v=0$ 代入二维离散傅里叶变换定义式，可得

$$F(0,0)=\frac{1}{N^2}\sum_{x=0}^{N-1}\sum_{y=0}^{N-1}f(x,y) \tag{2-127}$$

比较式（2-126）和式（2-127），可看出

$$\overline{f(x,y)}=F(0,0) \tag{2-128}$$

因此，若要求二维离散信号 $f(x, y)$的平均值，只需计算其傅里叶变换 $F(u, v)$在原点的值 $F(0,0)$。

（8）微分性质

二维函数 $f(x,y)$ 的拉普拉斯算子的定义为

$$\nabla^2 f(x,y)=\frac{\partial^2 f}{\partial x^2}+\frac{\partial^2 f}{\partial y^2} \tag{2-129}$$

按二维傅里叶变换的定义，可得

$$DFT\left\{\nabla^2 f(x,y)\right\}=-(2\pi)^2(u^2+v^2)F(u,v) \tag{2-130}$$

拉普拉斯算子通常用于检出图像的边缘。

（9）卷积定理

卷积定理和相关定理都是研究两个函数的傅里叶变换之间的关系。这也构成了空间域和频域之间的基本关系。两个二维连续函数 $f(x,y)$ 和 $g(x,y)$ 的卷积定义为

$$f(x,y)*g(x,y)=\iint_{-\infty}^{\infty} f(a,b)g(x-a,y-b)\mathrm{d}a\mathrm{d}b \tag{2-131}$$

设

$$f(x,y)\Leftrightarrow F(u,v)\text{ 且 }g(x,y)\Leftrightarrow G(u,v) \tag{2-132}$$

则

$$f(x,y)\cdot g(x,y)\Leftrightarrow F(u,v)*G(u,v) \tag{2-133}$$

上式表明两个二维连续函数在空间域中的卷积可用求其相应的两个傅里叶变换乘积的反变换得到。

对于离散的二维函数，上述性质也成立，但需注意与取样间隔对应的离散增量处发生位移，以及用求和代替积分。另外，由于离散傅里叶变换和反变换都是周期函数，为了防止卷积后产生混叠误差，需对离散二维函数的定义域加以扩展。设 $f(x,y)$ 和 $g(x,y)$ 是大小分别为 $A\times B$ 和 $C\times D$ 的离散数组，也就是说 $f(x,y)$ 定义域为（$0\leqslant x\leqslant A-1$，$0\leqslant y\leqslant B-1$），$g(x,y)$ 的定义域为（$0\leqslant x\leqslant C-1$，$0\leqslant y\leqslant D-1$），则可以证明，必须假定这些数组在 x 和 y 方向延伸为某个周期是 M 和 N 的周期函数，其中 $M\geqslant A+C-1$，$N\geqslant B+D-1$。这样各个卷积周期才能避免混叠误差，为此将 $f(x,y)$ 和 $g(x,y)$ 用补零的方法扩充成二维周期序列

$$f_{\mathrm{e}}(x,y)=\begin{cases} f(x,y) & 0\leqslant x\leqslant A-1 \quad 0\leqslant x\leqslant B-1 \\ 0 & A\leqslant x\leqslant M-1 \quad B\leqslant x\leqslant N-1 \end{cases} \tag{2-134}$$

$$g_{\mathrm{e}}(x,y)=\begin{cases} g(x,y) & 0\leqslant x\leqslant C-1 \quad 0\leqslant y\leqslant D-1 \\ 0 & C\leqslant x\leqslant M-1 \quad D\leqslant y\leqslant N-1 \end{cases} \tag{2-135}$$

其二维离散卷积形式为

$$f_{\mathrm{e}}(x,y)*g_{\mathrm{e}}(x,y)=\sum_{m=0}^{M-1}\sum_{n=0}^{N-1} f_{\mathrm{e}}(m,n)g_{\mathrm{e}}(x-m,y-n) \tag{2-136}$$

式中，$x=0,1,\ldots,M-1$，$y=0,1,\ldots,N-1$。这个方程给出的 $M\times N$ 阵列，是离散二维卷积的一个周期。

二维离散卷积定理可用下式表示：

$$f_e(x,y)*g_e(x,y) \Leftrightarrow F_e(u,v)\cdot G_e(u,v) \tag{2-137}$$

$$f_e(x,y)\cdot g_e(x,y) \Leftrightarrow F_e(u,v)*G_e(u,v) \tag{2-138}$$

此形式与连续的基本一样，所不同的是所有变量 x、y、u 和 v 都是离散量，其运算都是对于扩充函数 $f_e(x, y)$和 $g_e(x, y)$进行的。

（10）相关定理

两个二维连续函数 $f(x, y)$和 $g(x, y)$的相关运算定义为

$$f(x,y)\circ g(x,y) = \int_{-\infty}^{\infty}\int_{-\infty}^{\infty} f(\alpha+\beta)g(x+\alpha, y+\beta)\mathrm{d}\alpha\mathrm{d}\beta \tag{2-139}$$

在离散情况下，与离散卷积一样，需用补零的方法扩充 $f(x, y)$和 $g(x, y)$为 $f_e(x, y)$和 $g_e(x, y)$。那么，离散和连续情况的相关定理都可表示为

$$f(x,y)\circ g(x,y) \Leftrightarrow F(u,v)\cdot G^*(u,v) \tag{2-140}$$

和

$$f(x,y)\cdot g^*(x,y) \Leftrightarrow F(u,v)\circ G(u,v) \tag{2-141}$$

式中，“*”表示共轭。显然，对离散变量来说，其函数都是扩充函数，用 $f_e(x, y)$和 $g_e(x, y)$表示。

5．二维离散傅里叶变换的具体操作步骤

一般来说，对一幅图像进行傅里叶变换运算量很大，不直接利用以上公式计算，而是采用快速傅里叶变换（FFT）算法，可大大减少计算量。如前所述，可以将二维离散傅里叶变换的运算分解为水平和垂直两个方向上的一维离散傅里叶变换运算，而一维离散傅里叶变换可用快速傅里叶变换来实现。下面给出二维离散快速傅里叶变换的操作步骤：

1）获取原图像数据存储区的首地址、图像的高度和宽度。

2）计算进行傅里叶变换的宽度和高度，这两个值必须是 2 的整数次幂；计算变换时所用的迭代次数，包括水平方向和垂直方向。

3）逐行或逐列顺序读取数据区的值，存储到新开辟的复数存储区。

4）调用一维 FFT 函数进行垂直方向的变换。

5）转换变换结果，将垂直方向的变换结果转存回时域存储区。

6）调用一维 FFT 函数，在水平方向上进行傅里叶变换，步骤同 1）～4）。

7）将计算结果转换成可显示的图像，并将坐标原点移至图像中心位置，使得可以显示整个周期频谱。

6．应用傅里叶变换时应当注意的问题

尽管傅里叶变换提供了很多有用的属性，在数字图像处理领域中得到广泛的应用，但是它也有自身的不足，主要表现在两个方面：一是复数计算时，相对比较费时。如采用其他合适的完备正交函数来代替傅里叶变换所用的正、余弦函数构成完备的正交函数系，就可避免这种复数运算。如后面介绍的沃尔什（Walsh）函数系，每个函数只取“+1”和“−1”两个值，组成二值正交函数。因此，以沃尔什函数为基础所构成的变换是实数加减运算，其运算速度要比傅里叶变换快。另一个缺点是收敛慢，在图像编码中尤为突出。

2.4.3 离散余弦变换

为了快速有效地对图像进行处理和分析，常通过正交变换将图像变换到频域，利用频域的特有性质进行处理。传统的正交变换多是复变换，运算量大，不易实时处理。随着数字图像处理技术的发展，出现了以离散余弦变换（DCT）为代表的一大类正弦型实变换，它是以实数为对象的余弦函数，均具有快速算法。

DCT 是傅里叶变换的一种特殊情况。在傅里叶级数展开式中，被展开的函数是实偶函数时，其傅里叶级数中只包含余弦项，称为余弦变换。虽然 DCT 没有离散傅里叶变换的功能强大，但是其变换核是为实数的余弦函数，因而计算速度比对象为复数的离散傅里叶变换快得多，计算复杂性适中，又具有可分离特性，还有快速算法。

DCT 除了具有一般的正交变换性质外，它的变换矩阵的基向量近似于托普利兹（Toeplitz）矩阵的特征向量，而托普利兹矩阵又体现了人类语音信号及图像信号的相关特性，因此常认为 DCT 是对语音和图像信号的准最佳变换，已被广泛地用在图像压缩、编码、语音信号处理、信号的稀疏表示等诸多领域中，如 JPEG、MPEG-1、MPEG-2 及 H.261 等压缩编码国际标准都采用了 DCT 编码算法。

1. 一维离散余弦变换

一维离散余弦变换核定义为

$$g(x,u)=C(u)\sqrt{\frac{2}{N}}\cos\frac{(2x+1)u\pi}{2N} \tag{2-142}$$

式中，$x, u=0,1,\ldots,N-1$，且

$$C(u)=\begin{cases}\dfrac{1}{\sqrt{2}}, & u=0\\ 1, & \text{其他}\end{cases} \tag{2-143}$$

一维离散余弦变换的定义如下：设 $f(x)$是时域的 N 点序列，$x=0,1,2,\ldots,N-1$，则其 DCT 定义为

$$F(u)=C(u)\sqrt{\frac{2}{N}}\sum_{x=0}^{N-1}f(x)\cos\frac{(2x+1)u\pi}{2N} \tag{2-144}$$

式中 $u=1,2,\ldots,N-1$ 是广义频率变量，$F(u)$是第 u 个余弦变换系数。显然

$$F(0)=\frac{1}{\sqrt{N}}\sum_{x=0}^{N-1}f(x) \tag{2-145}$$

将变换式展开整理后可以写成矩阵的形式，即

$$\boldsymbol{F}=\boldsymbol{G}\boldsymbol{f} \tag{2-146}$$

式中

$$\boldsymbol{G}=\begin{bmatrix}1/\sqrt{N}[& 1 & 1 & \cdots & 1 &]\\ \sqrt{2/N}[& \cos(\pi/2N) & \cos(3\pi/2N) & \cdots & \cos((2N-1)\pi/2N) &]\\ \sqrt{2/N}[& \cos(\pi/2N) & \cos(6\pi/2N) & \cdots & \cos((2N-1)\pi/2N) &]\\ \vdots & & & & & \\ \sqrt{2/N}[& \cos((N-1)\pi/2N) & \cos((N-1)(3\pi/2N) & \cdots & \cos((N-1)(2N-1)\pi/2N) &]\end{bmatrix} \tag{2-147}$$

一维离散余弦变换的逆变换（IDCT）定义为

$$f(x)=\sqrt{\frac{2}{N}}\sum_{u=0}^{N-1}C(u)F(u)\cos\frac{(2x+1)u\pi}{2N} \tag{2-148}$$

式中，$x=0,1,\ldots,N-1$。可见一维离散余弦变换的逆变换核与正变换核是相同的。

傅里叶变换中的指数项通过欧拉公式进行分解，实数部分对应于余数项，虚数部分对应于正弦项。因此，离散余弦变换可以从傅里叶变换的实数部分求得，即离散余弦变换可以改写成以下形式：

$$F(0)=\frac{1}{\sqrt{N}}\sum_{x=0}^{N-1}f(x) \tag{2-149}$$

$$F(u)=\sqrt{\frac{2}{N}}\mathrm{Re}\left\{\left[\exp\left(\frac{-\mathrm{j}2u\pi}{2N}\right)\right]\sum_{x=0}^{2N-1}f(x)\exp\left(\frac{-\mathrm{j}2\pi ux}{N}\right)\right\} \tag{2-150}$$

式中，$u=1,2,\ldots,N-1$。对于 $x=N,N+1,\ldots,2N-1$ 有 $f(x)=0$，$\mathrm{Re}\{\cdot\}$表示取实数部分，其中求和项就是 $2N$ 个点上的离散余弦变换。

2．二维离散余弦变换

可将一维离散余弦变换的定义推广到二维。二维离散余弦正变换的核为

$$g(x,y,u,v)=\frac{2}{\sqrt{MN}}C(u)C(v)\cos\frac{(2x+1)u\pi}{2M}\cos\frac{(2y+1)v\pi}{2N} \tag{2-151}$$

二维离散余弦变换的定义如下：设 $f(x, y)$为 $M\times N$ 的数字图像矩阵，则二维离散余弦变换的定义由下式表示：

$$F(u,v)=\frac{2}{\sqrt{MN}}\sum_{x=0}^{M-1}\sum_{y=0}^{N-1}f(x,y)C(u)C(v)\cos\frac{(2x+1)u\pi}{2M}\cos\frac{(2y+1)v\pi}{2N} \tag{2-152}$$

上述两式中，$x, u=0, 1, 2,\cdots, M-1$；$y, v=0,1,2,\cdots, N-1$。$F(u, v)$为变换系数矩阵。

二维离散余弦反变换由下式表示：

$$f(x,y)=\frac{2}{\sqrt{MN}}\sum_{u=0}^{M-1}\sum_{v=0}^{N-1}C(u)C(v)F(u,v)\cos\frac{(2x+1)u\pi}{2M}\cos\frac{(2y+1)v\pi}{2N} \tag{2-153}$$

二维离散余弦变换核是可分离的，因而可通过两次一维变换实现，其算法流程与 DFT 类似。如图 2-17 所示，传统的方法是行—列法，即先沿行（列）进行一维离散余弦变换计算，再沿列（行）计算一维离散余弦变换，即

$$\begin{aligned}&f(x,y)\rightarrow F_{行}[f(x,y)]=F(x,v)\\&\xrightarrow{转置}F(x,v)^{\mathrm{T}}\rightarrow F_{列}[F(x,v)^{\mathrm{T}}]=F(u,v)^{\mathrm{T}}\\&\xrightarrow{转置}F(u,v)\end{aligned} \tag{2-154}$$

在离散余弦变换中，我们称 $F(0,0)$为直流（DC）系数，其余为交流（AC）系数。图 2-18 说明了离散余弦变换系数的分布规律。离散余弦变换最主要的特点就是图像经过变换后，主要的能量多数集中在低频系数区域，而图像的细节等信息则分布在中高频区域。因此，在压

缩传感中，可以采用离散余弦变换将信号变为稀疏信号，将能量较多的低频系数传输到解码端进行重构。同时，最近的研究还发现，在离散余弦变换域中，图像纹理特征也呈现一定的分布规律。这使得离散余弦变换在图像压缩、特征提取、图像分析，稀疏表示中有着重要的应用。

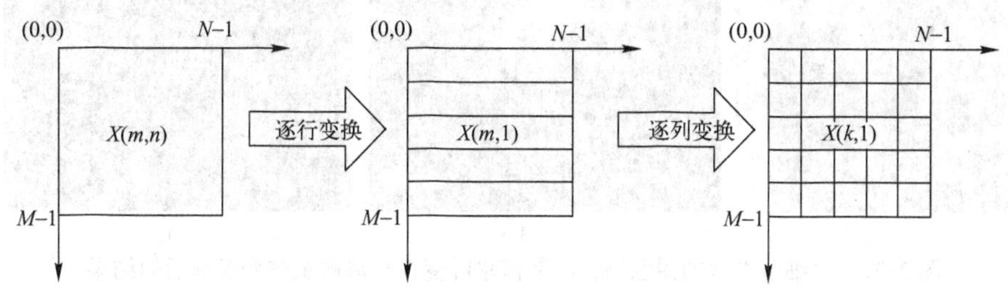

图 2-17　二维离散余弦变换可通过两次一维离散余弦变换实现

图 2-19 是对标准雷娜（Lena）图像进行离散余弦变换前后的结果，可见离散余弦变换矩阵的左上角代表低频分量，右下角代表高频分量。由离散余弦变换域图像能够了解图像主要包含低频成份，如图 2-20 和图 2-21 所示。

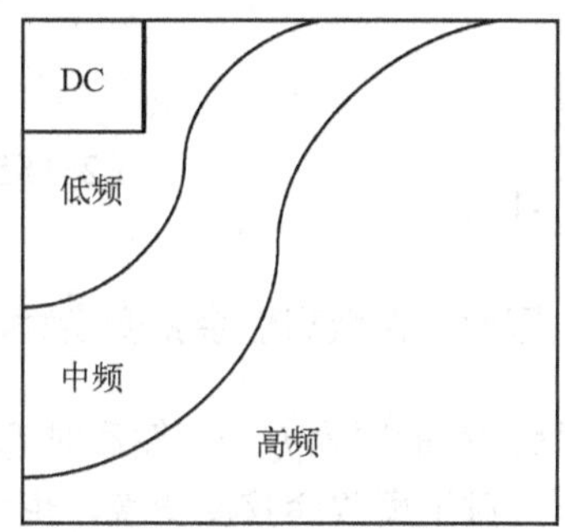

图 2-18　离散余弦变换频带分布

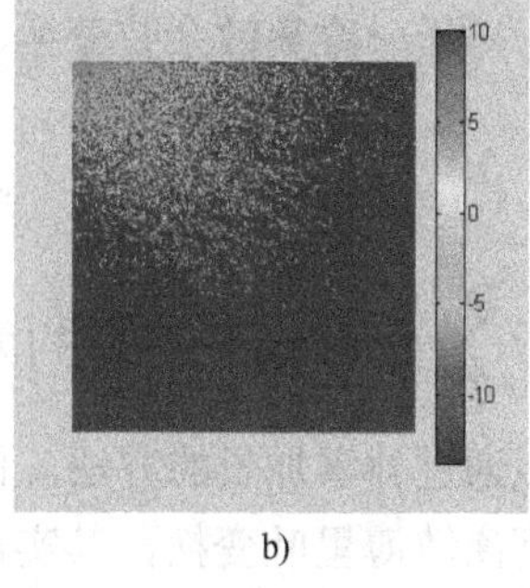

a)　　b)

图 2-19　对标准 Lena 图像进行离散余弦变换前后的结果

a) 原始图像　b) 离散余弦变换结果

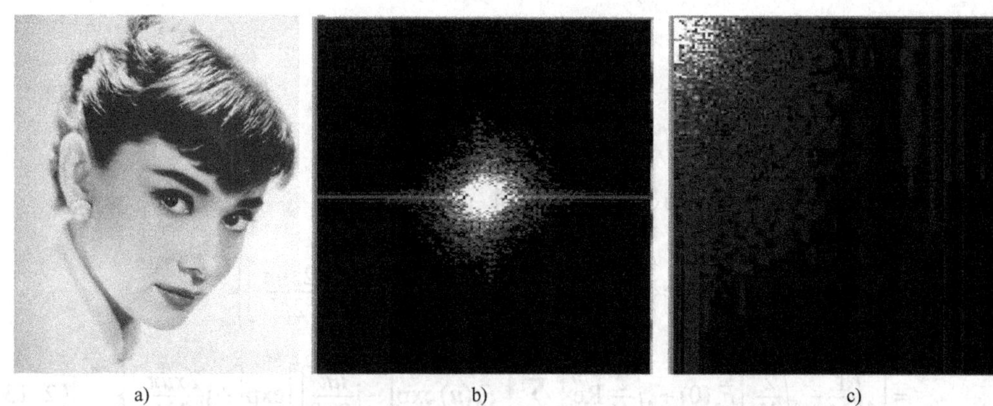

a)　　b)　　c)

图 2-20　对细节较少的图像进行离散傅里叶变换和离散余弦变换前后的结果

a) 原始图像　b) 离散傅里叶变换结果　c) 离散余弦变换结果

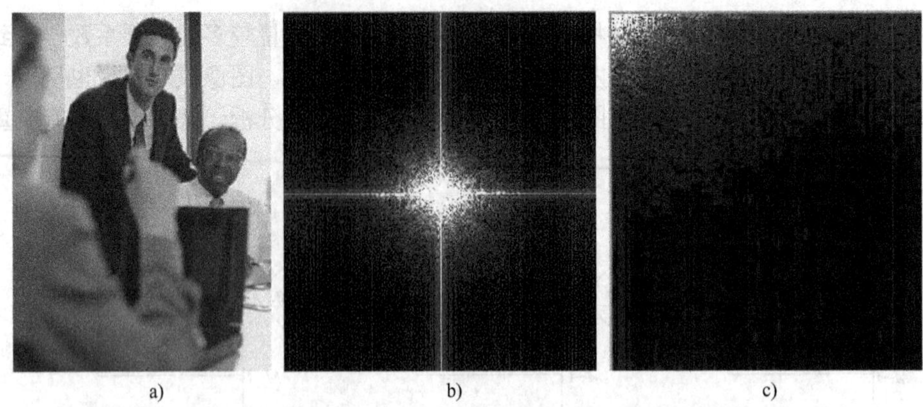

a)　　b)　　c)

图 2-21　对细节中等的图像进行离散傅里叶变换和离散余弦变换前后的结果

a) 原始图像　b) 离散傅里叶变换结果　c) 离散余弦变换结果

离散余弦变换在图像的变换编码中有着非常成功的应用。这是由于离散余弦变换是傅里叶变换的实数部分，因而比傅里叶变换有更强的信息集中能力。对于大多数的自然图像，离散余弦变换能将大多数的信息放到较少的系数上，从而提高编码的效率。

3．离散余弦变换的编程实现方法

对于一维离散余弦变换，首先将 $f(x)$进行补零加长

$$f_{\mathrm{e}}(x)=\begin{cases}f(x), & x=0,1,2,\cdots,N-1\\ 0, & x=N,N+1,\cdots,2N-1\end{cases} \tag{2-155}$$

由于 $\sum\limits_{x=0}^{2N-1} f_{\mathrm{e}}(x)\exp\left[-\mathrm{j}\dfrac{2\pi xu}{2N}\right]$ 为 $f_{\mathrm{e}}(x)$的 $2N$ 点离散傅里叶变换。因此，在做离散余弦变换时，可以通过补零加长的方法，把长度为 N 的序列 $f(x)$延拓为长度是 $2N$ 的序列 $f_{\mathrm{e}}(x)$，然后对 $f_{\mathrm{e}}(x)$进行离散傅里叶变换，其实部便是离散余弦变换的结果。同理，对于离散余弦反变换，也可以按照下式延拓 $F(u)$：

$$F_{\mathrm{e}}(u)=\begin{cases}F(u), & u=0,1,2,\cdots,N-1\\ 0, & u=N,N+1,\cdots,2N-1\end{cases} \tag{2-156}$$

按照式（2-149）可得

$$\begin{aligned}f(x)&=\sqrt{\frac{1}{N}}F_{\mathrm{e}}(0)+\sqrt{\frac{2}{N}}\sum_{u=1}^{2N-1}F_{\mathrm{e}}(u)\cos\frac{(2x+1)u\pi}{2N}\\&=\sqrt{\frac{1}{N}}F_{\mathrm{e}}(0)+\sqrt{\frac{2}{N}}\mathrm{Re}\left\{\sum_{u=1}^{2N-1}F_{\mathrm{e}}(u)\exp\left[-\mathrm{j}\frac{(2x+1)u\pi}{2N}\right]\right\}\\&=\sqrt{\frac{1}{N}}F_{\mathrm{e}}(0)+\sqrt{\frac{2}{N}}\mathrm{Re}\left\{\sum_{u=1}^{2N-1}F_{\mathrm{e}}(u)\exp\left[-\mathrm{j}\frac{u\pi}{2N}\right]\exp\left[-\mathrm{j}\frac{2xu\pi}{2N}\right]\right\}\\&=\left(\sqrt{\frac{1}{N}}-\sqrt{\frac{2}{N}}\right)F_{\mathrm{e}}(0)+\sqrt{\frac{2}{N}}\mathrm{Re}\left\{\sum_{u=0}^{2N-1}\left[F_{\mathrm{e}}(u)\exp\left[-\mathrm{j}\frac{u\pi}{2N}\right]\right]\exp\left[-\mathrm{j}\frac{2xu\pi}{2N}\right]\right\}\end{aligned} \tag{2-157}$$

从上式可见离散余弦反变换可以由 $\left[F_{\mathrm{e}}(u)\exp\left[-\mathrm{j}\dfrac{u\pi}{2N}\right]\right]$ 的 $2N$ 点逆傅里叶变换来实现。

对于二维数字图像，离散余弦变换的具体实现步骤如下：

1）获取存储原图像数据的存储区的首地址、图像的高度和宽度。

2）计算进行离散余弦变换的宽度和高度，这两个值必须是 2 的整数次幂；计算变换时所用的水平方向和垂直方向的迭代次数。

3）逐行或逐列顺序读取数据区的值，存储到新开辟的复数存储区。

4）调用一维离散余弦变换函数进行垂直方向的变换。

5）调用一维离散余弦变换函数进行水平方向的变换。

6）将计算结果转换成可显示的图像。

4. 离散余弦变换的运算量

因为离散余弦变换的计算量相当大，在实用中非常不方便，所以需要研究相应的快速算法。目前已有多种快速离散余弦变换（即 FCT），这里介绍一种由快速傅里叶变换的思路发展起来的 FCT。

将 $f(x)$ 通过补零延拓为

$$f_{\mathrm{e}}(x)=\begin{cases}f(x), & x=0,1,2,\dots,N-1\\ 0, & x=N,N+1,\dots,2N-1\end{cases} \tag{2-158}$$

按照一维 DCT 的定义，$f_{\mathrm{e}}(x)$ 的 DCT 为

$$F(0)=\frac{1}{\sqrt{N}}\sum_{x=0}^{N-1}f_{\mathrm{e}}(x) \tag{2-159}$$

$$\begin{aligned}F(u)&=\sqrt{\frac{2}{N}}\sum_{x=0}^{N-1}f(x)\cos\frac{(2x+1)u\pi}{2N}\\&=\sqrt{\frac{2}{N}}\sum_{x=0}^{N-1}f(x)\cos\frac{(2x+1)u\pi}{2N}+\sqrt{\frac{2}{N}}\sum_{x=N}^{2N-1}0\cdot\cos\frac{(2x+1)u\pi}{2N}\\&=\sqrt{\frac{2}{N}}\sum_{x=0}^{N-1}f_{\mathrm{e}}(x)\cos\frac{(2x+1)u\pi}{2N}+\sqrt{\frac{2}{N}}\sum_{x=N}^{2N-1}f_{\mathrm{e}}(x)\cdot\cos\frac{(2x+1)u\pi}{2N}\\&=\sqrt{\frac{2}{N}}\sum_{x=0}^{2N-1}f_{\mathrm{e}}(x)\cos\frac{(2x+1)u\pi}{2N}\\&=\sqrt{\frac{2}{N}}\mathrm{Re}\left\{\sum_{x=0}^{2N-1}f_{\mathrm{e}}(x)\mathrm{e}^{-\mathrm{j}\frac{(2x+1)u\pi}{2N}}\right\}\\&=\sqrt{\frac{2}{N}}\mathrm{Re}\left\{\mathrm{e}^{-\mathrm{j}\frac{u\pi}{2N}}\cdot\sum_{x=0}^{2N-1}f_{\mathrm{e}}(x)\mathrm{e}^{-\mathrm{j}\frac{2xu\pi}{2N}}\right\}\end{aligned} \tag{2-160}$$

式中，$\mathrm{Re}\{\cdot\}$ 表示取复数的实部。由于 $\sum_{x=0}^{2N-1}f_{\mathrm{e}}(x)\mathrm{e}^{-\mathrm{j}\frac{2xu\pi}{2N}}$ 为 $f_{\mathrm{e}}(x)$ 的 $2N$ 点离散傅里叶变换，因此在作离散余弦变换时，可把长度为 N 的 $f(x)$ 通过补零延拓为 $2N$ 点的序列 $f_{\mathrm{e}}(x)$，然后对 $f_{\mathrm{e}}(x)$ 作离散傅里叶变换，最后取离散傅里叶变换的实部便可得到离散余弦变换的结果。

同理对于离散余弦逆变换（IDCT），可首先将 $F(u)$ 延拓为

$$F_{\mathrm{e}}(u)=\begin{cases}F(u), & u=0,1,2,\dots,N-1\\ 0, & u=N,N+1,\dots,2N-1\end{cases} \tag{2-161}$$

由上式可得，IDCT 为

$$
\begin{aligned}
f(x) &= \sqrt{\frac{1}{N}}F_{\mathrm{e}}(0) + \sqrt{\frac{2}{N}}\sum_{u=1}^{2N-1}F_{\mathrm{e}}(u)\cos\frac{(2x+1)u\pi}{2N} \\
&= \sqrt{\frac{1}{N}}F_{\mathrm{e}}(0) + \sqrt{\frac{2}{N}}\mathrm{Re}\left\{\sum_{u=1}^{2N-1}F_{\mathrm{e}}(u)\mathrm{e}^{\mathrm{j}\frac{(2x+1)u\pi}{2N}}\right\} \\
&= \left(\sqrt{\frac{1}{N}} - \sqrt{\frac{2}{N}}\right)F_{\mathrm{e}}(0) + \sqrt{\frac{2}{N}}\mathrm{Re}\left\{\sum_{u=0}^{2N-1}\left[F_{\mathrm{e}}(u)\mathrm{e}^{\mathrm{j}\frac{u\pi}{2N}}\right]\mathrm{e}^{\mathrm{j}\frac{(2x+1)u\pi}{2N}}\right\}
\end{aligned} \tag{2-162}
$$

可见，IDCT 可由 $F_{\mathrm{e}}(u)\mathrm{e}^{\mathrm{j}\frac{u\pi}{2N}}$ 的 $2N$ 点的 IDFT 来实现。

2.4.4 离散沃尔什-哈达玛变换

离散沃尔什-哈达玛变换（Discrete Walsh Hadamard Transform，DWHT）是将一个函数变换成取值为“+1”或“-1”的基本函数构成的级数。DWHT 只需要进行实数运算，所需的存储量比 FFT 要少得多，运算速度也快得多。因此，DWHT 在图像传输、通信技术和数据压缩中被广泛使用。DWHT 具有能量集中的特性，而且原始数据中数字越是均匀分布，经变换后的数据越集中于矩阵的边角上。因此，可用来压缩图像信息。

1. 离散沃尔什变换

离散沃尔什（Walsh）变换的变换核由“+1”和“-1”所组成，本质上是将一个函数变换为取值为“+1”或“-1”的基向量构成的级数，以过零点数目替代频率的概念，称为序率。由于在变换过程中只有加法和减法运算，因而计算比较简单，易于硬件实现。

若 $N=2^n$，$f(x)$是时域的 N 点序列，$x=0,1,2,\ldots,N-1$，则 $f(x)$的沃尔什变换为

$$
W(u) = \frac{1}{\sqrt{N}}\sum_{x=0}^{N-1}f(x)\prod_{i=0}^{p-1}(-1)^{b_i(x)b_{p-1-i}(u)} \tag{2-163}
$$

式中，$u=0,1,2,\ldots,N-1$。式中变换核为

$$
g(x,u) = \frac{1}{\sqrt{N}}\prod_{i=0}^{p-1}(-1)^{b_i(x)b_{p-1-i}(u)} \tag{2-164}
$$

逆变换为

$$
f(x) = \frac{1}{\sqrt{N}}\sum_{u=0}^{N-1}W(u)\prod_{i=0}^{p-1}(-1)^{b_i(x)b_{p-1-i}(u)} \tag{2-165}
$$

反变换核为 $h(x, u) = g(x, u)$。上述变换式中 $b_i(x)$是 x 的二进制数的第 i+1 位的值（即 0 或 1），如 $p=3$，$N=2^p=8$，$x=6$ 时，$b_0(6)=0$，$b_1(6)=1$，$b_2(6)=1$，变换核和反变换核用矩阵形式表示为

$$
\boldsymbol{G} = \frac{1}{\sqrt{8}}\begin{pmatrix}
1 & 1 & 1 & 1 & 1 & 1 & 1 & 1 \\
1 & 1 & 1 & 1 & -1 & -1 & -1 & -1 \\
1 & 1 & -1 & -1 & 1 & 1 & -1 & -1 \\
1 & 1 & -1 & -1 & -1 & -1 & 1 & 1 \\
1 & -1 & 1 & -1 & 1 & -1 & 1 & -1 \\
1 & -1 & 1 & -1 & -1 & 1 & -1 & 1 \\
1 & -1 & -1 & 1 & 1 & -1 & -1 & 1 \\
1 & -1 & -1 & 1 & -1 & 1 & 1 & -1
\end{pmatrix} \tag{2-166}
$$

二维离散沃尔什变换的正、反变换核相同，均为

$$g^*(x,u,y,v)=h(x,u,y,v)=\frac{1}{\sqrt{MN}}\prod_{i=0}^{p-1}(-1)^{b_i(x)b_{p-1-i}(u)+b_i(y)b_{p-1-i}(v)} \tag{2-167}$$

则二维离散函数 $f(x,y)$（x=0,1,…,M−1，y=0,1,…,N−1）的离散沃尔什正变换为

$$\begin{aligned}W(u,v)&=\sum_{x=0}^{M-1}\sum_{y=0}^{N-1}f(x,y)g(x,u,y,v)\\&=\frac{1}{\sqrt{MN}}\sum_{x=0}^{M-1}\sum_{y=0}^{N-1}f(x,y)\prod_{i=0}^{p-1}(-1)^{b_i(x)b_{p-1-i}(u)+b_i(y)b_{p-1-i}(v)}\\&=\frac{1}{\sqrt{N}}\sum_{y=0}^{N-1}\left[\frac{1}{\sqrt{M}}\sum_{x=0}^{M-1}f(x,y)\prod_{i=0}^{p-1}(-1)^{b_i(x)b_{p-1-i}(u)}\right]\prod_{i=0}^{p-1}(-1)^{b_i(y)b_{p-1-i}(v)}=\frac{1}{\sqrt{MN}}\boldsymbol{GfG}\end{aligned} \tag{2-168}$$

式中，u=0,1,…,M−1，v=0,1,…,N−1。

逆变换为

$$f(x,y)=\sum_{u=0}^{M-1}\sum_{v=0}^{N-1}W(u,v)g(x,u,y,v) \tag{2-169}$$

2．离散哈达玛变换

哈达玛变换本质上是一种特殊排序的沃尔什变换，它与沃尔什变换的区别是变换核矩阵行的次序不同。哈达玛变换的最大优点在于变换核矩阵具有简单的递推关系，即高阶的变换矩阵可以用低阶转换矩阵构成。

若 $N=2^n$，一维哈达玛正变换核与反变换核相同，为

$$g(x,u)=h(x,u)=\frac{1}{\sqrt{N}}(-1)^{\sum_{i=0}^{n-1}b_i(x)p_i(u)} \tag{2-170}$$

因此一维离散哈达玛变换可表示为

$$H(u)=\frac{1}{\sqrt{N}}\sum_{x=0}^{N-1}f(x)(-1)^{\sum_{i=0}^{n-1}b_i(x)p_i(u)} \tag{2-171}$$

式中，u=0,1,2,…,N−1。

逆变换为

$$f(x)=\frac{1}{\sqrt{N}}\sum_{u=0}^{N-1}H(u)(-1)^{\sum_{i=0}^{n-1}b_i(x)p_i(u)} \tag{2-172}$$

式中，x=0,1,2,…,N−1。

哈达玛变换核除了因子 $1/\sqrt{N}$ 之外，由一系列的“+1”和“−1”组成。如 N=8 时的哈达玛变换核用矩阵表示为

$$\boldsymbol{H}_8=\frac{1}{\sqrt{8}}\begin{pmatrix}1&1&1&1&1&1&1&1\\1&-1&1&-1&-1&-1&1&-1\\1&1&-1&-1&1&1&-1&-1\\1&-1&-1&1&-1&-1&-1&1\\1&1&1&1&1&-1&-1&-1\\1&-1&1&-1&-1&1&-1&1\\1&1&-1&1&-1&-1&1&1\\1&-1&-1&-1&-1&1&1&-1\end{pmatrix} \tag{2-173}$$

由此矩阵可得出一个非常有用的结论，即 2N 阶的哈达玛变换矩阵可由 N 阶的变换矩阵按下述规律形成：

$$\boldsymbol{H}_{2N}=\begin{bmatrix}\boldsymbol{H}_N & \boldsymbol{H}_N\\ \boldsymbol{H}_N & -\boldsymbol{H}_N\end{bmatrix} \tag{2-174}$$

而最低阶（N=2）的哈达玛变换矩阵为

$$\boldsymbol{H}_2=\begin{bmatrix}1 & 1\\ 1 & -1\end{bmatrix} \tag{2-175}$$

利用这个性质求 N 阶（$N=2^n$）的哈达玛变换矩阵要比直接用式（2-170）来求此矩阵速度快得多，此结论提供了一种快速哈达玛变换（FHT）。

在哈达玛变换矩阵中，通常把沿某列符号改变的次数称为这个列的列率。则前面给出的 N=8 时的变换矩阵的 8 个列的列率分别为 0、7、3、4、1、6、2 和 5。

二维离散哈达玛变换的正变换核和反变换核相同，为

$$g(x,u,y,v)=h(x,u,y,v)=\frac{1}{\sqrt{MN}}(-1)^{\sum_{i=0}^{m-1}b_i(x)p_i(u)+\sum_{i=0}^{n-1}b_i(y)p_i(v)} \tag{2-176}$$

式中 $M=2^m$，$N=2^n$。则对应的二维哈达变换对可表示为

$$H(u,v)=\frac{1}{\sqrt{MN}}\sum_{x=0}^{M-1}\sum_{y=0}^{N-1}f(x,y)(-1)^{\sum_{i=0}^{m-1}b_i(x)p_i(u)+\sum_{i=0}^{n-1}b_i(y)p_i(v)} \tag{2-177}$$

式中，u=0,1,2,…,M−1，v=0,1,2,…,N−1。

逆变换为

$$f(x,y)=\frac{1}{\sqrt{MN}}\sum_{u=0}^{M-1}\sum_{v=0}^{N-1}H(u,v)(-1)^{\sum_{i=0}^{m-1}b_i(x)p_i(u)+\sum_{i=0}^{n-1}b_i(y)p_i(v)} \tag{2-178}$$

式中，x=0,1,2,…,M−1，y=0,1,2,…,N−1。可以看出，二维离散哈达玛变换的正反变换核具有可分离性，因此可以通过两次一维变换来实现一个二维变换。

3．快速沃尔什-哈达玛变换

类似于快速傅里叶变换，DWHT 也有快速算法 FWHT，也可将输入序列 $f(x)$按奇偶进行分组，分别进行 DWHT。FWHT 的基本关系为

$$\begin{cases}W(u)=\frac{1}{2}[W_{\mathrm{e}}(u)+W_{\mathrm{o}}(u)]\\ W\left(u+\frac{N}{2}\right)=\frac{1}{2}[W_{\mathrm{e}}(u)-W_{\mathrm{o}}(u)]\end{cases} \tag{2-179}$$

以 8 阶沃尔什-哈达玛变换为例，说明其快速算法

$$\boldsymbol{H}_1=[1]，\ \boldsymbol{H}_2=\begin{bmatrix}1 & 1\\ 1 & -1\end{bmatrix}$$

$$\boldsymbol{H}_8=\boldsymbol{H}_2\otimes\boldsymbol{H}_4=\begin{bmatrix}\boldsymbol{H}_4 & \boldsymbol{H}_4\\ \boldsymbol{H}_4 & -\boldsymbol{H}_4\end{bmatrix}=\begin{bmatrix}\boldsymbol{H}_4 & 0\\ 0 & \boldsymbol{H}_4\end{bmatrix}\begin{bmatrix}\boldsymbol{I}_4 & \boldsymbol{I}_4\\ \boldsymbol{I}_4 & -\boldsymbol{I}_4\end{bmatrix}=\begin{bmatrix}\boldsymbol{H}_2 & \boldsymbol{H}_2 & 0 & 0\\ \boldsymbol{H}_2 & -\boldsymbol{H}_2 & 0 & 0\\ 0 & 0 & \boldsymbol{H}_2 & \boldsymbol{H}_2\\ 0 & 0 & \boldsymbol{H}_2 & -\boldsymbol{H}_2\end{bmatrix}\begin{bmatrix}\boldsymbol{I}_4 & \boldsymbol{I}_4\\ \boldsymbol{I}_4 & -\boldsymbol{I}_4\end{bmatrix}$$

$$=\begin{bmatrix} \boldsymbol{H}_2 & 0 & 0 & 0 \\ 0 & \boldsymbol{H}_2 & 0 & 0 \\ 0 & 0 & \boldsymbol{H}_2 & 0 \\ 0 & 0 & 0 & \boldsymbol{H}_2 \end{bmatrix} \begin{bmatrix} \boldsymbol{I}_2 & \boldsymbol{I}_2 & 0 & 0 \\ \boldsymbol{I}_2 & -\boldsymbol{I}_2 & 0 & 0 \\ 0 & 0 & \boldsymbol{I}_2 & \boldsymbol{I}_2 \\ 0 & 0 & \boldsymbol{I}_2 & -\boldsymbol{I}_2 \end{bmatrix} \begin{bmatrix} \boldsymbol{I}_4 & \boldsymbol{I}_4 \\ \boldsymbol{I}_4 & -\boldsymbol{I}_4 \end{bmatrix} \tag{2-180}$$

$$=[\boldsymbol{G}_0][\boldsymbol{G}_1][\boldsymbol{G}_2]$$

$$W(u)=\frac{1}{8}\boldsymbol{H}_8 f(x)=\frac{1}{8}[\boldsymbol{G}_0][\boldsymbol{G}_1][\boldsymbol{G}_2]f(x) \tag{2-181}$$

令

$$\begin{aligned} [f_1(x)] &= [\boldsymbol{G}_2][f(x)] \\ [f_2(x)] &= [\boldsymbol{G}_1][f_1(x)] \\ [f_3(x)] &= [\boldsymbol{G}_0][f_2(x)] \end{aligned} \tag{2-182}$$

则

$$W(u)=\frac{1}{8}f_3(x) \tag{2-183}$$

$$[f_1(x)]=[\boldsymbol{G}_2][f(x)] \Rightarrow \begin{bmatrix} f_1(0) \\ f_1(1) \\ f_1(2) \\ f_1(3) \\ f_1(4) \\ f_1(5) \\ f_1(6) \\ f_1(7) \end{bmatrix} = [\boldsymbol{G}_2] \begin{bmatrix} f(0) \\ f(1) \\ f(2) \\ f(3) \\ f(4) \\ f(5) \\ f(6) \\ f(7) \end{bmatrix} = \begin{bmatrix} f(0)+f(4) \\ f(1)+f(5) \\ f(2)+f(6) \\ f(3)+f(7) \\ f(0)-f(4) \\ f(1)-f(5) \\ f(2)-f(6) \\ f(3)-f(7) \end{bmatrix}$$

$$[f_2(x)]=[\boldsymbol{G}_1][f_1(x)] \Rightarrow \begin{bmatrix} f_2(0) \\ f_2(1) \\ f_2(2) \\ f_2(3) \\ f_2(4) \\ f_2(5) \\ f_2(6) \\ f_2(7) \end{bmatrix} = [\boldsymbol{G}_1] \begin{bmatrix} f_1(0) \\ f_1(1) \\ f_1(2) \\ f_1(3) \\ f_1(4) \\ f_1(5) \\ f_1(6) \\ f_1(7) \end{bmatrix} = \begin{bmatrix} f_1(0)+f_1(2) \\ f_1(1)+f_1(3) \\ f_1(0)-f_1(2) \\ f_1(1)-f_1(3) \\ f_1(4)+f_1(6) \\ f_1(5)+f_1(7) \\ f_1(4)-f_1(6) \\ f_1(5)-f_1(7) \end{bmatrix}$$

$$[f_3(x)]=[\boldsymbol{G}_0][f_2(x)] \Rightarrow \begin{bmatrix} f_3(0) \\ f_3(1) \\ f_3(2) \\ f_3(3) \\ f_3(4) \\ f_3(5) \\ f_3(6) \\ f_3(7) \end{bmatrix} = [\boldsymbol{G}_0] \begin{bmatrix} f_2(0) \\ f_2(1) \\ f_2(2) \\ f_2(3) \\ f_2(4) \\ f_2(5) \\ f_2(6) \\ f_2(7) \end{bmatrix} = \begin{bmatrix} f_2(0)+f_2(1) \\ f_2(0)-f_2(1) \\ f_2(2)+f_2(3) \\ f_2(2)-f_2(3) \\ f_2(4)+f_2(5) \\ f_2(4)-f_2(5) \\ f_2(6)+f_2(7) \\ f_2(6)-f_2(7) \end{bmatrix} \tag{2-184}$$

2.4.5 离散 K-L 变换

离散 K-L 变换（Discrete Karhunen-Loeve Transformation, DKLT）又称霍特林（Hotelling）变换或者主成分分析（Principal Component Analysis, PCA），是一种基于目标统计特性的最佳正交变换。基本原理是用较少数量的特征对样本进行描述，以达到降低特征空间维数的目的，在人脸识别、图像压缩和信号传输等领域有着广泛的应用。

K-L 变换的突出优点是相关性好，得到的主成分是互相线性不相关的。它的协方差矩阵除对角线以外的元素都是零，消除了数据之间的相关性，从而在信息压缩方面起着重要作用。但是它需要预先知道信源的协方差矩阵并求出特征值，而求特征值与特征向量并不是容易的事，尤其是维数较高时。即使能借助计算机求解，也很难满足实时处理的要求，而且从编码应用看还需要将这些信息传输给接收端。这些因素造成了 K-L 变换在工程实践中不能广泛使用。人们一方面继续寻求解特征值与特征向量的快速算法，另一方面则寻找一些虽不是“最佳”，但也有较好的去相关与能量集中的特性且容易实现的一些变换方法。而 K-L 变换就常常作为对这些变换性能的评价标准。

1．K-L 变换的基本原理

设 n 维随机向量，$\boldsymbol{x}=(x_1,x_2,...,x_n)^{\mathrm{T}}$，其均值向量为 $\overline{\boldsymbol{x}}=E[\boldsymbol{x}]$，相关矩阵为 $\boldsymbol{R}_{\boldsymbol{x}}=E[\boldsymbol{x}\boldsymbol{x}^{\mathrm{T}}]$，协方差矩阵 $\boldsymbol{C}_{\boldsymbol{x}}=E[(\boldsymbol{x}-\overline{\boldsymbol{x}})(\boldsymbol{x}-\overline{\boldsymbol{x}})^{\mathrm{T}}]$，$\boldsymbol{x}$ 经正交变换后产生向量 $\boldsymbol{y}=(y_1,y_2,..., y_n)^{\mathrm{T}}$。设有标准正交变换矩阵 $\boldsymbol{T}$，（即 $\boldsymbol{T}^{\mathrm{T}}\boldsymbol{T}=\boldsymbol{I}$）

$$\boldsymbol{y}=\boldsymbol{T}^{\mathrm{T}}\boldsymbol{x}=(\boldsymbol{t}_1\ \boldsymbol{t}_2 \cdots \boldsymbol{t}_n)^{\mathrm{T}}\boldsymbol{x}=(y_1,y_2\cdots y_n)^{\mathrm{T}} \tag{2-185}$$

$$y_i=\boldsymbol{t}_i^{\mathrm{T}}\boldsymbol{x}，\ (i=1,2\cdots,n) \tag{2-186}$$

则

$$\boldsymbol{x}=(\boldsymbol{T}^{\mathrm{T}})^{-1}\boldsymbol{y}=\boldsymbol{T}\boldsymbol{y}=\sum_{i=1}^{n}y_i\boldsymbol{t}_i \tag{2-187}$$

称为 $\boldsymbol{x}$ 的 K-L 展开式。取前 m 项为 $\boldsymbol{x}$ 的估计值

$$\hat{\boldsymbol{x}}=\sum_{i=1}^{m}y_i\boldsymbol{t}_i \tag{2-188}$$

式中，$1\leqslant m<n$。其均方误差为

$$\varepsilon^2(m)=E\left[(\boldsymbol{x}-\hat{\boldsymbol{x}})^{\mathrm{T}}(\boldsymbol{x}-\hat{\boldsymbol{x}})\right]=\sum_{i=m+1}^{n}E[y_i^2]=\sum_{i=m+1}^{n}\boldsymbol{t}_i^{\mathrm{T}}E[\boldsymbol{x}\boldsymbol{x}^{\mathrm{T}}]\boldsymbol{t}_i=\sum_{i=m+1}^{n}\boldsymbol{t}_i^{\mathrm{T}}\boldsymbol{R}_{\boldsymbol{x}}\boldsymbol{t}_i \tag{2-189}$$

在 $\boldsymbol{T}^{\mathrm{T}}\boldsymbol{T}=\boldsymbol{I}$ 的约束条件下，要使均方误差 $\varepsilon^2(m)$ 取最小值，为此设定准则函数

$$J=\sum_{i=m+1}^{n}\boldsymbol{t}_i^{\mathrm{T}}\boldsymbol{R}_x\boldsymbol{t}_i-\sum_{i=m+1}^{n}\lambda_i(\boldsymbol{t}_i^{\mathrm{T}}\boldsymbol{t}_i-1) \tag{2-190}$$

由 $\dfrac{\partial J}{\partial \boldsymbol{t}_i}=0$ 可得

$$(\boldsymbol{R}_x-\lambda_i\boldsymbol{I})\boldsymbol{t}_i=0\text{，}\quad i=m+1,\ldots,n \tag{2-191}$$

即 $\boldsymbol{R}_x\boldsymbol{t}_i=\lambda_i\boldsymbol{t}_i$（$i=m+1,\ldots,n$），表明 λ_i 是 $\boldsymbol{R}_x$ 的特征值，而 $\boldsymbol{t}_i$ 是相应的特征向量。利用上式有

$$\varepsilon^2(m)=\sum_{i=m+1}^{n}\boldsymbol{t}_i^{\mathrm{T}}\boldsymbol{R}_x\boldsymbol{t}_i=\sum_{i=m+1}^{n}\boldsymbol{t}_i^{\mathrm{T}}\lambda_i\boldsymbol{t}_i=\sum_{i=m+1}^{n}\lambda_i \tag{2-192}$$

用“截断”方式产生 $\boldsymbol{x}$ 的估计时，使均方误差最小的正交变换矩阵是其相关矩阵 $\boldsymbol{R}_x$ 的前 m 个特征值对应的特征向量构成的。

2. K–L 变换的性质

（1）去相关特性

K–L 变换后的矢量信号的分量互不相关。$\boldsymbol{y}$ 的自相关矩阵和协方差矩阵分别为

$$\boldsymbol{R}_y=E\left[\boldsymbol{y}\,\boldsymbol{y}^{\mathrm{T}}\right]=E\left[(\boldsymbol{T}^{\mathrm{T}}\boldsymbol{x})(\boldsymbol{T}^{\mathrm{T}}\boldsymbol{x})^{\mathrm{T}}\right]=\boldsymbol{T}^{\mathrm{T}}\boldsymbol{R}_x\boldsymbol{T}=\begin{pmatrix}\lambda_1 & & & \\ & \lambda_2 & & \\ & & \ddots & \\ & & & \lambda_n\end{pmatrix} \tag{2-193}$$

$$\boldsymbol{C}_y=E\left[(\boldsymbol{y}-\overline{\boldsymbol{y}})(\boldsymbol{y}-\overline{\boldsymbol{y}})^{\mathrm{T}}\right]=\boldsymbol{T}^{\mathrm{T}}\boldsymbol{C}_x\boldsymbol{T}=\begin{pmatrix}\lambda_1 & & & \\ & \lambda_2 & & \\ & & \ddots & \\ & & & \lambda_n\end{pmatrix} \tag{2-194}$$

变换后的向量 $\boldsymbol{y}$ 的各分量是不相关的：$\lambda_i=E(y_i^2)$，或 $\lambda_i=E\{[y_i-E(y_i)]^2\}$。如图 2–22 所示，DKLT 使新的分量 y_1 和 y_2 不相关，两个新的坐标轴方向分别由 $\boldsymbol{t}_1$ 和 $\boldsymbol{t}_2$ 确定。通过 K–L 变换，消除了原有向量 $\boldsymbol{x}$ 的各分量之间的相关性，从而有可能去掉那些带有较少信息的坐标轴以达到降低特征空间维数的目的。

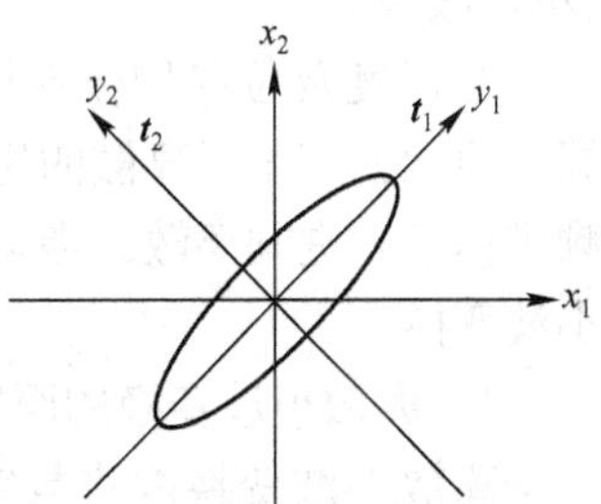

图 2–22　DKLT 的去相关性

（2）能量集中性

所谓能量集中性，是指对 N 维矢量信号进行 K–L 变换后，最大的方差集中在前 M 个低次分量之中。这可使能量向某些分量相对集中，增强随机向量总体的确定性（即得到主要成分）。

（3）最佳特性

K–L 变换是在均方误差测度下失真最小的一种变换，即

$$y_i=\boldsymbol{t}_i^{\mathrm{T}}\boldsymbol{x}\qquad (i=1,2,\cdots,m\,;m\leqslant n) \tag{2-195}$$

$$\varepsilon^2(m)=\sum_{i=m+1}^{n}\lambda_i\Rightarrow\min \tag{2-196}$$

上式表明采用同等维数进行表示，该结果与原始数据的均方误差最小。

（4）无快速算法

无快速算法，且变换矩阵随不同的信号样值集合而不同，这是 K-L 变换的一个缺点，是 K-L 变换实际应用中的一个很大障碍。

2.4.6 离散小波变换

小波变换（Wavelet Transform, WT）是现代频谱分析工具，是继傅里叶变换以来信号处理在科学方法上的重大突破。“小波”就是小区域、长度有限、均值为“0”的波形。所谓“小”是指它具有衰减性；“波”则是指它的波动性，其振幅正负相间的振荡形式。

傅里叶变换提供了有关频率域的信息，但有关时间的局部化信息却基本丢失。与傅里叶变换不同，小波变换是时间（或空间）频率的局部化分析，在时域和频域都有良好的局部化特性，即提供局部分析和细化的能力。它通过伸缩和平移运算对信号逐步进行多尺度细化，最终达到高频处时间（或空间）细分，低频处频率细分，能自动适应时频信号分析的要求，从而可聚焦到信号的任意细节，这就称为小波变换的“数学显微镜”特性。即使对于非平稳过程，采用小波变换也能获得满意的处理结果。与传统的信号分析技术相比，小波变换还能在无明显损失的情况下，对信号进行压缩和去噪。

小波变换分成两大类：离散小波变换（Discrete Wavelet Transform, DWT）和连续小波转换（Continuous Wavelet Transform, CWT）。两者的主要区别在于，CWT 在所有可能的缩放和平移上操作，而 DWT 采用所有缩放和平移值的特定子集。

小波变换的公式有内积形式和卷积形式，两种形式的实质都是一样的。它要求的就是一个个小波分量的系数，也就是“权”。其直观意义就是首先用一个时窗最窄，频窗最宽的小波作为尺子去一步步地“量”信号，也就是去比较信号与小波的相似程度。信号局部与小波越相似，则小波变换的值越大，否则越小。当比较完成后，再将尺子拉长一倍，继续去一步步地比较，从而得出另一组数据。如此循环，最后得出的就是信号的小波分解（小波级数）。

当尺度及位移均作连续变化时，必将产生大量数据，实际应用时并不需要这么多的数据，因此就产生了离散的思想。将尺度作二进制离散就得到二进小波变换，同时也将信号的频带作了二进制离散。当觉得二进离散数据量仍显大时，同时将位移也作离散就得到了离散小波变换。

1．离散小波变换的原理

离散小波变换能将数字图像变换为一系列小波系数，这些系数可以被高效地压缩和存储。此外因为小波变换消除了 DCT 压缩普遍具有的方块效应，因此小波的粗略边缘可以更好地表现图像。下面对其基本原理进行简要介绍。

设 $f(x)$为一维离散信号，记 $\phi_{jk}(x)=2^{-j/2}\phi(2^{-j}x-k)$，$\psi_{jk}(x)=2^{-j/2}\psi(2^{-j}x-k)$，这里 $\phi(x)$与 $\psi(x)$分别称为定标函数与子波函数，$\{\phi_{jk}(x)\}$与$\{\psi_{jk}(x)\}$为二个正交基函数的集合。记 $P_0f=f$，在第 j 级上的一维 DWT 通过正交投影 P_jf 与 Q_jf 将 $P_{j-1}f$ 分解为

$$P_{j-1}f=P_jf+Q_jf=\sum_k c_k^j\phi_{jk}+\sum_k d_k^j\psi_{jk} \tag{2-197}$$

式中

$$c_k^j = \sum_{n=0}^{p-1} h(n) c_{2k+n}^{j-1}, \quad d_k^j = \sum_{n=0}^{p-1} g(n) c_{2k+n}^{j-1} \quad (j = 1,2,\ldots,L, k = 0,1,\ldots,N/2^j - 1) \tag{2-198}$$

这里$\{h(n)\}$与$\{g(n)\}$分别是低通与高通权系数，它们由基函数$\{\phi_{jk}(x)\}$与$\{\psi_{jk}(x)\}$来确定，p 为权系数的长度。$\{c_n^0\}$为信号的输入数据，N 为输入信号的长度，L 为所需的级数。由上式可见，每级一维 DWT 与一维卷积计算很相似。所不同的是，在 DWT 中输出数据下标增加 1 时，权系数在输入数据的对应点下标增加 2，这称为“间隔取样”。

在实际应用中，很多情况下采用紧支集小波（Compactly Supported Wavelets），这时相应的尺度系数和小波系数都是有限长度的，设尺度系数只有有限个非零值：$h_1,\cdots,h_N$，N 为偶数，同样取小波函数使其只有有限个非零值：$g_1,\cdots,g_N$。为简单起见，设尺度系数与小波函数都是实数。对有限长度的输入数据序列：$c_n^0=x_n$，$n=1,2,\ldots,M$（其余点的值都看成 0），它的离散小波变换为

$$c_k^{j+1} = \sum_{n\in Z} c_n^j h_{n-2k} \tag{2-199}$$

$$d_k^{j+1} = \sum_{n\in Z} c_n^j g_{n-2k} \tag{2-200}$$

式中，$j=0,1,\ldots,J-1$，J 为实际中要求分解的步数，最多不超过 $\log_2 M$，其逆变换为

$$c_n^{j-1} = \sum_{k\in Z} c_k^j h_{n-2k} + \sum_{k\in Z} c_k^j h_{n-2k} \tag{2-201}$$

式中，$j=J,\ldots,1$。

采用二维离散小波变换实现对图像数据的处理，一般采用水平与垂直方向上的两次一维小波变换来实现，在具体实现过程中则用滤波器实现离散小波变换。如图 2-23 所示，S 表示原始的输入信号，通过两个互补的滤波器组，其中一个滤波器为低通滤波器，可得到信号的近似值 A，另一个为高通滤波器，可得到信号的细节值 D，再经过下采样（即图中的“下”）即得到小波分解系数。

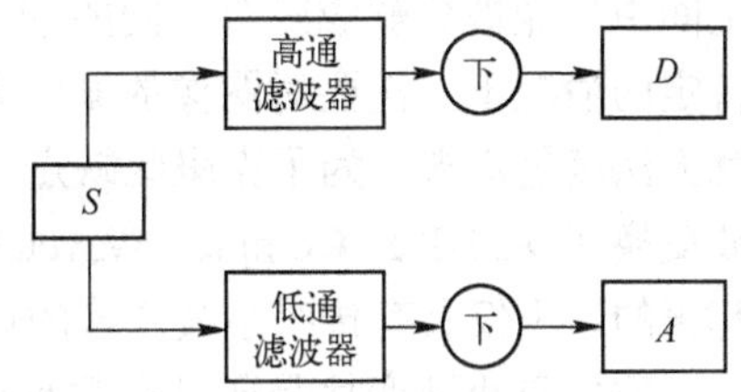

图 2-23 DWT 实现图像分解的示意图

离散小波变换具有可分离性、尺度可变性、平移性、一致性和正交性等特性。在二维图像信号的处理中，离散小波变换具有如下优点：

1）能根据图像特点自适应的选择小波基，从而提高压缩比，而 DCT 不具有自适应性。

2）可以充分利用 DWT 系数之间的空间相关性对系数建模，进一步提高压缩比。

3）可以对 DWT 生成的子带灵活地进行处理。

2. 离散小波变换在图像处理中的应用

（1）小波图像去噪

小波图像去噪的一般步骤如下

1）图像的小波分解：选择合适的小波函数以及适合的分解层次对图像进行分解。

2）对分解后的高频系数进行阈值处理：对分解的每一层，选择合适的阈值对该层的水

平、垂直和斜线三个方向的高频系数进行阈值量化处理。

3）重构图像：根据小波分解的低频系数和经阈值量化处理后的高频系数进行图像重构。

（2）小波图像压缩

图像能够进行压缩的主要原因是：原始图像信息存在着很大的冗余度，数据之间存在着相关性；人眼作为图像信息的接收端，其视觉对于边缘急剧变化不敏感（视觉掩盖效应），以及人眼对图像的亮度信息敏感，而对颜色分辨率弱等。基于上述两点，开发出图像数据压缩的两类基本方法：一种是将相同的或相似的数据或数据特征进行归类，使用较少的数据量描述原始数据，达到减少数据量的目的，这种压缩一般为无损压缩；另一种是利用人眼的视觉特性有针对性地简化不重要的数据，以减少总的数据量，这种压缩一般为有损压缩。只要损失的数据不太影响人眼主观接收的效果，即可采用。

（3）小波图像增强

图像增强的主要目的是提高图像的视觉质量或者凸显某些特征信息。无论是对人类眼睛结构的剖析，还是基于计算机可视化技术的高级图像分析，图像增强都有着重要的作用。虽然图像增强技术不能增加图像数据本身包含的信息，但是可以凸显特定特征，使处理后的图像更容易识别。通常图像增强的目的主要是放大图像中感兴趣结构的对比度，增加可理解性，或者减少或抑制图像中混有的噪声，提高视觉质量。小波变换可以将图像分解为各个尺度上的子带图像，因为图像分解的低频部分体现了图像的轮廓，高频部分表现为图像的细节和混入的噪声，因此对低频部分进行增强，对高频部分进行衰减，可以实现图像增强的目的。

3. 双树复小波变换

传统的二维离散小波变换不具有平移不变性，其方向选择性也十分有限，在每一个尺度空间中只能被分解成三个方向的细节信息，即水平方向、垂直方向和对角方向。然而在某些特定的情况下，需要对图像的某些方向上的纹理或边界进行描述，此时传统的二维小波变换就无法满足需求。为了克服此缺点，1998 年英国剑桥大学的 Kingsbury 等人提出了双树复小波变换（Dual-Tree Complex Wavelet Transform，DTCWT）。它是在复小波变换的基础上发展起来的，不仅具有传统小波变换的优良的特性，还能够更好地描述图像的方向性信息。

双树复小波变换是通过实数小波变换来实现复数小波变换的，它将复小波的实部和虚部分开，通过两组并行的实数滤波器组来获取小波变换系数的实部和虚部，这样通过实数的小波变换实现了复小波变换。

如图 2-24 所示，通过两组并行的实数滤波器组实现双树复小波变换，图中“下”代表下采样，“TreeA”和“TreeB”分别代表复小波的实部和虚部，它们分别采用不同的滤波器组。

二维双树复小波变换与二维离散小波变换类似，都是通过小波张量积来实现拓展。在对图像进行二维双树复小波变换时，方法与二维离散小波变换相同，都是先对图像的行进行一维的双树复小波变换，然后再对列进行变换。

双树复小波变换具有良好的方向选择性，并且其振幅没有振荡特性，代价小。由于其显著改善了离散小波变换的平移敏感性和方向选择性，所以双树复小波变换已经应用到包括图像降噪、分割、增强、分类、特征提取、纹理分析、运动估计、编码、水印和稀疏表示等许多方面。

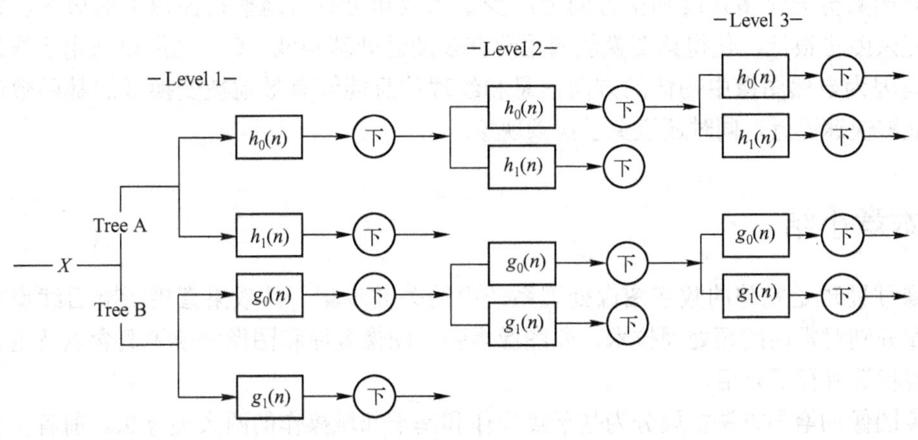

图 2-24　一维双树复小波变换的分解示意图

4．Contourlet 变换

小波变换虽然具有多尺度特性，但是不能有效地表示信号中带有方向性的奇异特征。为解决这一问题，Candes 建立了脊波理论，脊波变换的主要缺陷在于不能处理曲线奇异性。为解决此问题，单尺度的脊波变换应运而生，其主要原理是采用剖分的方法，用直线逼近曲线。曲波在单尺度脊波的基础上发展而来。曲波变换能够有效捕捉曲线的奇异性，但离散化较困难。于是 M.N. Do 和 Martin Vetterli 于 2003 年提出一种类似于曲波方向性的 Contourlet（轮廓波，简称 CT）变换，其最大特点是直接产生于离散域。目前 CT 在图像处理领域的应用日渐增多，研究成果不断涌现。

CT 是一种新的多尺度几何分析方法，基本思想是在多尺度的基础上实现方向信息的提取。如图 2-25 所示，CT 通过多尺度分解和多方向分解两部分实现，首先利用拉普拉斯金字塔（Laplacian Pyramid，LP）对图像进行多尺度分解获得多分辨率特性，即实现奇异点的分离任务（LP 结构可将二维图像分成低通和高通两个子带），再用方向滤波器组（Directional Filter Bank，DFB）对各尺度的高通子带进行多方向分解，即完成奇异的收集，将方向基本相同的奇异点收集到一个基函数上进行更集中的描述，合成为 CT 系数。LP 与 DFB 结合形成的双层滤波器组结构称为塔形方向滤波器组（Pyramidal Direction Filter Bank，PDFB）。图中，H_i 和 L_i 构成了拉普拉斯金字塔滤波器。

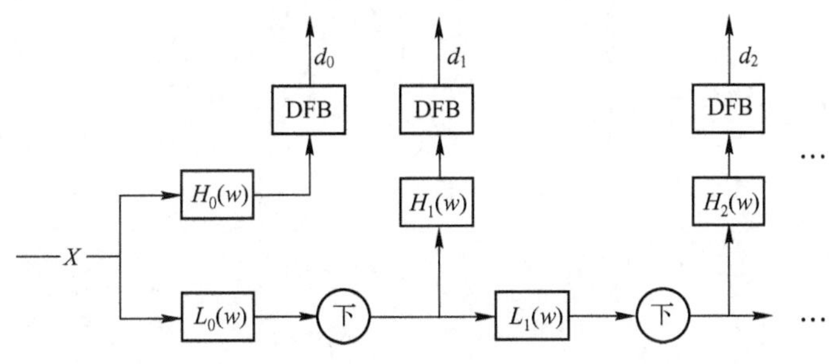

图 2-25　CT 对信号的分解过程示意图

CT 是小波变换的一种新扩展，具有多分辨率、局部定位、多方向性和各向异性等性质，其基函数分布于多尺度和多方向上，少量系数即可有效地捕捉图像中的边缘轮廓。此外，其冗余度也很低，使得该变换能应用于许多图像处理领域。CT 之所以适用于描述自然图像，是因为自然图像中物体的方向信息和纹理信息能够有效地被变换域的基函数简便表示，并能够快速逼近，同时还避免了扰频现象。

2.5 本章小结

图像预处理是完整的数字图像处理系统中的关键步骤，其效果直接影响后续步骤的精度。本章分别对常用的预处理技术，即图像增强、图像复原和图像变换等概念以及主要算法和应用现状等进行了介绍。

灰度图像的增强方法主要分为基于点操作和基于邻域操作的两大类方法。前者主要包括灰度变换（包括线性变换和非线性变换）和直方图处理（包括直方图均衡化和规定化）。后者包括图像平滑（如邻域平均法、中值滤波和多图像平均法等）和图像锐化。

图像复原要求建立退化图像的降质模型，实际应用中常用的主要有线性移动降质模型、散焦降质模型、高斯降质模型、离焦模糊模型和大气扰动模型等。经典的图像复原方法主要有逆滤波、维纳滤波、正则滤波、Richardson-Lucy 算法和盲去卷积法等。

图像变换是图像频域增强技术的基础，也是变换域图像分析理论的基础，主要包括二维离散傅里叶变换、二维离散余弦变换、离散沃尔什-哈达玛变换、离散 K-L 变换和离散小波变换等。

第 3 章　图像分割技术

图像分割是在图像预处理（包含增强、复原等）的基础上对信息进行组织与加工的过程，它是实现图像自动识别与理解的必要步骤，也是从图像处理到图像分析的关键技术。

目前主要有四种图像分割技术：并行边界分割技术、串行边界分割技术、并行区域分割技术和串行区域分割技术。本章结合实例分别对每一项技术进行简单介绍，并在此基础上拓展到彩色图像分割。

3.1　图像分割概述

所谓图像分割是指根据图像的灰度、彩色、空间纹理、几何形状等特征把图像划分成若干个互不相交的区域，使得这些特征在同一区域内，表现出一致性或相似性，而在不同区域之间表现出明显的不同。简单的讲，就是在一幅图像中，把目标从背景中分离出来，以便于进一步处理。通过对分割结果的描述，可以理解图像中包含的信息。

图像分割的实质是将像素分类的过程，分类的依据可建立在像素之间的相似性和非连续性上。分割结果是以区域的边界坐标表示的，而分割的程度取决于要解决的问题。也就是说，在实际应用中，当感兴趣的对象已经被分离出来时就停止分割。

图像分割是图像处理与计算机视觉领域低层次视觉中最为基础和重要的领域之一，它是对图像进行视觉分析和模式识别的基本前提，同时也是一个经典难题。到目前为止不存在一种通用的图像分割方法适用于任何图像，也不存在一种判断分割是否成功的客观标准，对分割结果的评价需要根据具体的场合要求衡量。

一般地，图像分割算法基于像素亮度（灰度）值的两个基本特性之一：非连续性和相似性（如图 3-1 所示）。

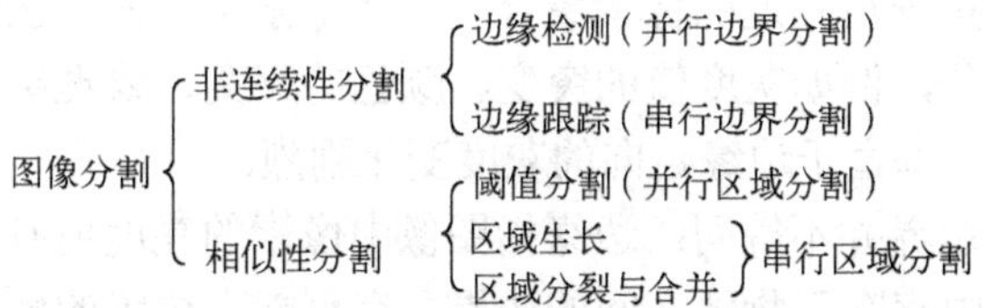

图 3-1　图像分割的主要方法

1．相似性分割

相似性分割是将具有相同或相似灰度级或纹理的像素聚集在一起，形成图像中的不同区域。这种基于相似性原理的方法常称为“基于区域相关的分割技术”。“同质”分割依据包括灰度、颜色、纹理、灰度变化等。阈值处理、区域生长、区域分裂与合并都属于此类方法。

2．非连续性分割

非连续性分割即指基于亮度的不连续变化分割图像。需要先检测图像的局部不连续性，然后将它们连接起来形成边界，这些边界将图像分割成不同的区域。这种基于不连续原理检测图像中物体边缘的方法也称为“基于点相关的分割技术”，即边缘检测法。

上述两种方法具有互补性，一般在不同的场合需要不同的方法，有时也将它们的处理结果相结合，以获得更好的效果。

随着计算机处理能力的提高，很多图像分割方法不断涌现，如基于彩色分量的分割、纹理图像的分割等。所使用的数学工具和分析手段也在不断扩展，从时域信号到频域信号处理，以及小波变换等。

3.2 并行边界分割

并行边界分割就是根据灰度梯度的变化规律检测出物体的边缘，将边缘闭合形成物体的边界，进而分割区域，如图 3-2 所示，此类技术属于并行边界技术。实施时各像素间无相关性，原图像可以分成几部分同时进行分割，故称并行。这部分内容也是边缘提取/检测的算法介绍。

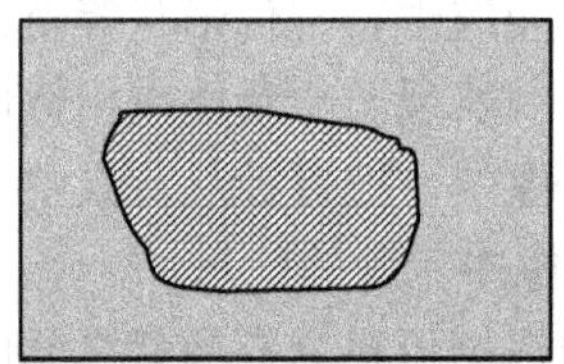
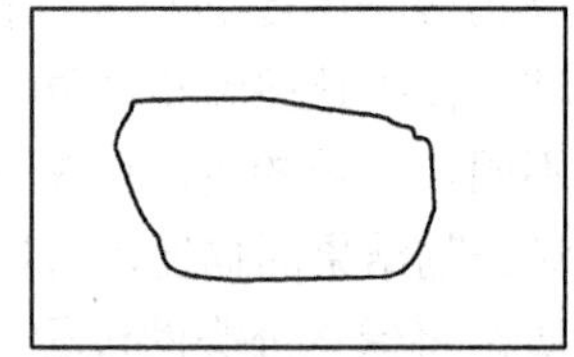

图 3-2 通过边缘检测划分区域

边缘检测是基于边界分割方法的最基本的处理。因为现实世界中的物体是三维的，而图像只具有二维信息，从三维到二维的投影成像不可避免会丢失一部分空间信息。另外，成像过程中的光照和噪声也是不可避免的重要因素。基于这些原因，基于边缘的图像分割仍然是当前图像处理领域的难题。

3.2.1 边缘的定义和种类

图像中物体的边缘是一组相连的像素集合，这些像素位于两个区域的边界上，是图像局部亮度变化最显著的部分，例如灰度值的突变、颜色的突变、纹理结构的突变等。通常沿边缘的走向灰度变化平缓，垂直于边缘走向的灰度变化剧烈。

边缘和物体之间的边界并不等同：边缘指图像中像素的亮度值有突变的地方，而物体之间的边界是指现实场景中存在于物体之间的边界。有可能有边缘的地方并非边界，而有边界的地方并无边缘。

如图 3-3 所示，根据相邻区域灰度值的不同，常见的边缘可分为阶跃型、屋脊型和斜坡型等。图 3-4 是两个区域之间边缘的一条水平的灰度级剖面线。当我们沿着剖面线从左到右经过时，在进入和离开斜面的变化点，一阶导数为正。在灰度级不变的区域一阶导数为零。在边缘与黑色区域（灰度值较小）相连的跃变点二阶导数为正，在边缘与明亮（灰度值较大）相连的跃变点二阶导数为负，沿着斜坡和灰度为常数的区域二阶导数为零。

由上述现象我们可以得出结论：

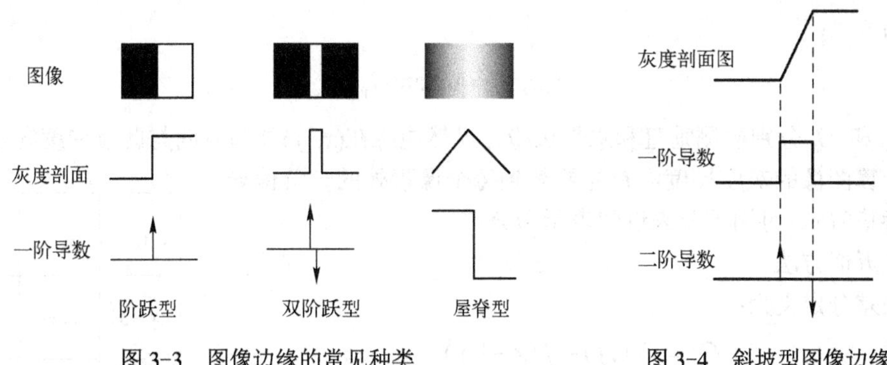

图 3-3　图像边缘的常见种类　　　　图 3-4　斜坡型图像边缘

1）一阶导数可以用于检测图像中的一个点是否是边缘点，也就是判断一个点是否在斜坡上。

2）二阶导数的符号可以用于判断一个边缘像素是在亮的一边还是在暗的一边。即它可以说明灰度突变的类型。在有些情况下，如灰度变化均匀的图像，只利用一阶导数可能找不到边界，此时二阶导数就能提供很有用的信息。二阶导数对噪声也比较敏感，解决的方法是先对图像进行平滑滤波，消除部分噪声，再进行边缘检测。

3）在实际的图像分割中，往往只用到一阶和二阶导数，虽然原理上可以用更高阶的导数，但是因为噪声的影响，三阶以上的导数信息往往失去了应用价值。

3.2.2　并行边缘检测方法

边缘检测的方法很多，主要有以下几种：空域微分算子，也就是传统的边缘检测方法，如 Roberts 算子、Prewitt 算子和 Sobel 算子等；拟合曲面，即利用当前像素邻域中的一些像素值拟合一个曲面，然后求这个连续曲面在当前像素处的梯度；小波多尺度边缘检测；基于数学形态学的边缘检测等。这里主要介绍空域微分算子，其基本思想是检测每个像素和其直接邻域的状态，以决定该像素是否处于一个物体的边界上。

1．一阶微分算子

一阶微分算子（即梯度算子）利用灰度一阶导数的信息完成对图像边缘的检测，是一类经典的边缘检测算法，代表性的算法有 Roberts、Kirsch、Prewitt、Sobel、Isotropic Sobel、Robinson、Frei 和 Chen 算法等。

如果一个像素落在图像中某一个物体的边界上，则其邻域是一个灰度级变化的带。常用灰度的变化率和方向对这种变化进行描述，它们分别以梯度向量的幅度和方向来表示。一阶微分算子的基本思想是先用近似方法求梯度，然后再取一个阈值，把灰度梯度的幅值大于这个阈值的点作为阶跃状边缘点检出。

图像 $f(x, y)$ 在像素 (x, y) 的灰度梯度定义为

$$\nabla f = \begin{bmatrix} G_x \\ G_y \end{bmatrix} = \begin{bmatrix} \partial f / \partial x \\ \partial f / \partial y \end{bmatrix} \tag{3-1}$$

其幅值为

$$|\nabla f| = \sqrt{{G_x}^2 + {G_y}^2} \tag{3-2}$$

方向角为

$$\phi(x,y)=\arctan(G_y/G_x) \tag{3-3}$$

式中，G_y 和 G_x 分别检测垂直和水平边缘。显然边缘在(x, y)处的方向与此点梯度向量的方向垂直。计算图像的灰度梯度，首先要得到每个像素处的一阶偏导数$\partial f/\partial x$ 和$\partial f/\partial y$。可用差分来近似表示微分：

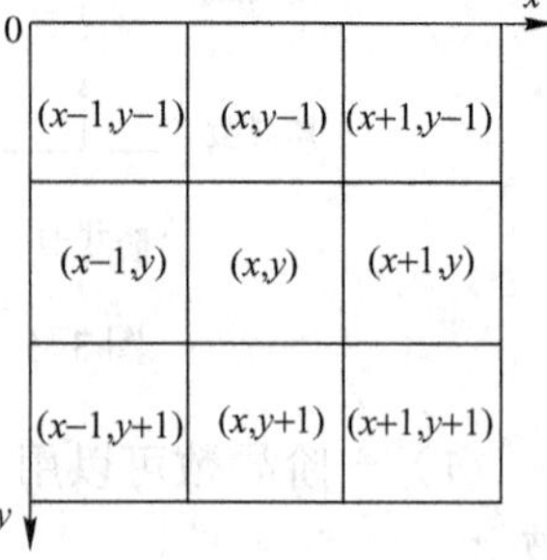

图 3-5　像素(x, y)的 3×3 邻域

（1）近似方法

前向差分定义为：

$$G_x=f(x,y)-f(x-1,y)$$
$$G_y=f(x,y)-f(x,y-1) \tag{3-4}$$

用算子分别表示为$[-1\quad 1]$和$\begin{bmatrix}1\\-1\end{bmatrix}$。后向差分定义为：

$$\begin{aligned}G_x&=f(x+1,y)-f(x,y)\\G_y&=f(x,y+1)-f(x,y)\end{aligned} \tag{3-5}$$

用算子分别表示为$[1\quad -1]$和$\begin{bmatrix}-1\\1\end{bmatrix}$。

（2）Roberts 交叉梯度算子

$$\begin{aligned}G_x&=f(x+1,y+1)-f(x,y)\\G_y&=f(x,y+1)-f(x+1,y)\end{aligned} \tag{3-6}$$

如图 3-6 所示，其模板表示分别为$\begin{bmatrix}-1&0\\0&1\end{bmatrix}$和$\begin{bmatrix}0&-1\\1&0\end{bmatrix}$。其特点是边缘定位准，对噪声敏感。由于 2×2 的模板没有清楚的中心点，所以很难直接使用，通常使用 3×3 的模板。

（3）Prewitt 算子

$$\begin{aligned}G_x&=\big(f(x-1,y+1)+f(x,y+1)+f(x+1,y+1)\big)-\big(f(x-1,y-1)+f(x,y-1)+f(x+1,y-1)\big)\\G_y&=\big(f(x+1,y-1)+f(x+1,y)+f(x+1,y+1)\big)-\big(f(x-1,y-1)+f(x-1,y)+f(x-1,y+1)\big)\end{aligned} \tag{3-7}$$

即第一行和第三行间的差近似于 x 方向上的导数，第三列和第一列之差近似于 y 方向上的导数。如图 3-7 所示，其模板表示分别为$\begin{bmatrix}-1&0&1\\-1&0&1\\-1&0&1\end{bmatrix}$和$\begin{bmatrix}-1&-1&-1\\0&0&0\\1&1&1\end{bmatrix}$。

Prewitt 算子通过对像素灰度值的平均对噪声起到抑制作用，但是灰度值的平均相当于对图像的低通滤波，所以它对边缘的定位不如 Roberts 算子。

（4）Sobel 算子

将式（3-7）Prewitt 算子的中心系数上增加一个权值 2，得到

$$\begin{aligned}G_x&=\big(f(x-1,y+1)+2f(x,y+1)+f(x+1,y+1)\big)-\big(f(x-1,y-1)+2f(x,y-1)+f(x+1,y-1)\big)\\G_y&=\big(f(x+1,y-1)+2f(x+1,y)+f(x+1,y+1)\big)-\big(f(x-1,y-1)+2f(x-1,y)+f(x-1,y+1)\big)\end{aligned} \tag{3-8}$$

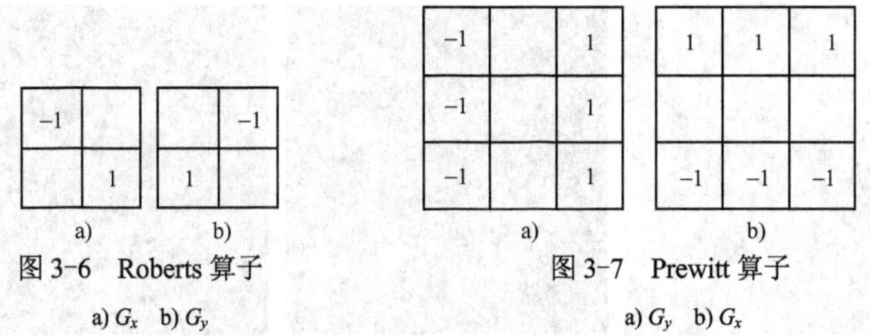

图 3-6 Roberts 算子

a) G_x b) G_y

图 3-7 Prewitt 算子

a) G_y b) G_x

权值 2 用于通过增加中心点的重要性而实现某种程度上的平滑效果，即 Sobel 算子。如图 3-8 所示，其模板表示分别为$\begin{bmatrix}-1 & 0 & 1\\-2 & 0 & 2\\-1 & 0 & 1\end{bmatrix}$和$\begin{bmatrix}-1 & -2 & -1\\0 & 0 & 0\\1 & 2 & 1\end{bmatrix}$。有时为了检测特定方向上的边缘，也采用特殊的方向算子，如检测 45°或 135°边缘的 Sobel 方向算子分别为$\begin{bmatrix}2 & 1 & 0\\1 & 0 & -1\\0 & -1 & -2\end{bmatrix}$和$\begin{bmatrix}0 & -1 & -2\\1 & 0 & -1\\2 & 1 & 0\end{bmatrix}$。

采用 Sobel 算子检测出的边界宽一般大于或等于 2 个像素。Sobel 算子和 Prewitt 算子都是采用加权平均算法，但是 Sobel 算子认为邻域像素对当前像素产生的影响不是等价的，与中心像素距离不同的像素具有不同的权值，对算子结果产生的影响也不同。一般来说，距离越远，产生的影响越小。Prewitt 和 Sobel 算子是在实践中计算数字图像的灰度梯度最常用的算法，前者实现起来比后者更为简单，但后者在噪声抑制特性方面略胜一筹。

图 3-6～3-8 中，所有模板中的系数总和为 0，表示在灰度级不变的区域，模板响应为 0。

（5）Isotropic（各向同性）Sobel 算子

该算子也属于加权平均算子，其权值反比于邻点与中心点的距离，当沿不同方向检测边缘时梯度幅度一致，就是通常所说的各向同性。如图 3-9 所示，其模板表示为$\begin{bmatrix}-1 & 0 & 1\\-\sqrt{2} & 0 & \sqrt{2}\\-1 & 0 & 1\end{bmatrix}$和$\begin{bmatrix}-1 & -\sqrt{2} & -1\\0 & 0 & 0\\1 & \sqrt{2} & 1\end{bmatrix}$。和普通 Sobel 算子相比，它的位置加权系数更为准确。

图 3-10 是分别采用 Prewitt 算子和 Sobel 算子对同一幅图像进行边缘检测的结果。

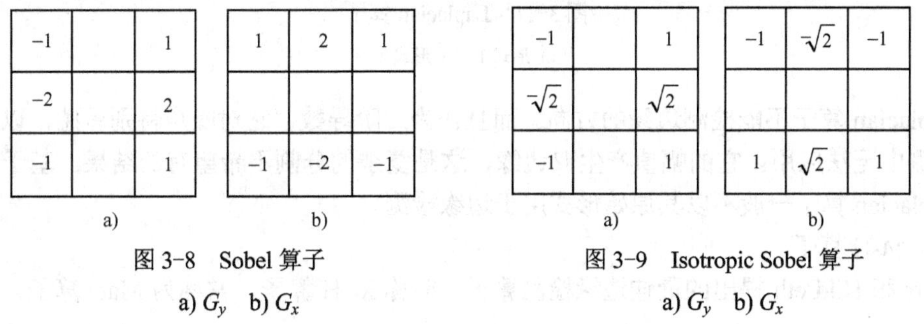

图 3-8 Sobel 算子

a) G_y b) G_x

图 3-9 Isotropic Sobel 算子

a) G_y b) G_x

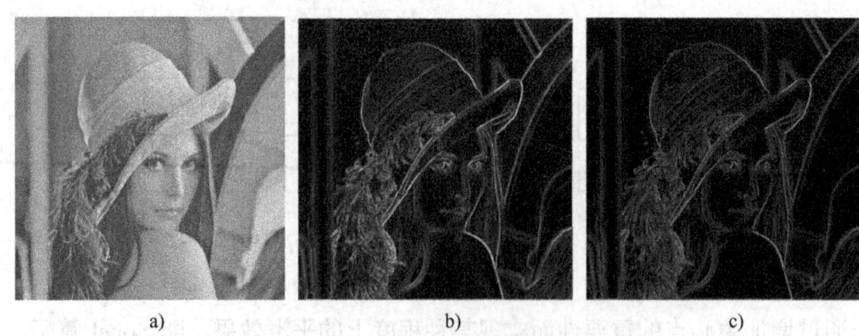

a) b) c)

图 3-10　对 Lena 图像的边缘检测结果

a) 原始图像　b) Prewitt 算子处理后的结果图像　c) Sobel 算子处理后的结果图像

灰度梯度是一个向量，有大小（见式（3-2））和方向（见式（3-3））。因为在实际中计算梯度的幅值时，平方和平方根的计算量很大，所以经常使用如下两种近似方法：

$$\left|\nabla f\right| \approx \left|G_x\right| + \left|G_y\right| \tag{3-9}$$

$$\left|\nabla f\right| \approx \max(\left|G_x\right|, \left|G_y\right|) \tag{3-10}$$

2．二阶微分算子

（1）Laplacian 算子

二维函数 $f(x,y)$的 Laplacian 算子的定义是：

$$\nabla^2 f = \frac{\partial^2 f}{\partial x^2} + \frac{\partial^2 f}{\partial y^2} \tag{3-11}$$

可以证明∇^2是各向同性的，即

$$\frac{\partial^2 f}{\partial x'^2} + \frac{\partial^2 f}{\partial y'^2} = \frac{\partial^2 f}{\partial x^2} + \frac{\partial^2 f}{\partial y^2} \tag{3-12}$$

对于一个 3×3 大小的区域，Laplacian 算子的两种常用形式如图 3-11 所示。

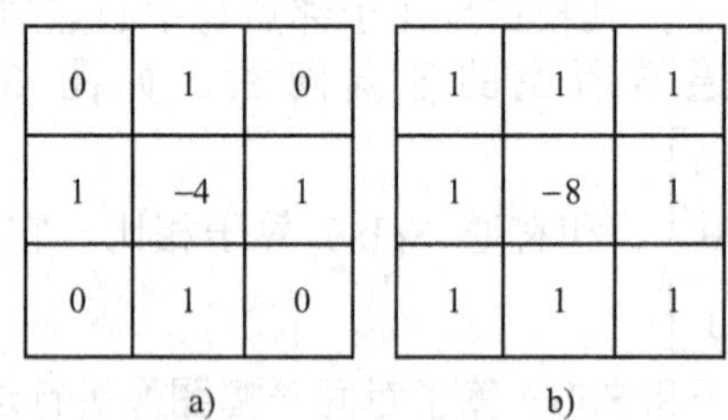

0	1	0
1	−4	1
0	1	0

a)

1	1	1
1	−8	1
1	1	1

b)

图 3-11　Laplacian 算子

a) 形式 1　b) 形式 2

Laplacian 算子不能检测边缘的方向。而且作为二阶导数，它对噪声特别敏感，以致于在边缘检测中无法应用。它的幅值产生双边缘，这是复杂的分割不希望有的结果。基于上述原因，Laplacian 算子一般不以其原始形式用于边缘检测。

（2）M-H 算子

Marr 和 Hildreth 提出的最佳边缘检测算子（简称 M-H 算子，常称为 Marr 算子）是将高

斯滤波器和 Laplacian 边缘检测结合在一起，形成了 LOG（Laplacian of Gaussian，高斯拉普拉斯）算法。即先用高斯函数对图像进行平滑，然后再用 Laplacian 算子提取二阶导数的“零交叉”进行边界检测。

二维高斯函数的定义为

$$G(x,y,\sigma)=\frac{1}{2\pi\sigma^2}\exp[-\frac{1}{2\sigma^2}(x^2+y^2)] \tag{3-13}$$

对原始图像 $f(x,y)$ 采用高斯滤波器平滑的结果为

$$f_s(x,y)=f(x,y)^*G(x,y,\sigma) \tag{3-14}$$

式中，“*”表示卷积。取高斯滤波器作平滑滤波，可以使频域具有通带窄、空域方差小的最佳特点。用拉普拉斯算子对平滑后的图像进行运算

$$\nabla^2 f_s(x,y)=\nabla^2(f(x,y)^*G(x,y,\sigma))=f(x,y)*\nabla^2G(x,y,\sigma) \tag{3-15}$$

式中

$$\nabla^2G(x,y,\sigma)=\frac{\partial^2G}{\partial x^2}+\frac{\partial^2G}{\partial y^2}=\frac{1}{\pi\sigma^4}\left(\frac{x^2+y^2}{2\sigma^2}-1\right)\exp\left[-\frac{1}{2\sigma^2}(x^2+y^2)\right] \tag{3-16}$$

连接零交叉点的轨迹，就可得到图像边缘。常用的 M-H 算子是 5×5 的模板：

$$\begin{pmatrix} -2 & -4 & -4 & -4 & -2 \\ -4 & 0 & 8 & 0 & -4 \\ -4 & 8 & 4\bullet & 8 & -4 \\ -4 & 0 & 8 & 0 & -4 \\ 2 & -4 & -4 & -4 & -2 \end{pmatrix} \tag{3-17}$$

M-H 是二阶微分算子，具有各向同性，即与坐标轴方向无关，坐标轴旋转后梯度结果不变。噪声点（即灰度与周围点相差很大的点）对边缘检测有一定的影响，而 LOG 算子把高斯平滑滤波器和拉普拉斯锐化滤波器结合起来，先平滑掉噪声，再进行边沿检测，所以边缘检测的效果会更好。

M-H 算子的主要优点如下：

1）该滤波器中的高斯函数部分可以对图像进行平滑，消除图像中尺度变化小于滤波参数 σ 的噪声或不必要的细节，孤立的噪声点和较小的结构组织将被滤除。而且高斯函数在空域与频域具有相同的形式与性质，都是平滑、定域的，基本上不会引入在原始图像中未出现的变化。

2）用拉普拉斯算子将边缘点转换成零交叉点，通过零交叉点的检测来实现边缘检测，不仅减少了计算量，而且保证了各向同性。

3）滤波参数 σ 可调，能够在任何需要的尺度上工作。大尺度可以用来检测图像的模糊边缘，小尺度可以用来检测聚焦良好的图像细节。

理论上，边缘点应处在一阶导数的峰值点，在这些点上二阶导数为零，于是可以根据二阶导数过零进行边缘检测。但由于噪声的作用，并非所有二阶导数过零点都对应真正的边缘。如何去掉“假边缘”点，保留真正的边缘点；如何解决抗噪声和边缘定位的准确性这一矛盾；如何选择合适的空间常数，以减少各边缘之间的相互影响，是实际应

用中需要解决的问题。

采用不同的边缘检测算子对例图的处理结果如图 3-12 所示。

图 3-12　采用不同的边缘检测算子对例图的处理结果

a) 原始图像　b) Sobel 算子结果图像　c) Isotropic Sobel 算子结果图像　d) M-H 算子结果图像

（3）Canny 算子：

Canny 边缘检测算子是 Canny 于 1986 年开发出来的一个多级边缘检测算法，他创立了边缘检测计算理论（Computational theory of edge detection）。Canny 提出了评价边缘检测算子性能的三个准则：

1）信噪比准则，即良好的信噪比，将非边缘点判为边缘点的概率要低，将边缘点判为非边缘点的概率也要低。

2）定位精度准则，即良好的定位能力，标示出的边缘要与图像中的实际边缘尽可能接近，要尽可能在实际边缘的中心。

3）单边缘响应准则，即对单一的边缘仅有唯一的响应，单个边缘产生多个响应的概率要低，并且虚假边缘要得到最大的抑制。

也就是说，在提高对景物边缘的敏感性的同时，可以抑制噪声的方法才是好的边缘提取方法。基于此，Canny 给出了检测阶跃边缘的最佳算子，但计算量非常大。其设计过程如下：

1）首先用高斯滤波平滑图像。

2）利用微分算子，计算梯度的幅值和方向。

3）对梯度幅值进行非极大值抑制。即遍历图像，若某个像素的灰度值与其梯度方向上前后两个像素的灰度值相比不是最大，则这个像素不是边缘。

4）使用双阈值算法检测和连接边缘。即使用累计直方图计算两个阈值，凡是大于高阈值的一定是边缘，小于低阈值的一定不是边缘。如果检测结果大于低阈值但又小于高阈值，就要看这个像素的邻接像素中有没有超过高阈值的边缘像素，如果有，则该像素就是边缘，否则不是。

在并行边缘检测算子中，最简单的是 Roberts 算子，但它是 2×2 的模板，没有明确的中心像素，使用不方便。3×3 的模板中，Prewitt 和 Sobel 算子是最常用的，前者实现起来比后者更为简单，但后者在噪声抑制特性方面略胜一筹。上述这几种算子都能实现中心定位，但对噪声都比较敏感，尤其是 Laplacian 算子，它是二阶微分算子，对噪声的放大能力更强于其他一阶微分算子，不利于边缘分析。实用的策略是先对图像进行平滑处理，抑制噪声，再求微分，即为 M-H、Canny 等算子。若对图像进行局部线形拟合，再用拟合得到的光滑函数的导数代替直接的数值导数，则为 Facet 模型检测边缘算子。

3.3 串行边界分割

串行边界分割（轮廓跟踪，也称边缘点连接）是一种基于梯度的串行分割图像的方法，是指从梯度图中的一个边界点出发，依次通过对前一个边界点的考察而逐步确定出下一个新的边界点，并将它们连接而逐步检测出边界的方法。

串行边界分割技术通过顺序搜索边缘点来跟踪出边界，通常包括三个步骤：

1）确定起始边界点。根据算法的不同，选择一个或多个边缘点作为搜索的起始边界点。

2）确定合适的搜索策略（或准则），按照该准则，由已经发现的边界点确定下一个检测目标并对其进行检测。

3）制定出终止搜寻的准则（即搜索过程结束的条件，一般是将形成闭合边界作为终止条件），在满足终止条件时结束搜寻。

常用的串行边界分割方法有两种：探测法和梯度图法。梯度图法是先对原图像进行梯度运算，然后按照如下步骤进行边界跟踪：

1）搜索起始点：对梯度图进行搜索，找到梯度最大点，作为边界跟踪的起始点。

2）设定生长规则：在起始点的 8 邻域像素中，将梯度最大的点作为边界点，同时将其作为下一轮搜索的起始点。

3）设定终止条件：按照步骤 2）的准则搜索，直到梯度绝对值小于预先设定的阈值时，搜索停止。有时为了保证边界的光滑性，每次只是在一定范围的像素中选择，这样得到的边界点不但能保证连通性，还能保证光滑性。

如图 3-13 所示，探测法的步骤如下：

1）根据光栅扫描，发现起始边界点像素 p_0，其坐标为(3,5)。

2）按照逆时针方向研究 p_0 的 8 邻域像素(3,4)、(4,4)和(4,5)，由此发现边界点 p_1。

3）从 p_0 以前的像素，即像素(3,4)按照逆时针方向顺序研究 p_1 的 8 邻域像素，因此发现像素 p_2。这时因为 $p_0 \neq p_1$，所以令 $p_k = p_2$，返回步骤 3）。

4）重复以上操作，以 $p_0, p_1, \cdots, p_n$ 的顺序跟踪 8-连通的边界像素。

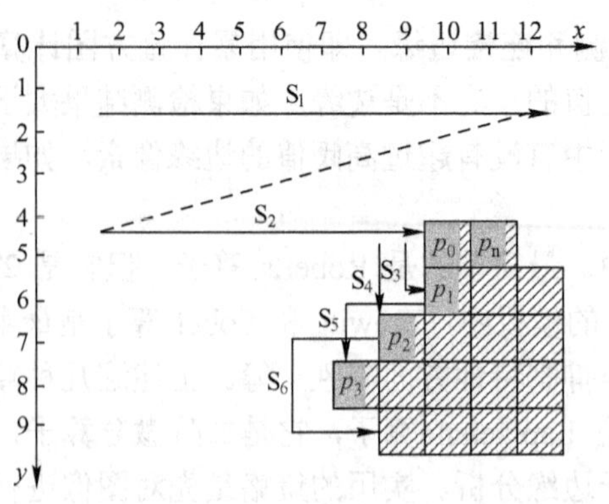

图 3-13　采用探测法进行轮廓跟踪的示意图

例如，对于二值图像（即黑白图像）进行闭合边界轮廓跟踪的算法如下：首先按从上到下，从左到右的顺序搜索，找到的第一个黑点一定是最左上方的边界点，记为 A。它的右、右下、下、左下四个邻点中至少有一个是边界点，记为 B。从 B 开始找起，按右、右上、上、左上、左、左下、下、右下的顺序找相邻点中的边界点 C。如果 C 就是 A 点，则表明已经转了一圈，程序结束。否则从 C 点继续找，直到找到 A 为止。判断某个像素是否为边界点时，如果它的上下左右四个邻居都是黑点则不是边界点，否则是边界点。

采用并行边缘检测的方法对图像进行分割时，对图像每一个像素的处理不依赖于对其他像素的处理结果。而采用边界跟踪方法分割图像时，不但要利用当前像素的灰度信息，而且要利用前面处理过像素的结果。对某个像素的处理，是否将其归为边界点，和先前对其他像素的处理得到的信息有关。在并行边界分割法中，边缘像素不一定能够组合成闭合的曲线，因为边界上有可能会遇到缺口，缺口可能太大而不能用一条直线或曲线连接，也有可能不是一条边界上的缺口。串行边界分割的方法可以在一定程度上解决这些问题，对某些图像，这种方法的分割结果更好。

3.4　并行区域分割

在对图像进行并行区域分割时，各像素之间无相关性，原图像可以分成几部分同时进行分割。主要有两种方法：阈值分割和聚类。本节主要介绍阈值分割方法。

3.4.1　阈值分割概述

1. 目的

图像阈值化的目的是要按照灰度级，对像素集合进行划分，得到的每个子集形成一个与现实景物相对应的区域，各个区域内部具有一致的属性，而相邻区域不具有这种一致属性。这样的划分可以通过灰度级选取一个或多个阈值来实现。

2. 原理

阈值分割法的基本原理是：通过设定特征阈值，把像素分为若干类。常用的特征包括直接来自原始图像的灰度或彩色特征，以及由原始灰度或彩色值变换得到的特征。

设原始图像为 $I(x, y)$，按照一定的准则在 $I(x, y)$中找到特征值 T，将图像分割为两个部

分，分割后的图像为

$$I'(x,y)=\begin{cases}b_0, & I(x,y)<T\\ b_1, & I(x,y)\geqslant T\end{cases} \tag{3-18}$$

若取 $b_0=0$ 和 $b_1=255$，即为我们通常所说的图像二值化。简单地说，对于灰度图像，灰度值比阈值大的像素就是白，比它小就是黑。经过阈值化处理后的灰度图像变成了黑白二值图像，所以阈值化是将灰度图像转化为二值图像的一种常用方法。

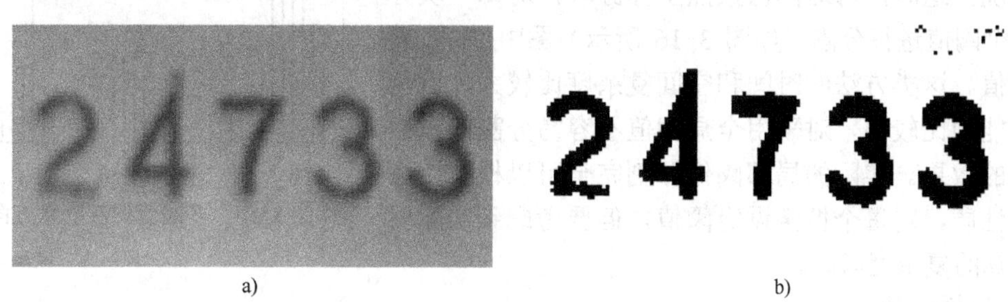

图 3-14　对例图的阈值分割结果

a) 原始图像　b) 阈值分割结果

3. 适用范围

对于包含复杂景物的图像，如自然场景，很难判断有的区域究竟是前景还是背景。因此阈值分割一般不能直接应用于复杂景物的正确分割。阈值分割方法特别适用于目标和背景占据不同灰度级范围的图像，也就是说前景和背景有很强对比的图像。当物体的灰度级比较集中时，可通过简单的设置灰度级阈值，来从图像中提取目标物体。

4. 方法分类

根据使用的是图像的局部信息还是整体信息，可将阈值分割方法分为上下文无关方法（即基于点的方法）和上下文相关方法（即基于区域的方法）；根据对全图像使用统一阈值，还是对不同区域使用不同阈值，可以分为全局阈值方法和局部阈值方法。

如果分割过程中对图像中每个像素所使用的阈值都相等，则为全局阈值方法，即单阈值分割，其原理如下：假定目标物体和背景分别处于不同灰度级，图像被零均值高斯噪声污染。图像的灰度分布曲线近似用两个正态分布概率密度函数分别代表目标和背景的直方图，利用这两个函数的合成曲线拟合整体图像的直方图，将会出现两个分离的峰值，如图 3-15

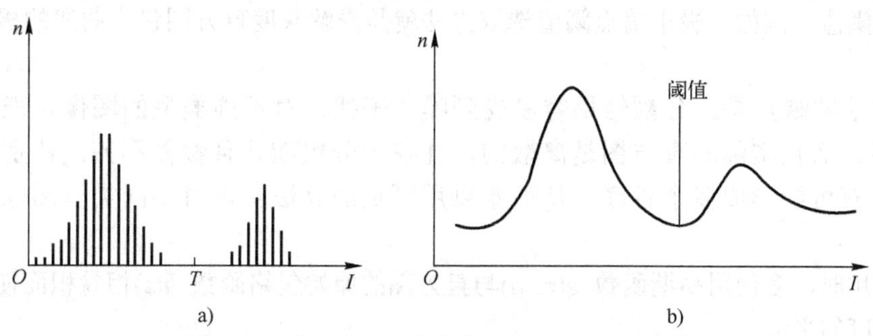

图 3-15　单一阈值的灰度直方图和灰度分布曲线

a) 灰度直方图　b) 灰度分布曲线

所示，图中 I 表示图像的灰度值，T 表示阈值，n 表示像素个数。依据最小误差理论针对直方图的两个峰间的波谷所对应的灰度值求出分割的阈值。该方法适用于具有良好双峰性质的图像，但需要用到数值逼近等计算，算法十分复杂，而且多数图像的灰度直方图是离散、不规则的。

当图像中的光照不均匀、有突发噪声，或者背景灰度变化比较大时，采用单一阈值则不能兼顾各个像素的实际情况。这时，可对图像按照坐标分块，对每一块分别选一个阈值进行分割（如图 3-16 所示）图中 T_1 和 T_2 表示阈值。这类方法的时间和空间复杂度比较大，但是抗噪声能力比较强，对采用全局阈值不容易分割的图像有较好的效果。实际的局部阈值分割完全可以根据图像的实际性质，对每个像素设定阈值，但要考虑到实际要求和计算的复杂度问题。

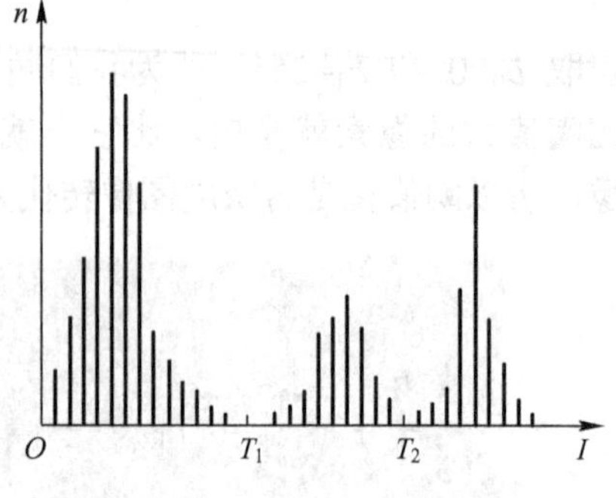

图 3-16　多阈值的灰度直方图

5. 应用现状

阈值法是一种传统的图像分割方法，因其实现简单、计算量小、性能较稳定而成为图像分割中最基本和应用最广泛的技术，已被应用于很多领域，例如，在红外技术领域中，红外热图像的分割和红外成像跟踪系统中目标的分割等；在遥感领域，合成孔径雷达图像中目标的分割等；在医学图像处理中，血液细胞显微图像的分割，磁共振和 X 射线图像的分割等；在农业工程领域，水果品质无损检测中水果图像与背景的分割；在工业生产中，机器视觉运用于产品质量检测等。在这些应用中，分割是进行图像分析、特征提取与模式识别等步骤之前的必要的图像预处理过程，它不仅可以极大地压缩数据量，而且大大简化了分析和处理步骤，分割的准确性将直接影响后续步骤的精度和有效性。

3.4.2　典型的阈值选取方法

阈值的选取是图像阈值分割中的关键技术，在过去四十年里受到国内外学者的广泛关注，产生了数以百计的选取方法，但是如同其他图像分割算法一样，目前还没有一种阈值选取方法对各类图像都能得到满意的结果。下面将介绍几种典型的方法。

1. 直方图凹面分析法

直观来讲，对于具有良好双峰性质的图像，灰度直方图双峰之间的谷底应该是比较合理的图像分割阈值。例如，极小值点阈值选取方法就是求解灰度直方图包络曲线的极小值作为阈值。

此类方法的缺点是：分割结果容易受到噪声干扰，对不同类型的图像，表现出不同的分割效果。而且实际的直方图是离散的，往往十分粗糙并且参差不齐，特别是当有噪声干扰时，有可能形成多个谷底，从而难以用既定的算法实现对不同类型图像直方图谷底的搜索。

具体应用时，多使用高斯函数 $g(z,\sigma)$与直方图的原始包络函数 $h(z)$相卷积而使包络曲线得到一定程度的平滑。

$$h(z,\sigma)=h(z)^{*}g(z,\sigma)=\int h(z-\mu)\frac{1}{\sqrt{2\pi}\sigma}\mathrm{e}^{\frac{-z^2}{2\sigma^2}}\mathrm{d}\mu \tag{3-19}$$

但是选择合适的滤波尺度并不容易。

2．直方图变化法

理论上讲，灰度直方图的谷底是非常理想的分割阈值。然而在实际应用中，图像常常受到噪声等的影响而使其直方图上原本分离的峰之间的谷底被填充，或者目标和背景的峰相距很近或者大小差不多，要检测它们的谷底就很难了。直方图变化法就是利用一些像素邻域的局部性质（通常采用像素的灰度梯度值）将原始的直方图变换为一个新的直方图。与原始直方图相比，新直方图或者峰之间的谷底更深，或者谷转变成峰，从而更易于检测。

例如，由于目标区域的像素具有一定的一致性和相关性，因此梯度值应该较小，背景区域也类似，而边界区域或者噪声就具有较大的梯度值。最简单的直方图变换方法就是根据梯度值加权，梯度值小的像素权加大，梯度值大的像素权减小。这样就可以使直方图的双峰更加突起，谷底更加凹陷。

3．最大类间方差法

1978 年日本的学者 Otsu（大津）提出了最大类间方差法，用于确定图像分割的阈值，因其计算简单、稳定有效，而得到广泛使用。从模式识别的角度来看，最佳阈值应当产生最佳的目标类与背景类的分离性能，此性能用类别方差来表征，为此引入类内方差σ_{W}^2、类间方差σ_{B}^2和总体方差σ_{T}^2，并定义三个等效的准则测量：

$$\lambda=\frac{\sigma_{\mathrm{B}}^2}{\sigma_{\mathrm{W}}^2}，\ \kappa=\frac{\sigma_{\mathrm{T}}^2}{\sigma_{\mathrm{W}}^2}，\ \eta=\frac{\sigma_{\mathrm{B}}^2}{\sigma_{\mathrm{T}}^2} \tag{3-20}$$

鉴于计算量的考虑，一般通过优化第三个准则获取阈值。但是，此方法也有其缺陷，当图像中目标与背景的大小之比很小时，该方法失效。

在实际运用中，往往使用以下简化计算公式

$$\sigma^2(T)=W_{\mathrm{A}}(\mu_{\mathrm{a}}-\mu)^2+W_{\mathrm{B}}(\mu_{\mathrm{b}}-\mu)^2 \tag{3-21}$$

式中，σ^2为两类间最大方差；W_{A}为 A 类概率；μ_{a}为 A 类平均灰度；W_{B}为 B 类概率；μ_{b}为 B 类平均灰度；μ 为图像总体平均灰度。即阈值 T 将图像分成 A、B 两部分，使得两类总方差$\sigma^2(T)$取最大值的 T，即为最佳分割阈值。

4．最小误差阈值

通常图像中目标和背景的灰度值有部分交错，分割时总希望减少分割误差。利用背景和目标的灰度概率分布函数可以在一定条件下确定最优阈值，此方法来源于 Bayes（贝叶斯）最小误差分类方法。

若 $E_{\mathrm{b}}(T)$是目标类错分到背景类的概率，$E_{\mathrm{o}}(T)$是背景类错分到目标类的概率，总的误差概率是

$$E(T)=E_{\mathrm{b}}(T)+E_{\mathrm{o}}(T) \tag{3-22}$$

使 $E(T)$取最小值，即为最优阈值选取方法，也称最小误差阈值。具体方法如下：

如图 3-17 所示，假设一幅图像包含两个灰度级并混有高斯加性噪声。令 z 表示灰度值，此时该图像的灰度直方图可以看成是对灰度取值的概率密度函数 $p(z)$的近似。其中概率密度函数较大的一个对应于背景的灰度级，而较小的描述了图像中目标的灰度级。则整体灰度级变化的混合概率密度函数可以表达成：

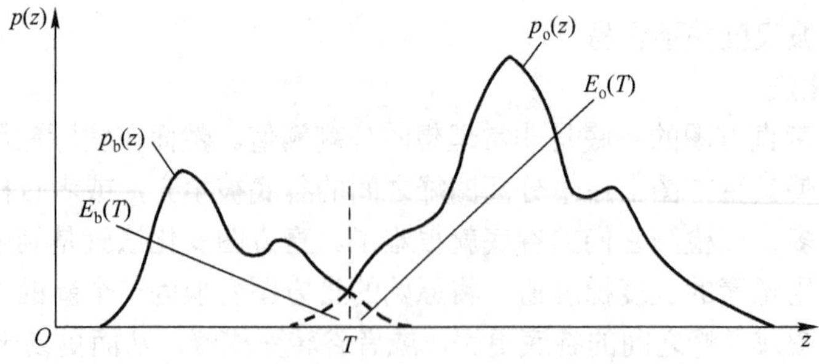

图 3-17　具有双峰特征的灰度直方图

$$p(z)=\frac{P_1}{\sqrt{2\pi}\sigma_1}\exp\left[-\frac{(z-\mu_1)^2}{2\sigma_1^{\ 2}}\right]+\frac{P_2}{\sqrt{2\pi}\sigma_2}\exp\left[-\frac{(z-\mu_2)^2}{2\sigma_2^{\ 2}}\right] \tag{3-23}$$

这里，μ_1 和 μ_2 分别为两个灰度级的灰度均值；σ_1 和 σ_2 分别为相应均值的标准偏差；P_1 和 P_2 为两类像素出现的概率，并且必须满足限制条件：

$$P_1+P_2=1 \tag{3-24}$$

上述混合概率密度函数中，共含有五个待定参数。如果所有参数都已知，就可以很容易地确定最佳的分割阈值。

假设图像中的暗区域对应于背景，亮区域对应于目标，并且可定义阈值 T，使得所有灰度值小于 T 的像素可以被认为是背景点，而灰度值大于 T 的像素可以被认为是物体点。此时，物体点误判为背景点的概率为

$$E_1(T)=\int_{-\infty}^{T}p_2(z)\mathrm{d}z \tag{3-25}$$

将背景点误判为物体点的概率为

$$E_2(T)=\int_{-\infty}^{T}p_1(z)\mathrm{d}z \tag{3-26}$$

总的误判概率为

$$E(T)=P_2E_1(T)+P_1E_2(T) \tag{3-27}$$

为了找到一个阈值 T 使得上述误判概率最小，须将 $E(T)$对 T 求微分（应用莱布尼兹公式），并令其结果等于零。由此可得到如下的关系：

$$P_1p_1(T)=P_2p_2(T) \tag{3-28}$$

解出 T，即为最佳阈值。如果 $P_1=P_2$，则最佳阈值位于曲线 $p_2(z)$和 $p_1(z)$的交点处。

借助高斯密度函数，利用参数可以比较容易得到这两个概率密度函数。将这一结果应用于高斯密度函数，取其自然对数，通过化简，可得到如下的二次方程

$$AT^2+BT+C=0 \tag{3-29}$$

式中

$$\begin{aligned}A&=\sigma_1^{\ 2}-\sigma_2^{\ 2}\\B&=2(\mu_1\sigma_2^{\ 2}-\mu_2\sigma_1^{\ 2})\\C&=\mu_2^{\ 2}\sigma_1^{\ 2}-\mu_1^{\ 2}\sigma_2^{\ 2}+2\sigma_1^{\ 2}2\sigma_2^{\ 2}\ln(\sigma_2P_1/\sigma_1P_2)\end{aligned} \tag{3-30}$$

由于二次方程有两个可能的解，所以需要选出其中合理的一个作为图像分割的阈值。

讨论：

1）如果两个标准偏差相等，即$\sigma_1^2=\sigma_2^2=\sigma^2$，则上式中的$A$=0，得到一个解：

$$T=\frac{\mu_1+\mu_2}{2}+\frac{\sigma^2}{\mu_1-\mu_2}\ln\frac{P_2}{P_1} \tag{3-31}$$

此即为图像分割的最佳阈值T。

2）如果先验概率也相等，则得到的解中第二项等于零，最佳分割阈值为图像中两灰度均值的平均：

$$T=(\mu_1+\mu_2)/2 \tag{3-32}$$

3）如果背景与目标的灰度范围有部分重叠，仅取一个固定阈值会产生较大误差，为此可采用双阈值法。

5. 迭代方法选取阈值

迭代法是基于逼近的思想，具体步骤如下：

1）求出图像的最大灰度值和最小灰度值，分别记为I_{max}和I_{min}，令初始阈值$T_0=(I_{max}+I_{min})/2$。

2）根据阈值T_k将图像分割为前景和背景，分别求出两者的平均灰度值I_O和I_B。

3）求出新阈值$T_{k+1}=(I_O+I_B)/2$。

4）若$T_k=T_{k+1}$，则所得即为阈值；否则转步骤2)，迭代计算。数学描述如下

$$T_{i+1}=\frac{1}{2}\left[\frac{\sum_{k=0}^{T_i}h_k\cdot k}{\sum_{k=0}^{T_i}h_k}+\frac{\sum_{k=T_{i+1}}^{L-1}h_k\cdot k}{\sum_{k=T_{i+1}}^{L-1}h_k}\right] \tag{3-33}$$

式中，L为灰度级的个数；h是灰度值为k的像素点的个数。迭代一直进行到$T_{i+1}=T_i$时结束，此时的T_i为阈值。

对于直方图双峰明显，谷底较深的图像，迭代方法可以较快地获得满意结果。但是对于直方图双峰不明显，或图像目标和背景比例差异悬殊，迭代法所选取的阈值不如最大类间方差法。

3.4.3 动态阈值分割法

当图像中存在阴影、照度不均匀、各处的对比度不同、突发噪声、或者背景灰度变化等问题，如果只用一个固定的全局阈值对整幅图像进行分割，则由于不能兼顾图像各处的情况而使分割效果受到影响。一种解决办法就是用与像素位置相关的一组阈值，来对图像各部分分别进行分割。这种与像素坐标相关的阈值叫做动态阈值，此方法叫做变化阈值法，或自适应阈值法。这类算法的时间复杂性和空间复杂性比较大，但是抗噪能力强，对一些用全局阈值不易分割的图像有较好的效果。

例如，图3-18a是一幅照度不均（左边亮右边暗）的灰度图像，如果只选择一个全局阈值进行分割，那么将出现图3-18b和c两种情况，不能得到满意的效果。若使用局部阈值，则可分别在亮区和暗区选择不同的阈值，获得较为满意的整体分割效果（如图3-18d所示）。

a) b)

c) d)

图 3-18　对一幅照度不均图像的动态阈值分割结果

a) 原始图像　b) 阈值低，对亮区效果好，暗区效果差　c) 阈值高，对暗区效果好，亮区效果差

d) 按两个区域取局部阈值的分割结果

进一步，若每个像素都用不同的阈值，则可达到更理想的分割效果。例如，一种比较简单的自适应阈值分割方法是遍历整幅图像，对每个像素确定以其为中心的一个邻域窗口，在窗口内以灰度均值和标准偏差之和作为阈值：

$$T_{ij} = m_{ij} + \sigma_{ij} \tag{3-34}$$

式中

$$m_{ij} = \frac{1}{NM}\sum_{u=0}^{N-1}\sum_{v=0}^{M-1} I\left(i-u, j-v\right) \tag{3-35}$$

$$\sigma_{ij} = \frac{1}{NM}\sqrt{\sum_{u=0}^{N-1}\sum_{v=0}^{M-1}\left(I\left(i-u, j-v\right)-m\right)^2} \tag{3-36}$$

式中，m_{ij}是以点(i, j)为中心的 $N\times M$ 邻域内像素点灰度的平均值，σ_{ij}是标准偏差。显然，邻域窗口的尺寸对分割结果影响较大，窗口过大，目标区域灰度与背景灰度会发生重叠；窗口过小，不利于目标区域的整体提取。图 3-19 是采用该方法对一帧 X 射线冠状动脉造影图像的分割结果，根据先验知识可知，在 X 射线造影图像中冠脉血管腔投影的最大直径为 20 个像素，因此经过多次实验，选择窗口尺寸为 21×21 像素，可获得满意的分割结果。

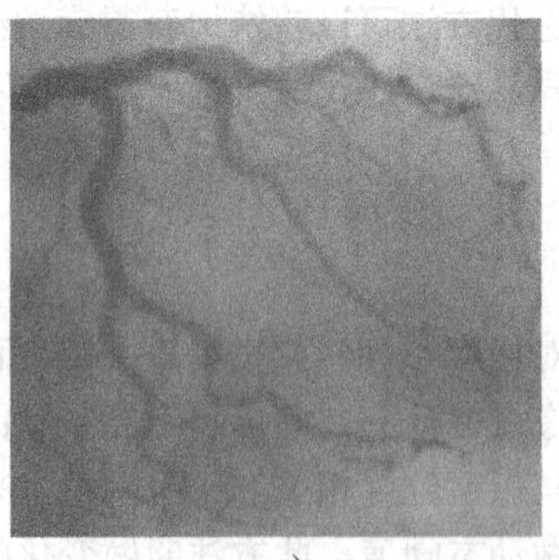

a)

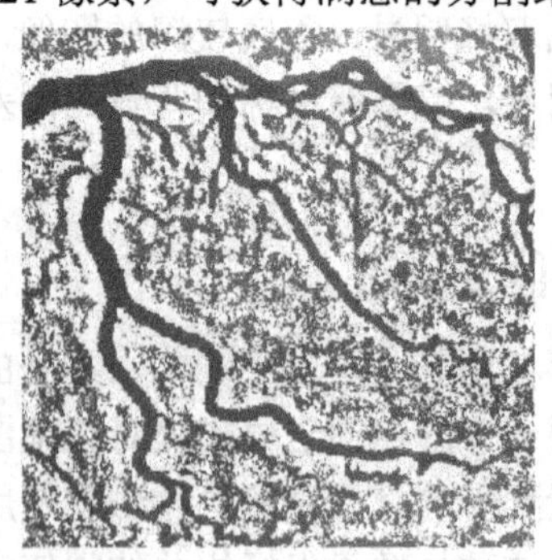

b)

图 3-19　对一帧 X 射线冠状动脉造影图像的自适应阈值分割结果

a) 原始图像　b) 分割结果

3.4.4　阈值插值法

该方法的原理是：首先，将图像分解成一系列子图，由于子图相对原图很小，因此受阴

影或对比度空间变化等的影响会比较小；然后，对每个子图用前面提到的固定阈值选取方法计算一个局部阈值；最后，通过对这些子图的阈值进行插值，得到对原图中每个像素进行分割所需要的合理阈值。每个像素的阈值构成的曲面叫做阈值曲面。

3.4.5 分水岭阈值分割方法

20 世纪 70 年代末，Beucher 和 Lantuejoul 提出应用分水岭算法进行图像分割，实现了分水岭算法的模拟浸入过程，并成功应用于灰度图像。此后分水岭算法成了一种经典的灰度图像分割方法。

1. 基本思想

在自然界中，分水岭（watershed）是指分隔相邻两个流域的山岭或高地，分水线是分水岭的脊线，它是相邻流域的界线，一般为分水岭最高点的连线。分水岭阈值分割方法是一种基于拓扑理论的数学形态学分割方法，可以看成是一种特殊的自适应迭代阈值方法，其主要目标是找出分水岭，根据分水岭的构成来考虑图像的分割。

利用分水岭概念对图像进行分割，是以图像的三维灰度分布图为基础的：两个空间坐标 x 和 y 以及一个灰度级 $f(x, y)$，如图 3-20a 所示。分水岭阈值算法的基本思想是：把图像看作是测地学上的拓扑地貌，图像中每一个像素的灰度值表示该点的海拔高度，每一个局部极小值及其影响区域称为集水盆，而集水盆的边界则形成分水岭。如图 3-20b 所示，初始时使用

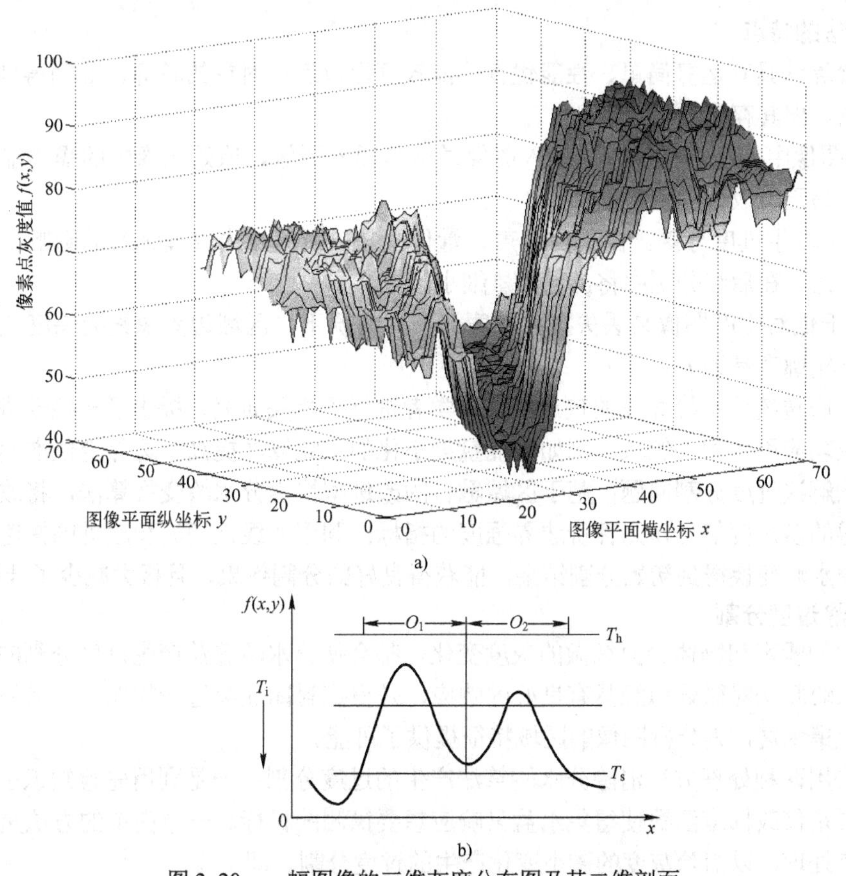

图 3-20　一幅图像的三维灰度分布图及其二维剖面

a)三维灰度分布图　b) 三维灰度分布图的一个剖面

一个较大的阈值将两个目标分开，但目标之间的间隙很大；在减小阈值的过程中，两个目标的边界会相向扩张，它们接触前所保留的最后像素集合就给出了目标间的最终边界，此时也就得到了阈值。

分水岭阈值分割方法有多种实现算法，如拓扑学、形态学、浸水模拟和降水模拟等方式。

2. 算法的具体过程

分水岭阈值分割算法可以看成是一种特殊的自适应迭代阈值方法，其计算过程是一个迭代标注的过程。参照图 3-20b 来说明，图中是图像三维灰度分布图的一个剖面，其中灰度较高的两个峰分别对应目标 O_1 和 O_2，分割的任务是将两个目标从背景中提取出来并互相分开。先用一个较大的阈值进行分割，它可将图像中的两个目标与背景分开，只是其间的间隙太宽。如果接下来逐渐减小阈值，目标的边界随阈值的减小而相向扩展，最终两个目标会相遇，但此时不让两个目标合并，这样它们互相接触前所保留的最后像素集合就给出了两个目标间最终的边界。这个过程在阈值减小到背景灰度之前结束，即在被恰当分割的物体的边界正确地确定时终止。

分水岭变换得到的是输入图像的集水盆图像，集水盆之间的边界点即为分水岭。显然，分水岭表示的是输入图像的极大值点。因此，为了得到图像的边缘信息，通常把梯度图像作为输入图像。

3. 算法的特点

分水岭算法具有运算简单、性能优良、能较好提取运动对象的轮廓、准确得到运动物体边缘的优点。但其存在如下缺点：

1）对图像中的噪声极敏感。输入图像通常是梯度图像，原始图像中的噪声能直接恶化灰度梯度，易于造成分割轮廓偏移。

2）易于产生过度分割。由于受噪声、量化误差以及区域内纹理细节的影响，会产生很多局部最小值，在后续分割中将出现大量细小区域。

3）对于低对比度图像易丢失重要轮廓。在此情况下，区域边界像素的梯度值也较低，目标的重要轮廓容易丢失。

为了克服传统分水岭算法的缺点，很多学者进行了相关研究，提出了一些改进的分水岭算法，并成功应用到相关领域。例如，能量最小化的水蛇算法提高了边界定位准确度和连续性，但无法解决过度分割问题；基于区域融合的改进型快速分水岭变换算法，将改进分水岭变换中获得的多尺度信息作为评价边界强度的指标；利用非线性滤波和改进的快速区域合并算法优化分水岭变换得到初始分割结果，能获得良好的分割效果，且极大减少了计算时间。

4. 消除过度分割

图像中的噪声和物体表面细微的灰度变化，都会使分水岭算法产生过度分割的现象。但同时，分水岭算法对微弱边缘具有良好的响应，是得到封闭连续边缘的保证。另外，它所得到的封闭的集水盆，为分析图像的区域特征提供了可能。

通常采用两种处理方法消除分水岭算法产生的过度分割：一是利用先验知识去除无关边缘信息；二是修改梯度函数使得集水盆只响应想要探测的目标。一个简单的方法是对梯度图像进行阈值处理，以消除灰度的微小变化产生的过度分割。即

$$g(x,y)=\max(\text{grad}(f(x,y)),g_\theta) \tag{3-37}$$

式中，$f(x, y)$和 $g(x, y)$分别表示原始图像和梯度图像，grad(·)表示梯度运算；g_0表示阈值。对梯度图像进行阈值处理，获得适量的区域，再对这些区域的边缘点的灰度级按照从低到高排序，然后再从低到高实现淹没的过程。此方法的缺点是，选取合适的阈值对最终的分割结果有很大影响，实际图像中可能含有微弱的边缘，灰度变化不明显，选取阈值过大可能会消除这些微弱边缘。

3.4.6 基于熵的阈值分割方法

基于熵的阈值分割方法的基本思想是利用图像的灰度分布密度函数定义图像的信息熵，根据假设的不同或视角的不同提出不同的熵准则，最后通过优化该准则得到阈值。

1. 图像的一维熵和二维熵

图像的熵（Entropy）是一种特征的统计形式，它反映了图像中平均信息量的多少。图像的一维熵表示图像中灰度分布的聚集特征所包含的信息量，令 P_i 表示图像中灰度值为 i 的像素所占的比例，则定义灰度图像的一元灰度熵为：

$$H=-\sum_{i=0}^{255} P_i \lg P_i \tag{3-38}$$

图像的一维熵可以表示图像灰度分布的聚集特征，却不能反映图像灰度分布的空间特征。为了表征这种空间特征，可在一维熵的基础上引入能够反映灰度分布空间特征的特征量来组成图像的二维熵。

设图像中某像素的灰度值为 i，以该像素为中心的邻域灰度均值为 j，i 与 j 组成特征二元组，记为$(i, j)(0 \leqslant i, j \leqslant 255)$。这样，原始图像中的每一个像素都对应于一个点灰度-区域灰度均值对。设 $f(i, j)$为图像中特征二元组(i, j)出现的频数，P_{ij}为点灰度-区域灰度均值对(i, j)发生的概率

$$P_{ij}=f(i, j)/N^2 \tag{3-39}$$

式中，图像的大小为 $N \times N$；P_{ij} 可反映某像素的灰度值与其周围像素的灰度分布的综合特征。定义离散图像的二维熵为

$$H=-\sum_{i=0}^{255} \sum_{j=0}^{255} P_{ij} \lg P_{ij} \tag{3-40}$$

依此构造的图像二维熵可以在反映图像包含信息量的前提下，突出反映图像中像素位置的灰度信息和邻域内灰度分布的综合特征。

熵的大小和图像的清晰程度没有绝对的关系，它只是反映图像的信息量大小，也就是画面上的复杂程度。它是一个整体量，不代表局部，不能说图像越清晰熵越小或越大，比如，一幅噪声很多的图像熵往往较大。

2. 一维最大熵分割方法

20 世纪 80 年代以来，许多学者将 Shannon 信息熵的概念应用于图像阈值化，其基本思想都是利用图像的灰度分布密度函数定义图像的信息熵，根据假设的不同或视角的不同提出不同的熵准则，最后通过优化该准则得到阈值。1980 年，Pun 提出了最大后验熵上限法，通过使后验熵的上限最大来确定阈值。1985 年，Kapur 等提出了一维最大熵阈值法，假定目标

和背景服从两个不同的概率分布，此方法又称为KSW熵方法。具体思路如下：

假设采用灰度级 T 作为阈值分割图像，灰度值大于 T 的像素认为是属于背景区域b的，灰度值小于 T 的像素属于目标区域O。对于这两个区域，分别计算每一个灰度级 i 出现的频率，即灰度值为 i 的像素数。将这个频率定义为灰度级的分布概率 $p(i)$，那么目标区域和背景区域的灰度分布概率 p_o 和 p_b 分别定义为

$$\begin{cases} p_o = \sum_{i=0}^{T-1} p(i), i \in \{0,1,2,\ldots,T-1\} \\ p_b = \sum_{i=T}^{255} p(i), i \in \{T, T+1, T+2, \ldots, 255\} \end{cases} \tag{3-41}$$

这里认为灰度图像的灰度级是0～255。目标和背景区域的一维熵为

$$\begin{cases} H_o(T) = -\sum_{i=0}^{T-1} \left(\frac{p(i)}{p_o}\right) \lg\left(\frac{p(i)}{p_o}\right) \\ H_b(T) = -\sum_{i=T}^{255} \left(\frac{p(i)}{p_b}\right) \lg\left(\frac{p(i)}{p_b}\right) \end{cases} \tag{3-42}$$

那么整幅图像的一维熵为

$$H(T) = H_o(T) + H_b(T) \tag{3-43}$$

选取使 $H(T)$ 最大的 T 值作为分割图像的阈值。

3．二维最大熵分割方法

一维最大熵分割方法的缺点是仅考虑了像素的灰度信息，没有考虑其空间信息，所以当图像的信噪比降低时分割效果不理想。为此，可以结合图像的区域信息，区域灰度特征包含了图像的部分空间信息，且对噪声的敏感程度要低于点灰度特征。综合利用这两个特征就产生了二维最大熵阈值分割方法，这里介绍两种方法。

（1）边缘分割

根据灰度级-邻域灰度偏差形成的二维灰度直方图选取阈值。首先对于原始图像中的每个像素，取以其为中心的 $n \times n$ 邻域窗口：

$$W(x,y) = \left\{ I(x-i, y-j) \mid -\frac{n-1}{2} \leqslant i, j \leqslant \frac{n-1}{2} \right\} \tag{3-44}$$

式中，$I(x, y)$ 是像素 (x, y) 的灰度值，n 是奇数，为了简单起见，可取4邻域或8邻域。将当前像素及窗口内的像素看作一个区域。令

$$g(x,y) = \frac{1}{n \times n} \sqrt{\sum_{(x,y) \in W(x,y)} [I(x,y) - \mathrm{mean}(x,y)]^2} \tag{3-45}$$

式中

$$\mathrm{mean}(x,y) = \frac{1}{n \times n} \sum_{(x,y) \in W(x,y)} I(x,y) \tag{3-46}$$

是区域内像素灰度的平均值。函数 $g(x, y)$ 表示区域内像素的灰度值与平均灰度值的标准偏差。这样，原始图像中的每个像素都对应一个点灰度-区域灰度偏差对。以 $I(x, y)$ 和 $g(x, y)$ 为

两个坐标轴就得到了二维灰度直方图。

二维直方图的平面图如图 3-21 所示，横轴表示区域内各像素的灰度值，纵轴表示区域内像素灰度的标准偏差。假设原始图像中有 L 个灰度级，那么图中共有 $L^2/2$ 个点。令 r_{ij} 表示图中灰度值为 i，邻域灰度偏差为 j 的点，假设存在一个最优阈值向量(T, S)，它可将二维灰度直方图分割成 A 和 B 两部分，其中 A 中的像素可能是边缘点（邻域灰度偏差较大），B 中的像素可能是非边缘点（邻域灰度偏差较小）。直线 TS 的方程为

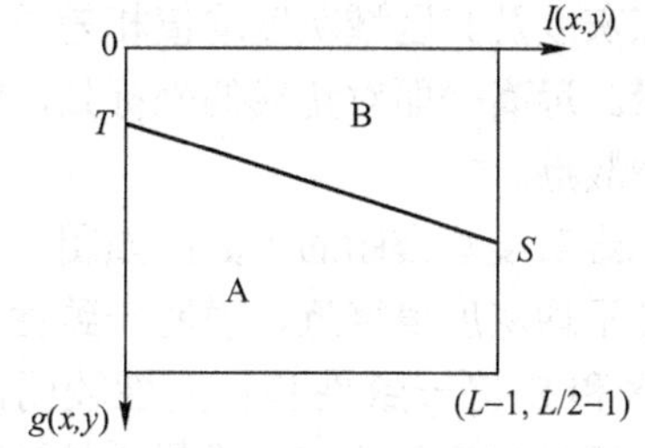

图 3-21　二维灰度直方图（灰度-邻域平均灰度）

$$I(x,y)=\frac{N-1}{S-T}[g(x,y)-T] \tag{3-47}$$

选择(T, S)使 A 区和 B 区的熵都最大。因为 A 区和 B 区的像素是独立分布的，所以 A 区和 B 区中像素出现的概率可表示为

$$\begin{cases} P_{ij}^{\mathrm{B}}(T,S)=\dfrac{r_{ij}}{\sum\limits_{(l,k)\in \mathrm{B}} r_{lk}} \\ P_{ij}^{\mathrm{A}}(T,S)=\dfrac{r_{ij}}{\sum\limits_{(l,k)\in \mathrm{A}} r_{lk}} \end{cases} \tag{3-48}$$

A 区和 B 区的熵可用下式计算

$$\begin{cases} H^{\mathrm{A}}(T,S)=-\left[\sum\limits_{(i,j)\in \mathrm{A}} P_{ij}^{\mathrm{A}}(T,S)\right]\cdot \lg P_{ij}^{\mathrm{A}}(T,S) \\ H^{\mathrm{B}}(T,S)=-\left[\sum\limits_{(i,j)\in \mathrm{B}} P_{ij}^{\mathrm{B}}(T,S)\right]\cdot \lg P_{ij}^{\mathrm{B}}(T,S) \end{cases} \tag{3-49}$$

那么阈值向量(T, S)可由下式得到

$$H(T,S)=\max\left\{\min_{i,j=0,\dots,N-1}\{H^{\mathrm{A}}(t,s),H^{\mathrm{B}}(t,s)\}\right\} \tag{3-50}$$

（2）区域分割

根据灰度级-局域平均灰度级形成的二维灰度直方图进行阈值选取。首先以原始灰度图像（L 个灰度级）中的每个像素及其邻域像素构成一个区域，该像素的灰度值 i 和邻域的灰度均值 j 构成一个二维向量(i, j)。这样，原始图像中的每个像素都对应于一个点灰度-区域灰度均值对，此数据对存在 $L\times L$ 种可能的取值。设 n_{ij} 为图像中灰度为 i、其区域灰度均值为 j 的像素数，p_{ij} 为点灰度-区域灰度均值对(i,j)发生的概率

$$p_{ij}=\frac{n_{ij}}{N\times N} \tag{3-51}$$

式中，图像的大小为 $N\times N$，则$\{p_{ij}, i,j=0,1,\dots,L-1\}$就构成了该图像关于点灰度-区域均值的二维直方图。

图 3-22a 为用灰度图像表示的二维灰度直方图，可以看出，点灰度-区域灰度均值对的

概率高峰主要分布在平面的对角线附近，并且在总体上呈现出双峰状态。这是由于图像的所有像素中，目标点和背景点所占比例最大，而目标区域和背景区域内部的像素灰度级比较均匀，点灰度及其区域灰度均值相差不大，所以都集中在对角线附近，两个峰分别对应于目标和背景。远离平面对角线的坐标处，峰的高度急剧下降，这部分反映图像中的噪声点、边缘点和杂散点。

二维灰度直方图的平面图如图 3-22b 所示，沿对角线分布的 A 区和 B 区像素的灰度值与邻域平均灰度值接近，说明一致性和相关性较强，应该属于目标或背景区域；远离对角线的 C 区和 D 区一致性和相关性较弱，应为噪声或边界部分。所以应该对 A 区和 B 区用灰度——区域灰度平均值二维最大熵法确定阈值，使分割的目标和背景的信息量最大，即目标类和背景类的后验熵最大。设 A 区和 B 区具有不同的概率分布，用 A 区和 B 区的后验概率对各区域的概率 p_{ij} 进行归一化处理，使分区熵之间具有可加性。如果阈值设在(s, t)，则

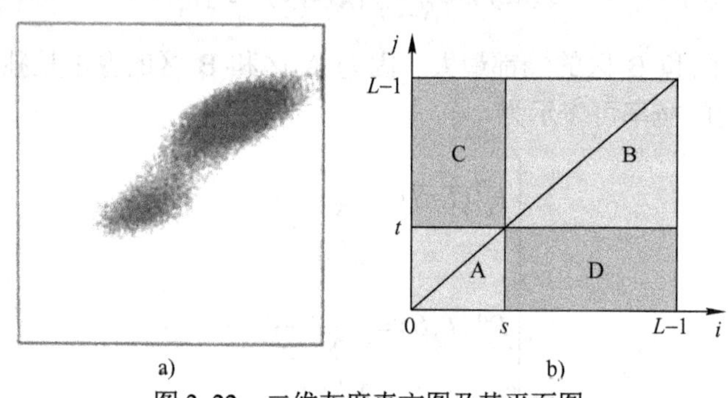

a) b)

图 3-22 二维灰度直方图及其平面图

a) 二维灰度直方图 b) 二维灰度直方图的平面图

$$P_{\mathrm{A}} = \sum_{i=0}^{s-1}\sum_{j=0}^{t-1} p_{ij}, \quad P_{\mathrm{B}} = \sum_{i=s}^{L-1}\sum_{j=t}^{L-1} p_{ij} \tag{3-52}$$

定义离散二维熵为

$$H = -\sum_i \sum_j p_{ij} \lg p_{ij} \tag{3-53}$$

则 A 区和 B 区的二维熵分别为

$$\begin{aligned} H(A) &= -\sum_{i=0}^{s-1}\sum_{j=0}^{t-1}\left(\frac{p_{ij}}{P_{\mathrm{A}}}\right)\lg\left(\frac{p_{ij}}{P_{\mathrm{A}}}\right) = -\left(\frac{1}{P_{\mathrm{A}}}\right)\sum_{i=0}^{s-1}\sum_{j=0}^{t-1}(p_{ij}\lg p_{ij} - p_{ij}\lg P_{\mathrm{A}}) \\ &= \left(\frac{1}{P_{\mathrm{A}}}\right)\lg P_{\mathrm{A}}\sum_{i=0}^{s-1}\sum_{j=0}^{t-1} p_{ij} - \left(\frac{1}{P_{\mathrm{A}}}\right)\sum_{i=0}^{s-1}\sum_{j=0}^{t-1} p_{ij}\lg p_{ij} = \lg P_{\mathrm{A}} + H_{\mathrm{A}}/P_{\mathrm{A}} \end{aligned} \tag{3-54}$$

同理

$$H(B) = \lg P_{\mathrm{B}} + H_{\mathrm{B}}/P_{\mathrm{B}} \tag{3-55}$$

式中

$$H_{\mathrm{A}} = -\sum_{i=0}^{s-1}\sum_{j=0}^{t-1} p_{ij}\lg p_{ij}, \quad H_{\mathrm{B}} = -\sum_{i=s}^{L-1}\sum_{j=t}^{L-1} p_{ij}\lg p_{ij} \tag{3-56}$$

由于 C 区和 D 区包含关于噪声和边缘的信息，概率较小，所以将其忽略不计，即假设 C 区和 D 区的 p_{ij}=0。可以得到

$$P_B = 1 - P_A, \quad H_B = H_L - H_A \tag{3-57}$$

式中

$$H_L = -\sum_{i=0}^{L-1}\sum_{j=0}^{L-1} p_{ij} \lg p_{ij} \tag{3-58}$$

则

$$H(B) = \lg(1 - P_A) + (H_L - H_A)/(1 - P_A) \tag{3-59}$$

熵的判别函数定义为

$$\begin{aligned}\Phi(s,t) &= H(A) + H(B)\\ &= H_A/P_A + \lg P_A + (H_L - H_A)/(1 - P_A) + \lg(1 - P_A)\\ &= \lg[P_A(1 - P_A)] + H_A/P_A + (H_L - H_A)/(1 - P_A)\end{aligned} \tag{3-60}$$

显然，如果不忽略对远离对角线的 C 区和 D 区的概率，则熵的判别函数为

$$\Phi(s,t) = H(A) + H(B) \tag{3-61}$$

选取的最佳阈值向量满足

$$\Phi(s^*,t^*) = \max\{\Phi(s,t)\} \tag{3-62}$$

采用一维和二维最大熵法对标准 Lena 图像的分割结果如图 3-23 所示，显然与图 3-23b 相比，图 3-23c 的二维最大熵分割结果图中保留了更多的图像细节。

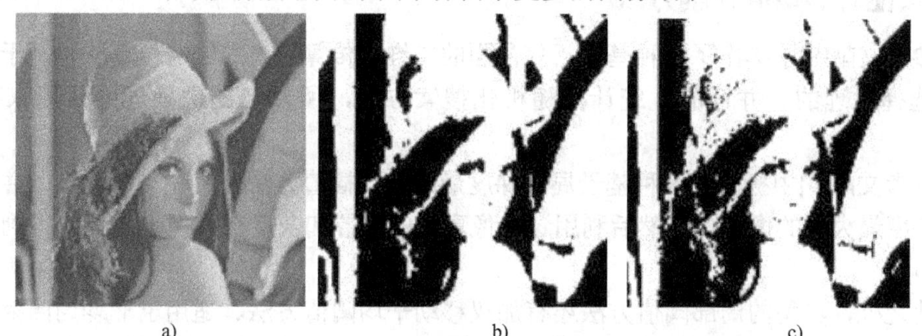

a) b) c)

图 3-23 采用一维和二维最大熵法对标准 lena 图像的分割结果

a) 原始图像 b) 一维最大熵二值图像 c) 二维最大熵二值图像

3.4.7 多阈值分割方法

很显然，如果图像中含有占据不同灰度级区域的几个目标，则需要使用多个阈值才能将它们分开。其实多阈值分割可以看作单阈值分割的推广，前面讨论的大部分阈值化技术，诸如 Otsu 的最大类间方差法、Kapur 的最大熵方法、矩量保持法和最小误差法等都可以推广到多阈值的情形。以下介绍另外几种多阈值分割方法。

1. 基于小波的多阈值方法

小波变换的多分辨率分析能力也可以用于直方图分析。例如参考文献[7]提出的一种基于

直方图分析的多阈值选取方法的思路为：首先在粗分辨率下，根据直方图中独立峰的个数确定分割区域的类数。要求独立峰应该满足三个条件：具有一定的灰度范围；具有一定的峰下面积；具有一定的峰谷差。然后，在相邻峰之间确定最佳阈值，这一步可以利用多分辨的层次结构进行。首先在最低分辨率一层进行，然后逐渐向高层推进，直到最高分辨率。可以基于最小距离判据对在最低层选取的所有阈值逐层跟踪，最后以最高分辨率层的阈值为最佳阈值。

2．基于边界点的递归多阈值方法

这是一种递归的多阈值方法。首先，将像素点分为边界点和非边界点两类，边界点再根据它们的邻域的亮度分为较亮的边界点和较暗的边界点两类，然后用这两类边界点分别作直方图，取两个直方图中的最高峰的灰度级作为阈值。接下去，再分别对灰度级高于和低于此阈值的像素点递归的使用这一方法，直至得到预定的阈值数。

3．均衡对比度递归多阈值方法

首先，对每一个可能阈值计算它的平均对比度

$$\mu(t)=\frac{C(t)}{N(t)} \tag{3-63}$$

式中，$C(t)$是阈值为 t 时图像总的对比度，$N(t)$是阈值 t 检测到的边界点的数目。然后，选择$\mu(t)$的直方图上的峰值所对应的灰度级为最佳阈值。对于多阈值情形，首先用这种方法确定一个初始阈值，接着，去掉初始阈值检测到的边界点的贡献再做一次 $\mu(t)$的直方图，并依据新的直方图选择下一个阈值。这一过程可以一直进行下去，直到任何阈值的最大平均对比度小于某个给定的限制时为止。

3.4.8 其他局部阈值分割方法

在参考文献[8]中提出了一种基于阈值曲面的二维遗传算法。二维遗传算法是基于进化论中自然选择机理的、并行的、统计的随机化搜索方法，所以在图像处理中常用来确定分割阈值。

在参考文献[9]中提出了一种基于局部梯度最大值的插值方法。首先平滑图像，并求得具有局部梯度最大值的像素点，然后利用这些像素点的位置和灰度在图像上内插，得到灰度级阈值表面。

除此之外，典型的局部阈值方法还有加权移动平均阈值方法、适用于非均匀照射下图像的局部阈值方法，以及与照射无关的对比度度量阈值方法等。总的来说，这类算法的时间和空间复杂度都较大，但是抗噪能力强，对一些使用全局阈值法不宜分割的图像具有较好效果。

3.5 串行区域分割

串行区域分割一般可分为两种方法：区域生长和分裂合并。实施算法时，要利用像素之间的相关性，故称为串行区域分割技术。

3.5.1 区域生长

区域生长（Region Grow）是一种根据事先定义的准则将像素或者子区域聚合成更大区

域的过程。简单地说，就是从图像中的某个像素或区域出发，按照一定的准则，逐步加入邻近像素或区域，当满足一定的条件时，区域生长终止。最后得到整个区域，进而实现目标的提取。基本思想是从一组生长点（可以是单个像素，也可以是某个小区域）开始，搜索其邻域，把图像分割成特征（如（平均）灰度值、纹理、颜色信息等）相似的若干区域。比较相邻区域与生长点特征的相似性，若它们足够相似，则作为同一区域合并，形成新的生长点。以此方式将特征相似的区域不断合并、直到不能合并为止，最后形成特征不同的各区域。这是一个迭代的过程，整个过程象是一个物体内部的区域不断增长，直至其边界对应于物体的真正边界，因而将该算法命名为区域生长，也称区域扩张法。

在实际应用时，要解决三个问题：即确定区域的数目、选择有意义的特征和确定相似性准则。区域生长结果的精度取决于三个要素：初始点（种子点）的选取、生长准则和终止条件。

种子点的选择没有一定的标准，取决于所处理的图像。可以先分析图像的特征，用一些图像的特性，例如在某个区域里亮度最大的点。或者采用交互式的方法，手动选择一点作为初始点，然后按一定策略自动生长。

特征相似性是构成与合并区域的基本准则，相邻性是指所取的邻域方式。根据所用的邻域方式和相似性准则的不同，产生不同的区域生长法。将灰度相关的值作为区域生长准则，区域生长可分为单一型（像素与像素）、质心型（像素与区域）和混合型（区域与区域）三种。

1．单一型区域生长法

单一型区域生长算法的基本原理是以图像的某个像素为生长点，检查该点的邻近像素，如果是满足要求的特征点，则加入到区域中；然后以合并的像素为生长点，重复以上操作，直到没有新的点加入到区域中为止，最终形成具有相似特征的像素的最大连通集合。

具体步骤如下：

1）对图像进行扫描，找出尚没有归属的像素。当寻找不到这样的像素时结束操作。

2）把这个像素灰度同其周围（4 邻域或 8 邻域）不属于任何一个区域的像素进行比较，若灰度差值小于某一阈值，则将它们合并为同一个区域，并对合并的像素做标记。

3）从新合并的像素开始，反复进行步骤 2）的操作。

4）反复进行步骤 2）和 3），直到区域不能再合并为止。

5）返回步骤 1），寻找能作为新区域出发点的像素。

对于二值图像，假设背景区域的灰度值为 255，目标区域的灰度值为 0，则单一型区域生长的具体步骤如下：

1）按照从左到右（或者从上到下）的顺序遍历整幅二值图像，找到一个特征点 $I(i, j)=0$。

2）定义两个队列：工作队列 Q_w（Working Queue）和区域队列 Q_r（Region Queue）。将 Q_w 和 Q_r 清空，以点(i, j)为起点，按照如下循环进行区域生长：

① 把种子点(i, j)加入 Q_w 中，同时加入 Q_r 中。当前指针指向 Q_w 的种子点(i, j)。

② 从 Q_w 中取出指针所指的点，判断其 $m \times m$ 邻域内像素的灰度值：如果邻域像素的灰度值为 0，则将该点加入到 Q_w 中，同时加入 Q_r 中。把该像素和种子点的灰度值都置为背景值 255。

③ 工作队列指针向后移动一位。

④ 如果当前指针指向 Q_w 末尾，则转向步骤⑤；否则，重复步骤①～步骤③。

⑤ 输出目标区域队列 Q_r，继续步骤 3）。

3）如果 Q_r 中点的总数小于预先设定的阈值 T_N，那么转向步骤 1），找到下一个特征点作为种子点，重复步骤①～⑤；否则，转向步骤 4）。

4）输出区域队列 Q_r。

上述算法完全自动进行，不需要操作者的参与。

从以上步骤可以看出，区域生长的结果受到两个参数的影响：邻域大小 m 和阈值 T_N。如果 m 过小，可能搜索不到期望的区域；如果 m 值过大，会将与目标相邻的背景结构也提取出来。图 3-24 是对二值化处理之后的 X 射线冠状动脉造影图像进行区域生长提取血管区域的结果，由图可见，分割结果对 m 的取值很敏感。

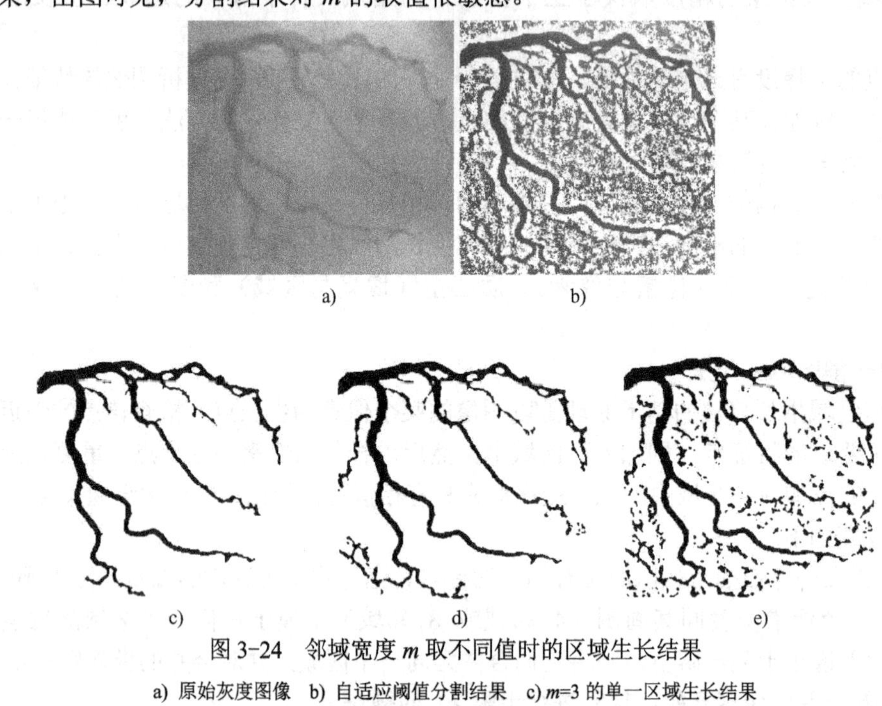

图 3-24 邻域宽度 m 取不同值时的区域生长结果

a) 原始灰度图像 b) 自适应阈值分割结果 c) m=3 的单一区域生长结果 d) m=7 的单一区域生长结果 e) m=13 的单一区域生长结果

该方法原理简单，但如果区域之间的边缘灰度变化很平缓或边缘交于一点时，两个区域会合并起来，如图 3-25 所示。解决方法是在步骤 2）中不比较相邻像素灰度值，而是比较已存在的区域的平均灰度值与该区域邻接的像素灰度值，即质心型区域生长。

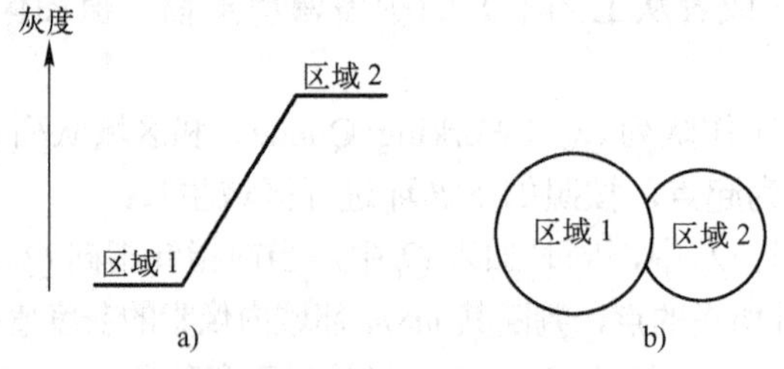

图 3-25 边缘对区域扩张的影响

a) 平缓的边缘 b) 边缘的缝隙

2．质心型区域生长

质心型区域生长与简单区域生长法类似，唯一不同的是在步骤 2）中，改为比较已存在区域的特征与该区域邻接的像素的特征。若差值小于阈值，则将像素归并到区域中。

3．混合型区域生长

混合型区域生长法是把图像分割成小区域，比较相邻小区域的相似性，如果相似则合并。包括不依赖于起始点的方法和假设检验两种方法。

（1）不依赖于起始点的方法

具体步骤如下：

1）设灰度差的阈值为 0，即判断相似的标准是灰度值相等。用简单区域生长法把具有相同灰度的像素合并到同一区域，得到初始分割图像。

2）从分割图像的一个小区域开始，求出相邻区域间的灰度差，将差值最小的相邻区域合并。

3）反复步骤 2）的操作，把区域依次合并。

该方法的缺点是，若不在适当的阶段停止区域合并，整幅图像经区域生长的最终结果就会成为一个区域。

（2）假设检验法

根据区域内的灰度分布的相似性进行区域合并。具体步骤如下：

1）把图像分割成互不交叠的、大小为 $n \times n$ 的小区域。

2）比较相邻小区域的灰度直方图，如果灰度分布情况是相似的，则合并成一个区域。相似性判断标准可选用 Ko1mogorov-Smirnov 检测标准

$$\max_{g}\left|H_1(g)-H_2(g)\right| \tag{3-64}$$

或者 Smoothed-Difference 检测标准

$$\sum_{g}\left|H_1(g)-H_2(g)\right| \tag{3-65}$$

式中，$H_1(g)$和 $H_2(g)$分别是相邻两区域的累积灰度直方图 $H(g)=\sum_{i=0}^{g}h(i)$。

3）反复进行步骤 2）的操作，直至区域不能合并为止。

该方法不仅能分割灰度相同的区域，也能分割纹理性的图像，但难点在于 n 如何确定。n 太大，则区域形状变得不自然，小的目标就会遗漏；n 太小，则 Ko1mogorov-Smirnov 和 Smoothed-Difference 检测标准的可靠性下降，导致分割质量差。实际中一般取 n=5～10，由于 Smoothed-Difference 标准的要求比 Ko1mogorov-Smirnov 严格，采用 Smoothed-Difference 比 Ko1mogorov-Smirnov 标准会带来更好的结果。

3.5.2 区域分裂合并

分裂合并与区域生长的逆过程相似：从整个图像出发，将图像分割成一系列不相交的子区域，然后再把前景区域合并，实现目标的提取。最常用的是四叉树分解法。

分裂合并的假设是：对于一幅图像，前景区域由一些相互连通的像素组成，因此如果把一幅图像分裂到像素级，就可以判定该像素是否为前景像素，当所有像素或者子区域完成判

断后，把前景区域或像素合并就可得到前景目标。

1．分裂

设 R 表示整个图像区域，P 代表同质判据（由区域间相区别的性质特征构造同质判据）逻辑谓词。对 R 进行分割的一种方法是反复将分割得到的结果图像再次分为四个区域，直到对任何区域 R_i，有 $P(R_i)$=TRUE，如图 3-26 所示。

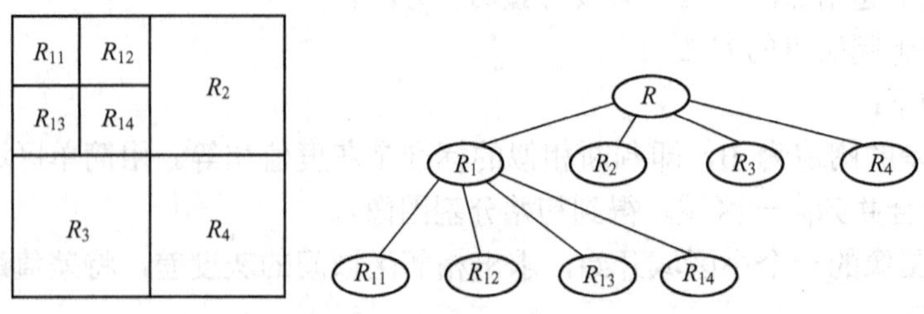

图 3-26　图像分裂示意图

如图 3-27 所示，在金字塔数据结构中，对于 $2^N\times2^N$ 的数字图像，若用 n 表示其层次，则第 n 层上图像的大小为 $2^{N-n}\times2^{N-n}$。最底层即第 0 层就是原始图像，最顶层即第 N 层上只有一个点。四叉树第 n 层上共有 $4n$ 个节点。

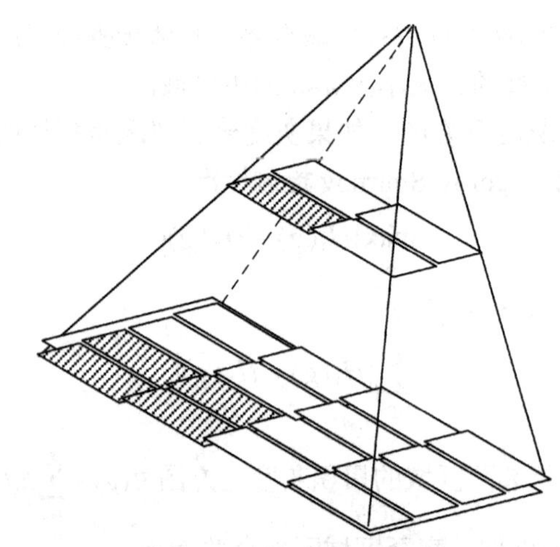

图 3-27　金字塔数据结构

具体分割过程如下：

1）确定区域同质准则 P。

2）从整幅图像开始，如果区域同质判据结果是 FALSE，就将图像分割为 4 个区域。

3）对分割后得到的子区域 R_i 进行均匀性检验，如果 $P(R_i)$=FALSE，则将该区域分裂成四个大小相等的子区域；如果 $P(R_i)$=TRUE，则该区域不需要再分裂，进入树结构上下一个区域的分析。

4）依此类推，直到 R_i 为单个像素，即这一分枝上树结构到达它的底层树叶，分裂不能继续为止。

2．合并

如果仅使用分裂，最后得到的分割结果可能包含具有相同性质的相邻区域。为此，可在分裂的同时进行区域合并。合并的规则是：对相邻的两个区域 R_i 和 R_j，若满足 $P(R_i \cup R_j)$= TRUE，说明这两个区域同质，则合并这两个区域。R_i 和 R_j 不要求大小相同，但必须相邻。

3. 分裂合并

如图 3-28 所示，基本的分裂合并算法步骤如下：

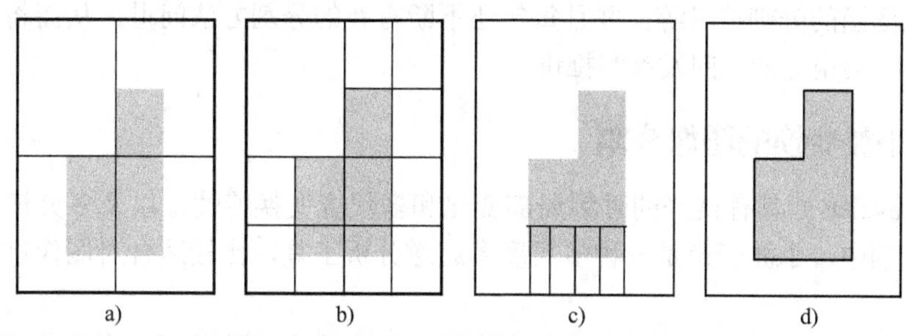

图 3-28 区域分裂与合并图像分割法图解（图中阴影区域为目标，白色区域为背景，其灰度值为常数）

a) 第一次分裂 b) 第二次分裂 c) 第三次分裂 d) 合并分割结果

1）确定区域同质准则 P。

2）从整幅图像开始，如果区域同质判据结果是 FALSE，就将图像分割为 4 个区域。

3）分割后得到的子区域 R_i 进行均匀性检验，如果 $P(R_i)$=FALSE，则将该区域分裂成四个大小相等的子区域；如果 $P(R_i)$=TRUE，则该区域不需要再分裂，进入树结构上下一个区域的分析。

4）如此类推，直到 R_i 为单个像素，即这一分枝上树结构到达它的底层树叶，分裂不能继续为止。

5）回溯合并环节：相邻的两个区域 R_i 和 R_j，若满足 $P(R_i \cup R_j)$=TRUE，说明这两个区域同质，则合并这两个区域。

6）回溯结束后，分析面积很小的零星区域与相邻大区域的相似程度，将它们归于相似性大的区域。

7）在步骤 6）完成后可以得到近似的边界，由于是在各种方块组合的基础上得到的，是一条锯齿形的线，还需要经过曲线拟合得到光滑的分界线。

4. 同质判据

最早使用的同质判断准则是区域的最大与最小灰度值的差是否足够小，后来发展到统计检验和模型拟合等，如均方误差最小、F 检验等。这种算法还允许采用纹理、空间和几何结构等基于区域分析的特征量。

3.6 其他灰度图像分割方法

在上述传统图像分割方法中，基于区域的方法虽然容易实现，但由于没有考虑图像的空间信息而导致其有时不能得到连续的分割区域；基于边缘的分割不仅对图像的噪声十分敏感，而且很难对图像中的纹理区域进行较好的分割。

由于图像分割技术与信息领域的其他学科密切相关，因此随着数学、模式识别、人工智能、计算机科学等学科中新的理论和技术的产生，在图像分割领域中，新概念、新方法以及将不同工具、手段和理论相结合的新理念应运而生，出现了不少结合特定理论的分割技术。例如，基于小波分析和变换的多尺度分割技术、基于聚类的分割技术、基于人工神经网络的分割技术、基于遗传算法的分割技术、基于模糊理论的分割技术、基于随机场理论的分割技术、基于能量泛函的分割技术等。并且每年还不断有新的分割方法问世，从而将图像分割的研究向智能化和实用化的方向发展和推进。

3.6.1 基于小波变换的图像分割

小波（Wavelets）具有良好的时频局部变化和多尺度变换特性，以及多分辨率分析的能力。在图像分割中，小波变换是一种多尺度多通道分析工具，比较适合对图像进行多尺度边缘检测。

小波变换的模极大值点对应于信号的突变点，在二维空间情况下，小波变换适用于检测图像的局部奇异性，故可通过检测模极大值点来确定图像的边缘。在不同尺度上检测到的边缘在定位精度与抗噪性能上是互补的：在大尺度上，边缘比较稳定，对噪声不敏感，但由于采样移位的影响，使得边缘的定位精度较差；在小尺度上，边缘细节信息比较丰富，边缘定位精度较高，但对噪声比较敏感。因此，在多尺度边缘提取中，应发挥大、小尺度各自的优势，对各尺度上的边缘图像进行综合，以得到精确的单像素宽的边缘。

3.6.2 基于马尔可夫随机场模型的图像分割

基于马尔可夫随机场（Markov Random Field，MRF）的图像分割方法建立在马尔可夫模型和 Bayes 理论基础上，MRF 模型提供了不确定性描述与先验知识联系的纽带，并利用观测图像，根据统计决策和估计理论中的最优准则确定分割问题的目标函数，求解满足这些约束条件或成本函数的最大可能分布，从而将图像分割问题转化为最优化问题。此类方法的一个重要特点是，图像中每个像素的取值由其邻域像素决定，其本质上是一种基于局部区域的分割方法。

如果把图像理解为定义在矩形点阵上的随机过程，则马尔可夫随机性很好地描述了各个像素之间的空间依赖性，即一个像素的灰度值可以由它周围的像素确定。事实表明，图像像素的这种空间相关性总是存在的，因此可以使用 MRF 对图像进行建模。例如，在参考文献[10]中建立了基于 MRF 的图像分割模型，以实现复杂遥感图像的快速分割，并由此将图像分割问题转化成图像标记问题，进而转化成求解图像的最大后验概率估计的问题。

3.6.3 基于遗传算法的图像分割

遗传算法（Genetic Algorithm，GA）是一种基于进化论自然选择机制和遗传机理的、并行的、统计的、随机化搜索最优解的方法。它由 Holland 于 1975 年首先提出，其主要特点是直接对结构对象进行操作，不存在求导和函数连续性的限定；具有内在的隐并行性和更好的全局寻优能力；采用概率化的寻优方法，能自动获取和指导优化的搜索空间，自适应地调整搜索方向，不需要确定的规则。遗传算法是现代智能计算中的关键技术，已被广泛地应用于组合优化、机器学习、信号处理、自适应控制和人工生命等领域。

遗传算法具有许多优点，如鲁棒性、并行性、自适应性和快速收敛等。在遗传算法中引入选择算子、交叉算子、变异算子和新个体，可避免局部早熟，提高收敛速度和全局收敛能力。它作为一种并行算法，提高速度的潜力十分巨大。由于图像分割的计算复杂度高，计算时间长，为此常用遗传算法来确定分割阈值。

此外，在分割复杂图像时，往往采用多参量进行信息融合，在多参量参与的最优值求取过程中，优化计算是最重要的。遗传算法的出现为解决这类问题提供了有效的方法，它不仅可以得到全局最优解，而且大量缩短了计算时间。

3.6.4 基于人工神经网络的图像分割

20 世纪 80 年代后期，在图像处理、模式识别和计算机视觉等领域，受到人工智能发展的影响，出现了将更高层次的推理机制用于识别系统的做法，于是出现了基于人工神经网络模型（Artificial Neural Networks，ANN）的图像分割方法。

人工神经网络是由大规模神经元互联组成的高度非线性动力系统，是在认识、理解人脑组织结构和运行机制的基础上，模拟其结构和智能行为的一种工程系统。换句话说，它是一种模仿动物神经网络行为特征，进行分布式并行信息处理的算法数学模型。这种网络依靠系统的复杂程度，通过调整内部大量节点之间相互连接的关系，从而达到处理信息的目的。人工神经网络具有自学习和自适应的能力，可以通过预先提供的一批相互对应的输入-输出数据，分析两者之间潜在的规律，最终根据这些规律，用新的输入数据来推算输出结果，这种学习分析的过程被称为“训练”。

基于 ANN 的图像分割方法的基本思想是：通过训练多层感知机来得到线性决策函数，然后用决策函数对像素进行分类来达到分割的目的。按照处理数据的类型，此类分割方法可以分为基于像素数据的神经网络算法和基于特征数据的神经网络算法（即特征空间的聚类分割方法）。前者用高维的原始图像数据作为神经网络训练样本，与基于特征数据的算法相比，能够提供更多的图像信息，但是对各个像素的处理是独立进行的，缺乏一定的拓扑结构，而且数据量大，计算速度慢，不适合实时数据处理。此类算法包括 Hopfield 神经网络、细胞神经网络、概率自适应神经网络等。近年来，第三代脉冲耦合网络 PCNN 的研究，为图像分割提供了新的处理模式，它能克服图像中物体灰度范围值有较大重叠的不利影响，达到较好的分割效果。

3.6.5 基于聚类的图像分割

聚类（Clustering）就是将物体或者抽象的对象进行集合、分组，成为由类似对象组成的多个类的过程。在图像处理中，聚类就是对灰度图像和彩色图像中的相似灰度或色度合并的过程，其实就是将图像分割问题转化为模式识别的聚类分析问题。目前应用较多的是由 Bezdek 于 1981 年提出的基于目标函数的模糊 C-均值算法（Fuzzy C-Means，FCM），它是一种基于目标函数的聚类方法，它把聚类归结成一个带约束的非线性规划问题，通过优化求解获得数据集的模糊划分和聚类。其基本思想是通过反复修改聚类中心和分类矩阵来实现动态的迭代聚类，使得被划分到同一簇的对象之间相似度最大，而不同簇之间的相似度最小。它是对样本的软划分，并不对样本进行强制的分类，而是以一个隶属度的概念来评价样本属于某一类别的程度。

此外，常用的还有基于支持向量机聚类、基于遗传算法聚类、以及与其他算法相结合的聚类方法。

3.6.6 基于图论的图像分割

基于图论的图像分割方法是把图像分割问题与图的最小剪切问题相关联，比较常见的方法包括最小支撑树方法、Normalized Cut 方法、Min-Max Cut 方法、Graph Cut 方法等。此类方法的基本思想是：首先，将图像映射为带权无向图，图中每个节点对应于图像中的每个像素，每条边连接着一对相邻的像素，边的权值表示相邻像素之间在灰度、颜色或纹理方面的非负相似度。而对图像的一个分割就是对图的一个剪切，被分割的每个区域对应着图中的一个子图。分割的最优原则就是使划分后的子图在内部保持相似度最大，而子图之间的相似度保持最小。

此类方法的本质是移除特定的边，将图划分为若干子图从而实现分割。由于每一个像素之间都会赋予一个权值，因此该类方法对目标的形状不敏感，但存在着运算时间过长的缺点。

3.6.7 基于能量泛函的图像分割

该类方法主要指活动轮廓模型（Active Contour Model）以及在其基础上发展出来的相关算法，是在给定图像中利用曲线演化来检测目标的一类方法。基本思想是使用连续曲线来表达目标边缘，并定义一个能量泛函使其自变量包括边缘曲线，因此分割过程就转变为求解能量泛函的最小值的过程，一般可通过求解函数对应的 Euler-Lagrange 方程来实现，能量达到最小时的曲线位置就是目标轮廓所在。这种动态逼近方法所求得的边缘曲线具有连续、封闭、光滑等优点。

主动轮廓模型是由 Kass 等[11]在 1988 年提出的一种变形模型技术，它具有统一、开放式的描述形式，为图像分割的研究提供了理想的框架。在采用该模型提取图像中的目标轮廓或骨架时，可以灵活地选择约束力、初始轮廓和作用域等，以得到更佳的分割效果。由于其计算的高效性、简单性，特别适用于建模以及提取任意形状的变形轮廓等优点，因此近二十年来，活动轮廓模型在图像边缘检测、医学图像分割以及运动跟踪中有了长足的发展和广泛的应用，目前也是计算机视觉领域最活跃的研究主题之一。

按照模型中曲线表达形式的不同，活动轮廓模型可以分为两大类：

1．参数活动轮廓模型（Parametric Active Contour Model）

该类模型是基于 Lagrange 框架的，将曲线或曲面的形变以参数化形式表达的模型。最具代表性的是 Kass 等提出的 snake 模型。由于曲线模型具有内在的规律性，所以参数主动轮廓不需要额外的约束去保证平滑性。同时由于此类模型都是显式地描述曲线，即用参数方程表达曲线因此很容易对 snake 框架引入先验形状约束，也允许用户与模型直接进行交互，且模型表达紧凑，实现速度快。该类模型在早期的生物医学图像分割领域得到了成功的应用，但其存在着分割结果受初始轮廓的设置影响较大（通常需将初始曲线置于目标区域附近），以及难以处理曲线拓扑结构变化等缺点。也就是说，这类模型通常只具备单目标轮廓分割能力，在曲线演化的过程中，缺少应付拓扑结构变化的灵活性，比如曲线的合并或分裂等。此外其能量泛函只依赖于曲线参数的选择，与物体的几何形状无关，这也限制了其进一步的应用。

2．几何活动轮廓模型（Geometric Active Contour Model）

该模型用曲线进化的思想和水平集（Level Set）的形式来描述曲线的进化。与参数活动轮廓模型不同，该类模型的曲线运动过程是基于曲线的几何度量参数而非曲线的表达参数，由于采用了水平集方法而隐含有拓扑变化的能力，因而使得具有复杂结构的图像分割成为可能，并可以解决参数活动轮廓模型难以解决的问题。而水平集方法的引入，则极大地推动了几何活动轮廓模型的发展，因此几何活动轮廓模型一般也可被称为水平集方法。但是因为它们发展的是一个曲面，而不是曲线，且描述是隐式的，所以计算比较复杂，很难给框架引入一个先验形状约束。

本书将在第 7 章中对包括 snake 模型、几何活动轮廓模型及其改进模型在内的变形模型技术，及其在图像分割和运动跟踪中的应用进行详细介绍。

3.6.8 基于 NSCT 的图像分割

小波变换虽然具有多尺度特性，但是不能有效地表示信号中带有方向性的奇异特征。为解决这一问题，Candes 建立了脊波理论，脊波变换的主要缺陷在于不能处理曲线奇异。为解决此问题，单尺度的脊波变换应运而生，其主要原理是采用剖分的方法，用直线逼近曲线。曲波在单尺度脊波的基础上发展而来，曲波变换能够有效捕捉曲线的奇异性，但离散化较困难。于是 Do 和 Vetterli 提出的一种类似于曲波方向性的 Contourlet 变换，其最大特点是直接产生于离散域。2006 年 Cunha 提出一种完全具备平移不变性的非下采样 Contourlet 变换（Non Subsampled Contourlet Transform，NSCT），解决了传统 Contourlet 变换不具备平移不变性的不足，并将该方法应用于图像的去噪和增强处理中，获得比较理想的效果。

NSCT 技术利用非下采样金字塔型分解和非下采样方向滤波器组，得到了灵活的多尺度、多方向并且具备平移不变性的分解模式。与 Contourlet 变换相比，NSCT 最大的改进就是取消了下采样操作，而仅对滤波器进行上采样，从而获得平移不变性。NSCT 由非下采样拉普拉斯塔型分解（Non Subsampled Laplacian Pyramid, NSLP）和非下采样方向滤波器组（Non Subsampled Directional Filter Banks，NSDFB）两部分构成。图像的 NSCT 分解分为两步，首先通过 NSLP 分解得到不同的频率子带，再经 NSDFB 分解得到多个方向子带。其 2 层分解示意图如图 3-29a 所示，图 3-29b 是 NSCT 分解后的频带划分。NSCT 分解的低频系数中包含图像主要的概貌灰度信息，高频系数中包含图像边缘梯度信息。在一定分解层数的高频系数中，包含大量目标边缘信息，而含有的噪声极少。

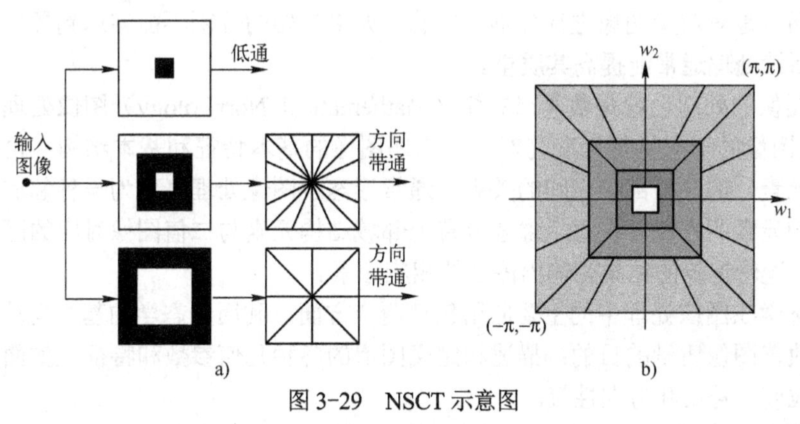

图 3-29　NSCT 示意图

a) 2 层分解　b) 理想频域划分

分别用 5 种方法，即最大类间方差法（OTSU）、基于小波变换的分割方法（Wavelet）、基于 NSCT 和细菌觅食算法（Bacterial Foraging, BF）算法的分割方法（NSCT-BF）、基于 NSCT 和粒子群优化算法（Particle Swarm Optimization, PSO）算法的分割方法（NSCT-PSO）和基于 NSCT 和 BF-PSO 算法的分割方法（NSCT-BF-PSO），对一幅大小为 481×321 像素的图像进行分割，结果如图 3-30 所示。由图 3-30 可见，与其他 4 种方法相比，NSCT-BF-PSO 分割方法得到的边缘完整，原始图像中的高频信息得以保留，而误分割点较少。小波变换在对高频边缘信息的利用方面不如 NSCT，导致其分割效果较差。

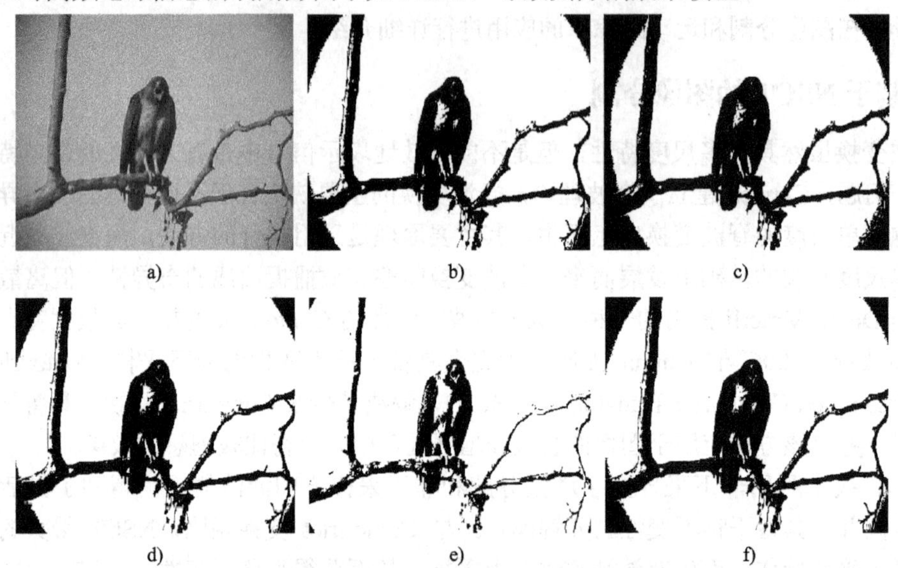

图 3-30　对同一幅图像采用五种不同分割方法的结果

a) 原始图像　b) OTSU　c) Wavelet　d) NSCT-BF　e) NSCT-PSO　f) NSCT-BF-PSO

3.7　二值图像的分割——数学形态学图像处理

二值图像（例如剪影像或轮廓图）就是只具有两个灰度级的图像，是数字图像的一个重要子集，它通常是对灰度图像进行分割产生的。如果初始的分割不能够达到预定的目标，对二值图像的后续处理通常能提高其质量。

对二值图像的处理也就是数学形态学（Mathematical Norphology）图像处理（也称图像代数），它以图像的形态特征为研究对象，描述图像的基本特征和基本结构，也就是描述图像中元素与元素、部分与部分之间的关系。通常形态学图像处理表现为一种邻域运算形式，采用邻域结构元素的方法，在每个像素位置上邻域结构元素与二值图像对应的区域进行特定的逻辑运算，逻辑运算的结果为输出图像的相应像素。

数学形态学在图像处理中的主要应用包括两个方面：利用形态学的基本运算对图像进行处理，达到改善图像质量的目的；描述和定义图像的各种几何参数和特征，如面积、周长、连通度、颗粒度、骨架和方向性等。

形态学图像处理的数学基础和所用语言是集合论。最常见的数学形态学基本运算有七种：腐蚀、膨胀、开运算、闭运算、击中、细化和粗化。

3.7.1 基本符号和关系

（1）元素（element）

设有一幅图像X，若点a在X的区域以内，则称a为X的元素，记作$a \in X$，如图3-31a所示。

（2）包含（included in）

设有两幅图像B和X，对于B中所有的元素a_i，都有$a_i \in X$，则称B包含于X，记作$B \in X$，如图3-31b所示。

（3）击中（hit）

设有两幅图像B和X，若存在这样一个点，它既是B的元素，又是X的元素，则称B击中X，记作$B \uparrow X$，如图3-31c所示。

（4）不击中（miss）

设有两幅图像B和X，若不存在任何一个点，既是B的元素，又是X的元素，即B和X的交集是空，则称B不击中X，记作$B \cap X = \Phi$，其中$\cap$是集合运算相交的符号，Φ表示空集。如图3-31d所示。

（5）补集

设有一幅图像X，所有X区域以外的点构成的集合称为X的补集，记作X^c，如图3-31e所示。显然，如果$B \cap X = \Phi$，则B在X的补集内，即$B \in X^c$。

（6）结构元素（structure element）

设有两幅图像B和X。若X是被处理的对象，而B是用来处理X的，则称B为结构元素，又称作刷子。结构元素通常都是一些比较小的图像。

（7）对称集

设有一幅图像B，将B中所有元素的坐标取反，即令(x, y)变成$(-x, -y)$，所有这些点构成的新的集合称为B的对称集，记作B^v，如图3-31f所示。

（8）平移

设有一幅图像B，有一个点$a(x_0, y_0)$，将B平移a后的结果是，把B中所有元素的横坐标加x_0，纵坐标加y_0，即(x, y)变成$(x+x_0, y+y_0)$，所有这些点构成的集合称为B的平移，记作B_a，如图3-31g所示。

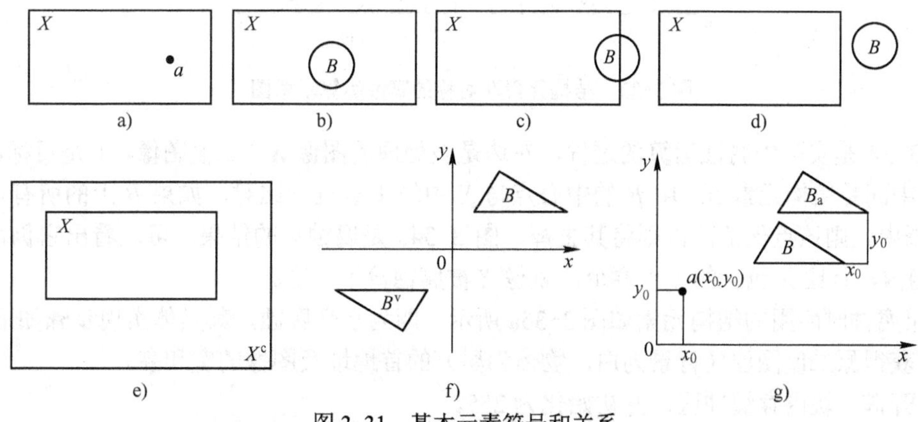

图3-31　基本元素符号和关系

a) 元素　b) 包含　c) 击中　d) 不击中　e) 补集　f) 对称集　g) 平移

3.7.2 腐蚀运算

把结构元素 B 平移 a 后得到 B_a，若 B_a 包含于 X，记下 a 点，所有满足上述条件的 a 点组成的集合称做 X 被 B 腐蚀（Erosion）的结果。数学表达式为：

$$E(X)=\{a|B_a\in X\}=X\Theta B \tag{3-66}$$

如图 3-32 所示，图中 X 是被处理的对象，B 是对称的结构元素，即 $B_v=B$，对于任意一个在阴影部分的点 a，B_a 包含于 X，所以 X 被 B 腐蚀的结果就是阴影部分。阴影部分在 X 的范围之内，且比 X 小，就像 X 被剥掉了一层似的，故将此运算称为腐蚀。由于 B 是对称的，所以 X 被 B 腐蚀的结果和 X 被 B_v 腐蚀的结果是一样的。如果 B 不是对称的，如图 3-33 所示，X 被 B 腐蚀的结果和 X 被 B_v 腐蚀的结果是不同的。

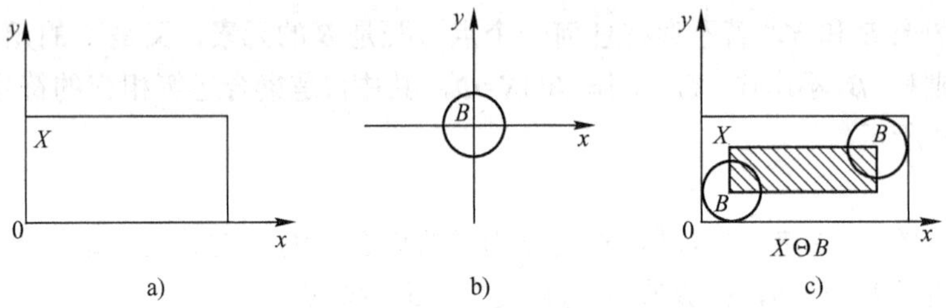

图 3-32 结构元素对称的腐蚀运算示意图

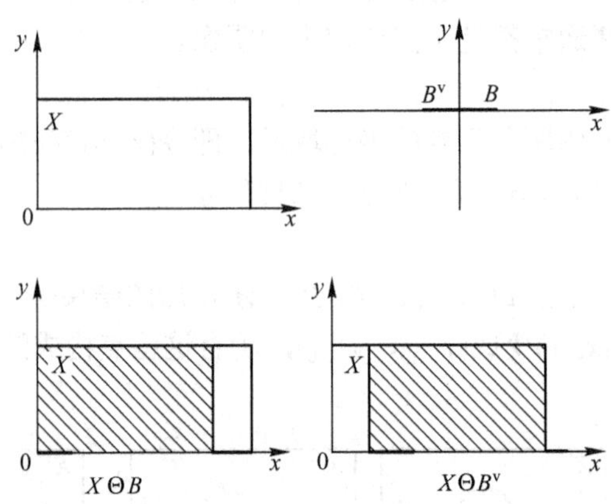

图 3-33 结构元素非对称的腐蚀运算示意图

图 3-34 是实际中腐蚀运算的过程，左边是被处理的图像 X（二值图像，1 是目标，0 是背景），中间是结构元素 B。用 B 的中心点与 X 中的 1 点逐一比对，如果 B 上的所有点都在 X 的范围内，则该点保留，否则将其去掉。图 3-34c 是腐蚀后的结果，可以看出它仍在原来 X 的范围内，且比 X 包含的 1 点要少，就像 X 被腐蚀掉了一层。

如果腐蚀时所用的结构元素如图 3-35a 所示，即为水平腐蚀，其具体实现步骤如下：

1）获得原二值图像（背景为白，物体为黑）的首地址及图像的宽和高。

2）开辟一块内存缓冲区，并初始化为 255。

3）由于使用 1×3 的结构元素，为防越界不处理最左边和最右边的两列像素，而从第 2 行第 2 列开始，将像素灰度值赋为 0，判断该像素的前一点和后一点中是否有背景点，有则将检查的像素灰度值赋为255，否则保持不变。并将结果暂存在内存缓冲区中。

0 0 0 0 0 0 0 0 0 0 0		0 0 0 0 0 0 0 0 0 0 0
0 0 0 0 0 0 1 1 1 1 0		0 0 0 0 0 0 0 0 0 0 0
0 0 0 0 0 0 1 1 1 1 0		0 0 0 0 0 0 0 1 1 1 0
0 0 0 0 0 0 1 1 1 1 0		0 0 0 0 0 0 0 1 1 1 0
0 0 0 0 0 1 1 1 1 0 0		0 0 0 0 0 0 1 1 1 0 0
0 0 0 0 0 1 1 1 1 0 0		0 0 0 0 0 0 1 1 1 0 0
0 0 1 1 1 1 1 1 1 0 0		0 0 0 0 0 1 1 1 1 0 0
0 0 1 1 1 1 0 0 0 0 0	0 1 0	0 0 0 1 1 1 0 0 0 0 0
0 0 1 1 1 1 0 0 0 0 0	1 $\underline{1}$ 0	0 0 0 1 1 1 0 0 0 0 0
0 0 0 0 0 0 0 0 0 0 0	0 0 0	0 0 0 0 0 0 0 0 0 0 0
a)	b)	c)

图 3-34　腐蚀运算示例

a) X　b) B　c) $X\Theta B$

4）循环步骤 3)，直到处理完原图的全部像素。

5）输出结果。

如果腐蚀时所用的结构元素如图 3-35b 所示，即为垂直腐蚀，其具体实现步骤如下：

1）获得原二值图像（背景为白，物体为黑）的首地址及图像的宽和高。

2）开辟一块内存缓冲区，并初始化为255。

3）由于使用 3×1 的结构元素，为防越界，不处理最上和最下的两行像素，而从第 2 行第 2 列开始，将像素灰度值赋为 0，判断该像素的上一点和下一点中是否有背景点，有则将检查的像素灰度值赋为255，否则保持不变。并将结果暂存在内存缓冲区中。

4）循环步骤 3)，直到处理完原图的全部像素。

5）输出结果。

如果腐蚀时所用的结构元素如图 3-35c 所示，即为全方向腐蚀，其具体实现步骤如下：

1）获得原二值图像（背景为白，物体为黑）的首地址及图像的宽和高。

2）开辟一块内存缓冲区，并初始化为255。

3）定义一个一维数组 B[9]= $\begin{pmatrix}1 & 0 & 1\\ 0 & 0 & 0\\ 1 & 0 & 1\end{pmatrix}$，用来存储 3×3 的结构元素。

4）为防越界，不处理最左、最右、最上和最下四边的像素，而从第 2 行第 2 列开始，将像素灰度值赋为 0，利用结构元素数组判断该像素的前一点、后一点、上一点、下一点这四点（即数组中除中心点外，四个为 0 的位置，也就是其 4-邻域）中是否有背景点，有则将检查的像素灰度值赋为 255，否则保持不变。并将结果暂存在内存缓冲区中。这里也可以定义不同形状的结构元素 B 来进行不同的腐蚀，但处理方法都是检查 B 中的 0 所对应的像素是否全部为物体（即为 0)，是则保留该点，否则置为 255。

5）循环步骤 4)，直到处理完原图的全部像素。

6）输出结果。

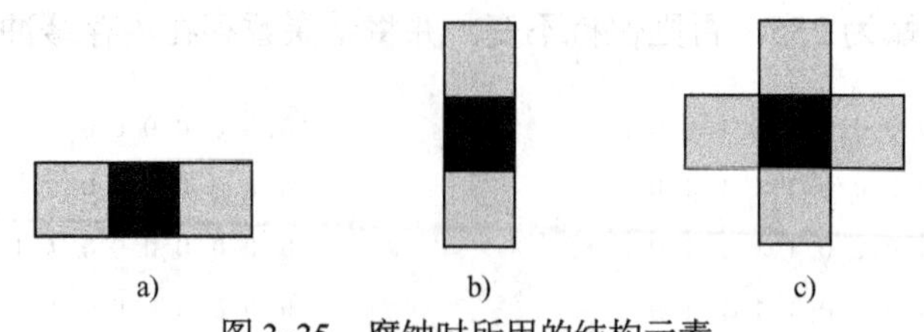

图 3-35　腐蚀时所用的结构元素

a) 水平腐蚀所用的结构元素　b) 垂直腐蚀所用的结构元素　c) 全方向腐蚀所用的结构元素

3.7.3　膨胀运算

膨胀（Dilation）是腐蚀的对偶运算，其定义是：把结构元素 B 平移 a 后得到 B_a，若 B_a 击中 X，记下 a 点，所有满足上述条件的 a 点组成的集合称作 X 被 B 膨胀的结果。数学表达式为：

$$\mathrm{D}(X)=\{a \mid B_a \uparrow X\}=X \oplus B \tag{3-67}$$

如图 3-36 所示，X 是被处理的对象，B 是结构元素，对于任意一个在阴影部分的点 a，B_a 击中 X，所以 X 被 B 膨胀的结果就是阴影部分，包括 X 的所有范围，就像 X 膨胀了一圈，故将此运算称为膨胀。同样，如果 B 不是对称的，X 被 B 膨胀的结果和 X 被 B_v 膨胀的结果是不同的。

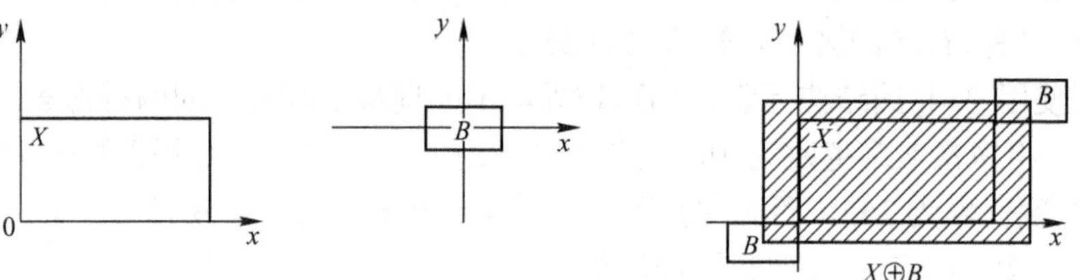

图 3-36　膨胀运算示意图

腐蚀运算和膨胀互为对偶运算：

$$(X \Theta B)^c=(X^c \oplus B) \tag{3-68}$$

即 X 被 B 腐蚀后的补集等于 X 的补集被 B 膨胀。

图 3-37 是实际中膨胀运算的过程，左边是被处理的图像 X（二值图像，1 是目标，0 是背景），中间是结构元素 B。用 B 的中心点与 X 中的 1 点逐一比对，如果 B 上有一个点落在 X 的范围内，则该点就为 1。右图是膨胀后的结果，可以看出，它包括 X 的所有范围，就像 X 膨胀了一圈。

如果膨胀时所用的结构元素如图 3-35a 所示，即为水平膨胀，其具体实现步骤只需将水平腐蚀的步骤 3）修改为："由于使用 1×3 的结构元素，为防越界不处理最左边和最右边的两列像素，而从第 2 行第 2 列开始，将像素灰度值赋为 255，判断该像素的前一点和后一点是否与结构元素有交点（即是否有点为 0），有则将检查的像素灰度值赋为 0，否则保持不变，并将结果暂存在内存缓冲区中"。其余步骤与水平腐蚀相同。

如果膨胀时所用的结构元素如图 3-35b 所示，即为垂直膨胀，其具体实现步骤只需将垂直腐蚀的步骤 3）修改为：“由于使用 3×1 的结构元素，为防越界，不处理最上和最下的两行像素，而从第 2 行第 2 列开始，将像素灰度值赋为 255，判断该像素的上一点和下一点是否与结构元素有交点（即有点为 0），有则将检查的像素灰度值赋为 0，否则保持不变，并将结果暂存在内存缓冲区中”。其余步骤与垂直腐蚀相同。

0 0 0 0 0 0 0 0 0 0 0
0 0 0 0 0 0 1 1 1 1 0
0 0 0 0 0 0 1 1 1 1 0
0 0 0 0 0 0 1 1 1 1 0
0 0 0 0 0 1 1 1 1 0 0
0 0 0 0 0 1 1 1 1 0 0
0 0 1 1 1 1 1 1 1 0 0
0 0 1 1 1 1 0 0 0 0 0
0 0 1 1 1 1 0 0 0 0 0
0 0 0 0 0 0 0 0 0 0 0

a)

0 1 0
1 $\underline{1}$ 0
0 0 0

b)

0 0 0 0 0 0 0 0 0 0 0
0 0 0 0 0 0 1 1 1 1 1
0 0 0 0 0 0 1 1 1 1 1
0 0 0 0 0 0 1 1 1 1 1
0 0 0 0 0 1 1 1 1 1 0
0 0 0 0 0 1 1 1 1 1 0
0 0 1 1 1 1 1 1 1 1 0
0 0 1 1 1 1 1 1 1 0 0
0 0 1 1 1 1 1 0 0 0 0
0 0 1 1 1 1 1 0 0 0 0

c)

图 3-37　膨胀运算示例

a) X　b) B　c) $X \oplus B$

如果膨胀时所用的结构元素如图 3-35c 所示，即为全方向膨胀，实现步骤只需将全方向腐蚀的步骤 4）修改为：“为防越界，不处理最左、最右、最上和最下四边的像素，而从第 2 行第 2 列开始，将像素灰度值赋为 255，利用结构元素数组判断该像素的前一点、后一点、上一点、下一点这四点（即数组中除中心点外，四个为 0 的位置，也就是其 4 邻域）中是否有相交点，有则将检查的像素灰度值赋为 0，否则保持不变。并将结果暂存在内存缓冲区中。这里也可以定义不同形状的结构元素 B 来进行不同的膨胀，方法是检查 B 中为 0 所对应的像素是否与物体相交不为空，是则保留该点，否则置为 255”。其余步骤与全方向腐蚀相同。

3.7.4　开运算

腐蚀和膨胀这两种操作不具有互逆的关系。开运算和闭运算正是依据腐蚀和膨胀的不可逆性演变而来的。先腐蚀后膨胀的过程称为开（Open）运算：

$$S = \mathrm{OPEN}(X) = X \circ B = (X \Theta B) \oplus B \tag{3-69}$$

此式的含义是用 B 来开启 X 得到集合 S，S 是所有在集合结构上不小于结构元素 B 的部分的集合，也就是选出了 X 中的某些与 B 相匹配的点，而这些点则可以通过完全包含在 X 中的结构元素 B 的平移来得到。一般来说，开运算能够去除孤立的小点、毛刺和小桥（即连通两个区域的点），而总的位置和形状不变，这就是开运算的作用。

图 3-38a 是被处理的图像 X（二值图像，1 点是目标，0 点是背景），图 3-38b 是结构元素 B，图 3-38c 是 X 被 B 腐蚀后的结果，图 3-38d 是在此基础上膨胀的结果。可以看到，原图经过开运算后，一些孤立的小点被去掉了。

a)	b)	c)	d)
0 0 0 0 0 0 0 0 0 0		0 0 0 0 0 0 0 0 0 0	0 0 0 0 0 0 0 0 0 0
0 0 0 0 0 0 0 1 0 0	0 0 0 0 0	0 0 0 0 0 0 0 0 0 0	0 0 0 0 0 0 0 0 0 0
0 1 1 1 0 1 1 1 1 0	0 1 1 1 0	0 0 0 0 0 0 0 0 0 0	0 1 1 1 0 1 1 1 1 0
0 1 1 1 0 1 1 1 1 0	0 1 1 1 0	0 0 1 0 0 0 1 1 0 0	0 1 1 1 0 1 1 1 1 0
0 1 1 1 1 1 1 1 1 0	0 1 1 1 0	0 0 0 0 0 0 0 0 0 0	0 1 1 1 0 1 1 1 1 0
0 0 0 0 0 0 0 0 0 0	0 0 0 0 0	0 0 0 0 0 0 0 0 0 0	0 0 0 0 0 0 0 0 0 0

图 3-38　开运算示例

a) X　b) B　c) $X\Theta B$　d) $(X\Theta B)\oplus B$

如图 3-39 所示，如果 B 是非对称的，进行开运算时要用 B 的对称集 $B^{\vee}$ 膨胀，否则开运算的结果和原图相比要发生平移。

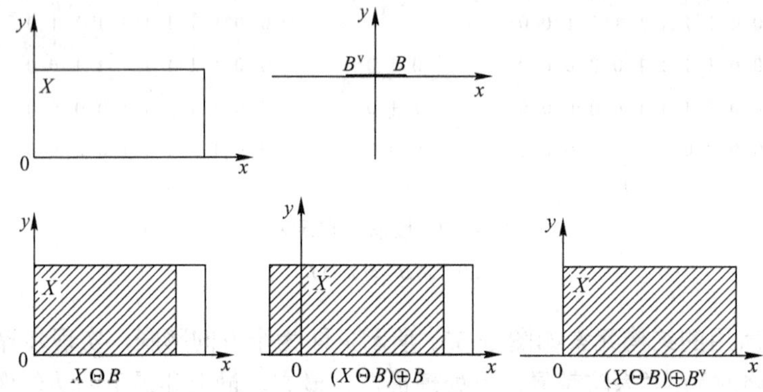

图 3-39　X 用 B 膨胀后结果向左平移了，用 $B^{\vee}$ 膨胀后位置不变

3.7.5 闭运算

先膨胀后腐蚀称为闭（Close）运算，即

$$S = \mathrm{CLOSE}(X) = X \bullet B = (X \oplus B)\Theta B \tag{3-70}$$

其功能是用来填充物体内的细小孔洞、弥合小裂缝、连接邻近物体、平滑其边界，而总的位置、形状和面积不变。

图 3-40 中，图 3-40a 是被处理的图像 X（二值图像，目标是 1 点），图 3-40b 是结构元素 B，图 3-40c 是 X 被 B 膨胀后的结果，图 3-40d 是在此基础上腐蚀的结果。可以看到，原图经过闭运算后，断裂的地方被弥合了。同样要注意的是，如果 B 是非对称的，进行闭运算时要用 B 的对称集 $B^{\vee}$ 膨胀，否则闭运算的结果和原图相比要发生平移。

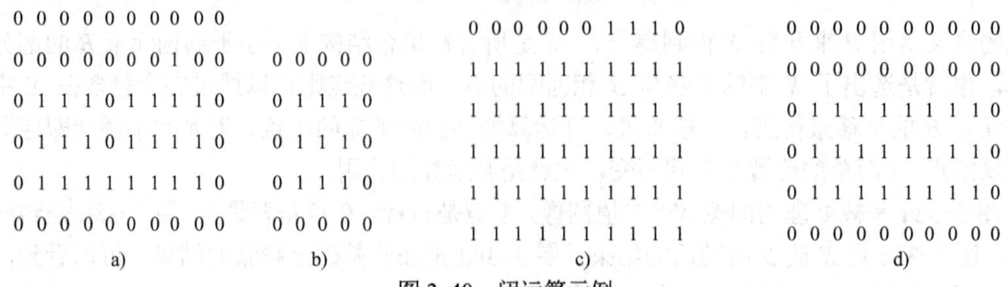

a)	b)	c)	d)
0 0 0 0 0 0 0 0 0 0		0 0 0 0 0 0 1 1 1 0	0 0 0 0 0 0 0 0 0 0
0 0 0 0 0 0 0 1 0 0	0 0 0 0 0	1 1 1 1 1 1 1 1 1 1	0 0 0 0 0 0 0 0 0 0
0 1 1 1 0 1 1 1 1 0	0 1 1 1 0	1 1 1 1 1 1 1 1 1 1	0 1 1 1 1 1 1 1 1 0
0 1 1 1 0 1 1 1 1 0	0 1 1 1 0	1 1 1 1 1 1 1 1 1 1	0 1 1 1 1 1 1 1 1 0
0 1 1 1 1 1 1 1 1 0	0 1 1 1 0	1 1 1 1 1 1 1 1 1 1	0 1 1 1 1 1 1 1 1 0
0 0 0 0 0 0 0 0 0 0	0 0 0 0 0	1 1 1 1 1 1 1 1 1 1	0 0 0 0 0 0 0 0 0 0

图 3-40　闭运算示例

a) X　b) B　c) $X\oplus B$　d) $(X\oplus B)\Theta B$

开和闭也是对偶运算，用公式表示为

$$(\mathrm{OPEN}(X))^{\mathrm{c}} = \mathrm{CLOSE}(X^{\mathrm{c}}) \tag{3-71}$$

或者

$$(\mathrm{CLOSE}(X))^{\mathrm{c}} = \mathrm{OPEN}(X^{\mathrm{c}}) \tag{3-72}$$

即 X 开运算的补集等于 X 的补集的闭运算，或者 X 闭运算的补集等于 X 的补集的开运算。

3.7.6 细化

1. 理论基础

所谓细化，就是从二值图像中提取线宽为 1 像素的中心线（或骨架）的操作。该操作需要从原来的二值图像中去掉一些点，但仍要保持原来的形状，即保持原图的骨架。骨架可以理解为图像的中轴，例如长方形的骨架是其长方向上的中轴线；正方形的骨架是其中心点；圆的骨架是其圆心，直线的骨架是它自身，孤立点的骨架也是其自身。

细化的数学表达式为：

$$S = X - (X \uparrow B) \tag{3-73}$$

上式表示用 B 来细化 X 得到集合 S，S 是 X 的全部像素除去击中击不中变换结果后的集合。

细化算法有很多，从处理方法上分为顺序处理和并行处理，从连接性上分为 8 邻接细化和 4 邻接细化。下面介绍两种常用的细化算法。

2. 方法 1

以黑白文本图像（白纸黑字）为例，该细化算法的基本原理是：根据当前像素 8 邻域内相邻像素的情况来判断是否能去掉它，例如，图 3-41 中的 1）和 2）是内部点，不能删；3）和 5）不是骨架点，可以删；4）不能删，否则原来相连的部分会断开；6）是直线的端点，不能删；7）是孤立点，其骨架就是它自身，不能删。总结判据：内部点、孤立点和直线端点不能删除；对于边界点，如果将其去掉后，连通分量不增加，则可以删除。

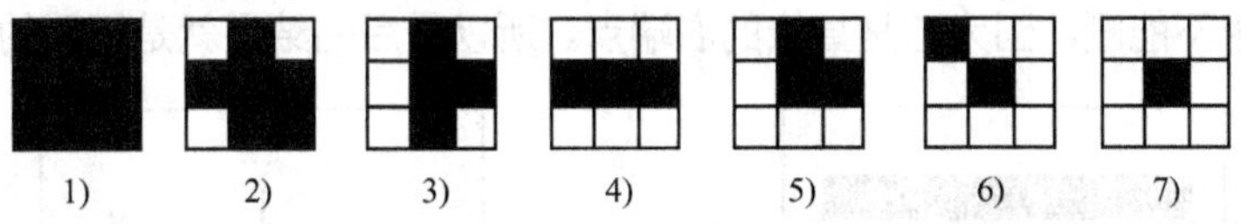

图 3-41　根据中心像素的 8 个相邻像素的情况来判断是否能删除该像素

可用一张表表示上述判据，该表包括从 0～255 共 256 个元素，每个元素的值是 0 或 1：

```
static int erasetable[256]={
        0,0,1,1,0,0,1,1,        1,1,0,1,1,1,0,1,
        1,1,0,0,1,1,1,1,        0,0,0,0,0,0,0,1,
        0,0,1,1,0,0,1,1,        1,1,0,1,1,1,0,1,
        1,1,0,0,1,1,1,1,        0,0,0,0,0,0,0,1,
        1,1,0,0,1,1,0,0,        0,0,0,0,0,0,0,0,
        0,0,0,0,0,0,0,0,        0,0,0,0,0,0,0,0,
```

```
1,1,0,0,1,1,0,0,      1,1,0,1,1,1,0,1,
0,0,0,0,0,0,0,0,      0,0,0,0,0,0,0,0,
0,0,1,1,0,0,1,1,      1,1,0,1,1,1,0,1,
1,1,0,0,1,1,1,1,      0,0,0,0,0,0,0,1,
0,0,1,1,0,0,1,1,      1,1,0,1,1,1,0,1,
1,1,0,0,1,1,1,1,      0,0,0,0,0,0,0,0,
1,1,0,0,1,1,0,0,      0,0,0,0,0,0,0,0,
1,1,0,0,1,1,1,1,      0,0,0,0,0,0,0,0,
1,1,0,0,1,1,0,0,      1,1,0,1,1,1,0,0,
1,1,0,0,1,1,1,0,      1,1,0,0,1,0,0,0
         };
```

根据图像中某黑色点的 8 个相邻点的情况查表，若表中的元素是 1，则表示该点可删，否则保留。查表的方法是，设白点为 1，黑点为 0，左上方点对应 8 位数的第一位（最低位），正上方点对应第二位，右上方点对应的第三位，左邻点对应第四位，右邻点对应第五位，左下方点对应第六位，正下方点对应第七位，右下方点对应第八位，按这样组成的 8 位数去查表即可。例如，图 3-42 所示的例子中 1）对应表中的第 0 项，该项应为 0；2）对应 37，该项应为 0；3）对应 173，该项应为 1；4）对应 231，该项应为 0；5）对应 237，该项应为 1；6）对应 254，该项应为 0；7）对应 255，该项应为 0。

对图像进行逐行扫描，对于每个点（不包括边界点），计算它在表中的索引，若为 0，则保留，否则删除该点。如果这次扫描没有一个点被删除，则循环结束，剩下的点就是骨架点，如果有点被删除，则进行新的一轮扫描，如此反复，直到没有点被删除为止。

但是该算法存在缺陷。例如，图 3-42 所示的黑色矩形，预期的细化结果是位于矩形中心的一条水平直线，而采用上述细化算法的结果是位于矩形下边界的水平直线。原因如下：在从上到下、从左到右的扫描过程中，遇到的第一个黑点是矩形的左上角点，经查表，该点可以删除；下一个点是它右边的点，经查表，该点也可以删除；如此下去，整个一行被删除了。每一行都是同样的情况，所以都被删除了。到最后一行时，黑色矩形已经变成了一条直线，最左边的黑点不能删，因为它是直线的端点，它右边的点也不能删，否则直线就断了，如此下去，直到最右边的点，也不能删，因为它是直线的右端点。所以最后的结果就是矩形的下边界。

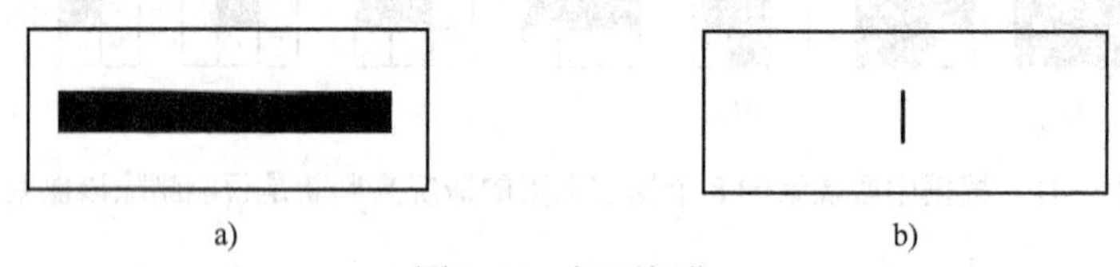

a)　　　　　　　　b)

图 3-42　矩形细化

a) 黑色矩形　b) 细化后的结果

解决的办法是，在每一次水平扫描的过程中，先判断每一点的左右邻居，如果都是黑点，则该点不做处理。另外，如果某个黑点被删除了，那么跳过它的右邻居，处理下一个点。如图 3-42b 所示，这样的处理过程只实现了水平细化，处理结果是位于矩形中心的一列像素，仍然不是我们预期的结果，原因如下：在上面的算法中，遇到的第一个能删除的点是矩形的左上角点，第二个是矩形的右上角点，第三个是第二行的最左边点，第四个是第二行的最右边点。依此类推，对整幅图像处理一次后，宽度减少 2。每次都是如此，直到剩下最中间的一列，就不能再删了。如果在每一次水平细化后，再进行一次竖直方向的细化（把上述过程的行列换一下），就可以得到预期的结果。

3．方法 2

对于一幅二值图像，背景和目标的灰度值分别为 1 和 0，像素(i,j)记为p，其 8 邻域的像素用p_k表示，$k\in N_s=\{0,1,2,\ldots,7\}$，$B(\cdot)$表示像素的灰度值。细化步骤如下：顺序扫描二值图像的各个像素，当完全满足以下 6 个条件时，把它置换成 1。其中，条件 2、3、5 是在并行处理方式中所用的各像素的值。条件 4 和 6 是在顺序处理方式中所用的各像素的值。对已置换成 1 的像素，在不用当前处理结果的并行处理方式中，把该像素的值复原到 1，而在用当前处理结果的顺序处理方式中，仍为1。

条件 1：$B(p)=1$。

条件 2：p 是边界像素的条件，即对于像素 p，假如 p_0、p_2、p_4、p_6 中至少有一个是 0 时，则 p 就是边界像素。数学表达式为

$$\sum_{k\in N_4} a_{2k}\geqslant 1,\quad N_4=\{0,1,2,3\} \tag{3-74}$$

式中

$$a_k=\begin{cases}1, & B(p_k)=0\\ 0, & 其他\end{cases} \tag{3-75}$$

条件 3：不删除端点的条件，即对像素 p 来说，从 p_0 到 p_7 中只有一个像素为 1 时，则把 p 叫做端点。数学表达式为

$$\sum_{k\in N_8}(1-a_k)\geqslant 2,\quad N_8=\{0,1,2,\ldots 7\} \tag{3-76}$$

这时

$$\sum(1-a_k)=1 \tag{3-77}$$

条件 4：保存孤立点的条件，即当 p_0 到 p_7 全部像素都不是 1 时，p 是孤立点，

$$\sum_{k\in N_k} C_k\geqslant 1 \tag{3-78}$$

式中

$$C_k=\begin{cases}1, & B(p_k)=1\\ 0, & 其他\end{cases} \tag{3-79}$$

条件 5：保持连接性的条件，即

$$N_{\mathrm{C}}^{(8)}(p)=0 \tag{3-80}$$

条件 6：对于线宽为 2 的线段，只有单向消除的条件。即

$$B(p_i)\neq -1 \qquad 或 \qquad X_{\mathrm{C}}(p)=1, i\in N_8=\{0,1,\ldots,7\} \tag{3-81}$$

式中，$X_{\mathrm{C}}(p)$是 $B(p_i)=0$ 时像素 p 的连接数。

3.7.7 粗化

从数学形态学的角度看，粗化是与细化相对应的。因此也可以利用击中击不中变换来表示：

$$S = X \cup (X \uparrow B) \tag{3-82}$$

从上式可以看出，粗化实际上是击中击不中变换结果与原始图像的并集，也就是通过对图像的补集进行细化而得到的。

粗化的具体实现步骤如下：

1）获得原图像的首地址，及图像的高度和宽度。

2）对图像像素的灰度值取补。

3）对取补后的图像进行细化处理。

3.8 彩色图像的分割

前面我们讨论了二维数字图像，这些图像可以认为是两个空间变量的灰度值函数。通过令灰度值是两个空间变量和一个光谱变量的函数，可将其直接推广到三维，即多光谱图像。当光谱采样限制到三个波段，即对应于人类视觉系统敏感的红、绿、蓝光谱段时，就称其为彩色图像。

多光谱图像的每个像素通过一组窄带光谱测量设备来成像。这样，图像数字化为多值的像素，经常使用 24 个或更多的光谱通道，因此结果图像被表示为包含 24 个左右的一组二维数字图像，每个二维图像表示物体通过一个窄带光学滤波器后的图像。多光谱分析中覆盖的光谱范围不一定限定在可见光范围内，一般来说，感兴趣的范围从红外区、可见光区一直到紫外区。

我们最熟悉的多光谱成像形式就是普通的彩色视觉。彩色图像是对外部客观世界最为逼真的描述。在图像处理中运用颜色主要有两个目的：1）颜色是一个强有力的描绘工具，它常常可以简化目标物的区分及从场景中抽取目标；2）人眼可以辨别几千种颜色色调和亮度，相形之下计算机只能辨别几十种灰度层次，该因素对于人工图像分析特别重要。

彩色图像分割与灰度图像分割相比，大部分算法在分割思想上是一致的，都是基于像素数值的相似性和空间的接近性。只是对像素属性的考察以及特征提取等技术由一维空间转向了高维空间。这是由于灰度图像和彩色图像存在一个主要的区别，即对于每一个像素的描述，前者是在一维亮度空间上，而后者是在三维颜色空间上。

彩色图像分割的关键在于如何利用丰富的彩色信息来达到分割的目的。实际应用中，可以采取两种方式：一是将彩色图像的各个分量进行适当的组合转化为灰度图像，然后利用对灰度图像的分割方法进行分割；二是在彩色模型空间中直接进行图像分割。因此，要分割一幅彩色图像，首先要选择好合适的彩色空间，其次要采用适合此彩色空间的分割策略。

3.8.1 颜色基础

1．彩色视觉

如图 3-43 所示，人眼的视网膜由感光细胞覆盖，类似于 CCD 芯片上的感受基。感光细胞吸收来自于物体的光线，并通过晶体透镜和角膜聚焦在视网膜上，它们生成了神经脉冲，在传输过程中经过一层双极性细胞和一层神经节细胞。一百万左右的神经节细胞的轴突纤维形成了光神经，它们将图像数据传送到大脑。神经脉冲的频率代表了入射光线的强度。

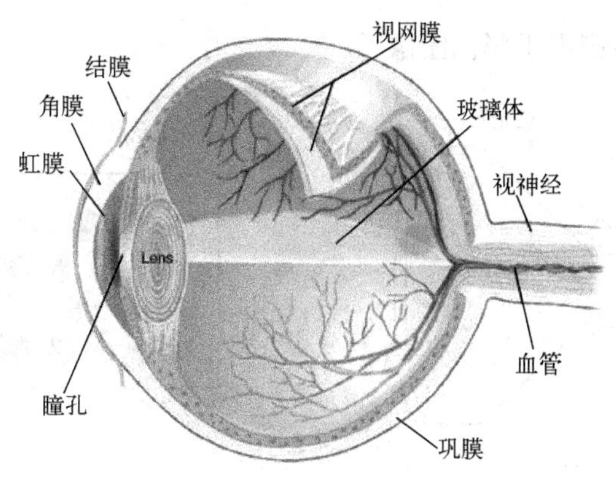

图 3-43　人眼球解剖结构示意图

感光细胞有两种类型，依其物理形状分别称为杆状光敏细胞和锥状光敏细胞。杆状光敏细胞较为敏感，它们感受光强，为我们提供感光能力强的单色夜视。锥状光敏细胞感受光强与颜色，提供在较高光学亮度下的彩色视觉。按照其将光信号转化为神经脉冲的感光化学特性区分，锥状细胞有三种形式（65%感受红光、33%感受绿光、2%感受蓝光）。图 3-44 是人类视觉系统中三类锥状细胞的光谱敏感曲线。锥状细胞将电磁波谱的可见光部分分为红、绿和蓝三个波段，因此这三种颜色被称为人类视觉的三基色。

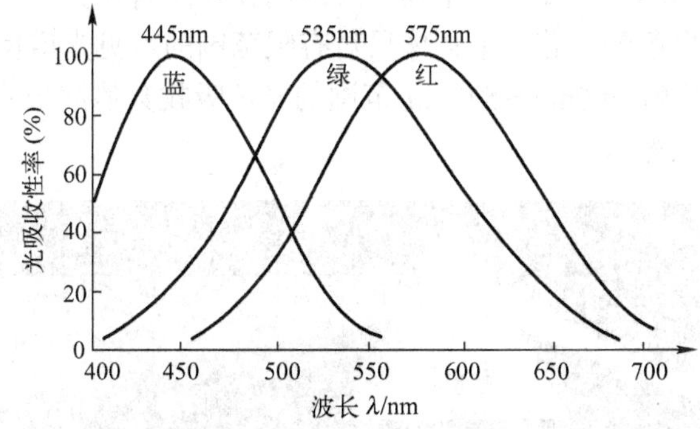

图 3-44　人类感光细胞对可见光谱的吸收特性曲线

2. 三色成像

由于人类视觉系统的特点，人们在三色系统方面投入了大量的人力和物力来进行电子成像，特别是电视摄像机、数字化仪、显示器及打印机。三色成像系统的常见例子包括彩色照相和彩色电视。在这种情况下，可见光谱被分为三个波段——红、绿和蓝，近似于人眼的光谱量化。在彩色照相机中，每幅图像由三层不同的摄像乳剂合成。在彩色电视摄像机中，使用了三个图像传感器，并在每个传感器前面放置了红、绿和蓝色滤光片。在显示时，红、绿和蓝色图像叠加在一起，形成彩色打印或彩色显示，如图 3-45 所示。这种叠加近似产生了真实场景在视网膜上的效果，因此人眼看起来是正常的。

虽然一幅三色数字图像可以认为是三个坐标（两个空间和一个光谱）的一个标量函数，但是一般情况下，将其看作是一幅二维图像，每个像素有三个亮度值（红、绿和蓝）更为方便。有时也将其看作三幅单色数字图像的叠加。如此，前面章节中讨论的许多针对灰度图像的概念和方法就可以直接应用于彩色图像了。

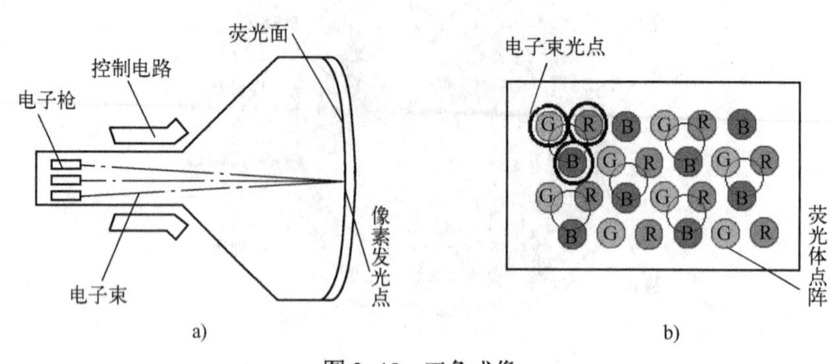

图 3-45　三色成像

a) CRT 结构示意图　b) 荧光体点阵示意图

3. 颜色基础

人类和某些动物接收的物体的颜色一般是由其反射光的性质决定的。光是一种电磁波，早在 17 世纪，牛顿通过三棱镜研究对白光的折射就已发现：白光可被分解成一系列从紫到红的连续光谱，如图 3-46 所示，从而证明白光是由不同颜色（而且这些颜色并不能再进一步被分解）的光线相混合而组成的。图 3-47 是电磁波谱，可见光在电磁波谱中是一个相对较窄的波段（380nm～780nm）。如果一个物体反射的光在所有可见光波长范围内是平衡的，则观察者看到的物体是白色的。若一个物体只对有限范围的可见光谱反射，则物体呈现某种颜色。例如，绿色物体反射 500nm～570nm 范围的光，吸收其他波长的光；人眼感到最舒服的光波长是 550nm（黄绿光）。

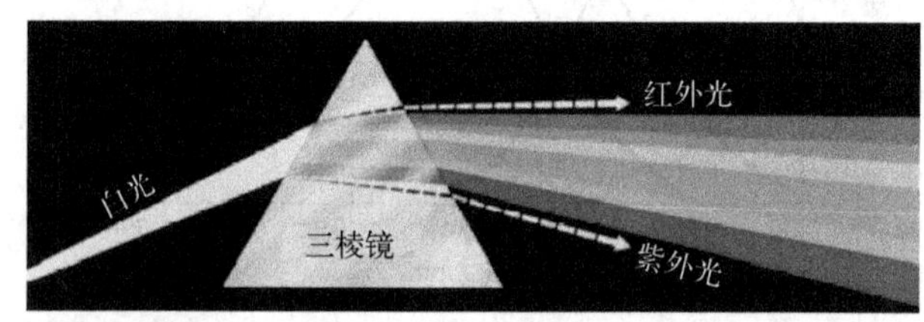

图 3-46　白光被三棱镜散射后形成的彩色光谱

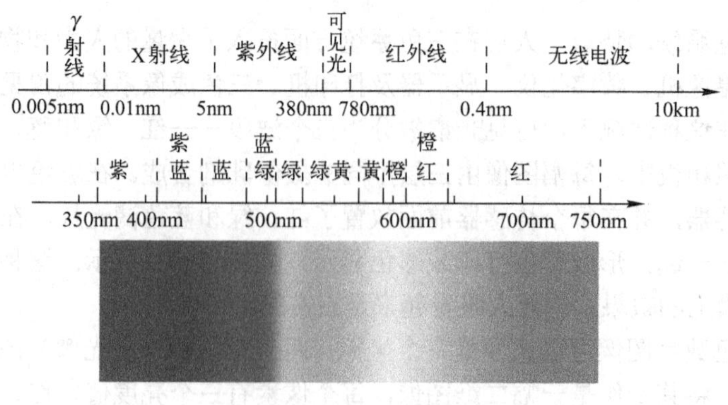

图 3-47　电磁波谱

颜色是外来光刺激作用于人的视觉器官而产生的主观感觉。物体的颜色不仅取决于物体本身，还与光源、周围环境的颜色以及观察者的视觉系统有关系。

通常用以区别颜色的特性是色调（Hue）、饱和度（Saturation）和亮度（Brightness/Intensity）：

1）色调又称为色相或者色度，是当人眼看到一种或多种波长的光时所产生的彩色感觉。它决定了彩色光的光谱成分，表示观察者接收的主要颜色，反映了彩色光在“质”方面的特征。它就是颜色的分类，如红、橙、黄、绿、青、蓝、紫七色。在色谱中，色调是连续变化的。

2）饱和度是指颜色的纯度，可用来区别颜色的深浅程度。纯光谱色的含量越多，其饱和度也就越高。饱和度与所加白光数量成反比，混入的白光越少，饱和度越高，颜色越鲜明。例如，纯谱色是全饱和的，而粉红色（红加白）和淡紫色（紫加白）则是欠饱和的。

3）亮度是人的视觉系统对可见物体辐射或者发光多少的感知属性。它决定了彩色光的强度，是色彩明亮度的概念，是彩色光在“量”方面的特性。它是一个主观描述子，实际上是不可能测量的。如图 3-48 所示，同一种色块，在不同强度的白光照射下，反射的光波波长一样（色调相同），但人眼感觉到的颜色不同。某一颜色的光，亮度很弱，趋于黑色；反之，则趋于白色。

图 3-48 不同光照强度下人眼对同一色块感觉到不同的颜色

通常把色调和饱和度称为色度（Chromaticity）。亮度表示颜色的明亮程度，而色度则表示颜色的类别与深浅程度。

为了标准化起见，国际照明委员会（CIE）规定用波长为 700nm、546.1nm 和 435.8nm 的单色光分别作为红（red，R）、绿（green，G）和蓝（blue，B）三原色。三原色按照比例混合可以得到各种颜色。原色相加可以产生二次色，例如红色+蓝色=深红色或者品红色（magenta，M），绿色+蓝色=青色（cyan，C），红色+绿色=黄色（yellow，Y）（图 3-49a）。颜料的颜色是吸收一种原色，反射另外两种原色，所以是一种二次色（图 3-49b）。

形成任何特殊彩色所需要的红、绿、蓝的量称为三色值，并分别表示为 X、Y 和 Z。进一步，一种颜色可以用它的三个三色值系数来表示，它们分别是：

$$x=\frac{X}{X+Y+Z},\quad y=\frac{Y}{X+Y+Z},\quad z=\frac{Z}{X+Y+Z} \tag{3-83}$$

3.8.2 彩色模型（彩色规范）

彩色模型也称为彩色空间或彩色系统，是描述色彩的一种方法，其用途是在某些标准下用通常可接受的方式简化彩色规范。本质上，彩色模型是坐标系统和子空间的规范。位于彩色系统中的每种颜色都由单个点来表示。

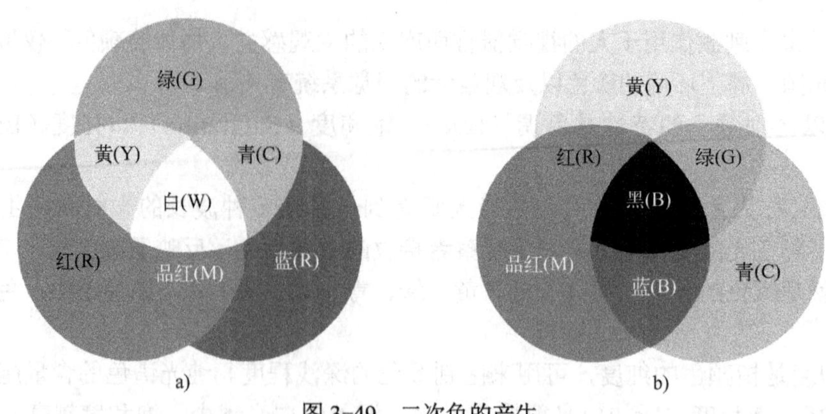

图 3-49　二次色的产生

a) 光混合（原色相加） b) 颜料混合（原色相减）

目前表达颜色的彩色模型有许多种，它们是根据不同的应用目的而提出的，例如 RGB（显示器信号）、HSI（人眼识别）、YUV（电视信号）、CMY（彩色印刷）。此外，还有 MTM、LUV 和 Lab 等均匀颜色空间模型。从图像处理的角度来说，对颜色的描述应该与人对颜色的感知越接近越好。而从视觉感知均匀的角度来讲，人所感知到的两个颜色的距离应该与这两个颜色在表达它们的颜色空间中的距离越成比例越好。如果在一个颜色空间中，人所观察到的两种颜色的区别程度与该颜色空间中两点间的欧氏距离对应，则称该空间为均匀颜色空间。

在数字图像处理中，实际上最常用的彩色模型是 RGB（红、绿、蓝）模型和 HSI（色调、饱和度、亮度）模型。前者主要用于彩色显示器和彩色视频摄像机，后者则更符合人类描述和解释颜色的方式。因此本节中主要介绍 RGB 和 HSI 模型以及二者之间的转换方法。

1. RGB 彩色模型

表示颜色最直接的方法是使用红、绿和蓝的亮度值，大小限定到一定范围，如 0 到 1，我们把这种约定称为 RGB 格式。RGB 模型是基于笛卡尔坐标系的，每个像素（实际上任何可能要量化的颜色）都能用三维空间中第一象限的一个点来表示，如图 3-50a 所示。该彩色立方体具有如下特点：

1）三个角对应于三基色——红（R）、绿（G）、蓝（B）。

2）剩下的三个角对应于二次色——青（C）、品红（M）和黄（Y）。

3）在原点上，任一基色均没有亮度，即原点为黑色。

4）三基色都达到最高亮度时则表现为白色，位于离原点最远的角上。

5）亮度较低的等量的三种基色产生灰色的影调，所有这些点均落在彩色立方体的对角线上，该对角线称为灰色线。灰度等级沿着主对角线从原点的黑色到点(1,1,1)的白色分布。

6）不同颜色位于立方体上或内部，并可用从原点出发的向量来表示。为了方便起见，假定所有颜色值都归一化（在[0,1]范围内取值），则图示的立方体就是一个单位立方体。

在 RGB 彩色模型中，彩色图像由三个图像分量组成，每一个分量图像都是其原色图像。在 RGB 空间中，用以表示每个像素的比特数叫做像素深度。对于 RGB 彩色图像，其红、绿、蓝图像都是 8 比特图像，因而每一个 RGB 像素有 24 比特深度（3 个图像平面乘上每平面的比特数）。24 比特彩色图像即为全彩色图像，其颜色总数是$(2^8)^3$=16777216。图 3-50b 是与图 3-50a 相对应的 24 比特彩色立方体。

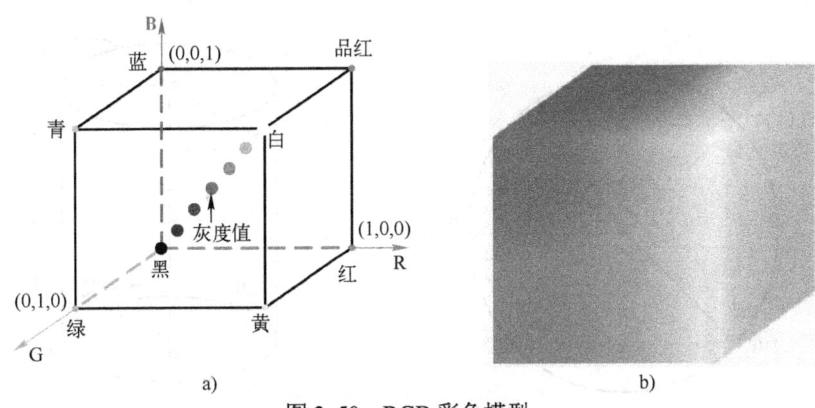

图 3-50　RGB 彩色模型

a) RGB 彩色立方体示意图　b) RGB 彩色立方体

实际中最通用的面向硬件的模型就是 RGB 模型，三个标准色当以各种强度比混合在一起时可以产生所有可见彩色。

2. HSI 彩色模型

HSI 彩色模型是美国色彩学家 Munseu 于 1915 年提出的彩色系统格式，经常为艺术家所使用。这种设计反映了人观察彩色的方式，更符合人描述和解释颜色的方式，同时也有利于图像处理。色调 H 是描述纯色的属性，饱和度 S 是对纯色被白光稀释程度的度量，亮度 I 是一个主观描述子。色调与饱和度一起称为彩色，因此颜色用亮度和彩色表征，色调、饱和度和亮度特征集表示了人眼视觉对彩色的感受。

HSI 模型具有如下特点：

1）I 表示强度，是 R、G、B 三个亮度值的平均值，也有人使用对不同分量有不同权值的彩色机制。强度值确定了像素的整体亮度，而不受彩色影响。可以通过平均 R、G、B 分量将彩色图像转化为单色图像，这样就丢掉了彩色信息。

2）包含彩色信息的两个参数是色调（H）和饱和度（S）。图 3-51a 中的色环描述了这两个参数，色度由角度表示，反映了该彩色最接近什么样的可见光谱波长。不失一般性，假定 0°为红色，120°为绿色，240°为蓝色。色调从 0° ～240° 覆盖所有可见光谱的颜色，在 240° ～360° 之间是人眼可见的非光谱色（紫色）。

3）饱和度参数是色环的原点（圆心）到彩色点半径的长度。该参数给出一种纯色被白光稀释程度的度量。环的外围圆周是纯的或称为饱和的颜色，其饱和度值为 1。在中心是中性（灰色影调），即饱和度为 0。

总之，三个彩色坐标定义了一个柱形彩色空间，如图 3-51b 所示，色环即色度——饱和度平面。灰度影调沿着轴线以底部的黑变到顶部的白。具有最高亮度，最大饱和度的颜色位于圆柱上顶面的圆周上。

HSI 模型能减少彩色图像处理的复杂性，因为它把图像分成彩色信息（即色调饱和度）和灰度信息（即亮度，非彩色属性，对应黑白图像的灰度），使其更适合进行灰度处理。

3. CMY 彩色空间

CMY 色彩系统也是一种常用的色彩表示方式，常应用于印刷技术，它与 RGB 颜色空间有两点不同：

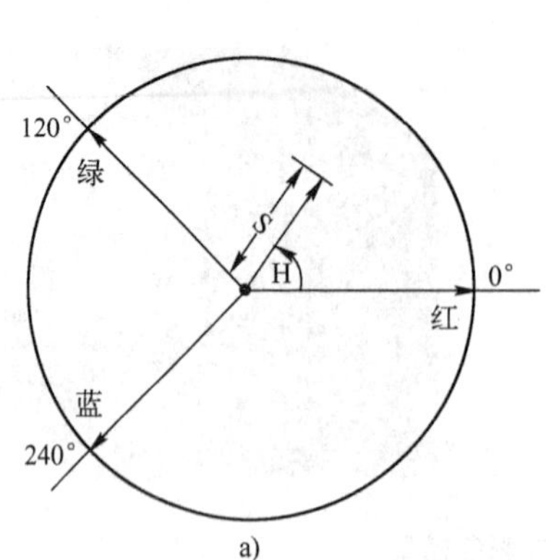

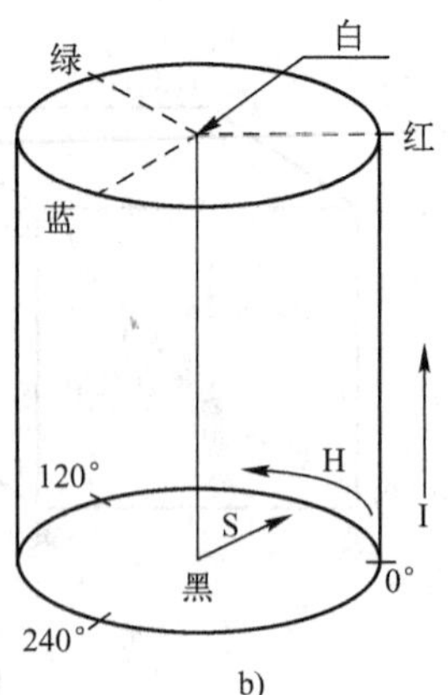

图 3-51　HSI 彩色模型

a) 色环　b) 柱形彩色空间

1）CMY 的三基色分别为青（C）、品红（M）、黄（Y），即（C,M,Y）；

2）RGB 颜色系统通过三种颜色的相加来产生其他颜色，即加色合成法，而 CMY 颜色空间通过颜色的相加减来产生其他颜色，即减色合成法。

4. YIQ 和 YUV 颜色空间

YIQ 和 YUV 颜色空间都产生一种亮度分量信号和两种色度分量信号，这里的 Y 是指颜色的明视度（Luminance），即亮度（Brightness），也就是图像的灰度值（Gray value）。

YUV 颜色空间通常应用于欧洲电视系统，U 和 V 表示色差信号。在现代彩色电视系统中，通常采用三管彩色摄影机或彩色 CCD 摄影机进行取像，然后把取得的彩色图像信号经分色、分别放大校正后得到 RGB，再经过矩阵变换电路得到亮度信号 Y 和两个色差信号 R-Y（即 U）和 B-Y（即 V），最后发送端将亮度和色差三个信号分别进行编码，用同一信道发送出去，这种色彩的表示方法就是 YUV 颜色空间表示。采用 YUV 颜色空间的重要性是它的亮度信号 Y 和色度信号 U、V 是分离的。

YIQ 颜色空间通常应用于北美的电视系统，I 和 Q 是指色调，即描述图像色彩及饱和度的属性，其中 I 分量代表从橙色到青色的颜色变化，而 Q 分量则代表从紫色到黄绿色的颜色变化。与其他颜色空间相比较，YIQ 颜色空间具有能将图像中的亮度分量分离提取出来的优点，并且它与 RGB 颜色空间之间是线性变换的关系，计算量小，可以适应光照强度不断变化的场合，因此能够有效地用于彩色图像处理。

5. 彩色模型变换

（1）RGB 到 HSI 的转换

在 RGB 空间中灰度线是彩色立方体的对角线，而在 HSI 空间中则是垂直中轴线。这样，我们可以建立一个直角坐标系(o, x, y, z)，旋转 RGB 立方体使其对角线与 z 轴重合，而其 R 轴在 xoz 平面上（图 3-52）。该旋转可用数学表达式表示为

$$x=\frac{1}{\sqrt{6}}[2R-G-B]，\quad y=\frac{1}{\sqrt{2}}[G-B]，\quad z=\frac{1}{\sqrt{3}}[R+G+B] \tag{3-84}$$

接下来，通过在 xoy 平面中定义极坐标系转化为圆柱坐标系，有

$$\begin{cases}\rho=\sqrt{x^2+y^2}\\ \phi=\text{ang}(x,y)\end{cases} \tag{3-85}$$

式中，ϕ是从原点到点(x, y)的直线与 x 轴的夹角。圆柱坐标系中的(ϕ, ρ, z)对应于(H, S, I)。

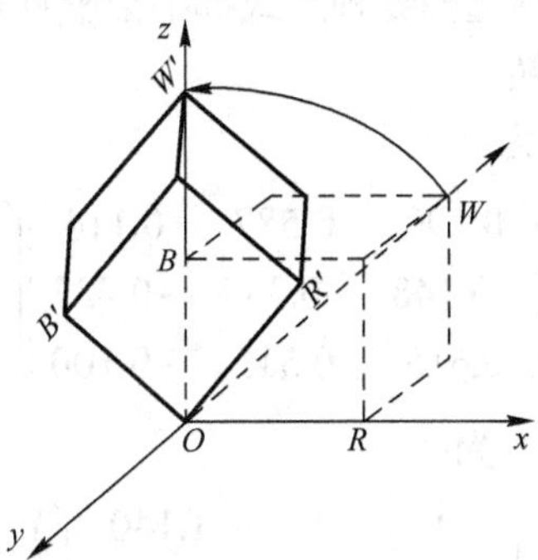

图 3-52　RGB 立方体的旋转示意图

但这样定义的饱和度有两个问题：饱和度与强度不独立；完全饱和的颜色（即其中没有多于两种的基色存在）落在 xoy 平面的一个六边形上，而不是圆。解决办法是通过除以对应不同ϕ角的值 ρ 的最大值使 ρ 归一化。这样推导出的饱和度公式为

$$S=\frac{\rho}{\rho_{\max}}=1-\frac{3\min(R,G,B)}{R+G+B}=1-\frac{\sqrt{3}}{I}\min(R,G,B) \tag{3-86}$$

使完全饱和的颜色落在 xoy 平面内的单位圆上。在式（3-83）中，色度由ϕ来定义，一个等价的方法是计算角度

$$\theta=\arccos\left\{\frac{[(R-G)+(R-B)]}{2\sqrt{(R-G)^2+(R-B)(G-B)}}\right\} \tag{3-87}$$

综上所述，给定一幅 RGB 彩色图像，每一个 RGB 像素的 H、S、I 分量可由下式得到：

$$H=\begin{cases}\theta, & B\leqslant G\\ 2\pi-\theta, & B>G\end{cases}，\quad S=1-\frac{3}{R+G+B}[\min(R,G,B)]，\quad I=\frac{R+G+B}{3} \tag{3-88}$$

式中，θ 由式（3-87）得到。

（2）HSI 到 RGB 的转换

由 HSI 到 RGB 的转换公式取决于要转换的点落在原始色所分割的扇区。当 $0°\leqslant H\leqslant 120°$ 时

$$R=\frac{I}{\sqrt{3}}\left[1+\frac{S\cos(H)}{\cos(60°-H)}\right]，\quad B=\frac{I}{\sqrt{3}}(1-S)，\quad G=\sqrt{3}I-R-B \tag{3-89}$$

当 $120°\leqslant H\leqslant 240°$ 时

$$G=\frac{I}{\sqrt{3}}[1+\frac{S\cos(H-120°)}{\cos(180°-H)}]，\quad R=\frac{I}{\sqrt{3}}(1-S)，\quad B=\sqrt{3}I-R-G \tag{3-90}$$

当 $240°\leqslant H<360°$ 时

$$B=\frac{I}{\sqrt{3}}\left[1+\frac{S\cos(H-240^\circ)}{\cos(300^\circ-H)}\right],\quad G=\frac{I}{\sqrt{3}}(1-S),\quad R=\sqrt{3}I-B-G \tag{3-91}$$

HSI 的转换有几种变形，但是从彩色图像处理的观点来看，只要色度是一个角度，饱和度与灰度独立，转换是可逆的，则选择哪种形式都不会影响处理结果。

（3）RGB 和 YUV 之间的转换

由 RGB 到 YUV 的转换公式为：

$$\begin{pmatrix} Y \\ U \\ V \end{pmatrix}=\begin{pmatrix} 0.299 & 0.587 & 0.114 \\ -0.148 & -0.289 & -0.437 \\ 0.615 & 0.515 & -0.100 \end{pmatrix}\begin{pmatrix} R \\ G \\ B \end{pmatrix} \tag{3-92}$$

反之，由 YUV 到 RGB 的转换公式为：

$$\begin{pmatrix} R \\ G \\ B \end{pmatrix}=\begin{pmatrix} 1 & 0 & 1.140 \\ 1 & -0.395 & -0.581 \\ 1 & 2.032 & 0 \end{pmatrix}\begin{pmatrix} Y \\ U \\ V \end{pmatrix} \tag{3-93}$$

3.8.3 彩色分割策略

彩色图像分割与灰度图像分割相比，大部分算法在分割思想上是一致的，都是基于像素值的相似性和空间的接近性，只是对像素属性的考察以及特征提取等技术由一维转向了多维。这是由于对于每一个像素的描述，灰度图像是在一维亮度空间上，而彩色图像是在三维颜色空间上。彩色图像分割的大部分方法或思想都是从灰度图像分割方法继承来的，但经过实验证明这些直接继承下来的方法不适合于大部分彩色图像，所以人们对这些方法作了一些改进。总的来说，目前彩色图像分割方法主要有以下几种。

1．基于阈值的分割方法

由于彩色图像的像素不是只有灰度属性，所以不能直接使用直方图阈值法，多数方法都是对彩色图像的每个分量分别采用直方图阈值法。由于彩色信息通常由 R、G、B 或它们的线性或非线性组合来表示，所以用三维数组来表示彩色图像的直方图并在其中选出合适的阈值，并不是一件简单的工作。但这种分割方法不需要先验信息且算法简单易行。

2．基于边缘的分割方法

边缘检测是灰度图像分割中广泛使用的一种技术，在灰度图像中，边缘的定义是基于灰度级的突变，而且当两个区域的边缘亮度变化明显时才能被检测出来。在彩色图像中，用于边缘检测的信息更加丰富，如具有相同亮度、不同色调的边缘同样可以被检测出来。相应地，彩色图像边缘的定义也是基于三维颜色空间的不连续性。

3．分割颜色空间

用阈值法分割彩色图像可转变为分割颜色空间，图像中的不同物体对应于在 RGB 空间或 HSI 空间中定义的三维直方图中互相分离的点簇。

（1）HSI 彩色空间分割

在 HSI 空间进行彩色图像分割时，由于 H、S、I 三个分量是相互独立的，所以可将这个三维搜索问题转化为三个一维搜索问题。典型情况是，为了在色调图像中分离出感兴趣的特征区域，可用饱和度作为模板图像。因为强度图像不携带彩色信息，故在彩色图像分割中不常使用。

这里介绍两种 HSI 彩色空间的分割方法：

1）基于色调（H）直方图的彩色图像分割：该方法对于原始图像中颜色数较少、目标颜色单纯、且波长分布相对分散的情况，可得到较好的结果。但由于它只考虑了色调值，没有考虑光强和饱和度等对颜色的影响，因此在不同光照和饱和度下，很难得到较好的效果。

2）基于分形理论和 BP 神经网络的彩色图像分割：该方法将彩色图像由 RGB 空间转换为 HSI 空间，采用彩色图像的亮度计算分数维、多重分形广义维数谱以及空隙特征等六个参数作为纹理特征，加上归一化的色度和饱和度，这 8 个参数作为分类特征，以 BP 神经网络作为分类器的彩色纹理图像分割方法。这种方法不仅对由于亮度差异而形成彩色纹理图像有效，对于亮度基本一致而在色彩上呈现差异的纹理图像也有效。

（2）RGB 彩色空间分割

分割的目标是对给定图像中的每一个 RGB 像素进行分类，需要选择适当的相似性度量。最简单的度量之一是欧氏距离：

$$D(X,\mu)=\|X-\mu\|=\sqrt{(X-\mu)^{\mathrm{T}}(X-\mu)}=\sqrt{(X_{\mathrm{R}}-\mu_{\mathrm{R}})^2+(X_{\mathrm{G}}-\mu_{\mathrm{G}})^2+(X_{\mathrm{B}}-\mu_{\mathrm{B}})^2} \quad (3\text{-}94)$$

这里，R、G、B 表示向量 X 与 μ 的 RGB 分量。$D(X,\mu)\leqslant D_0$ 的点的轨道是半径为 D_0 的实心球。

由于应用领域的不同、图像质量的好坏及图像色彩的分布和结构的差别决定了很难找到一种通用的分割方法来解决由于这些客观因素所引起的彩色图像分割问题。目前普遍采用的技术是根据实际情况组合不同的方法，分层次的分割图像，针对可能遇到的特殊问题，研究新的方法策略。

3.9 图像分割的评价

到目前为止，尽管研究者们在图像分割方面已经做了许多研究工作，但由于尚无通用的分割理论，现已提出的算法大多是针对具体问题的，并没有一种适合于所有图像的通用分割算法。同时，对图像分割质量的客观评价也是该领域的重要问题，它是改进和提高现有算法的性能、改善分割质量和指导新算法研究的重要手段。若仅以人的主观判断作为标准评价一幅图像的分割结果，也就是仅考虑图像分割结果的视觉效果，由于不同人的视觉差异、观察习惯和经验等会导致评价的不统一，所以对不同分割方法的结果进行定量、客观的评价是非常必要的。

图像分割质量评价的目的主要有两个：一是研究算法在不同分割情况中的表现，掌握如何选择和修正其参数以适应特定的分割任务；二是分析比较多个分割算法在面对同一分割任务时的优劣程度以选取合适的算法。一般来讲，对图像分割质量评价方法的基本要求是：应具有通用性，适于评价不同类型的分割算法并且适合各种应用领域；应采用定量和客观的性能评价准则；应选取通用的图像进行测试，以使评价结果具有可比性，图像应尽可能反映客观世界的真实情况和实际应用的共同特点。

图像分割质量的评价方法所受到关注要远远落后于对分割算法本身的研究。1977 年 Yasnoff 等率先提出了错误分类百分比和像素距离误差两个测度来评价图像分割算法。1986

年 Canny 从图像的边缘检测角度，提出了三个最优边缘检测准则。1996 年章毓晋对前人的大量工作进行了总结，将评价方法归结为直接法（分析法）和间接法（实验法）两类。

（1）直接法（或分析法）

直接法是直接对算法的原理及性能进行分析，研究图像分割所用的算法本身，通过分析它的原理、性质、特点，从而推断和评判算法的优劣。

（2）间接法（或实验法）

间接法是研究输出分割图的质量，或由输入图得到的参考图与输出图之间的差别，通过归纳总结得到分割算法的性能。实验法又可进一步分为两种：一种是优度实验法，即采用一些优度参数描述已分割图的特征，然后根据优度值来判定分割算法的性能；另一种是差异实验法，即先确定理想的或期望的参考图，然后比较分割图与参考图，根据它们的差别来判定分割算法的优劣。

这两种方法之间的相互关系如图 3-53 所示，两类方法实施的难易程度不同，分析法评判算法只对算法本身进行分析而并不需要实现算法本身，而实验法则需要实现算法，并对图像进行实际分割以得到输出分割图，有时还需获得参考图。分析法完全没有考虑算法的应用环境，评价结果只与算法本身有关。优度实验法将已分割图的某些期望性质量结合在优度参数中，从而与实际应用建立起联系。差异实验法采用由待分割图得到的参考图作为分割的标准，已充分考虑了特定的应用。

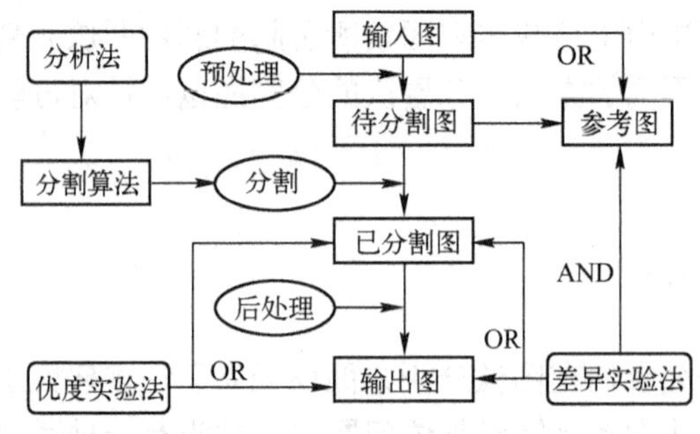

图 3-53　图像分割评价方法分类

关于图像分割方法的评价，人们已经先后提出了几十个评价测度，即衡量算法性能优劣的各种数学指标，其中定量测度主要包括区域间对比度、区域内部均匀性、形状测度、目标计数一致性、像素距离误差、像素数量误差、最终测量精度、模糊测度等。

评价的目的是为了指导、改进和提高图像分割质量，如何把评价和分割应用联系起来是未来的主要研究方向。例如可以结合人工智能技术，建立分割专家系统，以有效地利用评价结果进行归纳推理，从而把图像的分割由目前比较盲目的试验阶段推进到系统实现阶段。

3.10　本章小结

本章介绍了灰度图像、二值图像和彩色图像分割的主要算法。

灰度图像分割的方法主要有边缘分割法、阈值分割法、区域分割法等。常见的边缘检测方法有空域微分算子、拟合曲面、小波多尺度边缘检测以及基于数学形态学的边缘检测。阈值分割算法是区域分割算法中具有代表性的一类分割算法，常用的方法有全局阈值方法、自适应阈值方法、动态阈值方法和基于熵的二值化方法。基于区域的分割是以直接寻找区域为基础的分割技术，主要包括区域生长和区域分裂合并两种方法。

二值图像的分割即基于形态学方法的图像分割技术，是用具有一定形态的结构元素去量度和提取图像中的对应形状以达到对图像分析和识别的目的。

彩色图像的分割可以采取两种方式，一是将彩色图像的各个分量进行适当的组合转化为灰度图像，然后利用对灰度图像的分割方法进行分割；二是在彩色模型空间中直接进行图像分割。

第 4 章　图像特征提取与分类

人脑在接受到视觉器官传递来的信息之后，对大千世界的万物进行识别和区分时，一般采取两种方案：一种是大脑用一个神经元与图像上的每一点进行对应并逐一判别，最后综合为整体。即使只描述图像局部的大致轮廓，神经元的数目仍不够使用；另一种更符合实际的方案是，大脑感知的不是图像上的所有的点，而是最典型的特征，如线段、角度、弧度、反差、颜色等，把它们从图像中抽取出来，然后结合头脑中过去的记忆和有关经验和知识分析判断。这种“特征抽取”也是计算机图像识别的基础。

图像特征提取是后续图像分析、理解、识别、检索等环节的基础和关键步骤。本章将重点介绍图像特征的概念及其提取、描述和分类方法。

4.1　图像特征基础

4.1.1　图像特征的概念

从广义上讲，图像的特征包括基于文本的特征（如关键字、注释等）和视觉特征（如色彩、纹理、形状、对象表面等）两大类。视觉特征又可分为通用的视觉特征和领域相关的视觉特征。前者用于描述所有图像共有的特征，与图像的具体类型或内容无关，主要包括颜色、纹理和形状；后者则建立在对所描述图像内容的某些先验知识（或假设）的基础上，与具体的应用紧密相关，例如人的面部特征或指纹特征等。由于领域相关的图像特征主要属于模式识别的研究范畴，并涉及许多专业的领域知识，在此就不详述，而只考虑通用的视觉特征：颜色、形状、纹理等。

颜色特征是描述图像最有效的特征之一，具有大小、方向、位置不变性，可以用直方图、颜色距、颜色集、主色调等表征。形状特征包括面积、连通性、环行性、偏心率、主轴方向等。很多情况下，同一物体可能有各种不同的颜色，但其形状总是相似的，如汽车。另外，对于图形来说，形状是它唯一重要的特征。纹理特征指像素灰度集或颜色的某种规律性变化，即图像中局部不规则而整体有规律的特性，即从像素分布的方向性和位置等得到的有意义的统计数据。纹理特征一般用粗糙度、方向性、线性、对比度以及规则性等表征。

对于某个特定的图像特征，通常有多种不同的表达方法。由于人们主观认识上的千差万别，对于某个特征并不存在一个最佳的表达方式。事实上，图像特征的不同表达方式从各个不同的角度刻画了该特征的某些性质。

图像特征主要分为三个层次：底层、中层和高层。底层和中层的图像特征是形状、纹理、颜色等图像某一方面的视觉特征。高层次的图像特征是在底层和中层图像特征基础上的再一次抽象，它赋予图像一定的语义信息，是图像所包含内容的一种抽象概括。本章将重点介绍底层特征。

4.1.2 特征形成和提取

根据待识别的图像，通过计算产生一组原始特征，称之为特征形成。原始特征的数量很大，或者说原始样本处于一个高维空间中，通过映射或变换的方法可以将高维空间中的特征用低维空间的特征来描述，这个过程就叫特征提取。

4.1.3 特征选择

从一组特征中挑选出一些最有效的特征以达到降低特征空间维数的目的，这个过程就叫特征选择。选取的特征应具有可区别性、可靠性、独立性以及数量少等特点。

特征选择的任务是如何从众多特征中找出最有效的特征，它是图像识别中的一个关键问题，是后续图像分析和理解的基础，目的是让计算机具有认识或者识别图像的能力。按照自动化的程度，可将其分为手工提取、半自动提取和自动提取三类。

4.2 颜色特征的表示与提取

在图像的底层视觉特征中，颜色特征是最显著、可靠和稳定的视觉特征，在许多情况下是描述一幅图像最简便而有效的特征。人们对于一幅图像的印象，往往是从图像中颜色的空间分布开始，因而颜色特征是人识别图像的主要感知特征。

颜色特征是一种全局特征，描述了图像或图像区域所对应的景物的表面性质。一般的，颜色特征是基于像素的特征，此时所有属于图像或局部区域的像素都有各自的贡献。相对于几何特征而言，颜色对图像中对象的大小（尺寸）、方向和视角的变化都不敏感，具有相当强的鲁棒性。同时，颜色往往和图像中所包含的物体或场景十分相关。

由于颜色对图像或局部区域的方向和大小等的变化不敏感，所以颜色特征不能很好地捕捉图像中对象的局部特征。

对于颜色特征的表达，需要考虑如下问题：首先，需要选择合适的颜色空间来描述和计算颜色特征；其次，要选择合适的方法将颜色特征量化；最后，还要定义一种相似度标准用来衡量图像之间在颜色上的相似性或差异性。

第 3 章已对颜色空间等内容进行了介绍，本节主要讨论颜色特征量化的问题，介绍颜色直方图、颜色矩、颜色集、颜色聚合向量以及颜色相关图等目前常用的颜色特征表示方法。

4.2.1 颜色直方图

颜色直方图是表示彩色图像中颜色分布的一种方法，是最常用的表达颜色特征的方法。它描述的是不同色彩在整幅图像中所占的比例，并不关心每种色彩所处的空间位置，即无法描述图像中的对象或物体。颜色直方图特别适于描述那些难以进行自动分割的彩色图像。

1. 概念

颜色直方图是统计图像中具有某一特定颜色的像素数目形成的各颜色的直方图表示，不同的直方图代表不同图像的特征。它的横轴表示颜色等级，纵轴表示在某一个颜色等级上具有该颜色的像素在整幅图像中所占的比例，直方图颜色空间中的每一个刻度表示颜色空间中的一种颜色。

设一幅图像包含 M 个像素，图像的颜色空间被量化成 N 个不同颜色。统计直方图 $p(k)$ 定义为

$$p(k)=\frac{n_k}{M},\quad k=0,1,...,N-1 \tag{4-1}$$

式中，n_k 是第 k 种颜色在整幅图像中具有的像素数。图 4-1 为两个颜色直方图示例。

累计直方图定义为

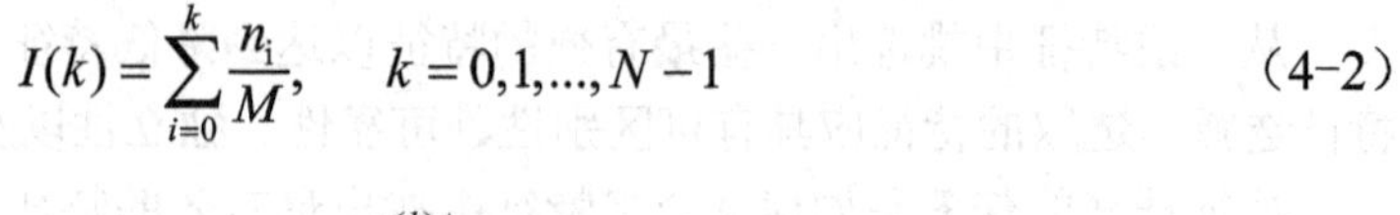

$$I(k)=\sum_{i=0}^{k}\frac{n_i}{M},\quad k=0,1,...,N-1 \tag{4-2}$$

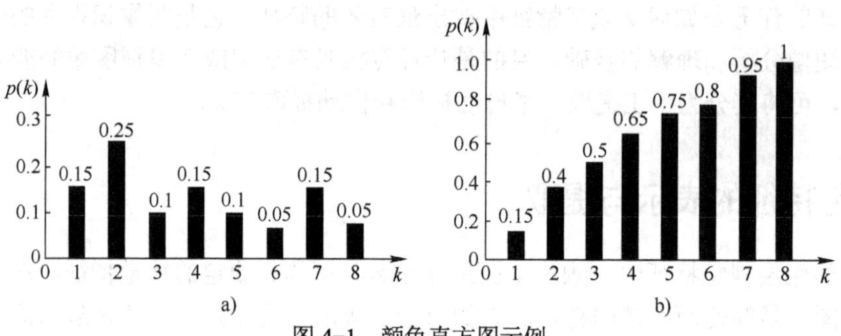

图 4-1　颜色直方图示例

a) 统计直方图　b) 累计直方图

2．特点

颜色直方图包含了图像中的颜色信息，反映了颜色的数量特征，其优点包括：计算简单，通过对图像中的像素进行遍历即可建立；对于平移、旋转、尺度变化和部分遮挡情况具有不变性；采用直方图计算图像之间的相似性比较简单；能简单描述一幅图像中颜色的全局分布，即不同色彩在整幅图像中所占的比例，特别适用于描述那些难以自动分割的图像和不需要考虑物体空间位置的图像。

其缺点是：它描述的是不同颜色在整幅图像中所占的比例，不关心每种颜色的空间位置，无法捕捉颜色组成之间的空间关系，不能反映图像中对象的空间特征，丢失了图像的空间信息；无法描述图像中颜色的局部分布及每种色彩所处的空间位置，即无法描述图像中的某一具体的对象或物体。

3．颜色直方图和灰度直方图的区别

彩色图像变换成灰度图像的公式为：

$$g=\frac{R+G+B}{3} \tag{4-3}$$

式中，R、G、B 为彩色图像的三个分量，g 为转换后的灰度值。直方图是对一个变量的统计图形，而颜色不是一个变量，无法画成一元函数形式的图，因而颜色直方图的概念不是最清楚的。但可以改用颜色的某个参数（如亮度、波长等）就可以产生直方图。一般的彩色图像的直方图都是亮度的直方图，也就是灰度的直方图，如图 4-2 所示。

可以取颜色的编码（索引值）作为变量来画直方图。当调色板中的颜色为灰阶值时，就是灰度直方图。否则，因为索引值是任意的，从直方图中就看不出自变量和其对应函数值的

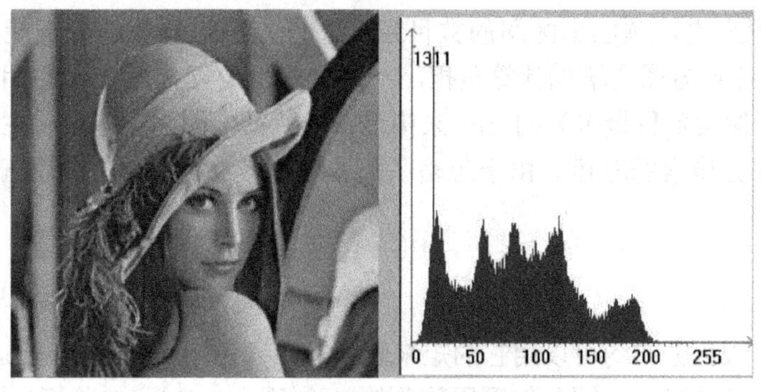

图 4-2　灰度直方图示例

关系了。另外，这只能适用于索引模式的图像，对于 RGB 图像是不适用的。

4．建立颜色直方图

建立颜色直方图时，首先要选择适当的颜色空间。由于大部分的数字图像都是用 RGB 颜色空间表达的，因而最常用的颜色空间是 RGB 空间。然而，RGB 空间结构并不符合人对颜色相似性的主观判断，与人的视觉不一致，因而可将 RGB 空间转换到视觉一致性空间，即 HSI 空间、LUV 空间和 LAB 空间，因为它们更接近人对颜色的主观认识，其中 HSI 空间是颜色直方图最常用的颜色空间。除此之外，还可以采用一种更简单的颜色空间：

$$\begin{cases} C_1 = \left(R + G + B\right)/3 \\ C_2 = \left(R + (\max - B)\right)/2 \\ C_3 = \left(R + 2 \times (\max - G) + B\right)/4 \end{cases} \tag{4-4}$$

式中，max=255。

在完成颜色空间的选择之后，需进行颜色量化，即将颜色空间划分成若干个小的颜色区间，每个小区间成为直方图的一个 bin（柱状图中每个柱所在的区间）。然后，通过计算颜色落在每个小区间内的像素数量就可以得到颜色直方图。

颜色量化的方法包括向量量化方法、聚类方法或者神经网络方法等。其中最常用是将颜色空间的各个分量（维度）进行均匀划分。相比之下，聚类算法则会考虑颜色特征在整个图像空间中的分布情况，从而避免出现某些 bin 中的像素数量非常稀疏的情况，使量化更为有效。另外，如果图像是 RGB 格式而直方图是 HSI 空间中的，则可预先建立从量化的 RGB 空间到量化的 HSI 空间之间的查找表，从而加快直方图的计算过程。

全图的颜色直方图算法过于简单，因此带来很多问题，例如，可能会有两幅根本不同的图像具有完全一样的颜色直方图，不反映颜色位置信息；或者两幅图像的颜色直方图几乎相同，只是互相错开了一个 bin，这时如果采用欧氏距离计算两者之间的相似度，会得到很小的相似度值。为了克服上述缺陷，研究者提出了若干改进方法。例如，将图像分割成若干子块，这样就提供了一定程度的位置信息，而且可以对用户感兴趣的子块加大权重；或者考虑相似但不相同的颜色之间的相似度，可采用二项式距离。或事先对颜色直方图进行平滑处理，即每个 bin 中的像素对于相邻的几个 bin 也有贡献。这样相似但不相同颜色之间的相似度对直方图的相似度也有所贡献。

选择合适的颜色小区间（即直方图的 bin）数目和颜色量化方法与具体应用的性能和效

率要求有关。一般来说，颜色小区间的数目越多，直方图对颜色的分辨能力就越强，但是 bin 数目很大的颜色直方图会增加计算负担。一种有效减少直方图 bin 数目的办法是只选用那些数值最大（即像素数目最多）的 bin 来构造图像特征，因为这些表示主要颜色的 bin 能够表达图像中大部分像素的颜色。由于忽略了那些数值较小的 bin，颜色直方图对噪声的敏感程度也降低了。

4.2.2 颜色矩

图像中的任何颜色分布均可以用它的矩来表示，即颜色矩（color moment）。由于颜色分布信息主要集中在低阶矩中，因此仅采用颜色的一阶矩（mean）、二阶矩（variance）和三阶矩（skewness）就足以表达图像的颜色分布。颜色的三个低阶矩的数学表达式为：

$$\mu_i = \frac{1}{N}\sum_{j=1}^{N} P_{ij} \tag{4-5}$$

$$\sigma_i = \left(\frac{1}{N}\sum_{j=1}^{N}(P_{ij} - \mu_i)^2\right)^{1/2} \tag{4-6}$$

$$s_i = \left(\frac{1}{N}\sum_{j=1}^{N}(P_{ij} - \mu_i)^3\right)^{1/3} \tag{4-7}$$

式中，P_{ij} 是图像中第 j 个像素的第 i 个颜色分量。以 HSI 空间中的 H 分量为例，P_{ij} 就是图像中第 j 个像素的第 i 个 H 量。因此，图像的颜色矩一共只需要 9 个分量（3 个颜色分量，每个分量上 3 个低阶矩），与其他的颜色特征相比是非常简洁的。在实际应用中为了避免使用较弱分辨能力的低次矩，颜色矩常和其他特征结合使用，而且一般在使用其他特征前起到缩小范围的作用。与颜色直方图相比，该方法的优势在于无需对特征进行向量化。

4.2.3 颜色集

颜色直方图是一种全局颜色特征提取与匹配方法，无法区分局部颜色信息。颜色集（color sets）是对颜色直方图的一种近似。

1. 定义

颜色集表示为一个二进制向量，其定义如下：设 BM 是 M 维的二值空间，在 BM 空间的每个轴对应唯一的索引 m。一个颜色集就是 BM 二值空间中的一个二维矢量，它对应着对颜色$\{m\}$的选择，即颜色 m 出现时，$c[m]=1$，否则 $c[m]=0$。

2. 建立步骤

对一幅彩色图像建立颜色集包括如下步骤：首先将 RGB 颜色空间转化成视觉均衡的颜色空间（如 HSI 空间），并将颜色空间量化成若干个 bin；然后用色彩自动分割技术将图像分为若干区域，每个区域用量化颜色空间的某个颜色分量来索引，从而将图像表达为一个二进制的颜色索引集。

3. 与颜色直方图的关系

可以通过对颜色直方图设置阈值直接生成颜色集。例如，对于一个颜色 m，给定阈值 τ_m，颜色集与颜色直方图 $h[m]$的关系如下：

$$c[m]=\begin{cases}1, & h[m]\geqslant\tau_m\\0, & h[m]<\tau_m\end{cases} \tag{4-8}$$

4．特点

颜色直方图和颜色矩只是考虑了图像颜色的整体分布，不涉及位置信息。而颜色集则同时考虑了颜色空间的选择和颜色空间的划分。

可通过比较不同图像颜色集之间的距离和色彩区域的空间关系（包括区域的分离、包含、交等，每种对应于不同的评分），来完成图像匹配。因为颜色集表达为二进制的特征向量，可以构造二分查找树来加快图像检索的速度，这对于大规模的图像集合十分有利。

4.2.4 颜色聚合向量

颜色聚合向量（color coherence vector）是颜色直方图的一种演变，包含了颜色分布的空间信息。其核心思想是将属于直方图每一个 bin 的像素分为两部分：如果该 bin 内的某些像素占据的连续区域的面积大于给定的阈值，则该区域内的像素作为聚合像素，否则作为非聚合像素。假设 α_i 与 β_i 分别代表直方图的第 i 个 bin 中聚合像素和非聚合像素的数量，图像的颜色聚合向量可以表达为$<(\alpha_1, \beta_1), (\alpha_2, \beta_2), \ldots, (\alpha_N, \beta_N)>$。而$<\alpha_1+\beta_1, \alpha_2+\beta_2, \ldots, \alpha_N+\beta_N>$ 就是该图像的颜色直方图。

4.2.5 颜色相关图

颜色相关图（color correlogram）是图像颜色分布的另一种表达方式。这种特征不但刻画了某一种颜色的像素数量占整个图像的比例，还反映了不同颜色对之间的空间相关性。实验表明，对于基于内容的图像检索来说，颜色相关图比颜色直方图和颜色聚合向量具有更高的检索效率，特别是查询空间关系一致的图像。

假设 I 表示整幅图像的全部像素，$I_{c(i)}$表示颜色为 $c(i)$的所有像素。颜色相关图可以表达为

$$\gamma_{i,j}^{(k)}=\underset{p_1\in I_{c(i)},p_2\in I}{P_r}\left[p_2\in I_{c(j)}\middle||p_1-p_2|=k\right] \tag{4-9}$$

式中，$i,j\in\{1, 2, \ldots, N\}$；$k\in\{1, 2, \ldots, d\}$；$|p_1-p_2|$ 表示像素 p_1 和 p_2 之间的距离。

颜色相关图可以看作是一张用颜色对$<i, j>$索引的表，其中$<i, j>$的第 k 个分量表示颜色为 $c(i)$的像素和颜色为 $c(j)$的像素之间的距离小于 k 的概率。如果考虑任何颜色之间的相关性，颜色相关图会变得非常复杂和庞大（空间复杂度为 $O(N^2d)$）。一种简化的方法是颜色自动相关图（color auto-correlogram），它仅考察具有相同颜色的像素间的空间关系，因此空间复杂度降到 $O(Nd)$。

4.2.6 颜色布局

MPEG-7 中建议了一种颜色布局描述符（color layout）表达颜色的空间分布信息。颜色布局算法的步骤如下：

首先，将图像从 RGB 空间映射到 YCrCb 空间：

$$\begin{cases}Y=0.299\times R+0.587\times G+0.114\times B\\Cb=-0.169\times R-0.331\times G+0.500\times B\\Cr=0.500\times R-0.419\times G-0.081\times B\end{cases} \tag{4-10}$$

然后，将整幅图像平均分成 64 块，计算每一块中所有像素各颜色分量的平均值，以此作为该块的代表颜色（主颜色）；之后，将各块的平均值数据进行 DCT 变换；最后，通过之字形扫描和量化，取出三组颜色 DCT 变换后的低频分量，构成该图像的颜色布局描述符。

4.3 纹理特征的表示与提取

纹理特征是一种重要的视觉线索，是图像中普遍存在而又难以描述的特征。纹理分析技术一直是计算机视觉、图像处理和分析、图像识别、图像检索等领域的重要研究内容。纹理分析的研究内容主要包括：纹理分类和分割、纹理合成、纹理检索和由纹理恢复形状等。而图像纹理特征提取是纹理分析技术的一个最基本的问题。纹理特征提取要达到的目标是特征空间维数低、特征鉴别能力强且计算成本低。经过各国研究者几十年的共同努力，纹理特征提取技术获得了很大发展，各种方法层出不穷。本节主要介绍几种常用且有效的纹理特征提取和描述方法。

4.3.1 纹理的概念和研究内容

1．纹理的定义

由于图像纹理形式上的广泛性和多样性，目前还不存在众人公认的纹理定义。研究者针对不同的应用提出了不同的纹理定义，下面列出几种代表性的定义。

定义 1：纹理是一种反映图像中同质现象的视觉特征，体现了物体表面共有的内在属性，包含了物体表面结构组织排列的重要信息以及它们与周围环境的联系。

定义 2：如果图像内区域的局域统计特征或其他一些图像的局域属性变化缓慢或呈近似周期性变化，则可称其为纹理。

定义 3：纹理是指在图像中反复出现的局部模式和它们的排列规则。

定义 4：纹理被定义为一个区域属性，区域内的成分不能进行枚举，且成分之间的相互关系不十分明确。

定义 5：纹理是一种反映像素的空间分布属性的图像特征，通常表现为局部不规则而宏观有规律的特性。

定义 6：纹理具有三大标志：某种局部序列性不断重复、非随机排列和纹理区域内大致均匀的统一体。

总之，上述诸定义都是基于特定应用背景的，其中的共识是：纹理不同于灰度和颜色等图像特征，它通过像素及其周围空间邻域的灰度分布来表现，即局部纹理信息；局部纹理信息不同程度的重复性，即全局纹理信息。一般来说，可以认为纹理由许多相互接近、相互编织的元素构成，并常具有周期性，如人体肌肤的纹理、毛发、天空、水、织物、树木的纹理等，如图 4-3～4-5 所示。

对纹理的认识或定义决定了提取纹理特征采用的方法，由于难以对纹理给出一个精确和统一的定义，使纹理分析更为错综复杂。这里，我们关注的是一幅图像中物体的纹理度量。如果物体内部各处的灰度级是一个常数，或者接近常数，就说明物体没有纹理。如果物体内部的灰度级变化明显但又不是简单的影调变化，那么该物体就有纹理。为了度量纹理，我们将设法对物体内部灰度级变化的性质进行度量。

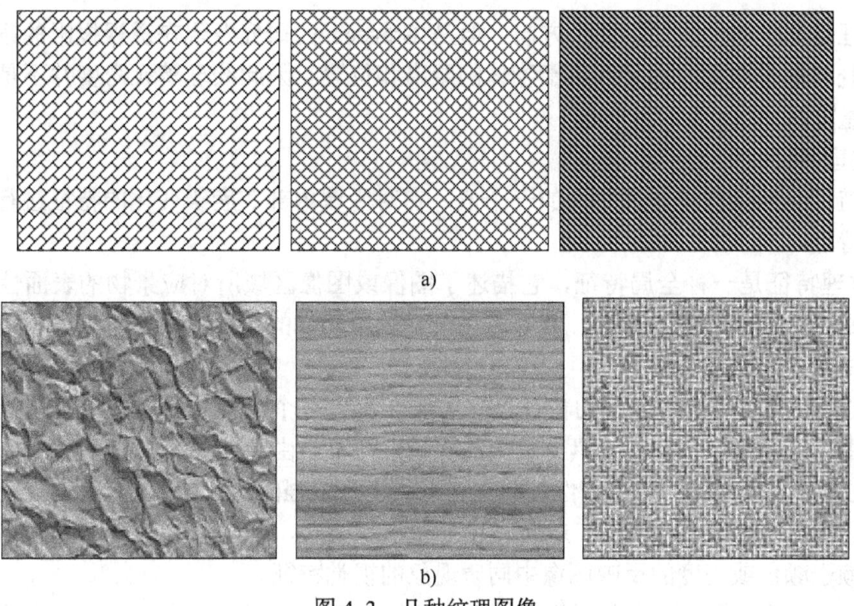

a)

b)

图 4-3　几种纹理图像

a) 人工纹理　b) 自然纹理

图 4-4　包含多个纹理区域的图像

图 4-5　一些典型的自然纹理图像

2. 纹理研究的领域

纹理研究的领域大致可分成以下三种类型。

（1）纹理的描述和分类

这类问题在图像识别中有重要应用，因此已经引起了广泛的重视。例如在医学图像处理中利用纹理特性来区别正常细胞和癌细胞，这时就要先抽取这两种细胞图像的纹理特性，然后进行分类识别。

（2）以纹理为特征的图像分割

（3）利用纹理信息推断物体的深度信息或表面方向

纹理可提供关于可见表面几何结构的重要信息，因为图像本身不能提供求解所需的足够信息，为此要对纹理的几何特性做出假设。例如，Gibson 假设纹理基元在物体平面上的分布密度是均匀的，这时根据图像中纹理基元密度的梯度可以确定表面的方向，在纹理基元分布均匀的条件下，表面倾斜方向在图像中的投影就是局部纹理密度变化量大的方向，或者说是垂直于纹理基元分布最均匀的那个方向。但是 Stevens 的研究发现在透视投影的条件下纹理密度梯度既取决于表面方向又取决于物体的距离和位置。因此纹理基元密度并不是表面方向的最优测量方法。

3. 纹理特征

纹理特征是从图像中计算出来的一个值，它对区域内部灰度级变化的特征进行量化。它具有如下特点：

1）纹理特征是一种全局特征，它描述了图像或图像区域所对应景物的表面性质。但由于纹理只是一种物体表面的特性，并不能完全反映出物体的本质属性，所以仅利用纹理特征无法获得高层次的图像内容。

2）纹理特征不是基于像素的特征，它需要在包含多个像素的区域中进行统计计算。在模式匹配中，这种区域性的特征具有较大的优越性，不会由于局部的偏差而无法匹配成功。

3）纹理特征常具有旋转不变性，并且对于噪声有较强的抵抗能力。

4）纹理特征与物体的位置、走向、尺寸和形状有关，但与平均灰度（亮度）无关，是一种不依赖于颜色或亮度的反映图像中同质现象的视觉特征。

5）纹理特征是所有物体表面共有的内在特性，例如云彩、树木、砖、织物等都有各自的纹理特征。纹理特征包含了物体表面结构组织排列的重要信息以及它们与周围环境的联系。

6）当图像的分辨率变化的时候，计算出来的纹理可能会有较大偏差。另外，由于有可能受到光照、反射情况的影响，从二维图像中反映出来的纹理不一定是三维物体表面真实的纹理。例如，水中的倒影、光滑的金属面互相反射造成的影响等都会导致纹理的变化。

7）在识别和区分具有粗细、疏密等方面较大差别的纹理图像时，利用纹理特征是一种有效的方法。但当纹理之间的粗细、疏密等易于分辨的信息之间相差不大的时候，通常的纹理特征很难准确地反映出人对不同纹理的视觉差别。

4. 纹理特征描述方法分类

按照纹理特征提取方法所基于的基础理论和研究思路的不同，并借鉴非常流行的 Tuceryan 和 Jain 的分类方法，将纹理特征提取方法分为四大类：统计法、结构法、模型法和信号处理法，如图 4-6 所示。

1）统计法：是基于像元及其邻域的灰度属性研究纹理区域中的统计特性，或像元及其邻域内的灰度的一阶、二阶或高阶统计特性。典型代表是灰度共生矩阵。另一种典型方法是通过对图像的自相关函数（即能量谱函数）的计算，提取纹理的粗细度及方向性等特征参数。

2）结构法：是建立在“纹理基元（基本的纹理元素）”理论基础上的一种纹理特征分析方法。纹理基元理论认为，复杂的纹理可以由若干简单的纹理基元以一定规律的形式重复排列构成。此类方法着力找出纹理基元，不同类型、不同方向纹理基元及数目等决定了纹理的表现形式。

3）模型法：以图像的构造模型为基础，假设纹理是以某种参数控制的分布模型方式形成的，从纹理图像的实现来估计模型参数，以参数为特征或采用某种分类策略进行图像分割，因此模型参数的估计是此类方法的核心问题。典型的方法是随机场模型法，如马尔可夫随机场（Markov Random Field，MRF）模型法和吉布斯（Gibbs）随机场模型法。自回归纹理模型（SAR）是 MRF 模型的一种应用实例。

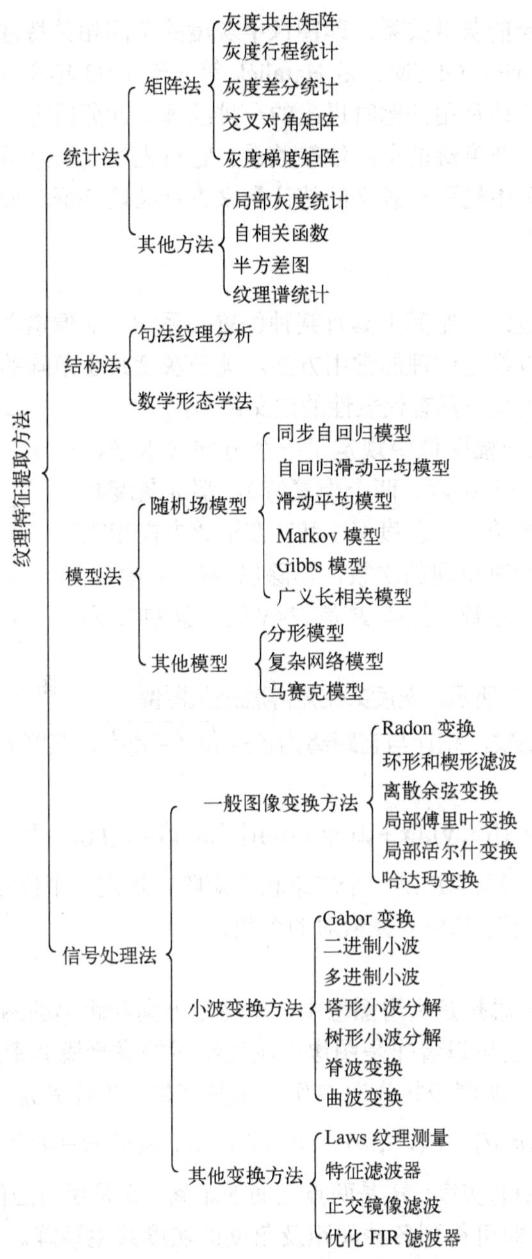

图 4-6　纹理特征提取方法分类

4）信号处理法：是建立在时、频分析与多尺度分析的基础上，对纹理图像中的某个区域进行某种变换后，再提取保持相对平稳的特征值，以此特征值表示区域内的一致性以及区域之间的相异性，如 Gabor 滤波、小波变换等。

信号处理法是从变换域中提取纹理特征，其他三类方法都是直接从图像域提取纹理特征。各类方法既有区别，又有联系。下面对各类方法中的典型代表进行介绍。

4.3.2 灰度共生矩阵

由于纹理是由灰度分布在空间位置上反复出现而形成的，因而在图像空间中相隔某距离的两像素之间会存在一定的灰度关系，即图像中灰度的空间相关特性。灰度共生矩阵（Gray Level Co-occurrence Matrix，GLCM）是 Haralick 等人于 1973 年在利用陆地卫星图像研究美国加利福尼亚海岸带的土地利用问题时提出的一种纹理统计分析方法和纹理测量技术，从数学角度研究了图像纹理中灰度级的空间依赖关系。它首先建立一个基于像素之间方向和距离的共生矩阵；然后从矩阵中提取有意义的统计量来表示纹理特征，如能量、惯量、熵和相关性等。

1. 定义

灰度共生矩阵是通过统计空间上具有某种位置关系的一对像素灰度对出现的频度来研究灰度的空间相关特性用以描述纹理的常用方法。关于灰度共生矩阵的定义，目前文献中有不同的表述方法，这里列出几个具有代表性的定义：

1）定义 1：假定在一幅图像中规定了一个方向（水平、垂直等）和一个距离（一个像素、两个像素等）。那么灰度共生矩阵 $\boldsymbol{P}$ 的第(i, j)个元素值等于灰度级 i 和 j 在沿该方向相距指定距离的两个像素上同时出现的次数，再除以 M，其中 M 是对 $\boldsymbol{P}$ 有贡献的像素对的总数。矩阵 $\boldsymbol{P}$ 是 $N \times N$ 的，其中 N 为灰度级的数目。

图 4-7　灰度共生矩阵的像素对

2）定义　2：如图 4-7 所示，灰度共生矩阵就是从图像 $f(x,y)$的灰度为 i 的像素出发，统计与它距离为$\delta=\sqrt{\mathrm{d}x^2+\mathrm{d}y^2}$，灰度为 j 的像素同时出现的概率 $P(i,j,\delta,\theta)$：

$$P(i,j,\delta,\theta)=\{[(x,y),(x+\mathrm{d}x,y+\mathrm{d}y)] \mid f(x,y)=i, f(x+\mathrm{d}x,y+\mathrm{d}y)=j\} \qquad (4\text{-}11)$$

3）定义 3：灰度共生矩阵 $\boldsymbol{P}$ 是一个二维相关矩阵，规定一个位移矢量 $\boldsymbol{d}$=(dx, dy)，计算被 $\boldsymbol{d}$ 分开且具有灰度级 i 和 j 的所有像素对的个数。

2. 建立方法

灰度共生矩阵的主要思想是利用图像中一个特定方向和距离的两点的特定灰度级对来创建一个共生“直方图”，它可以看作是图像中灰度级对的联合概率密度函数的估计。假设图像 I 的大小为 $M \times N$ 像素，灰度级共分为 G 级，则灰度共生矩阵 $\boldsymbol{P}$ 定义为：

$$\boldsymbol{P}(i,j,d,\theta)=\boldsymbol{P}(I(l,m)=i \text{ and } I(l+d\cos(\theta),m+d\sin(\theta))=j) \qquad (4\text{-}12)$$

式中，$I(l, m)$是像素(l, m)的灰度，d 是两点之间的距离，θ 是所对应的角度。$\boldsymbol{P}$ 是一个 $G \times G$ 的矩阵，选定 d 和 θ，即可得到各种间距及角度的灰度共生矩阵。为了便于计算，一般在 θ={0°,45°,90°,135°}四个方向选取不同的距离 d 来计算灰度共生矩阵：当 θ=0°时，dx=1，dy=0；当 θ=45°时，dx=1，dy=−1；当 θ=90°时，dx=0，dy=−1；当 θ=135°时，dx=−1，dy=−1。当得到不同方向的灰度共生矩阵之后，对其进行归一化，得到归一化灰度共生矩阵。对图 4-8a 的灰度共生矩阵的计算结果如下：

$$\boldsymbol{P}(0^\circ)=\begin{pmatrix}12&4&0&0\\4&12&0&0\\0&0&20&4\\0&0&4&4\end{pmatrix}，\quad \boldsymbol{P}(45^\circ)=\begin{pmatrix}9&3&4&0\\3&9&1&2\\4&1&15&3\\0&2&3&3\end{pmatrix}，$$

$$\boldsymbol{P}(0^\circ)=\begin{pmatrix}12 & 0 & 4 & 0\\ 0 & 12 & 2 & 2\\ 4 & 2 & 18 & 0\\ 0 & 2 & 0 & 6\end{pmatrix},\quad \boldsymbol{P}(135^\circ)=\begin{pmatrix}9 & 3 & 3 & 0\\ 3 & 9 & 3 & 1\\ 3 & 3 & 15 & 3\\ 0 & 1 & 3 & 3\end{pmatrix} \tag{4-13}$$

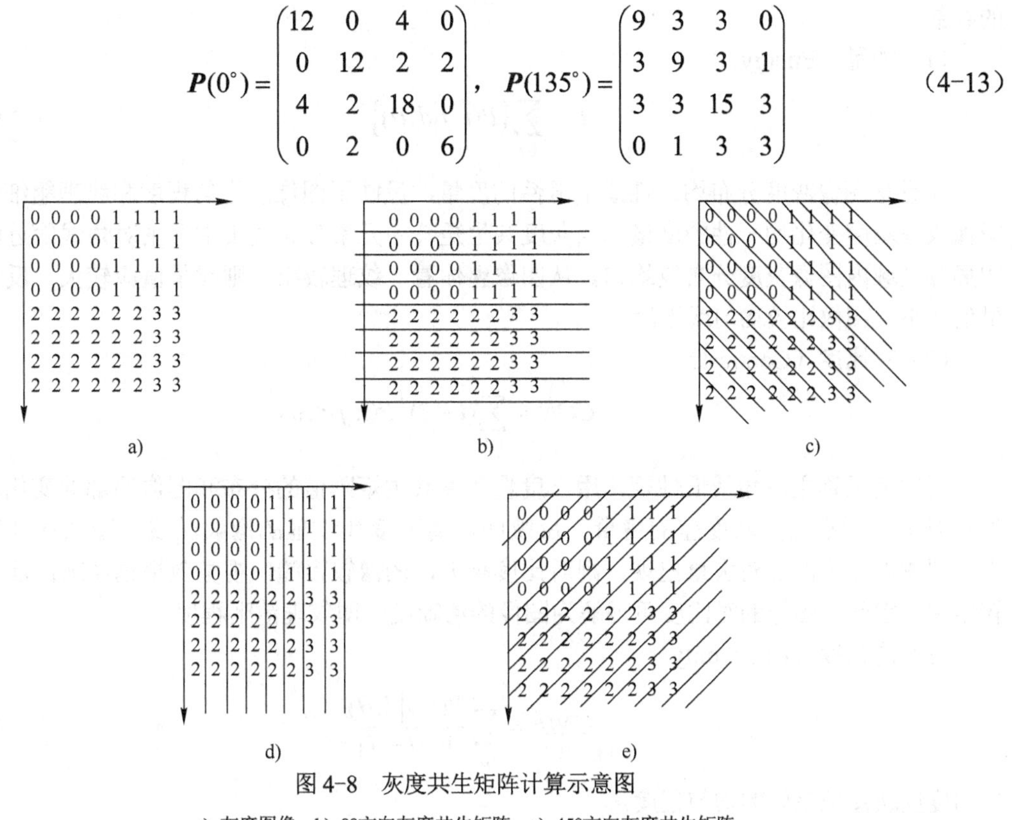

图 4-8　灰度共生矩阵计算示意图

a) 灰度图像　b) 0°方向灰度共生矩阵　c) 45°方向灰度共生矩阵

d) 90°方向灰度共生矩阵　e) 135°方向灰度共生矩阵

对矩阵有贡献的像素对的总数 M，比物体内部像素的总数少，而且这个数目随着距离的增加而逐渐减少。因此，小物体的矩阵会相当稀疏。基于这个原因，常减少灰度级数 N，例如从 256 级到 8 级，以便于计算灰度共生矩阵。

3．矩阵特征

在纹理图像中，某个方向上相隔一定距离的一对像素灰度出现的统计规律应当能具体反映这个图像的纹理特征。我们就可以根据灰度矩阵的特点来分析图像的纹理。

灰度共生矩阵是以主对角线为对称轴，两边对称的矩阵。如果 0° 方向上的矩阵主对角线上元素全部为 0，说明水平方向上灰度变化的频度高，纹理较细；如果主对角线上的元素值很大，表明水平方向上灰度变化的频度低，说明纹理粗糙。若 135° 方向的矩阵主对角线上的元素值很大，其余元素为 0，则说明该图像沿 135° 方向无灰度变化。若偏离主对角线方向的元素值较大，则说明纹理较细。

对于粗纹理的区域，其灰度共生矩阵中的数值较大者集中于主对角线附近。因为对于粗纹理，像素对趋于具有相同的灰度。而对于细纹理的区域，其数值较大者散布于远离主对角线处。因此，灰度共生矩阵可初步反映影像的纹理特征。

4．二次统计特征量

一般用从灰度共生矩阵计算出的一些参数来定量地描述纹理特性。Haralick 等从灰度共生矩阵中提出了 14 个反映矩阵状况的参数，定量地描述纹理特征。这里选取以下几个典型的参数：

（1）能量（Energy）

$$E=\sum_{i,j}\{P(i,j|d,\theta)\}^2 \tag{4-14}$$

能量是图像灰度分布均匀性或平滑性的度量，反映了图像的均匀程度和纹理粗细度，是影像纹理灰度变化均一性的度量。当灰度共生矩阵中元素分布较集中于主对角线附近时，说明局部区域内图像灰度分布较均匀。从图像整体看，纹理较粗，则能量值应较大；反之，能量值较小，图像比较均匀或平滑。

（2）对比度（Contrast）

$$CON=\sum_{i,j}(i-j)^2P(i,j|d,\theta) \tag{4-15}$$

对比度又称主对角线惯性矩，用于度量灰度共生矩阵值的分布和图像局部的变化，即图像点对中前后点之间灰度差的度量，反映图像清晰度和纹理的沟纹深浅。图像局部变化越大，即灰度差大的点对大量出现，则对比度越大，图像较粗糙，视觉效果越清晰；反之图像较柔和。因此，图像的对比度可理解为图像的清晰度，即纹理清晰程度。

（3）均匀度（Uniformity）

$$UNIF=\sum_{i,j}\frac{P(i,j|d,\theta)}{1+|i-j|} \tag{4-16}$$

均匀度反映图像整体的均匀程度。

（4）逆差矩（Inverse difference moment）

$$f_{逆差矩}=\sum_{i,j}\frac{1}{1+(i-j)^2}P(i,j|d,\theta) \tag{4-17}$$

逆差矩表示图像的局部均匀性，即度量图像纹理局部变化的大小。纹理越规则，即纹理的不同区域之间缺少变化，则逆差矩就越大；反之，逆差矩就越小。

（5）惯性矩（Inertia moment）

$$f_{惯性矩}=\sum_{i,j}(i-j)^2P(i,j|d,\theta) \tag{4-18}$$

惯性矩用于度量矩阵的值的分布和图像局部的变化，反映图像清晰度和纹理的沟纹深浅。

（6）相关性（Correlation）

$$COR=\sum_{i,j}\frac{(i-\mu_x)(j-\mu_y)P(i,j|d,\theta)}{\sigma_x\sigma_y} \tag{4-19}$$

式中，$\mu_x=\sum_i i\sum_j P(i,j|d,\theta)$，$\mu_y=\sum_j j\sum_i P(i,j|d,\theta)$，

$\sigma_x=\sum_i(i-\mu_x)^2\sum_j P(i,j|d,\theta)$，$\sigma_y=\sum_j(j-\mu_y)^2\sum_i P(i,j|d,\theta)$

分别是归一化共生矩阵边缘分布的均值和标准差。

相关性是灰度线性关系的度量，用于描述灰度共生矩阵中的元素在行或列方向上的相似程度，反映了图像中局部灰度的相关性。当矩阵元素值均匀相等时，相关值就大；相反，则相关值小。

（7）熵（Entropy）

$$ENT = -\sum_{i,j} P(i,j|d,\theta)\lg P(i,j|d,\theta) \tag{4-20}$$

熵值用于测量图像灰度级分布的随机性，表示图像中纹理的非均匀程度或复杂程度，是图像所具有的信息量的度量。熵值大表示随机性比较强，熵值越小则越有序。若图像有较多的细小纹理，灰度共生矩阵中的数值近似相等，则图像的熵值最大。若仅有较少的纹理，灰度共生矩阵中的数值差别较大，图像的熵值就较小。若图像没有任何纹理，则灰度共生矩阵几乎为零矩阵，熵值也接近为零。

（8）明暗度（Brightness）

$$f_{明暗度} = \sum_{i,j}(i + j - \mu_x - \mu_y)^3 P(i,j|d,\theta) \tag{4-21}$$

明暗度反映图像的明暗程度，若图像的灰度变化较大，则明暗度较大；反之，明暗度较小。

5．基于灰度共生矩阵的纹理特征提取方法

主要包括图像预处理、灰度级量化和计算特征值 3 个步骤。

（1）图像预处理

在利用灰度共生矩阵的纹理分析方法进行图像纹理特征提取时，对于所选择的图像都应该先将其转换成具有 256 个灰度级的灰度图像。然后对灰度图像进行灰度均衡，也称直方图均衡，目的是通过点运算使图像转换为在每一个灰度上都有相同像素的输出图像，提高图像的对比度，且转换后图像的灰度分布也趋于均匀。

（2）灰度级量化

在实际应用中，一幅图像的灰度级数一般是 256 级，计算灰度共生矩阵时，往往在不影响纹理特征的前提下，先将原图像的灰度级压缩到较小的范围，一般取 8 级或 16 级，以便减小共生矩阵的尺寸。然后根据实际应用的要求选择 D 和 θ，计算出各参数下的共生矩阵并导出特征量，把所有的特征量排列起来就可得到图像或纹理到数字特征的对应关系。

（3）计算特征值

对进行了预处理和灰度级量化的图像计算灰度共生矩阵，并计算二次统计特征量，作为图像的特征值，进行后续的图像分类和识别工作。

6．小结

灰度共生矩阵表示了灰度的空间依赖性，即在一种纹理模式下像素灰度的空间关系，特别适用于描述微小纹理，并且易于理解和计算，矩阵的大小只与最大灰度级数有关系，而与图像大小无关。

它的缺点是由于矩阵没有包含形状信息，因而不适合描述含有大面积基元的纹理。但是在提取图像的局部纹理特征的方法中，灰度共生矩阵是应用最广泛的。

由灰度共生矩阵提取的纹理特征常用于分析或分类整个区域或整幅图像。对于每一方向的灰度共生矩阵，都可以计算以上特征量；对于四个方向的灰度共生矩阵，每个特征都有 4 个不同方向的纹理特征值，为减少特征空间维数，常将四个方向所得的纹理特征值的均值作为图像特征进行后续分类。

4.3.3 Tamura 纹理特征

受人类对纹理的视觉感知以及心理学研究的启发，Tamura 从人类心理学研究中发现重要的视觉纹理特性，提出六个视觉纹理特性，对应于心理学角度上纹理特征的六种属性：粗糙度（coarseness）、对比度（contrast）、方向性（directionality）、线像度（linelikeness）、规整度（regularity）和粗略度（roughness）。Tamura 的纹理表示和灰度共生矩阵的一个主要区别是，所有 Tamura 的纹理表示都在视觉上是有意义的，而共生矩阵中的纹理表示却不一定在视觉上有意义，如熵。

1．粗糙度

粗糙度的计算可以分为以下几个步骤进行。首先，计算图像中大小为 $2^k \times 2^k$ 个像素的活动窗口中像素的平均亮度值

$$A_k(x,y) = \sum_{i=x-2^{k-1}}^{x+2^{k-1}-1} \sum_{j=y-2^{k-1}}^{y+2^{k-1}-1} g(i,j)/2^{2k} \tag{4-22}$$

式中，k=1,…, 5；$g(i, j)$是像素(i, j)的亮度值。然后，对于每个像素，分别计算它在水平和垂直方向上互不重叠的窗口之间的平均亮度差

$$\begin{cases} E_{k,h}(x,y) = \left|A_k(x+2^{k-1},y) - A_k(x-2^{k-1},y)\right| \\ E_{k,v}(x,y) = \left|A_k(x,y+2^{k-1}) - A_k(x,y-2^{k-1})\right| \end{cases} \tag{4-23}$$

对于每个像素，能使 E 值达到最大（无论方向）的 k 值用来设置窗口的最佳尺寸

$$S_{\text{best}}(x,y) = 2^k \tag{4-24}$$

最后，通过计算整幅图像中的平均值来得到粗糙度

$$F_{\text{crs}} = \frac{1}{m \times n} \sum_{i=1}^{m} \sum_{j=1}^{n} S_{\text{best}}(i,j) \tag{4-25}$$

从结果上看，对粗糙度的描述只有一个数值，它反映的是一幅图像平均的粗糙程度。当纹理图像具有一致基元尺寸时，这种描述是最优的，而对于具有不同尺寸基元分布的纹理图像，这种描述将损失大量图像信息。

粗糙度特征的另一种改进形式是采用直方图来描述 S_{best} 的分布，而不是像上述方法一样简单地计算 S_{best} 的平均值，我们称这种直方图为粗糙度直方图。这种改进后的粗糙度特征能够表达具有多种不同纹理特征的图像或区域，因此对图像识别更为有利。

2．对比度

对比度是通过对像素强度分布情况的统计得到的。确切地说，它是通过 $\alpha_4=\mu_4/\sigma^4$ 来定义的

$$F_{\text{con}} = \frac{\sigma}{\alpha_4^{1/4}} \tag{4-26}$$

式中，μ_4 是四次矩，而 σ^2 是方差。该值给出了整个图像或区域中对比度的全局度量。

3．方向度

方向是图像的重要特征，有的纹理图像具有明显的方向性，而有的纹理图像无显著导

向。Tamura 等以方向度作为图像有无明显方向性的度量。其计算步骤如下：

首先，计算每个像素处的梯度向量，该向量的模和方向分别为

$$|\Delta G| = \frac{1}{2}(|\Delta_{\rm H}| + |\Delta_{\rm V}|), \quad \theta = \arctan(\Delta_{\rm V}/\Delta_{\rm H}) + \frac{\pi}{2} \tag{4-27}$$

式中，$\Delta_{\rm H}$ 和 $\Delta_{\rm V}$ 分别是通过将图像与下列两个 3×3 算子（Prewitt 算子）卷积所得的水平和垂直方向上的变化量：

$$\begin{pmatrix} -1 & 0 & 1 \\ -1 & 0 & 1 \\ -1 & 0 & 1 \end{pmatrix} \qquad \begin{pmatrix} 1 & 1 & 1 \\ 0 & 0 & 0 \\ -1 & -1 & -1 \end{pmatrix} \tag{4-28}$$

当所有像素的梯度向量都被计算出来后，构造直方图 $H_{\rm D}$ 来表达 θ 值。

$$H_{\rm D}(k) = \frac{H_\theta(k)}{\sum_{i=0}^{n-1} H_\theta(i)} \tag{4-29}$$

式中，$H_\theta(k)$ 是当 $|\Delta G| \geqslant T$，$(2k-1)\pi/2n \leqslant \theta \leqslant (2k+1)\pi/2n$ 时像素的数量；T 为设定的阈值；n 为方向角度的量化等级。该直方图首先对 θ 的值域范围进行离散化，然后统计每个 bin 中相应的$|\Delta G|$大于给定阈值 T 的像素数量。这个直方图对于具有明显方向性的图像会表现出峰值，对于无明显方向性的图像则表现得比较平坦。

最后，图像总体的方向性可以通过计算直方图中峰值的尖锐程度获得，表示如下：

$$F_{\rm dir} = \sum_{p}^{n_p} \sum_{\phi \in \omega_p} (\phi - \phi_p)^2 H_{\rm D}(\phi) \tag{4-30}$$

式中，p 代表直方图 H_D 中的峰值；n_p 为直方图中峰值的数目；对于某个峰值 p，ω_p 代表该峰值所包含的所有的 bin；φ_p 是 ω_p 中具有最大直方图值的量化数值。

与粗糙度类似，$F_{\rm dir}$ 仅能刻画图像总体的方向性，而无法反映更多的关于方向特征的有用信息。同样，我们可以利用直方图 $H_{\rm D}$ 代替方向度 $F_{\rm dir}$ 作为描述图像方向信息的特征量，并称其为边缘方向直方图。然而，存在的问题是这种直方图对图像的旋转很敏感，即相同内容的图像当其起始方位不同时，相应的边缘方向直方图具有不同的初始相位。因此，必须消除图像直方图间的相位差，才能获得具有旋转不变特性的方向特征量。

4.3.4 局部二值模式

近年来，局部二值模式（Local Binary Patterns，LBP）在图像纹理分析，特别是人脸识别应用中取得了显著的成果，并涌现出很多改进方法。由于 LBP 的原理相对简单，计算复杂度低，同时又具有旋转不变性和灰度不变性等显著优点，因而该方法又被广泛的应用于图像匹配、行人和汽车目标的检测与跟踪、生物和医学图像分析等领域。

1. LBP 理论的提出

局部二值模式是一种灰度范围内的纹理度量，最初由 Ojala 等人在 1996 年为了辅助性的度量图像的局部对比度而提出的。最初，LBP 定义于像素的 8 邻域中，以中心像素的灰度值为阈值，将周围 8 个像素的灰度值与其比较，如果周围像素的灰度值小于中心像素的灰度

值，则该像素位置就被标记为 0，否则标记为 1；将标记后的值（即 0 或 1）分别与对应位置像素的权重相乘，8 个乘积的和即为该邻域的 LBP 值，计算原理如图 4-9 所示，图中二值模式 01100010 的 LBP=0+2+4+0+0+0+64+0+0=70。

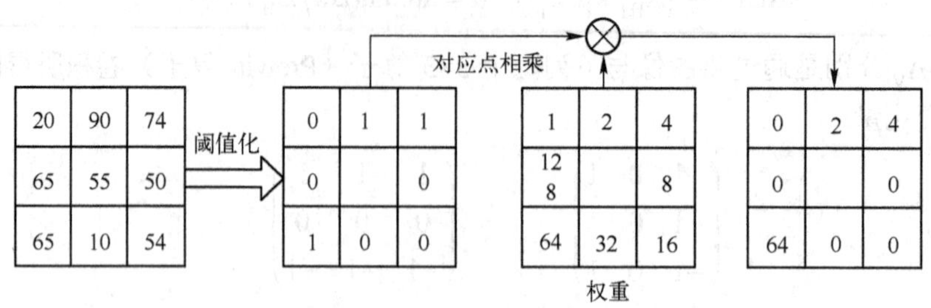

图 4-9 LBP 值的原始定义

考虑到原始 LBP 存在无法提取大尺寸结构纹理特征的局限性，Ojala 等人对原始 LBP 进行了修改，并形成系统的理论。在某一灰度图像中，定义一个半径为 $R(R>0)$的圆环形邻域，$P(P>0)$个邻域像素均匀分布在圆周上，如图 4-10 所示，图中没有落在像素中心邻域内的灰度值通过双线性插值得出。设邻域的局部纹理特征为 T，则 T 可以用该邻域中 $P+1$ 个像素的函数来定义，即

$$T = t(g_c, g_0, \cdots g_{p-1}) \qquad (4-31)$$

式中，g_c 是该邻域中心像素的灰度值；g_p $(p=0,1,\ldots,P-1)$对应 P 个等距离分布于以中心像素为圆心，半径为 R 的圆周上的像素点的灰度值。

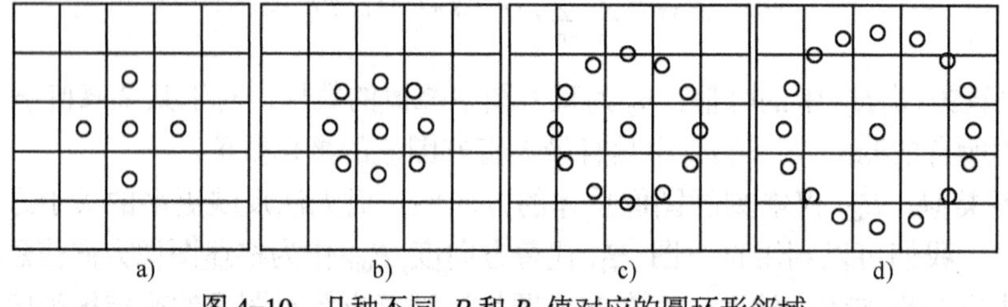

图 4-10 几种不同 P 和 R 值对应的圆环形邻域

a) P=4，R=1.0 b) P=8，R=1.0 c) P=12，R=1.5 d) P=16，R=2.0

随着半径的增大，像素之间的相关性逐渐减小，因此在较小的邻域中即可获得绝大部分纹理信息。在不损失纹理信息的前提下，可将邻域像素点灰度值 g_i 分别减去中心像素点的灰度值 g_c，则 $T=t(g_c, g_0-g_c,\ldots, g_{P-1}-g_c)$。假设各个差值与 g_c 相互独立，则 $T \approx t(g_c)t(g_0-g_c,\ldots,g_{P-1}-g_c)$。

这种假设的独立性并不总是成立，由于数字图像中的灰度取值范围有限，那些较大的或者较小的值分布会明显降低差值的取值范围，因此这种独立性的假设有可能会带来信息的丢失。然而，信息的丢失带来的好处是使得局部纹理的描述对于图像灰度范围内的平移具有不变性。

由于 $t(g_c)$代表图像的亮度值，且与图像局部纹理特征无关，纹理特征可以直接表示为差值的函数 $T \approx t(g_0-g_c,\ldots,g_{P-1}-g_c)$。虽然该式定义的纹理不受灰度值变化的影响，即所有 $P+1$ 个像素同时加上或者减去某个值，其表征的纹理不变，但是当所有像素的值同时放大或者缩小相同倍数后，其纹理特征会发生变化。

若只考虑中心像素的灰度值减去圆环邻域内像素的灰度值（即 g_p-g_c）的符号，发现它对局部纹理的描述具有对均匀亮度变化的不变性，而不仅仅是对灰度范围内的平移具有不变性，即

$$s(g_p - g_c) = \begin{cases} 1, & g_p - g_c \geqslant 0 \\ 0, & g_p - g_c < 0 \end{cases} \tag{4-32}$$

为每一个 $s(g_p-g_c)$分配一个权值 2^p，就得到唯一表征局部纹理特征的 LBP 值

$$\mathrm{LBP}_{P,R} = \sum_{p=0}^{P} s\left(g_p - g_c\right) \cdot 2^p \tag{4-33}$$

2．LBP 的扩展

经过阈值计算后的无符号二进制数选取的初始位和方向不同时，对应的 $\mathrm{LBP}_{P,R}$ 会产生 2^P 种模式。很明显，随着邻域取样点个数的增加，二值模式的种类也会急剧增加。如此多的模式对于纹理的提取、分类和识别都是不利的。为了解决这一问题，Ojala 等人对 LBP 进行了扩展，提出一种称为“uniform（统一）”模式的 LBP 描述方式。检验某种模式是否为统一模式，简单的方法是将其移动一位后的二值模式按位相减的绝对值求和

$$U(\mathrm{LBP}_{P,R}) = \left|s(g_{P-1} - g_c) - s(g_0 - g_c)\right| + \sum_{p=1}^{P-1}\left|s(g_p - g_c) - s(g_{p-1} - g_c)\right| \tag{4-34}$$

若 $U(LBP_{P,R}^{ri})\leqslant 2$，则称该模式为统一模式，其他模式称为混合模式。即如果模式对应的二进制串中 0、1 变换的次数小于两次，则是统一模式。例如，00000000（0 位转变)、01110000（2 位转变)、11001111（2 位转变）是统一模式，而 11001001（4 位转变）和 01010010（6 位转变）不是统一模式。

改进后二值模式的种类大大减少，对于 8 个邻域点来说，二值模式由原来的 256 种减少为 58 种。在 LBP 直方图的计算中，使用统一模式时，直方图有单独的统一模式位，而混合模式需要分配单独的位。尽管统一模式仅是所有 LBP 输出中的一小部分，但是实验结果表明统一模式不仅可以描述绝大部分的纹理信息，而且具有较强的分类能力。

若图像发生旋转，那么中心像素的输出值自然会有所变化，为了消除图像旋转产生的影响，Ojala 等人又提出了旋转不变 LBP，即不断旋转圆形邻域得到一系列初始定义的 LBP 值，取其最小值作为该邻域的 LBP 值，可表示为

$$\mathrm{LBP}_{P,R}^{ri} = \min\left\{ROR\left(\mathrm{LBP}_{P,R}, p\right) \middle| p = 0,1,\ldots,P-1\right\} \tag{4-35}$$

式中，$ROR(x, p)$表示将 x 循环右移 p 位。通过引入旋转不变的定义，LBP 对于图像旋转表现得更为鲁棒，并且模式的种类进一步减少，使得纹理识别更加容易。

此外，旋转不变性的 LBP 还可以与统一模式联合起来，即将统一模式进行旋转得到旋转不变的统一模式

$$\mathrm{LBP}_{P,R}^{riu2} = \begin{cases} \mathrm{LBP}_{P,R}^{ri}, & U\left(\mathrm{LBP}_{P,R}\right) \leqslant 2 \\ P+1, & \text{else 其他} \end{cases} \tag{4-36}$$

式中，$U(\mathrm{LBP}_{P,R})$的计算方法如式（4-34）所示，上标 $riu2$ 表示使用了旋转不变统一模式。这种模式种类减少为 $P+1$ 类，所有非旋转不变统一模式都被归为第 $P+1$ 类。

LBP 方法在纹理分类的实验中取得了不错的效果，但是在具体的应用中，基本的 LBP 方法所获得的效果还不能令人满意，所以许多学者都在具体应用中对 LBP 进行相应的改进，尤其在人脸识别等方面取得了不错的成果。图 4-11 是对血管内超声图像进行 LBP 纹理特征提取的结果。

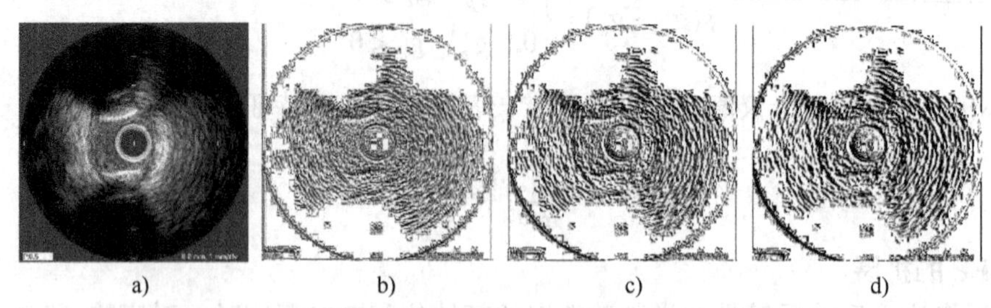

a)　　b)　　c)　　d)

图 4-11　对血管内超声图像进行 LBP 纹理特征提取的实验结果

（R：LBP 半径，N：领域点的数目）

a) 原始图像　b) R=1，N=8　c) R=2，N=16　d) R=3，N=24

4.3.5　局部累积矩

将图像投影到一个二维多项式基所获得的参数集定义为矩。在许多不同的应用领域，几何矩都能有效地进行图像纹理分割。此外，研究者还提出了其他种类的矩，如 Zernique 矩和 Legendre 矩等。然而，由于将不同阶的多项式转化到同阶来定义子空间，故可以将任意矩集转换到同阶推广到将任意完整矩集转换到给定阶。由于一些矩集计算量大而导致整个处理过程时间长，因此研究者提出了计算速度快的局部累积矩。

局部累积矩分为直接累积和反向累积两种。由于直接累积在输入数据时对舍入误差和小扰动较为敏感，所以一般选择反向累积。假设矩阵 $\boldsymbol{I}_{ab}$ 为 a 行 b 列的矩阵，反向累积矩的阶数为$(k-1,l-1)$，k 是矩阵的行从底部向上累积的次数，l 是矩阵的列从最右列向左累积的次数，即：

$$\begin{aligned} &\boldsymbol{I}_{ab}[a-i,j] \leftarrow \boldsymbol{I}_{ab}[a-i,j] + \boldsymbol{I}_{ab}[a-i+1,j] \quad \text{向上累积 } k \text{ 次} \\ &\boldsymbol{I}_{ab}[1,b-j] \leftarrow \boldsymbol{I}_{ab}[1,b-j] + \boldsymbol{I}_{ab}[1,b-j+1] \quad \text{向左累积 } l \text{ 次} \end{aligned} \tag{4-37}$$

仅有矩集还不足以获得图像中良好的纹理特征。二阶的纹理特征可用来区分具有相同平均能量的有限区域。例如，Caelli 和 Oguztoreli 于 1987 年提出用一种非线性传感器来定位纹理特征矩集，他们选择对数形式的双曲线正切函数，利用累积矩图像 I_m 和一个基于双曲正切函数的非线性处理器$|\text{th}(\sigma(I_m-\overline{I}_m))|$对图像中感兴趣的区域进行平均处理，$\sigma$ 是控制函数形状的参数。因此，每种纹理特征都是经过非线性处理器计算之后的矩。如果整个图像计算了 $n=k\cdot l$ 个矩，则图像特征向量的维数就是 n。因此，一个 n 维的点对应着图像中的每个像素点。这种方法会将图像映射到一个高维的特征空间，因此在进行纹理特征分类之前需要对特征空间进行降维。

4.3.6　自回归纹理模型

模型法的基本思路是对纹理图像建模之后，将纹理特征提取归结为模型参数估计问题，如何采用各种优化参数估计方法进行参数估计是模型法研究的主要内容。

20世纪80年代，马尔可夫随机场（Markov Random Field, MRF）理论在纹理分析中引起研究者的关注，为纹理特征提取找到了一个新的方向。随后相继出现了吉布斯模型（Gibbs）、高斯马尔可夫随机场模型（GMRF）、同步自回归模型（SAR）、隐马尔可夫随机场模型（HMRF）、广义MRF模型和多分辨率MRF等。

在SAR模型中，每个像素的强度被描述成随机变量，可以通过与其相邻的像素来描述。如果 s 代表某个像素，则其强度值 $g(s)$可以表达为它的相邻像素强度值的线性叠加与噪声项 $\varepsilon(s)$的和

$$g(s)=\mu+\sum_{r\in D}\theta(r)g(s+r)+\varepsilon(s) \tag{4-38}$$

式中，μ 是基准偏差，由整幅图像的平均强度值所决定；D 是 s 的相邻像素集；$\theta(r)$是一系列模型参数，用来表示不同相邻位置上像素的权值；$\varepsilon(s)$是均值为0而方差为 σ^2 的高斯随机变量。通过式（4-38）可以用回归法计算参数 θ 和标准方差 σ 的值，它们反映了图像的各种纹理特征。例如，较高的 σ 表示图像具有很高的精细度，或较低的粗糙度；如果 s 正上方和正下方的 θ 值很高，表明图像具有垂直的方向性。可以用最小二乘法和极大似然估计法来计算模型参数。此外，SAR的一个变种称为旋转无关的自回归纹理特征（Rotation-Invariant SAR，RISAR），具有与图像的旋转无关的特点。

定义合适的SAR模型需要确定相邻像素集合的范围。然而，固定大小的相邻像素集合范围无法很好地表达各种纹理特征。为此，研究者提出了多维度的自回归纹理模型（Multi-Resolution SAR，MRSAR），引入高斯金字塔图像模型，能够在多个不同的相邻像素集合范围下计算纹理特征，从而较好地识别出图像中的各种纹理特征。

4.3.7 分形分析

1．分形理论

1973年Mandelbrot首次提出了分维和分形几何的设想。分形（fractal）一词，其原意具有不规则、支离破碎等意义。分形几何学是一门以不规则几何形态为研究对象的几何学。由于不规则现象在自然界普遍存在，因此分形几何学又被称为描述大自然的几何学。分形几何学建立以后，很快就引起了各个学科领域的关注。不仅在理论上，而且在实用上分形几何都具有重要价值。分形作为一种数学工具，现在已经被应用于各个领域，如应用于计算机辅助使用的各种分析软件中。

分形是具有以非整数维形式填充空间的形态特征，是指具有一定内在规律的、不规则的、支离破碎的极端复杂的几何图形。分形最重要的特征是它具有无穷层次的自相似性，即分形的任一局部区域放大之后仍具有分形整体上相似的复杂性和不规则性，具有无限精细的结构、比例自相似等特点。

在欧几里得几何中，直线或曲线是一维的，平面或球面是二维的，而具有长、宽、高的形体是三维的，也可以稍加推广，认为点是零维的，还可以引入高维空间，但通常人们习惯于整数的维数。分形理论把维数视为分数，这类维数是物理学家在研究混沌吸引子等理论时需要引入的重要概念，因此Mandelbrot提出用分形来描述不能由欧氏几何描述的复杂结构。他认为分形这类奇异集合的性质不能用欧氏测度来描述，而维数恰是这类集合尺度变化下的

不变量，并主张用维数来描述这类集合，于是提出了分形维数的概念。

分形理论是非线性科学的一个重要分支，研究的是自然界和非线性系统中出现的不光滑和不规则的具有自相似性且没有特征长度的形状和现象。它直接从非线性复杂系统自身入手，从未简化和抽象的研究对象本身去认识其内在的规律性，可以将以前不能定量描述或难以定量描述的复杂对象用一种较为便捷的定量方法表述出来，在许多领域中都得到了广泛应用。

分形理论为纹理特征的提取注入了新的活力。1984 年，Pentland 在这方面做了开创性的工作，指出分形模型非常适用于描述纹理图像。后来更多学者将分形模型用于纹理分类，以分数维来描述图像区域的纹理特征。分形维数反映了复杂形体占有空间的有效性，它是复杂形体不规则性的量度，因此可以通过计算分形维数来了解图像的复杂度。

2. 计算分形维数

分形分析是描述图像纹理的常用工具，它是通过分形维数来进行描述的。分形维数是复杂形体不规则性的量度，因此可以用来描述图像的复杂度和斑块的差异性。对分形维数的计算是利用分形分析来描述纹理的主要问题，目前主要有以下两种方法。

（1）差分计盒法（Differential Box Counting，DBC）

计盒维数是一种被广泛应用的分形维数，在分形理论应用研究中提出的许多维数的概念都是计盒维数的变形。由于计盒维数是由相同形状集的覆盖确定的，易于进行程序化计算，因此得到了广泛关注。

差分计盒法是一种简单、快速、精度高的分形维数计算方法，也是目前用得较多的一种方法。其实质是“数盒子”算法，即通过划分图像形成网格，统计出网格中包含的盒子数。它的主要思想是将分形结构的每一部分放置在 N 个大小不同的方格中（边长为 r），则 r 和 N 存在以下相关性

$$Nr^{D}=1 \tag{4-39}$$

式中

$$D=\frac{\ln N}{\ln(1/r)} \tag{4-40}$$

是自相似维数，可以是整数，也可以是分数。当改变方格边长 r 时，对应的不同尺寸的盒子也就得到相应的分形维数。因此可得到

$$N=f(r) \tag{4-41}$$

即 N 是一个关于 r 的自变量函数，可通过计算曲线 N~r 的斜率得到分形维数。

（2）源于布朗运动的分形维数

随机布朗运动（RBM）是一个独立增量平稳过程 $B(t)$，Mandelbrot 将其推广并定义了分数布朗运动（FBM）$B_H(t)$，它具有统计自相似性：

$$\Delta B_H(t,hs)\approx\|h\|^{H}\,\Delta B_H(t,s) \tag{4-42}$$

式中，$\Delta B_H(t,\ hs)=B_H(t+hs)-B_H(t)$，$\Delta B_H(t,\ s)=B_H(t+s)-B_H(t)$，“≈”表示两者的概率分布相同。在应用分形布朗运动模型计算分形数据对象的分形维数时的关键是估计模型的非规则维参数即 H 参数，该参数的准确估计关系到 FBM 模型对应用对象的适用性。

下面介绍分形布朗运动中 H 参数的求解方法：分形维数可以被看作是在不同尺度上点对 $\boldsymbol{p}_1=(x_1, y_1)$和 $\boldsymbol{p}_2=(x_2, y_2)$的绝对亮度差，即 $I(\boldsymbol{p}_1)-I(\boldsymbol{p}_2)$。分形布朗表面满足以下关系：

$$E(|I(\boldsymbol{p}_1)-I(\boldsymbol{p}_2)|)\approx\left(\sqrt{(x_2-x_1)+(y_2-y_1)}\right)^H \tag{4-43}$$

式中，E 是均值；H 是 Hurst 系数。可由 $\lg E(|I(p_1)-I(p_2)|)$和 $\sqrt{(x_2-x_1)+(y_2-y_1)}$ 之间的回归直线的斜率算出。分形维数

$$D=3-H \tag{4-44}$$

相比于计盒法，这种方法计算了不同尺度亮度的平均差，每个尺度给出两个像素之间的欧氏距离。

4.3.8 基于小波变换的纹理特征提取

随着对人类视觉机理的研究，人们逐渐认识到统计方法和结构方法均与人类视觉机理相脱节，难以进行更精确的纹理描述。而大量的自然纹理图像可以看作是准周期信号，并且多通道滤波方法与人类的视觉机理相近，因而提出了多分辨率纹理分析方法，也就是信号处理方法。其基本思路是用某种线性变换、滤波器或滤波器组将纹理转到变换域，然后应用某种能量准则提取纹理特征，因而此类方法也称滤波方法。大多数信号处理方法都基于这样一个假设：频域的能量分布能够鉴别纹理。

小波理论的出现为时频多尺度分析提供了一个更为精确而统一的框架。1989 年，Mallat 首先将小波分析引入纹理分析中，随后基于小波的纹理分析方法如雨后春笋般涌现出来。小波变换是在不同尺度上研究分析图像纹理细节的一种工具，为更精细地进行图像纹理分类和分析提供了新思路，在纹理分析中具有广阔的发展空间。

小波变换指的是将信号分解为一系列的基本函数 $\psi_{mn}(x)$，这些基本函数都是通过对母函数 $\psi(x)$的变形得到的

$$\psi_{mn}(x)=2^{-m/2}\psi(2^{-m}x-n) \tag{4-45}$$

式中，m 和 n 是整数。这样，信号 $f(x)$可以表达为

$$f(x)=\sum_{m,n}c_{mn}\psi_{mn}(x) \tag{4-46}$$

利用小波变换提取图像的多尺度纹理信息的基本思想是：首先借助正交小波对图像进行小波分解，得到不同分辨率的一系列图像。分辨率越低，则具有原图像上越低频的信息。与此同时，每种分辨率的图像由代表不同方向信息的一系列高频子带图像组成，使用小波高频子带特征的目的在于它们可以反映图像的纹理特性。

对一幅图像进行小波分解（即二维小波变换），需要进行递归地过滤和采样，得到一系列的小波系数，小波系数的形状和尺寸与原始图像相同。例如，一幅 16×16 像素的图像经过三层小波分解，可得到十块小波分解结果，共 256 个系数。分解出来的子图像称为小波分解通道，共有四种小波通道：LL、LH、HL 和 HH，每个通道对应于原始图像在不同尺度（频率）和方向下的信息：LL 为图像在水平低频和垂直低频下的信息；LH 为图像在水平低频和垂直高频下的信息；HL 为图像在水平高频和垂直低频下的信息；HH 为图像在水平高频和垂直高频下的信息。当图像在某个频率和方向下具有比较明显的纹理特征时，与之对应的小

波通道的输出就具有较大的能量。纹理特征可以用小波通道的能量和方差来表示：

$$EC_n = \frac{1}{MN}\sum_{i=1}^{M}\sum_{j=1}^{N}|x(i,j)| \tag{4-47}$$

$$\mathrm{Std}C_n = \sqrt{\frac{\sum_{i=1}^{M}\sum_{j=1}^{N}\left[|x(i,j)| - EC_n\right]^2}{MN-1}} \tag{4-48}$$

HH 通道反映的是图像的高频特征，包含了图像中的大部分噪声，不适合用于纹理的提取。

有两种类型的小波变换可以用于纹理分析，分别是金字塔结构的小波变换（Pyramid-Structured Wavelet Transform，PWT）和树桩结构的小波变换（Tree-Structured Wavelet Transform，TWT）。PWT 递归地分解 LL 波段，但是对于那些主要信息包含在中频段范围内的纹理特征，仅分解低频的 LL 波段是不够的。因此，提出 TWT 来克服上述问题。TWT 与 PWT 的主要区别在于，它除了递归分解 LL 波段之外，还会分解其他的 LH、HL 和 HH 等波段。例如三层的分解，PWT 表达为 3×4×2 的特征向量。TWT 的特征向量取决于每个子波段的分解方式。一般来说，由 PWT 所得的特征是由 TWT 所得特征的一个子集。

4.3.9 Gabor 滤波

1．Gabor 变换

Gabor 变换是由 Dennis Gabor 于 1946 年提出的一种信号时频分析方法，也是一种加窗的短时傅里叶变换。对信号 $x(t)$进行 Gabor 变换的定义式为

$$X(t,\omega) = \int_{-\infty}^{+\infty} x(s)g(s-t)\mathrm{e}^{-\mathrm{j}\omega s}\mathrm{d}s \tag{4-49}$$

其基函数为

$$\psi_{t,\omega}(s) = g(s-t)\mathrm{e}^{\mathrm{j}\omega s} \tag{4-50}$$

式中，$g(s)$是窗函数，可以取汉明窗、高斯窗等。

Gabor 滤波器克服了传统傅里叶变换的不足，能够很好地兼顾信号在空间域和频率域中的分辨能力。

2．二维 Gabor 滤波器

用 Gabor 函数形成的二维 Gabor 滤波器是由一个被二维高斯包络调相的具有确定方向和频率的二维正弦平面波所构成。常用的二维 Gabor 滤波器可用下式表示：

$$h(x,y) = \frac{1}{2\pi\sigma_u\sigma_v}\exp\left\{-\frac{1}{2}\left(\frac{u^2}{{\sigma_u}^2}+\frac{v^2}{{\sigma_v}^2}\right)\right\}\cos(\omega u) \tag{4-51}$$

式中，$u=x\cos\theta+y\sin\theta$；$v=-x\sin\theta+y\cos\theta$；$\theta$ 是 Gabor 滤波器的方向；σ_u 和 σ_v 分别是高斯包络在 u 轴和 v 轴上的标准差；ω 用于调制频率。根据坐标轴旋转的傅里叶变换法则，二维 Gabor 滤波器的频率响应表达式为：

$$H(u,v) = \exp\{-2\pi^2[(\sigma_x(u-U)')^2 + (\sigma_y(v-V)')^2]\} \tag{4-52}$$

式中，$(u-U)' = (u-U)\cos(\theta) + (v-V)\sin(\theta)$；$(v-V)' = -(u-U)\sin(\theta) + (v-V)\cos(\theta)$。

Gabor 滤波器是一种依赖于图像轮廓的尺度和方向的多分辨率分析工具，具有在空间域和频率域同时取得最优局部化的优势，因此能够很好地描述对应于空间频率、空间位置及方向选择性的局部结构信息。图 4-12 是对一幅图像进行不同方向和尺度 Gabor 滤波的结果。

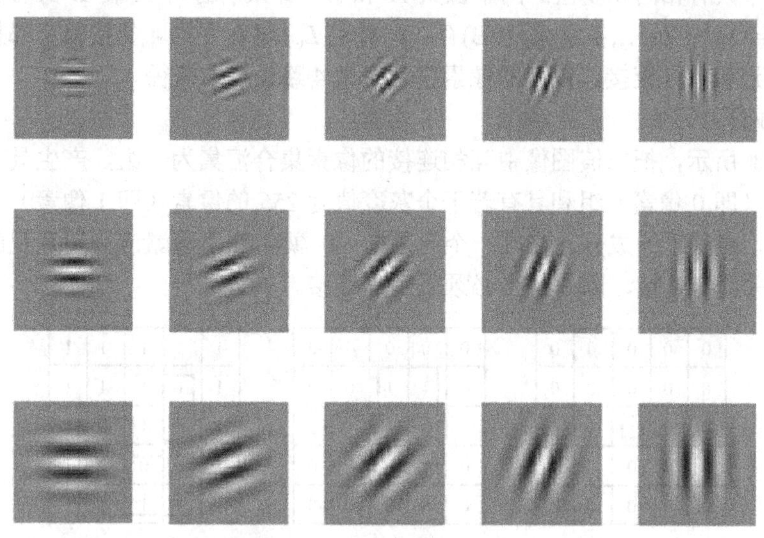

图 4-12　对一幅图像进行不同方向和尺度 Gabor 滤波的结果

（从上至下，每行图像的尺度因数分别为(0.3,0.3)、(0.6,0.6)和(0.9,0.9)；

从左至右，每列图像的滤波角度分别为 0°、25°、45°、75°、90°）

Gabor 变换法提取纹理特征利用了 Gabor 滤波器的良好性质，即具有时域和频域的综合最佳分辨率，较好地模拟了人类视觉系统的视觉感受特性，在图像纹理特征提取中备受青睐。该方法以纹理是窄带信号为基础，其主要思想是：不同纹理一般具有不同的中心频率及带宽，根据这些频率和带宽设计一组 Gabor 滤波器对纹理图像进行滤波，每个 Gabor 滤波器只允许与其频率相对应的纹理顺利通过，而使其他纹理的能量受到抑制，从各滤波器的输出结果中分析和提取纹理特征，用于后续的分类或分割任务。Gabor 滤波器提取纹理特征主要包括两个过程：设计滤波器和从滤波器的输出结果中提取有效的纹理特征集。

4.4　形状特征的表示与提取

在人的视觉感知、识别和理解中，形状是一个重要参数，根据形状能够从二维图像中识别出许多物体，因此物体和区域的形状是图像表达和识别中的另一重要特征。

形状的描述涉及到对物体或区域的封闭边界、或封闭边界所包围区域的描述。因此，不同于颜色和纹理等底层特征，形状特征的表达必须以对图像中物体或区域的划分为基础。另一方面，由于人对物体形状的变换、旋转和缩放不太敏感，合适的形状特征必须不受变换、旋转和缩放的影响，即要求形状描述在平移、旋转、缩放时保持不变。

形状特征通常有两种表示方法：轮廓特征（基于边界）和区域特征（基于区域）。前者只用到物体的外边界，而后者则关系到整个区域。

4.4.1 基本概念

1. 像素的连接

假设图像中具有相同亮度值的两个像素 A 和 B，如果所有与 A 和 B 具有相同亮度值的像素序列 L_1 (=A), L_1, L_2,…, L_{n-1}, L_n (=B)存在，并且 L_{i-1} 和 L_i 互为 4 邻接或 8 邻接，那么像素 A 和 B 叫做 4 连接或 8 连接，以上的像素序列叫做 4 路径或 8 路径。

2. 连接成分

如图 4-13 所示，把二值图像中互相连接的像素集合汇集为一组，产生具有若干个灰度值为 0 的像素（即 0 像素）组和具有若干个灰度值为 255 的像素（即 1 像素）组，把这些组叫做连接成分，也称连通成分。在同一个问题中，0-像素和 1-像素应采用互反的连接形式，即如果 1 像素采用 8 连接，则 0-像素必须采用 4-连接。

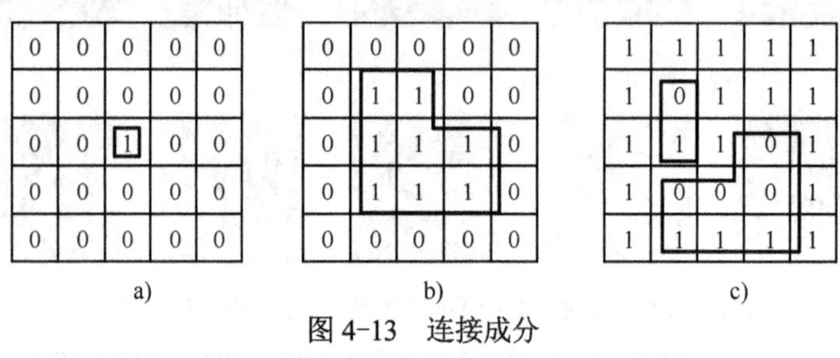

图 4-13　连接成分

a) 孤立点　b) 单连接成分　c) 多重连接成分

在 0 像素的连接成分中，如果存在和图像外围的 1 行或 1 列的 0 像素不相连接的成分，则称之为孔。不包含有孔的 1 像素连接成分叫做单连接成分。含有孔的 1 像素连接成分叫做多重连接成分。

4.4.2 区域描述

本节主要介绍简单区域描述（包括分散度、伸长度、欧拉数、凹凸性、复杂性、距离、区域面积、区域周长、密集度、位置与方向等）和区域内部变换分析（包括统计矩、投影和截口）。

1. 简单区域描述

简单区域描述即区域内部空间域分析，是指不经过变换而直接在图像的空间域提取形状特征。主要包括分散度、伸长度、欧拉数、凹凸性、复杂性、距离、区域面积、区域周长和密集度等。

（1）分散度

分散度能够反映形状的紧凑程度。设图像子集 S，面积为 A，即包含 A 个像素，周长为 P，则 S 的分散度定义为

$$\text{分散度}=\frac{P^2}{A} \tag{4-53}$$

分散度符合人的认识，相同面积的物体，其周长越小，形状越紧凑。圆形的分散度是 4π，是最紧凑的形状。其他任何形状的分散度均大于 4π。几何形状越复杂，其分散度越大。例如，正方形的分散度为 16，等边三角形的分散度为 $36/\sqrt{3}$ 。

分散度具有二义性或多义性。如图 4-14 所示，两个区域具有同样的面积和周长，它们的分散度相同，但是具有不同的形状，所以要识别和区分它们，还必须借助其他的形状描述子。

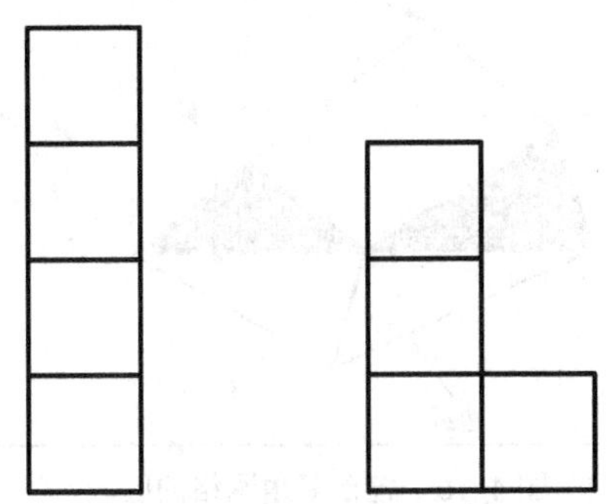

图 4-14　两个具有相同周长和面积的不同形状物体

（2）伸长度

设图像子集 S 的面积为 A，宽度为 W，定义使 S 完全消失所需的最小收缩步数为 S 的伸长度，即

$$伸长度 = A/W^2 \tag{4-54}$$

伸长度也符合人的视觉感知，面积一定的区域，其宽度越小，越细长；反之，则越粗短。

（3）欧拉数

欧拉数是物体的个数和孔数之差。在一幅图像中，孔数为 H，物体连接部分数为 C，则欧拉数为

$$E = C - H \tag{4-55}$$

图像的欧拉数是图像的拓扑特性之一，它表明了图像的连通性，可用于目标的识别。例如，图 4-15 中所示的区域，因为“A”有 1 个连接部分和 1 个孔，而“B”有 1 个连接部分和 2 个孔，故其欧拉数分别等于 0 和−1。

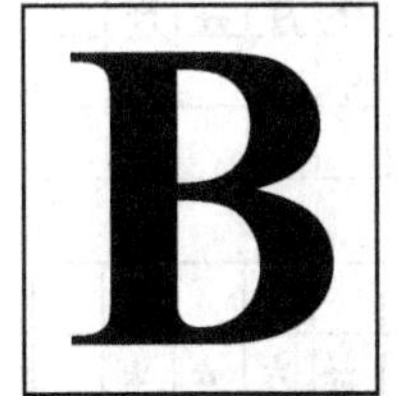

图 4-15　欧拉数分别为 0 和−1 的图形

用线段表示的区域，也可根据欧拉数来描述。如图 4-16 所示的多边形网，将其内部区域分成面和孔。如果顶点数为 W，边数为 Q，面数为 F，则其欧拉数为

$$E=C - H = W - Q + F \tag{4-56}$$

图中的多边形网有 7 个顶点、11 条边、2 个面、1 个连接区、3 个孔，因此，由上式可得到 E=7−11+2=−2。

一幅图像或一个区域中的连接成分数 C 和孔数 H 不会受图像的伸长、压缩、旋转、平

移的影响。但如果区域撕裂或折叠时，C 和 H 就会发生变化。可见，区域的拓扑性质对区域的全局描述是很有用的，而欧拉数是区域拓扑性的一个较好的描述子。

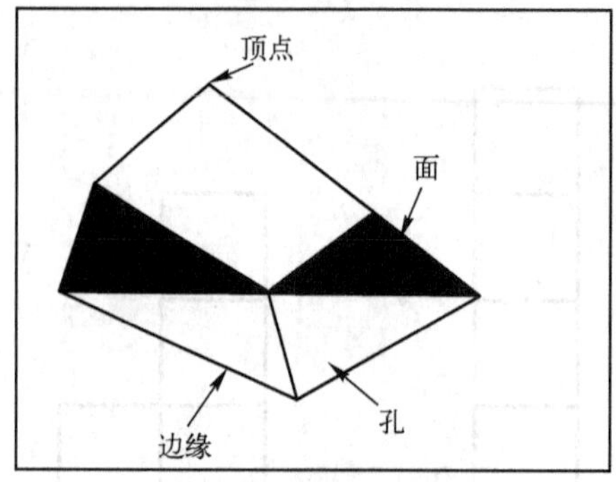

图 4-16 包含多角网络的区域

（4）凹凸性

凹凸性是区域的基本特征之一。可通过以下方法判别区域的凹凸性：若区域内任意两个像素之间的连线穿过区域外的像素，则此区域为凹形；相反，如果连接区域内任意两个像素的线段不通过该区域以外的像素，则此区域是凸的。

一个凸状物体是没有凹处的，也不会有孔，而且是连通的。但要注意：在数字图像中的凸性物体，在数字化以前的模拟图像中可能有细小凹处，这些细小凹处往往会在取样时被漏掉。

为了应用图像子集的凹凸性分析它的形状特征，常常运用“凸闭包”的概念：即任何一个图形，把包含它的最小凸图形称为这个图形的凸闭包，如图 4-17 所示。凸图形的凸闭包就是它本身。从凸闭包除去原始图形的部分以后，所产生的图形的位置和形状可作为形状特征分析的重要线索。凹形面积可将凸封闭包减去凹形得到。

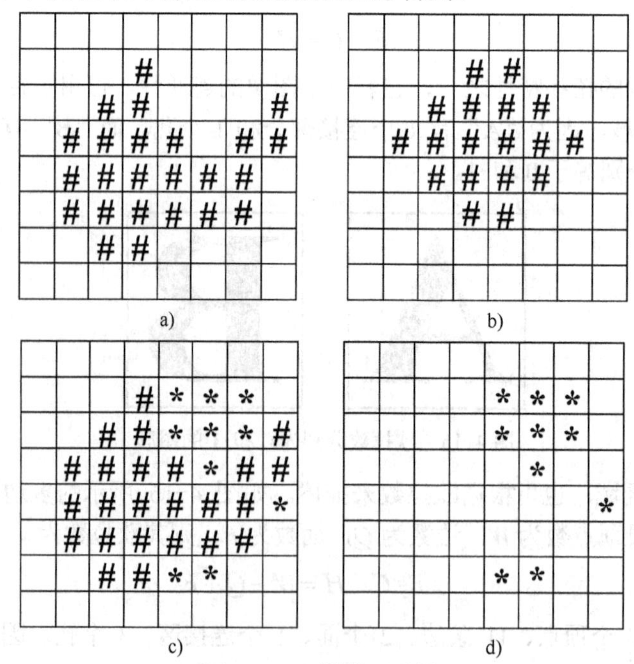

图 4-17 区域的凹凸性

a) 凹形 b) 凸形 c) 中凹形的凸闭包 d) 凹形面积

(5) 复杂性

人们对物体形状复杂性的判断不仅依赖于物体自身的许多特性，而且与观察环境、观察者的知识、习惯、经验等心理因素有关，具有一定的主观性。例如，电子工程师认为简单的电子线路图，非专业人士则可能会认为很复杂。因此，物体形状的复杂性是很难进行定义和定量测度的。判断形状的复杂性时，一般可从以下几个方面来考虑：

1）区域边界上曲率极大值越多（即角越多），其复杂性越高。

2）区域边界上的曲率变化越大，其复杂性越高。

3）要确定或描述物体形状所需的信息量越多，其形状越复杂。

例如，考虑一个单连通区域（即无孔，只有一个封闭边界）的形状复杂性，一种简单的方法就是将边界曲线上各点的曲率绝对值相加，和越大，则形状越复杂；另一种方法是计算曲率局部极大值的个数，并用它们的尖锐程度加权。另外，分散度和对称性也是物体复杂性分析的重要因素，描述对称物体比不对称物体所需的信息量少一倍。

形状复杂性可以用离散指数 e 来表示：

$$e = L^2 / S \tag{4-57}$$

式中，L 是该区域边界的周长；S 是该区域的面积。该指数描述了区域单位面积的周长大小，e 越大，表明单位面积的周长越大，即区域离散，为复杂形状；反之，则为简单形状。e 值最小的区域为圆形。典型形状的 e 值为：圆形 e=12.6；正方形 e=16.0；正三角形 e=20.8。此外，常用于判断形状复杂性的特征量还有区域的幅宽、占有率和直径等。

(6) 距离

距离在实际图像处理过程中往往作为一个特征量出现，因此对其精度的要求并不高。对于给定图像中的三点 A、B 和 C，当函数 $D(A,B)$满足以下条件时

$$\begin{cases} D(A,B) \geqslant 0 \\ D(A,B) = D(B,A) \\ D(A,C) \leqslant D(A,B) + D(B,C) \end{cases} \tag{4-58}$$

则把 $D(A, B)$叫做 A 和 B 的距离。其中式（4-58）的上式表示距离具有非负性，并且当 A 和 B 重合时，等号成立；式（4-58）的中式表示距离具有对称性；式（4-58）的下式是距离的三角不等式。

如图 4-18 所示，计算像素(i, j)和(h, k)之间的距离常采用以下三种方法：

欧几里得（欧氏）距离

$$d_{\text{Euclidean}}[(i,j),(h,k)] = \sqrt{(i-h)^2 + (j-k)^2} \tag{4-59}$$

4 邻域距离（街区距离）

$$d_{\text{Block}}[(i,j),(h,k)] = |i-h| + |j-k| \tag{4-60}$$

8 邻域距离（棋盘距离）

$$d_{\text{Chess}}[(i,j),(h,k)] = \max\left(|i-h|, |j-k|\right) \tag{4-61}$$

这三种距离之间的关系是

$$d_{\text{Chess}} \leqslant d_{\text{Block}} \leqslant d_{\text{Euclidean}} \tag{4-62}$$

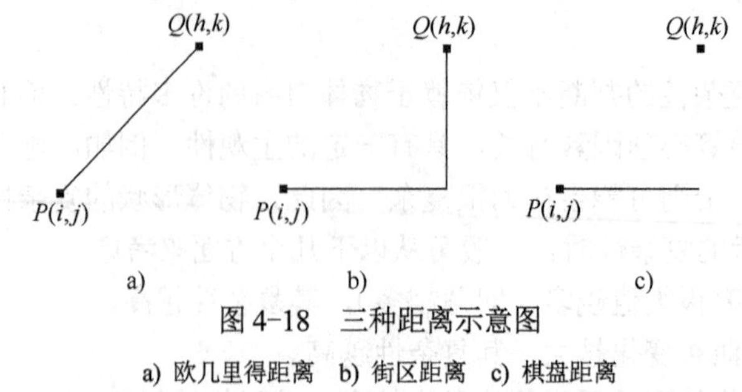

图 4-18　三种距离示意图

a) 欧几里得距离　b) 街区距离　c) 棋盘距离

街区距离和棋盘距离都是欧式距离的一种近似。离开一个像素的等距离线，在欧氏距离中大致呈圆形，在棋盘距离中呈方形，在街区距离中呈倾斜 45°的正方形，如图 4-19 所示。街区距离是图像中两点之间最短的 4 连通长度，而棋盘距离则是两点之间最短的 8 连通长度。此外，有时也采用把 4 邻域距离和 8 邻域距离组合起来得到的八角形距离，它的等距线呈八角形。

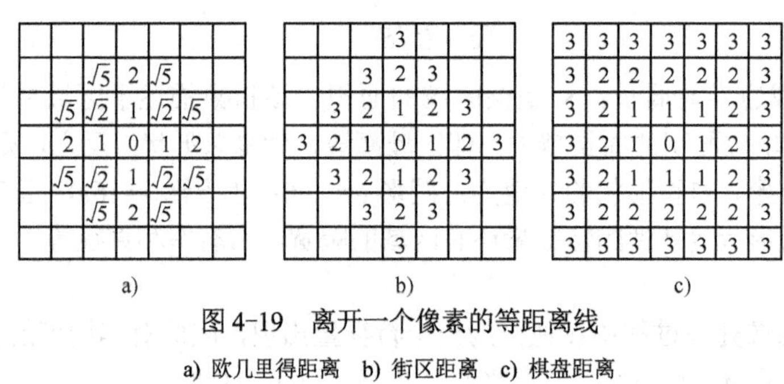

图 4-19　离开一个像素的等距离线

a) 欧几里得距离　b) 街区距离　c) 棋盘距离

（7）区域面积

区域面积的计算方法有两种：一种是像素计数面积，即统计区域边界内部（包括边界上）像素的数目。例如，图 4-20 中的区域面积为 S=24。另外一种是用边界坐标计算面积，即对区域的封闭轮廓曲线进行积分，得到其所包围区域的面积。在 x-y 平面中的一条封闭曲线包围的面积，由其轮廓积分给定

$$A = \frac{1}{2}\oint (x\mathrm{d}y - y\mathrm{d}x) \tag{4-63}$$

离散形式为

$$A = \frac{1}{2}\sum_{i=1}^{N_b}[x_i(y_{i+1} - y_i) - y_i(x_{i+1} - x_i)] = \frac{1}{2}\sum_{i=1}^{N_b}[x_i y_{i+1} - x_{i+1} y_i] \tag{4-64}$$

如图 4-21 所示血管壁内膜轮廓曲线所包围的面积即为管腔的横截面积。对内膜轮廓点进行 B 样条曲线拟合，得到用参数曲线表示的轮廓线，然后对该曲线积分，就得到管腔的横截面积。

（8）区域周长

区域的周长即区域的边界长度，可用相邻边界点之间的距离之和来表示。采用不同的距离公式，对于周长的计算有很多方法。常用的有两种：一种是采用欧氏距离，即在区域的边界像素中，设某像素与其水平或垂直方向上相邻边缘像素之间的距离为 1，与倾斜方向上相

邻边缘像素之间的距离为$\sqrt{2}$，那么周长就是这些像素间距离的总和。通过这种方法计算的周长与实际周长相符，因而计算精度比较高。另一种计算方法是采用 8 邻域距离，将边界像素的个数总和作为周长。此种方法简单方便，但其结果与实际周长之间有差异。

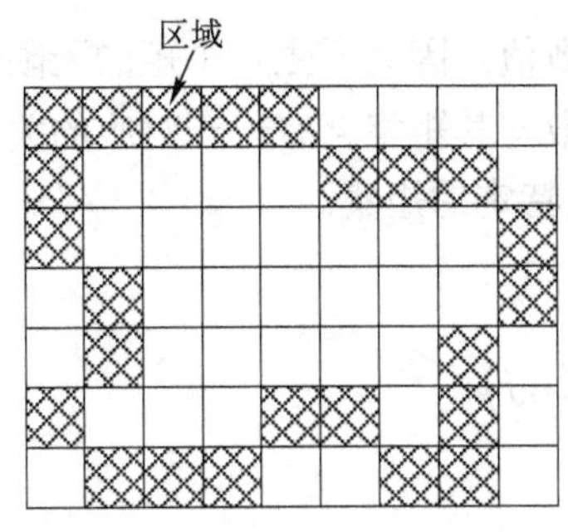

图 4-20　区域面积计算示意图

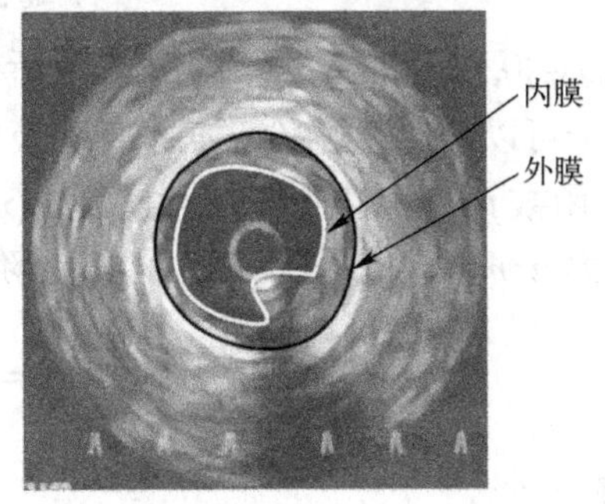

图 4-21　完成血管壁轮廓提取的一帧 IVUS 图像

（9）密集度

度量圆形度最常用的是密集度 C，用来描述目标形状接近圆形的程度，其定义为：

$$C = S/L^2 \tag{4-65}$$

式中，S 为区域面积，L 为区域周长。C 值的大小反映了被测量边界的复杂程度，越复杂的形状取值越小，C 值越大，则区域越接近圆形。根据此标准，圆是最密集的图形。密集度还有另一意义：即周长给定后，密集度越高，所围面积越大。

（10）位置与方向

位置即用物体的面积中心点作为物体的位置。面积中心就是单位面积质量恒定的相同形状图形的质心，即图 4-22a 中的 O 点。物体的位置坐标是

$$\begin{cases} \bar{x} = \dfrac{1}{mn}\sum\limits_{i=0}^{n-1}\sum\limits_{j=0}^{m-1} x_i \\ \bar{y} = \dfrac{1}{mn}\sum\limits_{i=0}^{n-1}\sum\limits_{j=0}^{m-1} y_j \end{cases} \tag{4-66}$$

如图 4-22b 所示，若物体是细长的，则可以把其较长方向的轴作为物体的方向。

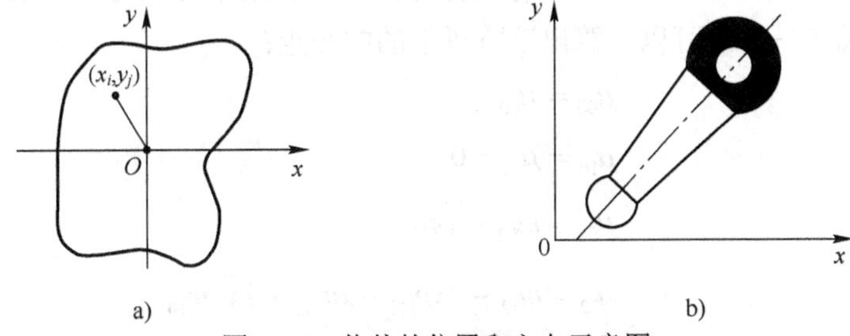

图 4-22　物体的位置和方向示意图

a) 位置　b) 狭长物体的方向

2. 区域内部变换分析

区域内部变换分析是形状分析的经典方法，包括求区域的各阶统计矩、投影和截口等。

（1）统计矩

具有两个变元的有界函数 $f(x, y)$ 的 $p+q$ 阶矩 m_{pq} 定义为

$$m_{pq} = \int_{-\infty}^{+\infty}\int_{-\infty}^{+\infty} x^p y^q f(x,y)\mathrm{d}x\mathrm{d}y \tag{4-67}$$

式中，$p,q \in \{0,1,2,...\}$，即 p 和 q 可取所有的非负整数值，因此产生一个矩的无限集，而且该集合完全可以确定函数 $f(x, y)$ 本身。换句话说，函数与其矩集合有一一对应的关系：集合 $\{m_{pq}\}$ 对于函数 $f(x, y)$ 是唯一的，也只有 $f(x, y)$ 才具有该特定的矩集。

大小为 $n\times m$ 的数字图像 $f(i, j)$ 的 $p+q$ 阶矩为

$$m_{pq} = \sum_{i=1}^{n}\sum_{j=1}^{m} i^p j^q f(i,j) \tag{4-68}$$

0 阶矩只有一个

$$m_{00} = \sum_{i=1}^{n}\sum_{j=1}^{m} f(i,j) \tag{4-69}$$

m_{00} 是图像中各像素灰度的总和，二值图像的 m_{00} 则表示目标物的面积。1 阶矩有两个，高阶矩则更多。用 m_{00} 除所有的 1 阶矩和高阶矩可以使它们和物体的大小无关。

如果用 m_{00} 来归一化 1 阶矩 m_{10} 和 m_{01}，则得到目标物体的质心（即形心）坐标：

$$\begin{cases} \bar{i} = \dfrac{m_{10}}{m_{00}} = \sum\limits_{i=1}^{n}\sum\limits_{j=1}^{m} if(i,j) \Big/ \sum\limits_{i=1}^{n}\sum\limits_{j=1}^{m} f(i,j) \\ \bar{j} = \dfrac{m_{01}}{m_{00}} = \sum\limits_{i=1}^{n}\sum\limits_{j=1}^{m} jf(i,j) \Big/ \sum\limits_{i=1}^{n}\sum\limits_{j=1}^{m} f(i,j) \end{cases} \tag{4-70}$$

中心矩是以质心作为原点进行计算的：

$$\mu_{pq} = \sum_{i=1}^{n}\sum_{j=1}^{m} (i-\bar{i})^p (j-\bar{j})^q f(i,j) \tag{4-71}$$

假设 R 是用二值图像表示的物体，则 R 的第 $p+q$ 阶中心矩为：

$$\mu_{pq} = \sum_{(x,y)\in R} (x-x_c)^p (y-y_c)^q \tag{4-72}$$

式中，(x_c, y_c) 是物体的质心。中心矩具有位置无关性，利用中心矩可以提取区域的一些基本形状特征。利用式（4-71）可以计算出三阶以下的中心矩：

$$\begin{aligned} &\mu_{00} = \mu_{00} \\ &\mu_{10} = \mu_{01} = 0 \\ &\mu_{02} = m_{02} - \bar{y}m_{01} \\ &\mu_{12} = m_{12} - 2\bar{y}m_{11} - \bar{x}m_{02} + 2\bar{y}^2 m_{10} \\ &\mu_{21} = m_{21} - 2\bar{x}m_{11} - \bar{y}m_{20} + 2\bar{x}^2 m_{01} \\ &\mu_{03} = m_{03} - 3\bar{y}m_{02} + 2\bar{y}^2 m_{01} \\ &\mu_{30} = m_{30} - 3\bar{x}m_{20} + 2\bar{x}^2 m_{10} \end{aligned} \tag{4-73}$$

一阶矩与形状有关，二阶矩显示曲线围绕直线平均值的扩展程度，三阶矩则是关于平均值的对称性的测量。

物体的中心主轴方向角 θ 可以由下式得出：

$$\tan 2\theta = \frac{2\mu_{11}}{\mu_{20} - \mu_{02}} \tag{4-74}$$

为获得缩放无关的性质，可以对中心矩进行归一化操作，即把上述中心矩用零阶中心矩来归一化，叫做归一化中心矩，记作 η_{pq}：

$$\eta_{pq} = \frac{\mu_{pq}}{\mu_{00}^{\gamma}} \tag{4-75}$$

式中，$\gamma = (p+q)/2+1$； $p+q = 2,3,4,\cdots$ 。

相对于主轴计算并用面积归一化的中心矩，在物体放大、平移和旋转时保持不变。单纯的中心矩尽管可以表征平面物体的几何形状，但都不具有不变性，但可以由这些矩构造不变量。这种方法最初是由 Ming-Kuei Hu 在 1962 年提出的，他利用归一化二阶和三阶中心矩，导出 7 个具有变换、旋转和缩放无关性的矩：

$$\begin{aligned}
&\Phi_1 = \eta_{20} + \eta_{02} \\
&\Phi_2 = (\eta_{20} + \eta_{02})^2 + 4{\eta_{11}}^2 \\
&\Phi_3 = (\eta_{30} - 3\eta_{12})^2 + (3\eta_{21} + \eta_{03})^2 \\
&\Phi_4 = (\eta_{30} + \eta_{12}) + (\eta_{21} + \eta_{03})^2 \\
&\Phi_5 = (\eta_{30} - 3\eta_{12})(\eta_{30} + \eta_{12})[(\eta_{30} + \eta_{12})^2 - 3(\eta_{21} + \eta_{03})^2] + \\
&\qquad (3\eta_{21} - \eta_{03})(\eta_{21} + \eta_{03})[3(\eta_{30} + \eta_{12})^2 - (\eta_{21} + \eta_{03})^2] \\
&\Phi_6 = (\eta_{20} - \eta_{02})[(\eta_{30} + \eta_{12})^2 - (\eta_{21} + \eta_{03})^2] + 4\eta_{11}(\eta_{30} + \eta_{12})(\eta_{21} + \eta_{03}) \\
&\Phi_7 = (3\eta_{21} - \eta_{30})(\eta_{30} + \eta_{12})[(\eta_{30} + \eta_{12})^2 - 3(\eta_{21} + \eta_{03})^2] + \\
&\qquad (3\eta_{21} - \eta_{03})(\eta_{21} + \eta_{03})[3(\eta_{03} + \eta_{12})^2 - (\eta_{12} + \eta_{03})^2]
\end{aligned} \tag{4-76}$$

不变矩描述分割出的区域时，具有对平移、旋转和缩放都不变的性质。图 4-23 给出一组由同一幅图像得到的不同变型，验证上述 7 个矩的不变性。

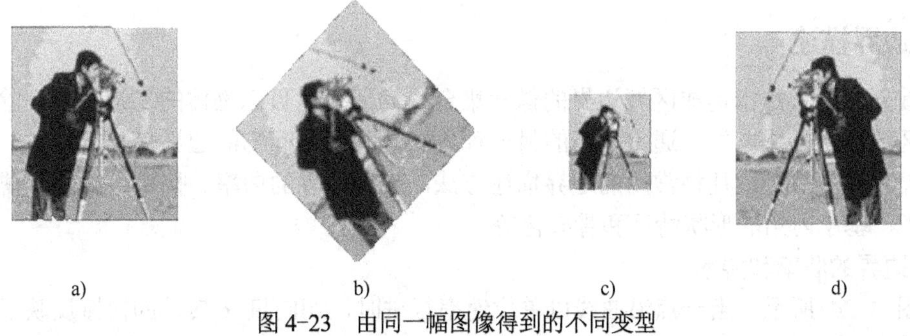

a)　　b)　　c)　　d)

图 4-23　由同一幅图像得到的不同变型

a) 原始图像　b) 将图 a)旋转 45°的结果；c) 将图 a)的尺度缩小一半的结果　d) 图 a)的镜面对称图像

不变矩是图像的统计特性，满足平移、伸缩、旋转的不变性，在图像识别领域得到了广泛的应用。不变矩具备了好的形状特征所应该具有的某些性质，但它们并不能够确保在任意特定的情况下都具有这些性质。因此，要区别相似形状的物体需要一个很大的特征集。这样所产生的高维分类器对噪声和类内变化十分敏感。

利用不变矩的目标识别算法可按以下步骤进行：

1）对初始目标图像和测试图像进行预处理，将目标从背景中分割出来，将灰度图像转换成二值化图像。

2）提取目标的边缘，并计算目标区域和边界的中心矩。

3）对上述两组中心矩进行归一化，在归一化的基础上计算出 7 个不变矩（式（4-76）），共同组成目标图像和测试图像中目标的特征向量。

4）计算两个向量之间的欧氏距离 D，即为目标图像和测试图像的归一化特征向量的欧氏距离。预先设定一个阈值 L，以确定两者的相似度，如果 $D<L$，则测试图像中的目标是要寻找的目标，反之则不是。

（2）投影和截口

大小为 $n×n$ 的图像 $f(i,j)$在 i 轴上的投影为

$$p(j)=\sum_{i=1}^{n}f(i,j),\quad j=1,2,\cdots,n \tag{4-77}$$

在 j 轴上的投影为

$$p(i)=\sum_{j=1}^{n}f(i,j) \tag{4-78}$$

式中，i=1,2,…,n。由以上两式所绘出的曲线都是离散曲线。这样就把二维图像的形状分析转化为对一维离散曲线的波形分析。固定 i_0，得到图像 $f(i, j)$的过 i_0 而平行于 j 轴的截口 $f(i_0, j)$，j=1,2,…,n。固定 j_0，得到图像 $f(i, j)$的过 j_0 而平行于 i 轴的截口 $f(i, j_0)$，i=1,2,…,n。图像 $f(i,j)$的截口长度为

$$\begin{cases} s(i_0)=\sum_{j=1}^{n}f(i_0,j) \\ s(j_0)=\sum_{i=1}^{n}f(i,j_0) \end{cases} \tag{4-79}$$

4.4.3 边界描述

区域外部形状是指构成区域边界的像素集合。为了描述目标物体的二维形状，除了前节所述的区域描述方法之外，通常采用的另一种方法是利用目标物的边界来表示物体，即所谓的边界描述。本节介绍几种常用的边界描述方法，包括边界的曲率、挠率、链码、傅里叶形状描述子、基于内角的形状特征和骨架化等。

1．边界的曲率和挠率

如图 4-24 所示，当一点沿曲线以单位速率行进时，切向量 $\boldsymbol{t}$ 转动的快慢反映了曲线的弯曲程度，是用它对弧长的一阶导数$|\boldsymbol{t}'|$衡量的。若设 $\Delta\theta$ 为切向量 $\boldsymbol{t}(s)$和 $\boldsymbol{t}(s+\Delta s)$间的夹角，$s$ 为弧长参数，那么有

$$\lim_{\Delta s\to 0}\left|\frac{\Delta\theta}{\Delta s}\right|=|\boldsymbol{t}'| \tag{4-80}$$

在微分几何中，用曲率 κ 来刻画曲线在一点的弯曲程度，它等于曲线的切矢量相对于弧长的转动率

$$\kappa = |\boldsymbol{t}'| \tag{4-81}$$

设曲线方程为 $r=r(t)$，那么曲率的计算公式为

$$\kappa = \frac{|r'(t) \times r''(t)|}{|r'(t)|^3} \tag{4-82}$$

将上式展开，用 r' 和 r'' 的分量表示，则为

$$\kappa = \sqrt{\frac{\left[(y'z'' - y''z')^2 + (z'x'' - z''x')^2 + (x'y'' - x''y')^2\right]}{\left[(x')^2 + (y')^2 + (z')^2\right]^3}} \tag{4-83}$$

κ 随点在曲线上的移动而变化，如果 $\kappa\equiv0$，那么该曲线是一条直线。

曲线的曲率是由曲线本身的形状决定的，与它的参数表达式和它在空间中的位置是无关的。反过来，这个量也可以唯一地确定平面曲线的形状。同时某个边界点曲率的正负也描述了边界在该点的凹凸性。

由于从数字图像中提取出的边界一般是离散且粗糙不平的，若直接计算边界的曲率，则结果不可靠，一般是用线段逼近边界后计算线段交点处的曲率，或者对边界进行曲线拟合，再根据式（4-82）和式（4-83）进行计算。

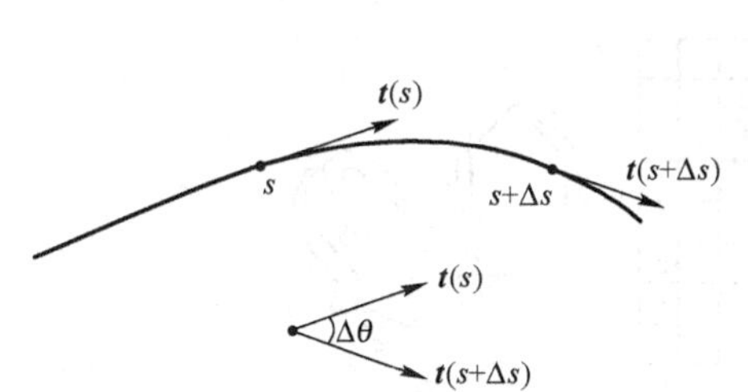

图 4-24　切矢量沿弧长的变化

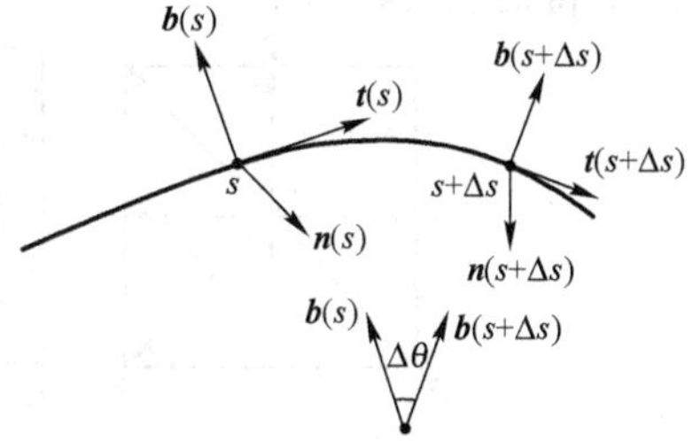

图 4-25　副法向量沿弧长的变化

挠率用来表示空间曲线的扭曲程度。曲线在一点的切向量 $\boldsymbol{t}$ 和主法向量 $\boldsymbol{n}$ 所张的平面是密切平面，该平面的法向量是曲线的副法向量 $\boldsymbol{b}$，如图 4-25 所示。$|\boldsymbol{b}'|$反映了密切平面方向转动的快慢，因而它刻画了曲线偏离平面曲线的程度，即曲线扭曲的程度。曲线在一点的挠率 τ 等于副法向量 $\boldsymbol{b}$（或密切平面）对弧长的转动率：

$$|\tau| = \lim_{\Delta s \to 0}\left|\frac{\Delta\theta}{\Delta s}\right| = |b'| \tag{4-84}$$

式中，$\Delta\theta$ 是副法向量 $\boldsymbol{b}(s)$和 $\boldsymbol{b}(s+\Delta s)$之间的夹角，$s$ 是弧长参数。对于一般参数曲线 $r=r(t)$，挠率的计算公式为

$$\tau = \frac{(r', r'', r''')}{|r' \times r''|^2} \tag{4-85}$$

将上式右端展开，用 r' 、r'' 和 r''' 的分量表示为

$$\tau=\frac{\begin{vmatrix}x' & y' & z' \\ x'' & y'' & z'' \\ x''' & y''' & z'''\end{vmatrix}}{(y'z''-y''z')^2+(z'x''-z''x')^2+(x'y''-x''y')^2} \tag{4-86}$$

挠率的符号按照如下规定选取：当一点沿曲线正向（即参数 s 增大的方向）移动时，$\boldsymbol{b}$ 与 $\boldsymbol{n}$ 反向，则 τ 取正号；反之，则取负号。对于平面曲线，密切平面与曲线所在平面一致，因而副法向量是固定不变的，即 $\boldsymbol{b}'\equiv 0$，故挠率 $\tau\equiv 0$。

2. 链码描述符

区域边界曲线可用一组被称为链码的代码来表示，即 Freeman 方向链码。这种链码组合既利于有关形状特征的计算，也利于节省存储空间。

该方法采用曲线起始点的坐标和斜率（方向）来表示曲线。对于离散的数字图像而言，区域的边界轮廓可看作由相邻边界像素之间的单元连线逐段相连而成。对于某像素，把该像素和其 8 邻域内各像素的连线方向按八链码进行编码，即用 0、1、2、3、4、5、6、7 表示 8 个方向，其中偶数码为水平或垂直方向的链码，码长为 1；奇数码为对角线方向的链码，码长为 $\sqrt{2}$，如图 4-26a 所示。边界链码具有行进的方向性，如图 4-26b 所示，若以 s 为起始点，按逆时针的方向编码，所构成的链码为 556570700122333，图 4-26c 的链码为 65643432176010，若按顺时针方向编码，则得到的链码与逆时针方向的编码不同。用边界链码存储一个物体的边界，只需要一个起始点的(x, y)坐标以及每个边界点的三比特信息（8 方向）或二比特信息（4 方向）。

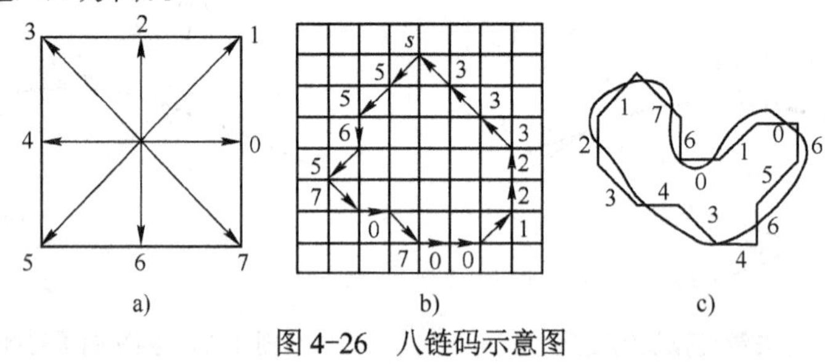

图 4-26 八链码示意图

a) 按顺时针方向的 8 个方向码 b) 八链码示例 1 c) 八链码示例 2

使用链码时，起点的选择是很关键的。对同一个边界，如果用不同的边界点作为链码起点，得到的链码是不同的。解决此问题的方法是：将这些方向数依 1 个方向循环，以使它们所构成的自然数的值最小。将如此转换后所对应的链码起点作为这个边界的归一化链码的起点，如图 4-27 所示。

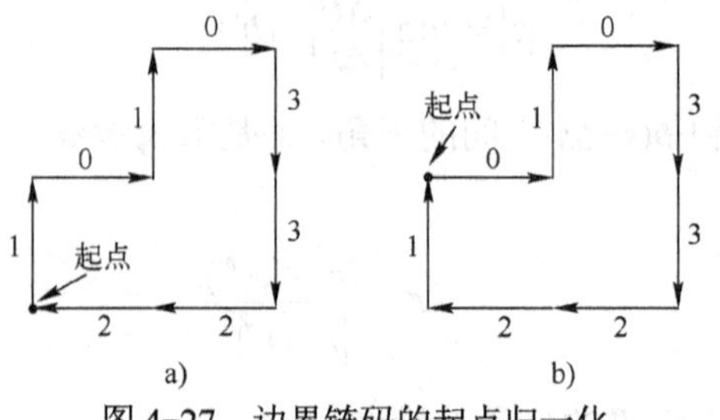

图 4-27 边界链码的起点归一化

a) 原链码 10103322 b) 起点归一化链码 01033221

根据链码可以计算一系列的形状特征，例如：

（1）区域边界的周长

假设区域的边界链码为 $a_1,a_2,\ldots,a_n$，每个码段 a_i 所表示的线段长度为 Δl_i，那么该区域边界的周长为

$$P=\sum_{i=1}^{n}\Delta l_i = n_e+(n-n_e)\sqrt{2} \tag{4-87}$$

式中，n_e 为链码序列中偶数码个数；n 为链码序列中码的总个数。

（2）区域的面积

按顺时针方向编码，边界链码对 x 轴的积分就是边界曲线所包围区域的面积 S：

$$S=\sum_{i=1}^{n}a_{i0}(y_{i-1}+\frac{1}{2}a_{i2}) \tag{4-88}$$

式中，$y_i=y_{i-1}+a_{i2}$；y_0 是初始点的纵坐标；a_{i0} 和 a_{i2} 分别是链码第 i 环的长度在 k=0（水平）和 k=2（垂直）方向的分量。对于封闭链码（即初始点与终点坐标相同），y_0 能任意选择。

（3）对 x 轴的一阶矩

$$M_1^x=\sum_{i=1}^{n}\frac{1}{2}a_{i0}\left[y_{i-1}^2+a_{i2}(y_{i-1}+\frac{1}{3}a_{i2})\right] \tag{4-89}$$

（4）对 x 轴的二阶矩

$$M_2^x=\sum_{i=1}^{n}\frac{1}{3}a_{i0}\left[y_{i-1}^3+\frac{3}{2}a_{i2}y_{i-1}^2+a_{i2}^2y_{i-1}+\frac{1}{4}a_{i2})\right] \tag{4-90}$$

（5）形心(x_c, y_c)

$$\begin{cases}x_c=M_1^y/S\\ y_c=M_1^x/S\end{cases} \tag{4-91}$$

式中，M_1^y 是链码关于 y 轴的一阶矩。它的计算过程为：先将链码的每个方向码旋转 90°，得到

$$a_i'=a_i+2 \quad (\text{mod}\,8) \qquad i=1,2,\cdots,n \tag{4-92}$$

然后利用式（4-89）进行计算。

（6）两点之间的距离

如果链码中任意两个离散点之间的码为 $a_1,a_2,\ldots,a_m$，那么这两点之间的距离是

$$d=\sqrt{\left(\sum_{i=1}^{m}a_{i0}\right)^2+\left(\sum_{i=1}^{m}a_{i2}\right)^2} \tag{4-93}$$

（7）微分链码（差分码）

用链码表示目标边界时，如果目标平移则链码不会发生变化，而目标旋转则其链码会发生变化。为解决这个问题，可利用链码的一阶差分来重新构造一个表示原链码各段之间方向变化后的新序列，即差分链码，相当于把原链码进行了旋转归一化操作，因此差分链码具有

旋转不变特性。如图 4-28 所示，左图的目标在逆时针旋转 90° 后成为右图的形状，原链码发生了变化，但微分链码并没有变化。左图中目标的原链码是 10103322，微分链码是 33133030；右图中目标的原链码是 21210033，微分链码是 33133030。

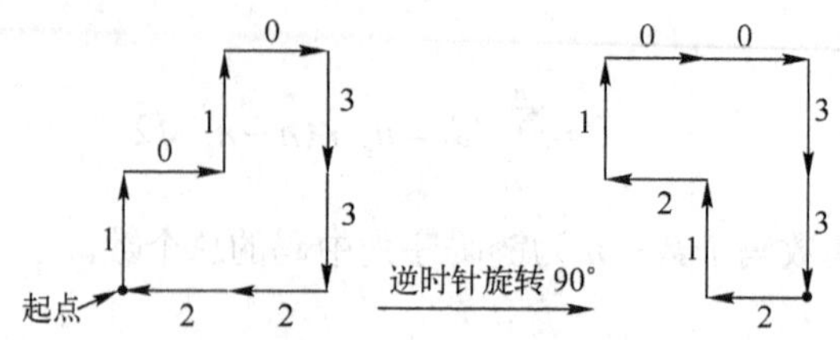

图 4-28　链码的旋转归一化（利用一阶差分）

可以用两个相邻像素的码元方向数相减（后一个码元方向减去前一个码元方向），并对结果做模 8 运算得到微分链码。如图 4-29 所示，微分链码反映了边界的曲率，峰值处显示了凹凸性。图 4-30 为一个封闭曲线的链码和微分链码示例。

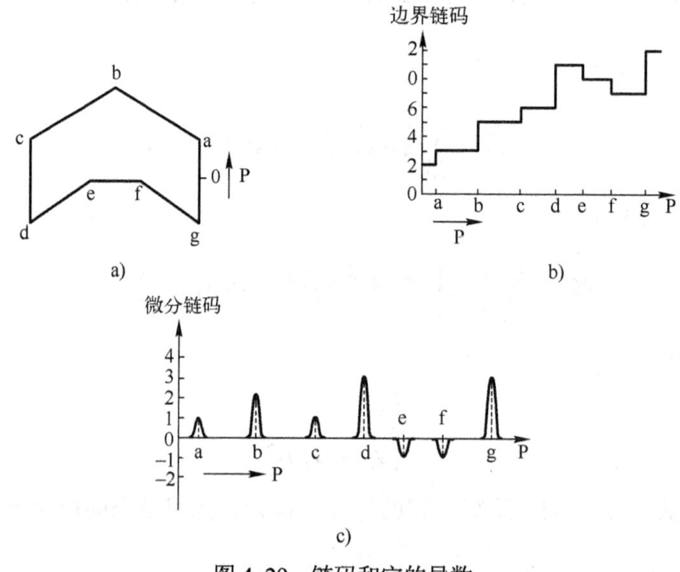

图 4-29　链码和它的导数

a) 目标区域及其边界　b) 边界链码　c) 微分链码

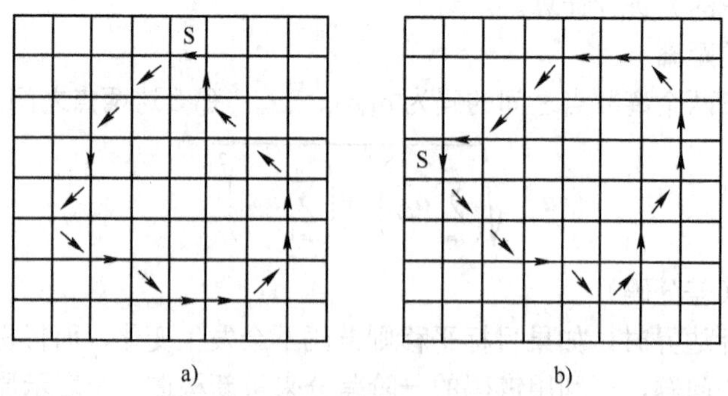

图 4-30　封闭曲线的链码和微分链码

a) 链码为 5565707001223324，微分链码为 017217101101072　b) 链码为 7707121223445546，微分链码为 017217101101072

（8）形状数（归一化差分码）

形状数是基于链码的一种边界形状描述符。根据链码的起点位置不同，一个用链码表达的边界可以有多个一阶差分。一个边界的形状数是这些差分中值最小的一个序列。例如图 4-31 中归一化前图形的基于 4-方向的链码为 10103322，微分码为 33133030，形状数为 03033133。

3．傅里叶描述子

傅里叶描述子是区域边界变换的一种经典方法，在二维和三维形状分析中起着重要作用，其基本思想是用物体边界的傅里叶变换描述其形状，用较少的参数描述很复杂的边界。下面介绍两种计算物体边界的傅里叶描述子的方法。

（1）方法 1

可以用简单曲线来表示区域边界，设封闭曲线 r 在直角坐标系中表示为 $y=f(x)$，若对 $y=f(x)$直接进行傅里叶变换，则变换的结果依赖于坐标 x 和 y 的值，不能满足平移和旋转不变性的要求。为了解决上述问题，引入以封闭曲线弧长为自变量的参数表示形式：$z(l)=(x(l), y(l))$，若封闭曲线的全长为 L，则 $L\geqslant l\geqslant 0$。如图 4-31 所示，若曲线的起始点 $L=0$，$\theta(l)$表示曲线上某点的切线方向。设 $\varphi(l)$为从起始点到弧长为 l 的点的切线的旋转角度，$\varphi(l)$随弧长 l 的变化而变化，显然它是平移和旋转不变的。则 $\varphi(l)=\theta(l)-\theta(0)$。把 $\varphi(l)$化为[0, 2π]区间上的周期函数，用傅里叶级数展开，那么变换后的系数可用来描述区域边界的形状特征。因此，$\varphi(l)$的变化规律可以用来描述封闭曲线 r 的形状。

曲线 r 可看作多边形折线的逼近，假设折线有 m 个顶点 $v_0, v_1, v_2, \cdots, v_{m-1}$，且该多边形边长 $v_{i-1}v_i$ 的长度为 $\Delta l_i(i=1,2,\ldots,m)$，则它的周长为

$$L=\sum_{i=1}^{N}\Delta l_i \tag{4-94}$$

引入新的变量 t，令 $\lambda=\dfrac{L(t)}{2\pi}$，则 $\gamma\in[0, L]$，$t\in[0, 2\pi]$。定义

$$\varphi^*(t)=\varphi(L(t)/2\pi)+t \tag{4-95}$$

那么 $\varphi^*(t)$为[0, 2π]上的周期函数，且 $\varphi^*(0)=\varphi^*(2\pi)=0$。$\varphi^*(t)$在封闭曲线 r 平移和旋转时均不变，并且 $\varphi^*(t)$与 r 是一一对应的关系。由于 $\varphi^*(t)$为周期函数，可用傅里叶系数对它进行描述，在[0, 2π]上展开成傅里叶级数为

$$\varphi^*(t)=a_0+\sum_{k=1}^{\infty}(a_k\cos kt+b_k\sin kt) \tag{4-96}$$

各谐波的系数分别为

$$a_0=\frac{1}{2\pi}\int_0^{2\pi}\varphi^*(t)\mathrm{d}t=\frac{1}{L}\int_0^{L}\varphi(\lambda)\mathrm{d}\lambda+\pi=-\pi-\frac{1}{L}\sum_{k=1}^{m}l_k(\varphi_k-\varphi_{k-1}) \tag{4-97}$$

$$\begin{aligned}a_n&=\frac{2}{L}\int_0^{L}\left[\varphi(\lambda)+\frac{2\pi\lambda}{L}\right]\cos\frac{2\pi n\lambda}{L}\mathrm{d}\lambda=\frac{2}{L}\sum_{k=0}^{m-1}\int_{l_k}^{l_{k+1}}\left[\varphi(\lambda)+\frac{2\pi\lambda}{L}\right]\cos\frac{2\pi n\lambda}{L}\mathrm{d}\lambda\\&=-\frac{1}{n\pi}\sum_{k=1}^{m}(\varphi_k-\varphi_{k-1})\sin\frac{2\pi n l_k}{L}\end{aligned} \tag{4-98}$$

$$b_n = \frac{1}{n\pi}\sum_{k=1}^{m}(\varphi_k - \varphi_{k-1})\sin\frac{2\pi n l_k}{L} \tag{4-99}$$

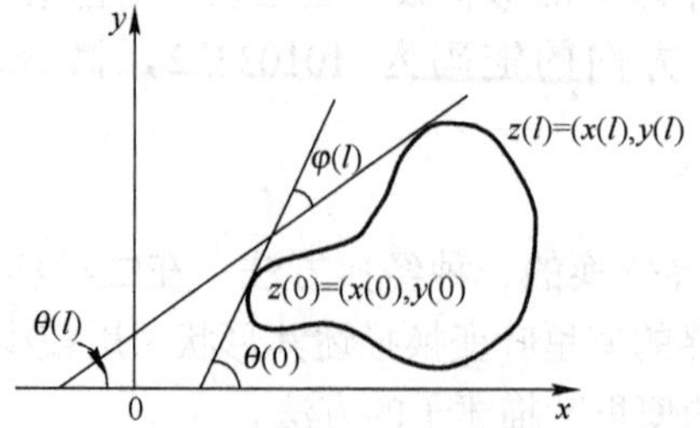

图 4-31　傅里叶描述子图解

（2）方法 2

把一个闭合边界曲线放到复平面上去，形成一个复数序列，即横坐标为实轴，纵坐标为虚轴。对该复数序列进行离散傅里叶变换，就得到轮廓的傅里叶描述。可以采用快速傅里叶变换来提高算法效率。

假设一个二维物体的轮廓是由一系列坐标为(x_s, y_s)的像素组成，其中$0 \leqslant s \leqslant N-1$，$N$是轮廓上像素的总数。从这些边界点的坐标中可以推导出三种形状表达：

复坐标函数是用复数表示的边界像素坐标：

$$Z(s) = (x_s - x_c) + \mathrm{j}(y_s - y_c) \tag{4-100}$$

式中，(x_c, y_c)是物体的质心。对复坐标函数的傅里叶变换会产生一系列复数系数。这些系数在频率上表示了物体的形状，其中低频分量表示形状的宏观属性，高频分量表达了形状的细节特征。可以从这些变换参数中得出形状描述符。为了保持旋转无关性，仅保留参数的大小信息，而略去相位信息。通过将参数的大小除以直流分量的幅值，可保证缩放的无关性。

轮廓线的曲率函数$\kappa(s)$可以表示为

$$\kappa(s) = \frac{\mathrm{d}}{\mathrm{d}s}\theta(s) \tag{4-101}$$

式中，$\theta(s)$是轮廓线的切向角度：

$$\begin{cases} \theta(s) = \arctan\left(\dfrac{y_s'}{x_s'}\right) \\ y_s' = \dfrac{\mathrm{d}y_s}{\mathrm{d}s} \\ x_s' = \dfrac{\mathrm{d}x_s}{\mathrm{d}s} \end{cases} \tag{4-102}$$

质心（重心）距离定义为从物体边界点到物体质心(x_c, y_c)的距离：

$$R(s) = \sqrt{(x_s - x_c)^2 + (y_s - y_c)^2} \tag{4-103}$$

对于曲率函数和质心距离函数，由于其傅里叶变换是对称的，因而只考虑正频率轴。基于曲率函数的形状描述符表示为

$$f_{\mathrm{K}}=\left[\left|F_1\right|,\left|F_2\right|,\ldots,\left|F_{M/2}\right|\right] \tag{4-104}$$

式中，F_i表示傅里叶变换参数的第 i 个分量。类似的，由质心距离所导出的形状描述符为

$$f_{\mathrm{R}}=\left[\frac{\left|F_1\right|}{\left|F_0\right|},\frac{\left|F_2\right|}{\left|F_0\right|},\ldots,\frac{\left|F_{M/2}\right|}{\left|F_0\right|}\right] \tag{4-105}$$

对于复坐标函数，同时采用正频率分量和负频率分量。由于直流参数与形状所处的位置有关而不被采用。因此用第一个非零的频率分量来对其他变换参数进行归一化。复坐标函数所导出的形状描述符为

$$f_{\mathrm{Z}}=\left[\frac{\left|F_{-(M/2-1)}\right|}{\left|F_1\right|},\frac{\left|F_{-1}\right|}{\left|F_1\right|},\frac{\left|F_2\right|}{\left|F_1\right|},\ldots,\frac{\left|F_{M/2}\right|}{\left|F_1\right|}\right] \tag{4-106}$$

4. 基于内角的形状特征

首先，将物体的边界近似的表达成多边形的形式。多边形的内角

$$\text{Intra_angle}=\{\alpha_1,\alpha_2,\ldots,\alpha_n\} \tag{4-107}$$

对形状的表达和识别非常重要。显然，基于内角的形状描述与形状所在位置、旋转和大小无关。以图 4-32 中内角 $\theta=\angle abc$ 的计算为例，设 a、b、c 三点的中心为 p，则有

$$\boldsymbol{op}=(\boldsymbol{oa}+\boldsymbol{ob}+\boldsymbol{oc})/3 \tag{4-108}$$

式中，o 为坐标原点。如 p 在多边形外部，则 θ>180°（图 4-32a），此时

$$\theta=360-\arccos\left(\frac{|\boldsymbol{ab}|^2+|\boldsymbol{bc}|^2-|\boldsymbol{ac}|^2}{2|\boldsymbol{ab}||\boldsymbol{bc}|}\right) \tag{4-109}$$

如 p 在多边形内部，则 0°≤θ≤180°（图 4-32b），此时

$$\theta=\arccos\left(\frac{|\boldsymbol{ab}|^2+|\boldsymbol{bc}|^2-|\boldsymbol{ac}|^2}{2|\boldsymbol{ab}||\boldsymbol{bc}|}\right) \tag{4-110}$$

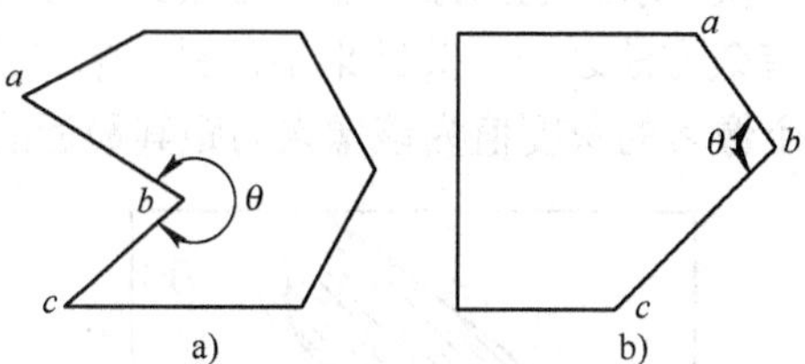

图 4-32 物体边界的内角

a) 凹形边界 b) 凸形边界

以下是从内角导出的一系列形状特征：

（1）顶点数

多边形的顶点数目越多，形状就越复杂。在识别图像中的目标物时，把具有不同顶点数目的两个形状当作不相似的两个形状是有一定合理性的。

（2）内角平均值

多边形所有内角的平均值从一定程度上反映了多边形的形状属性。例如三角形的内角平均值为 60°，与矩形的内角平均值 90° 之间有较大差别。

（3）内角标准方差

多边形内角的标准方差为

$$\delta = \sqrt{\sum_{i=1}^{n}(\theta_i - \overline{\theta})^2} \tag{4-111}$$

式中，$\overline{\theta}$ 是内角的平均值。标准方差 δ 是多边形形状的总体描述：多边形越规则，δ 值越小；反之，则 δ 值越大。因此，可以用 δ 值来分辨正多边形和不规则多边形。

（4）内角直方图

首先将 0°～360° 的角度范围等分成 k 个区间，作为直方图的 k 个 bin，然后统计每个角度区间中的内角数目，得到内角直方图，反映了内角的总体分布。

5. 骨架化

骨架是描述图像几何及拓扑性质的重要特征之一，骨架化是一种将区域结构形状简化为图形的重要方法。一个好的骨架应满足以下要求：

1）拓扑等价：骨架应和原始图像拓扑等价，即具有相同数量的前景目标、背景目标和孔。

2） 细：骨架为单像素宽。

3）居中：骨架应位于目标区域的中心。

（1）距离变换

自 Rosenfeld 和 Pfaltz 于 1966 年首次提出距离变换的概念以来，它已被广泛应用于图像分析、计算机视觉和模式识别领域中，一般用来实现目标细化、骨架抽取、形状的插值和匹配、粘连物体的分离等。

距离变换是针对二值图像的一种变换。二值图像可以认为仅包含目标和背景两类像素，目标像素的灰度值为 1（即 255），背景像素的灰度值为 0。如图 4-33 所示，设 P 为灰度值为 1 的像素区域，Q 为灰度值为 0 的像素区域，求从 P 中任意像素到 Q 的最小距离的处理叫做二值图像的距离变换。距离变换即求二值图像中各 1 像素到 0 像素的最短距离的处理，是把任意图形转换成线划图的最有效方法之一，其结果不是另一幅二值图像，而是一幅灰度级图像，即距离图像，图像中每个像素的灰度值为该像素与距其最近的背景像素之间的距离。

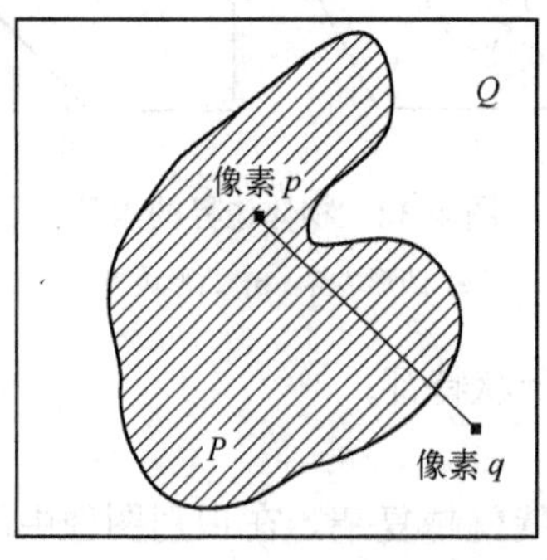

图 4-33　二值图像中 1 像素和 0 像素之间的距离

现有的距离变换算法主要采用两类距离测度来度量任意两个像素之间的距离：非欧氏距离和欧氏距离。前者常用的有街区距离、棋盘距离、倒角距离等，算法采用串行扫描实现距离变换，在扫描过程中传递最短距离信息。这些算法简单快速、易于实现，但得到的仅是欧氏距离变换（Euclid Distance Transform，EDT）的一种近似值，在很多应用中不能满足精度要求，必须使用欧氏距离变换。

二维图像平面上的两点(x_1, y_1)和(x_2, y_2)之间的欧氏距离表示为

$$D=\sqrt{(x_2-x_1)^2+(y_2-y_1)^2} \tag{4-112}$$

在二值图像中，1 代表目标点，0 代表背景；在灰度图像中，像素的灰度值表示该像素到最近目标点的距离值。这样一幅大小为 $M\times N$ 像素的图像可以表示为一个二维数组 $A[M][N]$，其中 $A[i][j]=1$ 对应的像素表示目标点，$A[i][j]=0$ 对应的像素表示背景点。设 $B=\{(x, y)|A[i][j]=1\}$为目标点集合，则欧氏距离变换就是对 A 中所有的像素点求最短欧氏距离：

$$D[i][j]=\min\{\text{Distance}[(i,j),(x,y)],(x,y)\in B\} \tag{4-113}$$

式中，$\text{Distance}[(i,j),(x,y)]$为点$(i,j)$和$(x, y)$之间的欧氏距离，从而得到二值图像 A 的欧氏距离变换图。

以 4 邻接方式为例，对于二值图像$f(i,j)$，将其距离变换 k 次的图像为 $g^k(i,j)$，

$$g^{k+1}(i,j)=\begin{cases}\min(g^k(i,j),g^k(i,j-1)+1,g^k(i-1,j)+1,g^k(i+1,j)+1)\\ g^k(i,j+1)+1, \quad \text{如果} \quad f(i,j)=1\\ 0, \quad \text{如果} \quad f(i,j)=0\end{cases} \tag{4-114}$$

对全部 i 和 j 取 $g^{k+1}(i,j)=g^k(i,j)$时，g^k 便是所求的距离变换图像。当$f(i,j)=1$ 时，$g^0(i,j)$是一个非常大的值；$f(i,j)=0$ 时，$g^0(i,j)=0$。

在经过距离变换得到的图像中，最大值点的集合就形成骨架，即位于图像中心部分的像素集合，也可以看作是图形各内接圆心的集合，它反映了原图形的形状，如图 4-34 所示。给定距离和骨架就能恢复该图形，但恢复的图形不能保证原始图形的连接性。该方法常用于图形压缩、提取图形幅宽和形状特征等。

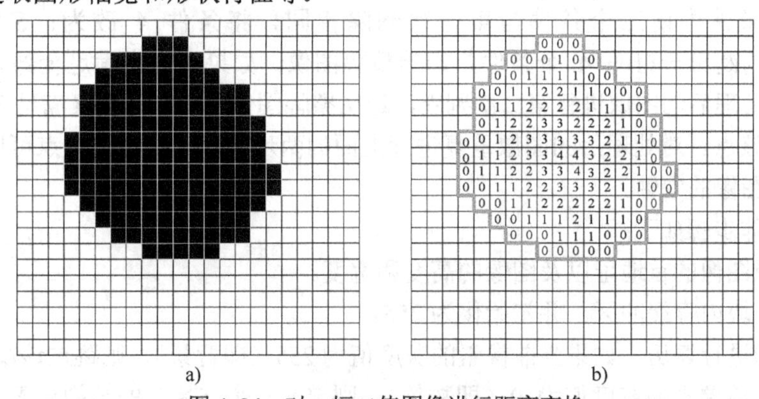

图 4-34 对一幅二值图像进行距离变换

a) 原始二值图像示意图 b) 距离变换结果

（2）中轴变换

中轴变换（Medial Axis Transform，MAT）是一种用来确定物体骨架的细化技术，在不

影响原图拓扑性的基础上，通过抽取表达原图形状的最关键点，使得原图中宽度大于 1 个像素的线条变成单像素，每个骨架点保持与边界点距离最小。物体内部的一点位于其中轴上的充要条件是，它是与物体边界相切于两个相邻点的圆的圆心，如图 4-35 所示。

中轴变换的算法和第 3 章中介绍的细化算法有些相似，也是采取逐次去除边界的方法来进行的，同时中轴变换也不能破坏图像的连通性。具有边界 B 的区域 R 的 MAT 是按如下方法确定的：如图 4-36 所示，对于 R 中的点 p，在 B 中搜寻与它最近的点，即找 p 在 B 上“最近”的邻居。如果对 p 能找到多于一个这样的点（即有两个或两个以上的 B 中的点与 p 同时最近），就可认为 p 属于 R 的中轴线或骨架，或者说 p 是一个骨架点。

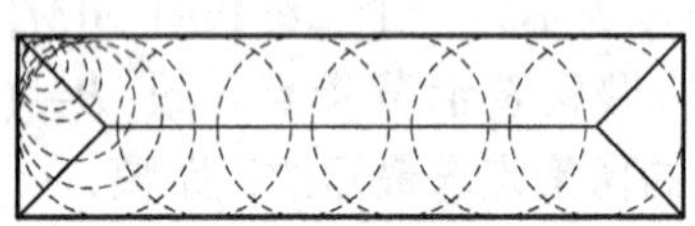

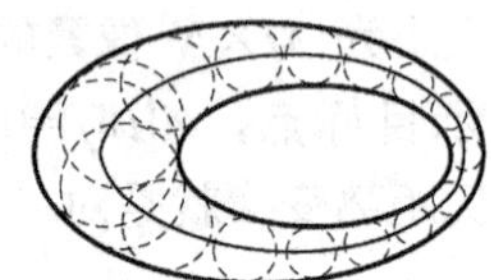

图 4-35　物体的中轴示意图

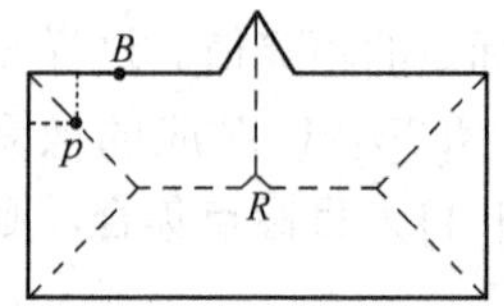

图 4-36　中轴变换示意图

目前，中轴变换的方法很多，通常利用二值形态学操作判断像素的 8 邻域情况。例如，可通过对二值图像进行两次删除，每次删除满足 4 个条件，完成中轴变换。即设置一个 5×5 的模板 S，S 中各元素的取值取决于模板所对应图像中的不同像素，如果 S 某一个位置所对应的像素值为 255，将模板上该位置赋为 0，否则赋为 1。设 $N(S[2][2])$表示以 $S[2][2]$为中心的 3×3 邻域内目标像素（即黑点）的个数，以 $S[2][2]$为中心取 3×3 邻域，则 $T(S[2][2])$表示序列$\{S[1][2], S[1][1], S[2][1], S[3][1], S[3][2], S[3][3], S[2][3], S[1][3], S[1][2]\}$中由 0 变 1 的次数。以 $S[1][2]$为中心取 3×3 邻域，则 $T(S[1][2])$表示序列$\{S[0][2], S[0][1], S[1][1], S[2][1], S[2][2], S[2][3], S[1][3], S[0][3], S[0][2]\}$中由 0 变 1 的次数。以 $S[2][1]$为中心取 3×3 邻域，则 $T(S[2][1])$表示序列$\{S[1][1], S[1][0], S[2][0], S[3][0], S[3][1], S[3][2], S[2][2], S[1][2], S[1][1]\}$中由 0 变 1 的次数。第一次删除的 4 个条件是：条件 1：$2 \leqslant N(S[2][2]) \leqslant 6$；条件 2：$T(S[2][2])=1$；条件 3：$S[1][2] \times S[2][1] \times S[3][2]=0$；条件 4：$S[2][1] \times S[2][3] \times S[3][2]=0$。第二次删除的 4 个条件中前三个条件与第一次删除相同，将条件 4 改为：$S[1][2] \times S[2][3] \times S[3][2]=0$。先判断第一组的 4 个条件，遍历整幅图像，如果有像素满足全部条件则删除该点，然后再用处理后的图像进行第二次判断，遍历整幅图像，如果有像素满足第二组的 4 个条件，则删除该点。对处理后的图像重复进行上面的两步操作，直至没有点可以删除，这时剩下的点就是图像的中轴。

算法的具体步骤如下：

1）获取原图像的首地址以及图像的高度和宽度。

2）开辟一块内存缓冲区，并初始化为 255。

3）对图像进行遍历，如果当前像素的灰度值为 255（即背景），则跳过该像素。

4）如果当前像素的灰度值为 0（即物体），则定义一个 5×5 的结构元素，计算结构元素中各个位置上的值，为防越界，不处理外围的 2 行、2 列像素，从第 3 行第 3 列开始判断，将结构元素中心与当前像素重合，如果结构元素所覆盖的位置下，像素的灰度值为 255，则在结构元素上同样的位置处置 0，否则是目标，置 1。

5）依次判断第一组的 4 个条件，若 4 个条件全部满足则删除该点，否则判断下一个像素，直至全部像素处理过一遍。

6）对处理过的图像依次判断第二组的 4 个条件，若 4 个条件全部满足则删除该点，否则判断下一个像素，直至全部像素处理过一遍。

7）循环执行步骤 5）和 6）直至没有像素可以删除。

8）将结果保存到内存缓冲区。

9）将结果由内存缓冲区复制到原图的数据区。

在进行图像识别时，首先对被处理的图像进行中轴变换有助于突出形状特征和减少信息量的冗余。中轴变换利于找出细长而弯曲物体的中心轴线，例如图 4-37 是用欧氏距离计算出的一些区域的骨架，图 4-38 是对血管骨架的提取。其他的形状描述子，如物体具有的分支数和物体的总长，可以从中轴变换图计算出来。对二值图像来说，中轴变换能够保持物体的原本形状，因此该变换是可逆的，物体可以由它的中轴变换而得到重建。

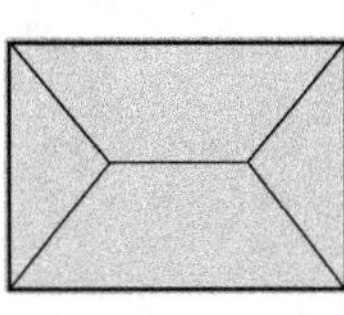
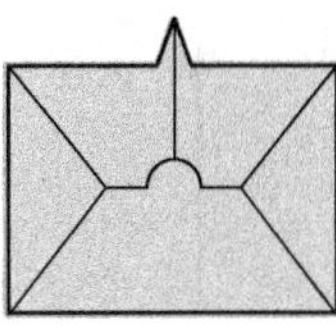

图 4-37　用欧氏距离计算出的一些区域的骨架

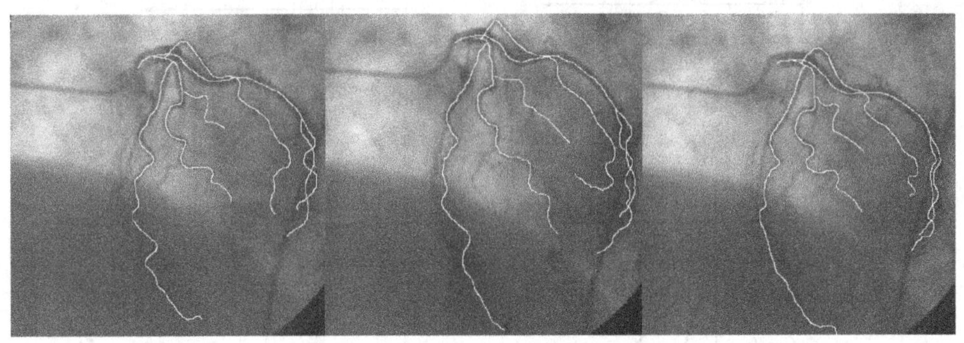

图 4-38　X 射线冠状动脉造影图像中主要血管分支骨架的提取示例

4.4.4 Hough 变换

在预先知道区域形状的条件下，利用 Hough 变换可以方便地得到边界曲线而将不连续的边缘像素点连接起来，其主要优点是检出曲线的能力受噪声和曲线间断的影响较小，是一种快速的形状检出方法。

1. Hough 变换的基本思想

Hough 变换的基本思想是点——线的对偶性，即图像空间中共线的点对应于参数空间中相交的线；反过来，在参数空间中相交于同一点的所有线在图像空间中都有共线的点与之对应。如图 4-39a 所示，在直角坐标系中的一条直线 l，原点到该直线的垂直距离为 ρ，垂线与 x 轴的夹角为 θ，则这条直线方程为

$$\rho = x\cos\theta + y\sin\theta \tag{4-115}$$

而直线 l 用极坐标表示则为点(ρ, θ)，如图 4-39b 所示。可见直角坐标系中的一条直线对应极坐标系中的一点，这种由线到点的变换就是 Hough 变换。

在直角坐标系中过任一点(x_0, y_0)的直线系（图 4-39c）满足：

$$\rho = x_0 \cos\theta + y_0 \sin\theta = ({x_0}^2 + {y_0}^2)^{\frac{3}{2}} \sin(\theta + \phi) \tag{4-116}$$

式中，$\phi = \arctan(y_0/x_0)$ 。因此这些直线在极坐标系中对应的点(ρ, θ)构成图 4-39d 中的一条正弦曲线。反之，在极坐标系中位于这条正弦曲线上的点，对应直角坐标系中过点(x_0, y_0)的一条直线，如图 4-39e 所示。设平面上有若干点，过每点的直线系分别对应于极坐标系中的一条正弦曲线。若这些正弦曲线有共同的交点(ρ'，θ')，如图 4-39f，则这些点共线，且对应的直线方程为

$$\rho' = x\cos\theta' + y\sin\theta' \tag{4-117}$$

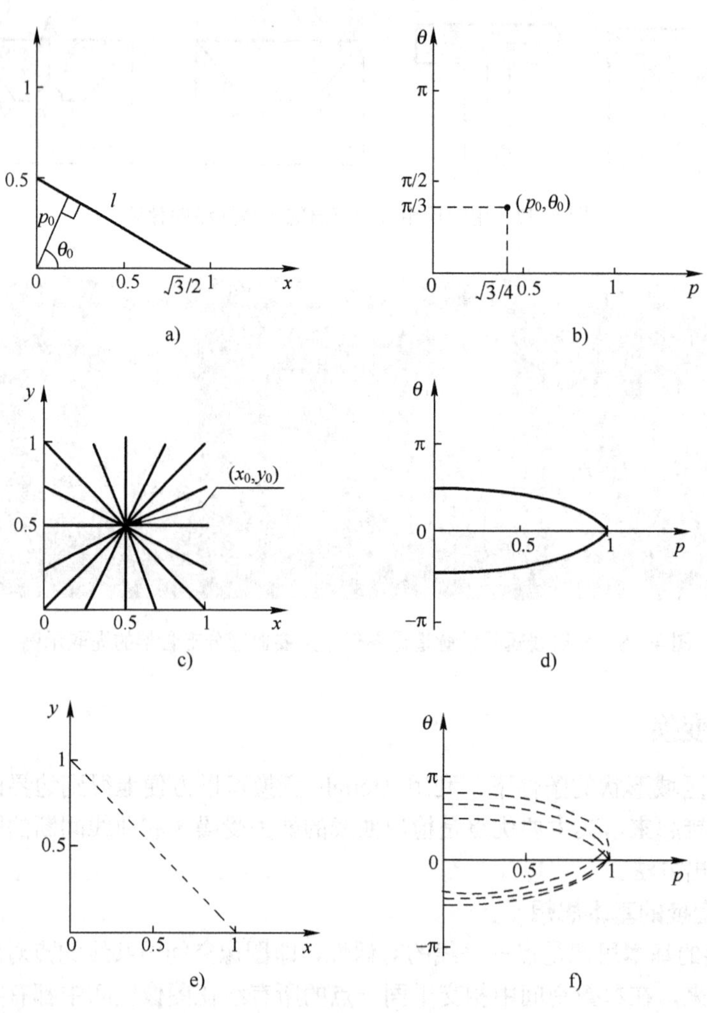

图 4-39　Hough 变换

2．Hough 变换检测曲线

当给定图像空间中的一些边缘点时，可以通过 Hough 变换确定连接这些点的直线或曲

线方程。把在图像空间中的曲线检测问题转换到参数空间中对点的检测，通过在参数空间里进行简单的累加统计即可完成检测任务。

算法的基本思想是对图像进行坐标变换，使之在另一个坐标空间的特定位置上出现峰值，因此检出曲线即是找出峰值位置。例如，利用 Hough 变换检测图像平面中是否有通过 A 和 B 两点的直线。算法的主要思想如下：设通过 A、B 两点的直线方程为

$$y = ax + b \tag{4-118}$$

式中，a 和 b 分别为直线的斜率和截距。把直角坐标(x, y)空间映射到斜率-截距的(a, b)空间，即

$$b = -ax + y \tag{4-119}$$

这时，任一点(x_i, y_i)映射到(a, b)空间是一条直线，即

$$b = -ax_i + y_i \tag{4-120}$$

若通过 A 和 B 两点的直线的 a 和 b 为常数 a_0 和 b_0，即映射空间(a, b)中的一个固定点(a_0, b_0)，则无论(x_i, y_i)如何变化，$b_0 = -a_0 x_i + y_i$ 都通过(a_0, b_0)。这样可以在内存中建立一个存储区对应于(a_i, b_i)，其中的内容是统计(x_i, y_i)有多少次通过(a_i, b_i)，每通过一次，以(a_i, b_i)为地址的内容加 1。这样，这个内存累加地址中，累加数最大者的地址就是(a_0, b_0)。然后在原(x, y)空间中，用(a_0, b_0)即可找到通过 A、B 两点的直线。

直角坐标(x, y)空间不仅可以映射到斜率-截距空间，也可以映射到其他参数空间。例如(x, y)空间中的直线还可以写作

$$x\cos\theta_0 + y\sin\theta_0 = r_0 \tag{4-121}$$

式中，r_0是原点到该直线的垂直距离；θ_0是垂距 r_0与 x 轴正方向的夹角。因此直角坐标空间中的直线映射到极坐标参数空间(r, θ)中为一点(r_0, θ_0)。而直角坐标空间中的一点(x_0, y_0)对应于极坐标参数空间的一条正弦曲线：

$$x_0\cos\theta + y_0\sin\theta = r \tag{4-122}$$

同理，如果需要检出(x, y)空间中的圆心在(a_0, b_0)且半径为 r 的圆：

$$(x - a_0)^2 + (y - b_0)^2 = r^2 \tag{4-123}$$

则可以映射到(a, b)空间。若 r 固定，则在直角坐标空间中，半径为 r 的圆上的各点(x_i, y_i)在(a, b)空间中过一个点(a_0, b_0)。与检测直线相同，此时需在内存中建立一个(a_i, b_i)的离散阵列内存空间。然后，把(x, y)空间中所有满足式（4-123）的点(x_i, y_i)找出来，(a, b)存储空间中以(a_i, b_i)为地址的内容加 1。最后在(a, b)存储阵列中找到峰值位置(a^*, b^*)，从而确定(x, y)空间中圆的存在。若 r 不固定，这时参数空间增加到三维，由 a、b 和 r 组成，如按照上述方法直接计算，则计算量增大。若已知圆的边缘点，而且边缘方向已知，则可减少一维处理，把式（4-123）对 x 取导数，有

$$2(x - a_0) + 2(y - b_0)\frac{\mathrm{d}y}{\mathrm{d}x} = 0 \tag{4-124}$$

这表示参数 a 和 b 不独立。利用式（4-124），只需在由两个参数（例如 a 和 r）组成的参数空间中建立一个二维累加数组，则计算量缩减很多。

此外，该方法可同样用于其他二次曲线，例如椭圆

$$x^2/a_0^{\ 2}+y^2/b_0^{\ 2}=1 \tag{4-125}$$

双曲线

$$x^2/a_0^{\ 2}-y^2/b_0^{\ 2}=1 \tag{4-126}$$

抛物线

$$(x-a)^2=2p(y-b) \tag{4-127}$$

等其他可以用解析式表达的曲线。

3. 广义 Hough 变换

可将 Hough 变换进行推广，用于检测图像中是否存在某一特定形状的物体，特别是较难用解析公式表示的某些形状物体，可以用广义 Hough 变换找出图像中具有这种形状的物体的位置。

例如，图 4-40 所示的任意形状物体，在物体内部选择一个任意点(x_c, y_c)为参考点，从边界上任一点(x, y)到参考点(x_c, y_c)的连线长度为 r，它与 x 轴正方向的夹角是 α，φ 是边界在点(x, y)处的切线 $\boldsymbol{t}$ 的法线 $\boldsymbol{n}$ 与 x 轴正方向的夹角（即边界在(x, y)处的梯度方向）。r 和 α 都是 φ 的函数，即可把 r 和 α 表示为以 φ 为参数的函数 $r(\varphi)$和 $\alpha(\varphi)$。则(x_c, y_c)应满足以下关系式：

$$\begin{cases} x_c = x + r(\varphi)\cos[\alpha(\varphi)] \\ y_c = y + r(\varphi)\sin[\alpha(\varphi)] \end{cases} \tag{4-128}$$

设某已知边界 R，可按 φ 的大小列成一个二维表格，即 φ_i~(a, r)，确定 φ_i 后，可从此表格中查出 a 和 r，经式（4-128）计算得到(x_c, y_c)。

对已知形状建立 R 表格后，开辟一个二维存储区，遍历整幅图像，对各像素都查询已建立的 R 表格，然后计算(x_c, y_c)。若对于各像素计算出的(x_c, y_c)很集中，就表示已找到该形状的边界。具体步骤如下：

1）对待检测物体的边界建立一个二维的 R 表，以 φ 的步进值求 r 和 α。

2）在内存中建立一个存储区，存储内容是累加的。把(x_c, y_c)从最小到最大用步进表示，并作为地址，记作 $A(x_{c\text{min-max}}, y_{c\text{min-max}})$，存储阵列内容初始化为 0。

3）对图像边界上的每一点(x_i, y_i)，计算 φ，查原来的 R 表计算(x_c, y_c)。

4）使相应的存储内容 $A(x_c, y_c)$加 1，即 $A(x_c,y_c)\leftarrow A(x_c,y_c)+1$。在阵列中找到一个最大值，就找出了图像中的待检测物体边界。

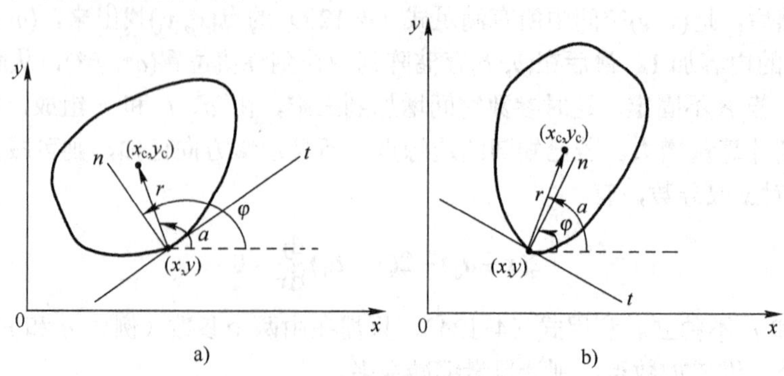

图 4-40 广义 Hough 变换

4.4.5 其他形状特征

除了上述提取、表达和描述物体形状特征的方法之外，近年来还出现了一些新方法。例如，有限元法（Finite Element Method，FEM）定义了一个稳定性矩阵来描述物体上的每一个点与其他点之间的联系。这个稳定性矩阵的特征向量被称作特征空间的模合基。所有的形状都首先映射到这个特征空间，再在特征值的基础上计算形状相似性。类似于傅里叶描述符的思路，旋转函数（turning function）用来比较凹面或凸面多边形的相似性。小波变换也可用来描述物体形状，它几乎包含了符合要求的所有性质，如不变性、单一性、稳定性和空间位置等。

除了二维形状表示法外，还有许多用于三维形状表达的方法。例如参考文献[15]中提出了傅里叶描述符的标准化方法，它包含了所有形状信息，而且计算效率很高。此文献还利用傅里叶描述符的良好插补能力，有效地表示了三维空间中的形状。参考文献[16]中提出了兼顾结构和统计方法的局部形状分析法来表达三维形状特征。参考文献[17]中提出了用一套代数无关矩来同时表示二维空间的形状特征和三维空间的形状特征，大大减少了形状匹配的计算量。

尽管计算上述形状特征并不复杂，但发明一种符合人们主观判断的形状相似性度量算法还是一个有待解决的难题。同时，要在图像识别中充分使用形状特征，还必须有鲁棒的自动图像分割算法。

4.5 空间关系特征

颜色、纹理和形状等底层图像特征反映的都是图像的整体特征，无法体现图像中所包含的对象或物体的特征。事实上，图像中对象所在的位置和对象之间的空间关系同样是非常重要的图像特征。比如，蓝色的天空和蔚蓝的海洋在颜色直方图上是非常接近而难以辨别的。但如果指明是“处于图像上半部分的蓝色区域”，就可以区分天空和海洋。由此可见，包含空间关系的图像特征对图像识别和检索有很大帮助。

4.5.1 空间关系特征的特点

所谓空间关系，是指图像中分割出来的多个目标之间的相互空间位置或相对方向的关系。这些关系可分为连接/邻接关系、交叠/重叠关系和包含/包容关系等。通常空间位置信息可以分为两类：相对空间位置信息和绝对空间位置信息。前一种关系强调的是目标之间的相对情况，如上、下、左、右关系等；后一种关系强调的是目标之间的距离大小以及方位。显然，由绝对空间位置可推出相对空间位置，但表达相对空间位置的信息通常比较简单。

图像中两个不同对象之间的空间关系可分为空间拓扑关系、投影区间关系和空间几何关系。空间拓扑关系主要采用空间点集拓扑关系表示，投影区间关系主要采用图像对象的最小轮廓边界在 x 轴和 y 轴上的投影间隔之间的交叠关系表示，空间几何关系主要采用图像各个对象之间的距离关系以及各个对象之间与主轴夹角关系表示。

使用空间关系特征可加强对图像内容的描述和区分能力，但空间关系特征常对图像或目标的旋转、反转、尺度变化等比较敏感。另外，实际应用中，仅利用空间信息往往不能有效准确地表达场景信息，还需要其他特征来配合。

4.5.2 常用的空间特征提取方法

提取图像空间关系特征的方法可以分为两类：一类是首先对图像进行自动分割，划分出其中所包含的对象或颜色区域，然后根据这些区域提取图像特征；另一类方法是简单地将图像均匀划分成若干规则子块，然后对每个图像子块提取特征。

1．基于图像分割的方法

这类方法中的图像空间关系特征主要包括二维符号串和符号图像：

（1）二维符号串方法

二维符号串方法的基本思想是将图像沿 x 轴和 y 轴方向进行投影，然后按二维子串匹配检索图像的空间关系。该方法比较简单，但仅利用对象的质心不足以表达对象的空间位置关系，而且描述的空间关系太简单，而实际的关系要复杂得多。

（2）符号图像方法

符号图像方法是基于图像中全部有意义的对象已经被预先分割出来的假设，将每个对象用质心坐标和一个符号名字代表，从而构成整幅图像的索引。

上述方法都假设所有对象可以通过一定的特征被精确地识别出来，因而只需要关注如何匹配对象的空间关系即可。然而，对象并非总是由某些确定的特征构成的。此外，这些方法都需要首先对图像进行精确的分割，而除了少数特殊应用外，自动图像分割对大多数应用来说是相当困难的。关于图像分割的方法已在第 2 章中详细介绍。

2．基于图像子块的方法

基于图像子块的方法是将图像预先等分成若干子块（可能是重叠的），然后分别提取每个子块的各种特征。类似的方法还有空间四叉树方法，它是空间均匀网络剖分算法，将含有整个场景的空间按 x、y 方向分割成四个子方块网格，组织成一棵四叉树。若某一子方块网格中所含的景物大于给定阈值，则对该子方块网格做进一步剖分。如此递归直到四叉树的每一叶子节点子方块所含景物均小于给定的阈值为止。

虽然这类方法从概念上来说非常简单，但这种普通规则的分块并不能精确地给出局部色彩的信息，而且计算和存储的代价都比较昂贵。因此，这类方法在实际中应用较少。

4.6 特征空间的降维

完成图像分割和图像特征提取之后，将二维图像数据映射到高维的特征空间中（通常情况下，图像特征向量维数的数量级是 10^2），为了便于处理高维数据，在对特征进行分类之前，需采用数据降维技术来降低特征向量的维数。高维数据成功处理的关键在于降维方法的选择，将高维数据投影到低维空间中不仅可以减少存储量，从数据中提取特征以便于分类，同时还可将数据投影到低维可视空间，以便于更加清晰的看到数据的分布。

所谓数据降维是指通过线性或非线性映射将样本从高维空间映射到低维空间，从而获得高维数据的一个有意义的低维表示的过程。数据降维的数学描述如下：$X=\{x_i(i=1,2,...,N)\}$ 是 D 维空间中的一个样本集，$Y=\{y_i(i=1,2,...,N)\}$ 是 d（$d \ll D$）维空间中的一个数据集。降维映射是 $M: X\to Y$，$x\to y=M(x)$，称 y 为 x 的低维表示。

目前已经提出了许多降维方法，可以分为线性和非线性降维两类。线性降维方法有主成分分析（PCA）、独立成分分析（ICA）、Fisher 线性判别分析（FLDA）、局部特征分析（LFA）等。非线性降维方法又可分为保留局部性质的方法和保留全局性质的方法，前者有基于重建权值的方法（LLE）、邻接图（即拉普拉斯特征映射 Laplacian Eigenmap）、基于切空间的方法等；后者有基于距离保持的方法（如基于欧氏距离的多维尺度分析 MDS、基于测地线距离的 Isomap、基于分散距离的 diffusion map 等）、基于核函数的方法（如核 PCA、核 ICA 等）和基于神经网络的方法（如多层自动编码）等。下面介绍几种常用的降低特征空间维数的线性方法。

4.6.1 主成分分析

主成分分析（Principal Component Analysis，PCA）是通过对原始变量的相关矩阵或协方差矩阵内部结构的研究，将多个变量转换为少数几个综合变量即主成分，从而达到降维目的的一种线性降维方法。这些主成分能够反映原始变量的绝大部分信息，它们通常表示为原始变量的线性组合。

下面介绍 PCA 算法的基本原理。假设有 n 个 d 维的样本 $\boldsymbol{x}_1, \boldsymbol{x}_2,\ldots, \boldsymbol{x}_n$，若能仅用一个 d 维的向量 $\boldsymbol{x}_0$ 来最好地代表这 n 个样本，即寻求 $\boldsymbol{x}_0$ 与各个样本 $\boldsymbol{x}_k$ $(k=1,2,\ldots,n)$的距离的平方之和最小，则定义平方误差准则函数 $J_0(\boldsymbol{x}_0)$为

$$J_0(\boldsymbol{x}_0)=\sum_{k=1}^{n}\|\boldsymbol{x}_0-\boldsymbol{x}_k\|^2 \tag{4-129}$$

即寻求使得 $J_0(\boldsymbol{x}_0)$最小化的 d 维向量 $\boldsymbol{x}_0$。通过计算可知，当 $\boldsymbol{x}_0=m$ 时最小，其中 m 是样本均值：

$$m=\frac{1}{n}\sum_{k=1}^{n}\boldsymbol{x}_k \tag{4-130}$$

样本均值是样本数据集的零维表达，虽然简单但不能反映出样本之间的不同。通过把全部样本向表示样本均值的一条直线作投影，能够得到代表全部样本的一个一维向量。$\boldsymbol{e}$ 表示通过样本均值的直线的单位向量，则

$$\boldsymbol{x}=m+a\boldsymbol{e} \tag{4-131}$$

式中，a 是一个实数，表示直线上的某个点离开点 m 的距离。则 $\boldsymbol{x}_k$ 可表示为 $m+a_k\boldsymbol{e}$，通过最小化平方误差准则函数，能够得到一组最优的 a_k 集合，即

$$\begin{aligned}J_1(a_1,\ldots,a_{\mathrm{n}},\boldsymbol{e})&=\sum_{k=1}^{n}\|(m+a_k\boldsymbol{e})-\boldsymbol{x}_k\|^2=\sum_{k=1}^{n}\|a_k\boldsymbol{e}-(\boldsymbol{x}_k-m)\|^2\\&=\sum_{k=1}^{n}{a_k}^2\|\boldsymbol{e}\|^2-2\sum_{k=1}^{n}a_k\boldsymbol{e}^{\mathrm{T}}(\boldsymbol{x}_k-m)+\sum_{k=1}^{n}\|\boldsymbol{x}_k-m\|^2\end{aligned} \tag{4-132}$$

由于$\|\boldsymbol{e}\|=1$，通过对 a_k 求导，并令结果等于 0，可得

$$a_k=\boldsymbol{e}^{\mathrm{T}}(\boldsymbol{x}_k-m) \tag{4-133}$$

由此可知，只需把向量 $\boldsymbol{x}_k$ 向通过样本均值的直线 $\boldsymbol{e}$ 作垂直投影就可得到最小方差结果。引入散布矩阵 $\boldsymbol{S}$ 求直线 $\boldsymbol{e}$ 的最优方向：

$$S = \sum_{k=1}^{n} (\boldsymbol{x}_k - m)(\boldsymbol{x}_k - m)^{\mathrm{T}} \tag{4-134}$$

可得

$$J_1(\boldsymbol{e}) = -\boldsymbol{e}^{\mathrm{T}} \boldsymbol{S} \boldsymbol{e} + \sum_{k=1}^{n} \| \boldsymbol{x}_k - \boldsymbol{m} \|^2 \tag{4-135}$$

若要得到最小方差，应使 $\boldsymbol{e}^{\mathrm{T}}\boldsymbol{S}\boldsymbol{e}$ 最大，使用 Lagrange 乘子法来最大化 $\boldsymbol{e}^{\mathrm{T}}\boldsymbol{S}\boldsymbol{e}$，约束条件为 $\|\boldsymbol{e}\|=1$，则有

$$u = \boldsymbol{e}^{\mathrm{T}} \boldsymbol{S} \boldsymbol{e} - \lambda(\boldsymbol{e}^{\mathrm{T}} \boldsymbol{e} - 1) \tag{4-136}$$

对 $\boldsymbol{e}$ 求偏导可得

$$\frac{\partial u}{\partial \boldsymbol{e}} = 2\boldsymbol{S}\boldsymbol{e} - 2\lambda \boldsymbol{e} \tag{4-137}$$

令其为 0，可得

$$\boldsymbol{S}\boldsymbol{e} = \lambda \boldsymbol{e} \tag{4-138}$$

即

$$\boldsymbol{e}^{\mathrm{T}} \boldsymbol{S} \boldsymbol{e} = \lambda \boldsymbol{e}^{\mathrm{T}} \boldsymbol{e} = \lambda \tag{4-139}$$

选取散布矩阵的最大本征值对应的本征向量作为投影直线 $\boldsymbol{e}$ 的方向，可将其推广到 d' 维，即

$$\boldsymbol{x} = m + \sum_{i=1}^{d'} a_i \boldsymbol{e}_i \tag{4-140}$$

式中，$d' \leqslant d$；a_i 就是向量 $\boldsymbol{x}$ 对应于基 $\boldsymbol{e}_i$ 的系数，被称作主成分。将 a_i 的值按照从大到小的顺序排序，选择其中最大的 d' 个，然后将其对应的 d' 个特征向量分别作为列向量组成特征向量矩阵，一般会选取特征能量为 0.95，即

$$\frac{\sum_{i=1}^{d'} a_i}{\sum_{i=1}^{n} a_i} \geqslant 0.99 \tag{4-141}$$

则新的平方误差准则函数为

$$J_{d'} = \sum_{k=1}^{n} \left\| \left(m + \sum_{i=1}^{d'} a_{ki} \boldsymbol{e}_i \right) - \boldsymbol{x}_k \right\|^2 \tag{4-142}$$

当向量 $\boldsymbol{e}_1, \boldsymbol{e}_2, \ldots, \boldsymbol{e}_{d'}$ 分别为散布矩阵的 d' 个最大本征值所对应的本征向量时，取得最小值。由于散布矩阵是对称矩阵，所以这些本征向量都是相互正交的，本征向量构成任一向量 $\boldsymbol{x}$ 的基向量。

主成分分析是基于原始特征的一种线性变换，由于其不考虑样本类别信息，因此不能保证方差所对应的方向是最佳分类方向。事实上，一些特定的分布使得分类结果在投影方向对数据的分辨力更差。

4.6.2 Fisher 线性判别分析

如果维数被缩减到必要的维数以下，图像特征的信息就有可能丢失，因而盲目地缩减维数是非常危险的。为了避免盲目地缩减维数，后续的验证是十分必要的。在众多的验证方法

中，Fisher 线性判别分析（Fisher Linear Discriminate Analysis，FLDA）可以提供有效监督。FLDA 是 Fisher 于 1936 年提出的，其思想是找到所提取特征的线性组合来描述或分开具有两个或多个类的事物，最后所得到的组合常被用于分类之前的降维。FLDA 寻求一个变换矩阵使变换后的两个类别相隔尽量远，而每一类内部的样本又尽可能聚集。FLDA 对样本的分布不作假设，但多数情况下，样本维数高且样本数也比较多时，投影到一维空间后的样本接近于正态分布，因此可在一维空间中对样本进行正态分布拟合，并确定用于分类的阈值。

FLDA 从数据分类的角度来考虑问题，属于模式识别中监督分类的方法。下面介绍 FLDA 的基本原理：假设有 c 类样本 $W_1, W_2, \ldots, W_c$ 属于 n 维空间，第 k 类有 N_k 个样本，所有样本的总和为 N，则各类样本的均值向量为

$$\boldsymbol{m}_i = \frac{1}{N_i}\sum_{x\in W_i}\boldsymbol{x} \tag{4-143}$$

式中，i=1,2,…,c。总样本的均值向量为

$$\boldsymbol{m} = \sum_{i=1}^{c}\frac{N_i}{N}\boldsymbol{m}_i \tag{4-144}$$

样本类内离散度矩阵为

$$\boldsymbol{S}_i = \frac{1}{N_i}\sum_{x\in W_i}(\boldsymbol{x}-\boldsymbol{m}_i)(\boldsymbol{x}-\boldsymbol{m}_i)^{\mathrm{T}} \tag{4-145}$$

式中，i=1,2,…,c。总类内离散度矩阵为

$$\boldsymbol{S}_\omega = \sum_{i=1}^{c}\frac{N_i}{N}\boldsymbol{S}_i \tag{4-146}$$

样本类间离散度矩阵为

$$\boldsymbol{S}_b = \sum_{i=1}^{c}\frac{N_i}{N}(\boldsymbol{m}_i-\boldsymbol{m})(\boldsymbol{m}_i-\boldsymbol{m})^{\mathrm{T}} \tag{4-147}$$

FLDA 的目的是寻求一个变换矩阵，使变换后的两类相隔尽量远，而每一类内部样本又尽可能聚集。有两种优化准则的定义，一种是为每类找到一个投影方向 $\boldsymbol{\omega}_i$，i=1,2,…,c，使下式最大化

$$J(\boldsymbol{\omega}_i) = \frac{\boldsymbol{\omega}_i^{\mathrm{T}}\boldsymbol{S}_b\boldsymbol{\omega}_i}{\boldsymbol{\omega}_i^{\mathrm{T}}\boldsymbol{S}_\omega\boldsymbol{\omega}_i} \tag{4-148}$$

另一种是为所有类别找到同一个投影方向 $\boldsymbol{\omega}$，使下式最大化

$$J(\boldsymbol{\omega}) = \frac{\boldsymbol{\omega}^{\mathrm{T}}\boldsymbol{S}_b\boldsymbol{\omega}}{\boldsymbol{\omega}^{\mathrm{T}}\boldsymbol{S}_\omega\boldsymbol{\omega}} \tag{4-149}$$

下面求使 $J(\boldsymbol{\omega})$取极大值的 $\boldsymbol{\omega}^*$。可利用 Lagrange 乘子法求解，令分母为非零常数，即令

$$\boldsymbol{\omega}^{\mathrm{T}}\boldsymbol{S}_\omega\boldsymbol{\omega} = a \neq 0 \tag{4-150}$$

定义 Lagrange 函数为

$$L(\boldsymbol{\omega},\lambda) = \boldsymbol{\omega}^{\mathrm{T}}\boldsymbol{S}_b\boldsymbol{\omega} - \lambda(\boldsymbol{\omega}^{\mathrm{T}}\boldsymbol{S}\boldsymbol{\omega}-a) \tag{4-151}$$

式中 λ 为拉格朗日乘子。将上式对 $\boldsymbol{\omega}$ 求偏导数，得

$$\frac{\partial L(\boldsymbol{\omega},\lambda)}{\partial \boldsymbol{\omega}}=\boldsymbol{S}_b\boldsymbol{\omega}-\lambda\boldsymbol{S}\boldsymbol{\omega} \tag{4-152}$$

令偏导数为 0，得

$$\boldsymbol{S}_b\boldsymbol{\omega}^*-\lambda\boldsymbol{S}\boldsymbol{\omega}^*=0 \tag{4-153}$$

当样本足够多时，$\boldsymbol{S}$ 一般是满秩的，则

$$\boldsymbol{S}^{-1}\boldsymbol{S}_b\boldsymbol{\omega}^*=\lambda\boldsymbol{\omega}^* \tag{4-154}$$

可见，$\boldsymbol{\omega}^*$是 $\boldsymbol{S}^{-1}\boldsymbol{S}_b$ 的特征向量。由此可知

$$J(\boldsymbol{\omega}^*)=\frac{(\boldsymbol{\omega}^*)^{\mathrm{T}}\boldsymbol{S}_b\boldsymbol{\omega}^*}{(\boldsymbol{\omega}^*)^{\mathrm{T}}\boldsymbol{S}\boldsymbol{\omega}^*}=\lambda\frac{(\boldsymbol{\omega}^*)^{\mathrm{T}}\boldsymbol{S}\boldsymbol{\omega}^*}{(\boldsymbol{\omega}^*)^{\mathrm{T}}\boldsymbol{S}\boldsymbol{\omega}^*}=\lambda \tag{4-155}$$

可见，$\boldsymbol{\omega}^*$是 $\boldsymbol{S}^{-1}\boldsymbol{S}_b$ 的最大特征值所对应的特征向量。

如果需要为每一类都寻找一个投影向量 $\boldsymbol{\omega}_i$，那么 $\boldsymbol{\omega}_i$ 就是 $\boldsymbol{S}_i^{-1}\boldsymbol{S}_b$ 的最大特征值所对应的特征向量；如果需要为所有的类寻找同一个投影向量 $\boldsymbol{\omega}$，那么 $\boldsymbol{\omega}$ 就是 $\boldsymbol{S}_\omega^{-1}\boldsymbol{S}_b$ 的最大特征值所对应的特征向量。

在分类时，我们将测试样本 $\boldsymbol{x}$ 分别向 $\boldsymbol{\omega}_i$ 投影，得到投影 $y_i=\boldsymbol{x}\boldsymbol{\omega}_i$，计算它和第 i 类样本的投影中心 $\boldsymbol{m}_i^{\mathrm{T}}\boldsymbol{\omega}_i$ 之间的距离 $|(\boldsymbol{x}-\boldsymbol{m}_i)^{\mathrm{T}}\boldsymbol{\omega}_i|$，则样本所属类别 k 满足如下条件

$$k=\arg\min_{1\leqslant i\leqslant c}\left|(\boldsymbol{x}-\boldsymbol{m}_i)^{\mathrm{T}}\boldsymbol{\omega}_i\right| \tag{4-156}$$

对于第二种优化准则，分类时只需将上式中的 $\boldsymbol{\omega}_i$ 换成 $\boldsymbol{\omega}$。

FLDA 对样本的空间分布不作假设，但多数情况下，样本维数高且样本数也比较多时，投影到一维空间后的样本接近正态分布，因此可在一维空间中对样本进行正态分布拟合，并确定用于分类的阈值。相比于 PCA，FLDA 更注重两个类可被更好分辨的方向，它使用的必须是已知的先验类，且需要更多的信息（如每个类的数目、样品数量）。

4.6.3 PCA 和 FLDA 的比较

PCA 是从重构的观点进行数据降维的，即最大化样本方差，尽量保留样本的信息，对于表示数据样本非常有效，但无法表明主成分对区分不同的类别有效。而 FLDA 从模式分类的观点出发，最大化样本类间距。相比于 PCA，FLDA 更注重两个类可被更好分辨的方向。图 4-41 直观地说明了这两种方法的区别：PCA 方法寻找的是用来有效表示的主轴方向，而 FLDA 寻找的是用来有效分类的方法。

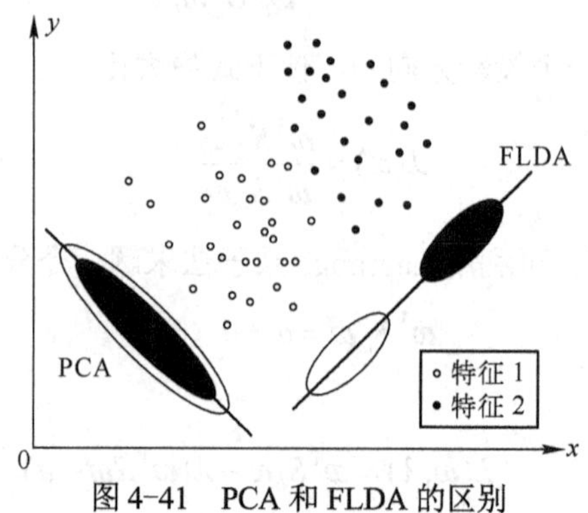

图 4-41　PCA 和 FLDA 的区别

两种方法各自都有缺陷：FLDA 必须使用已知的先验类，且需要更多的信息，如每个类的数目、样品数量等。它默认数据是呈高斯分布的，当数据不是高斯分布时，分类效果会很差，同时样本中心也是其分类效果的决定因素。PCA 是向投影方差最大的方向进行投影，可能会破坏原来的信息。

4.6.4 多维尺度法

多维尺度法（MultiDimensional Scaling，MDS）是一种将多维空间的研究对象（样本或变量）简化到低维空间进行定位、分析和归类的方法，同时又保留数据点间相似性或距离的一种非线性降维方法。它将高维特征映射到一个低维空间，通过一组直观的空间感知图，把资料中的信息描绘出来，而且可识别数据之间的隐藏结构关系。

这种方法实质是一种加入矩阵转换的统计模式，它将多维信息通过矩阵运算转换到低维空间中，并保持原始信息之间的相互关系。根据 MDS 是定性的还是定量的，MDS 可分为度量性 MDS（metric MDS）和非度量性 MDS（nonmetric MDS）。度量 MDS 利用数据点间的距离或相似性获得数据的低维几何表示，而非度量 MDS 仅利用原始数据点间的顺序信息来获得其低维表示。前者将距离平方阵转换为内积阵，通过求内积阵的特征值和特征向量获取低维表示；而后者则采用迭代方法。

下面主要介绍度量性 MDS。每个对象或事件在多维空间上都可以用一个点来表示，在这个空间上点与点之间的距离和对象与对象之间的相似性密切相关，即两个相似的对象可用空间中邻近的两个点来表示，而两个不相似的对象用相距很远的两个点来表示。这个空间通常是一个二维或三维的欧氏空间，但也可能是高维的非欧空间。计量 MDS 方法的关键思想是将原先空间中的数据项采用投影的方法映射到欧氏空间中，再在欧氏空间内用符合点布局的点距来近似表示原先空间中这些数据项之间的距离。设 $\boldsymbol{X}=(\boldsymbol{X}_1, \boldsymbol{X}_2, \cdots, \boldsymbol{X}_N)$是 D 维空间中的一个包含 N 个样本点的数据集，$d(\boldsymbol{X}_i, \boldsymbol{X}_j)$表示数据点 $\boldsymbol{X}_i$ 与 $\boldsymbol{X}_j$ 之间的欧式距离，即

$$d(\boldsymbol{X}_i,\boldsymbol{X}_j)=\left\|\boldsymbol{X}_i-\boldsymbol{X}_j\right\|=\sqrt{\sum_{k=1}^{D}(x_{ki}-x_{kj})^2} \tag{4-157}$$

MDS 的目的就是从距离集合中重构出 $\boldsymbol{X}$ 的坐标表示，为了使低维嵌入坐标的中心在原点并与坐标轴对齐，可以假设原始数据已经被中心化，即

$$\sum_{i=1}^{N}\boldsymbol{X}_i=0 \tag{4-158}$$

令距离平方阵为

$$\boldsymbol{D}=[d^2(\boldsymbol{X}_i,\boldsymbol{X}_j)]_{N\times N}=[(\boldsymbol{X}_i-\boldsymbol{X}_j)^2]=[\left\|\boldsymbol{X}_i\right\|^2-2\boldsymbol{X}_i^{\mathrm{T}}\boldsymbol{X}_j+\left\|\boldsymbol{X}_j\right\|^2]=\boldsymbol{Be}^{\mathrm{T}}-2\boldsymbol{X}^{\mathrm{T}}\boldsymbol{X}+\boldsymbol{eB}^{\mathrm{T}} \tag{4-159}$$

式中，$\boldsymbol{B}=(\|\boldsymbol{X}_1\|^2,\ldots,\|\boldsymbol{X}_{\mathrm{N}}\|^2)^{\mathrm{T}}$。

令 $\boldsymbol{J}=\boldsymbol{I}-\boldsymbol{ee}^{\mathrm{T}}/N$。式中，$\boldsymbol{e}$ 为 N 维全 1 向量；$\boldsymbol{I}$ 为 N 维单位矩阵。则有 $\boldsymbol{Je}=0$，$\boldsymbol{JT}=\boldsymbol{J}$，且对于任意 N 维向量 $\boldsymbol{X}=(X_1, X_2, \ldots, X_{\mathrm{N}})^{\mathrm{T}}$，有

$$\boldsymbol{JX}=[\boldsymbol{X}_i-\mu] \tag{4-160}$$

式中，$\mu=\frac{1}{N}\sum_{i=1}^{N}\boldsymbol{X}_{\mathrm{i}}$。利用 $\boldsymbol{J}$ 对距离平方阵双中心化，有

$$JDJ = JBe^{\mathrm{T}}J - 2JX^{\mathrm{T}}XJ + JeB^{\mathrm{T}}J = -2X^{\mathrm{T}}X \qquad (4\text{-}161)$$

设 $H=X^{\mathrm{T}}X=-JDJ/2$，对 H 作特征分解：$H=U\wedge U^{\mathrm{T}}$。设 $\lambda_1 \geqslant \lambda_2 \geqslant \ldots \geqslant \lambda_N \geqslant 0$ 为 H 的特征值，$U_1, U_2, \ldots, U_N \in R^N$ 为对应的特征向量，取前 d 个特征值和对应的特征向量，得到 X 的低维表示：

$$Y = diag(\sqrt{\lambda_1}, \sqrt{\lambda_2}, \ldots \sqrt{\lambda_d})[U_1, U_2, \ldots, U_d]^{\mathrm{T}} \qquad (4\text{-}162)$$

多维尺度分析与其他多元统计方法一样，首先需要对所研究的问题进行准确界定，由于 MDS 允许输入多种类型数据，所以需要根据问题决定获取数据的形式和方法，并在多种 MDS 算法中选择一种符合研究目的的方法；之后需要基于空间结构的解释，对空间图的坐标轴进行命名；最后要评估所用方法的可靠性和有效性。

多维尺度法较 PCA 和 FLDA 的最大优势在于当特征维数降低时可通过一组直观的空间感知图把资料中的信息描绘出来，但当样本和特征数量较大时，根据距离的长短来判断相似度会大大增加时间消耗。

4.7 特征向量的分类方法

对图像特征向量的分类属于模式识别的研究范畴，本节先对模式识别的研究内容进行简单介绍，然后介绍三种常用的分类器。

4.7.1 模式识别简介

模式识别是一门研究对象描述和分类方法的学科，解决模式识别问题的方法可以归纳为两大类：

1．基于知识的方法

基于知识的方法的基本思想是根据人们已知的关于研究对象的知识，整理出若干描述特征和类别间关系的准则，建立一定的计算机推理系统，对未知样本通过这些知识推理决策其类别。结构（句法）模式识别也可以看作是一种特殊的基于知识的模式识别的方法。它是把对象分解描述成一系列基本单元，每一个基本单元表达成一定的符号，而构成对象的单元之间的关系描述成单元符号之间的句法关系，利用形式句法分析的原理来实现对样本的分类。

2．基于数据的方法

基于数据的方法的基本思想是在确定了描述样本所采用的特征之后，不依靠人们对所研究对象的认识来建立分类系统，而是收集一定数量的已知样本，用这些样本作为训练集来训练一定的模式识别机器，使之在训练后能够对未知样本进行分类。它的学习目标是离散的分类，是机器学习中研究最多的一个方向。

在模式识别中，对事物的分类方法有监督学习和非监督学习两种：假定有一批待识别的事物，事先不知道相关先验知识的情况下对事物分类的方法是按照它们特征之间的相似性，将相同或者相似特征的事物聚集在一起，这种不知所属类别而根据事物相似性的程度分类的方法称作聚类，也叫做无监督学习。而给定了一批待识别的事物，知道某些事物的别类，根据已知事物特征及其类别来判断未知事物的类别的方法称作分类，也叫做监督学习方法。

在设计分类器的时候，非监督学习的方法用于处理未被分类标记的样本集。监督学习是利用一组已知类别的样本调整分类器的参数，使其达到所要求性能的过程。监督学习的方法可以分为参数法和非参数法两种方法：参数分类方法主要依赖每个分组的概率密度函数的相关知识来进行分类，而非参数分类方法仅依赖输入空间中点的几何位置。

4.7.2 Adaboost 分类器

统计学家提出一种叫 bootstrap 的策略，基本思想是通过对现有样本进行重采样产生多个样本集，用来模拟数据中的随机性，在最后的结果中考虑这种随机性的影响。Adaboost 和随机森林分类器都是利用这种思想。

1. Bootstrap 与 Boosting 算法简介

Bootstrap 与 Boosting 是模式识别中的基本概念，Bootstrap 又称自助法，是指对原始数据集中随机选择的若干个样本组成的训练集进行估计，可有效地应用于较难计算和分析的统计量，而 Boosting 法的目标是提高任何给定的学习算法的分类准确率。

Bootstrap 自助数据集是指从原始训练集中选择 n 个样本组成的一个新的训练集。由于原始数据集的大小就是 n，因此自助数据集中不可避免地存在着重复的样本点。自助法的基本思想是通过对现有样本进行重采样产生多个样本集，用来模拟数据中的随机性，在最后的结果中考虑这种随机性的影响。在自助法中，重采样被重复了 M 次，由此得到 M 个相互独立的自助数据集。若将某个统计量 θ 的自助估计值记作 $\hat{\theta}^{*(m)}$，$\hat{\theta}^{*(\cdot)}$ 是对独立的 M 个自助数据集的估计值的平均，即

$$\hat{\theta}^{*(\cdot)} = \frac{1}{M}\sum_{m=1}^{M}\hat{\theta}^{*(m)} \tag{4-163}$$

$\hat{\theta}^{*(m)}$ 是对第 m 个自助数据集估计的统计量，则偏差和方差的自助法估计分别是

$$Bias_{\text{boot}} = \frac{1}{M}\sum_{m=1}^{M}\hat{\theta}^{*(m)} - \hat{\theta} = \hat{\theta}^{*(\cdot)} - \hat{\theta} \tag{4-164}$$

$$Var_{\text{boot}}[\theta] = \frac{1}{M}\sum_{m=1}^{M}\left[\hat{\theta}^{*(m)} - \hat{\theta}^{*(\cdot)}\right]^2 \tag{4-165}$$

若统计量 θ 是均值，那么当 M 趋向于无穷大时，自助法估计就是传统估计得到的方差，也就是说，M 值越大，对一个统计量及其方差的自助法估计就越精确。自助法估计能够自适应现有的计算机资源，Adaboost 和随机森林分类器都是利用这种思想。

Boosting 是一种可以提高任意给定学习算法性能的方法，它的思想起源于 Valiant 于 1984 提出的“可能近似正确”——PAC（Probably Approximately Correct）学习模型。同时在 PAC 模型中分别定义了两个概念：强学习和弱学习。其识别错误率小于 1/2，即准确率仅比随机猜测略高的学习算法称为弱学习算法；识别准确率很高并能在多项式时间内完成的学习算法称为强学习算法。同时，如果 PAC 学习模型中的弱学习算法和强学习算法是等价的，那么只需找到一个比随机猜测略好的弱学习算法就可以将其提升为强学习算法，而不必寻找很难获得的强学习算法。

在 Boosting 算法中，需先根据已有的训练样本设计一个分类器，要求分类器的准确率比平均性能要好；然后依次加入多个分量分类器系统，最终形成一个总体分类器，它可对训练样本集的分类取得很高的准确率。

图 4-42 是一个二维的两分类问题，图 4-42a 为原始数据分布，图 4-42b～d 表示利用最小均方算法（Least Mean Squared，LMS）训练得到的 3 个线性分量分类器，各自的训练样本集都是通过基本的 Boosting 方法得到的，图 4-42e 为最终的总体分类器，其判决结果是由这 3 个分量分类器投票决定的，得到的是一个非线性分类器。只要分量分类器是弱分类器（即分类效果只要求比随机猜测好）则最后的总体分类器的（对整个训练集）性能将比任何一个分量分类器都好，也比在整个训练集上训练的单个常规分类器好。

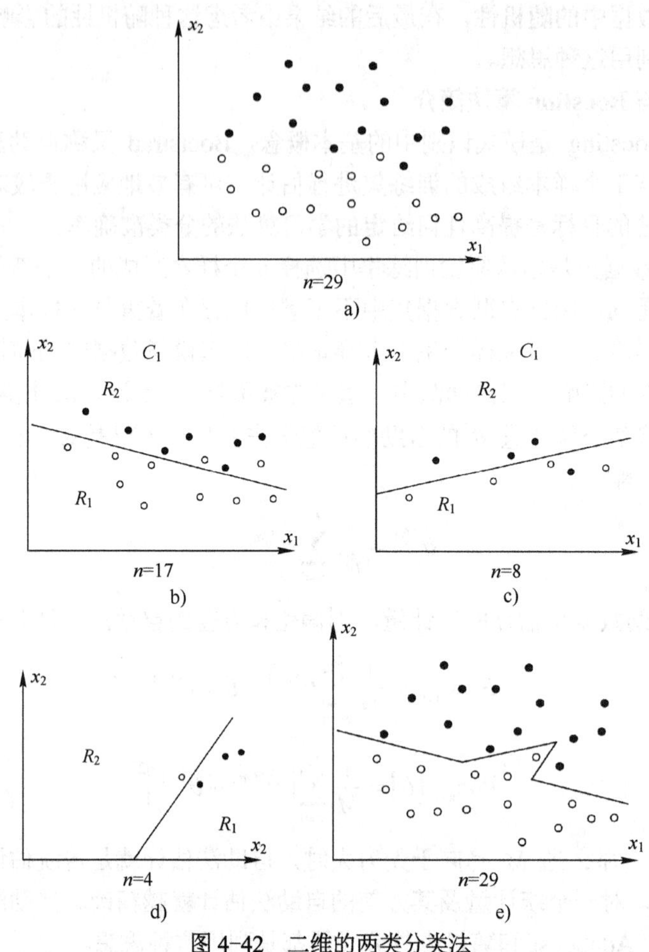

图 4-42　二维的两类分类法

a) 原始样本集　b) 线性分类器 C1 分类结果　c) 线性分类器 C2 分类结果　d) 线性分类器 C3 分类结果　e) 总体分类器分类结果

2．Adaboost 算法简介

Adaboost（adaptive boosting，自适应增强）是由 Freund 和 Schapire 于 1995 年提出的一种机器学习方法，是 Boosting 的一种变形。如图 4-43 所示，它允许设计者不断加入新的“弱分类器”，直到达到预计的误差率。Adaboost 的每个训练样本被赋予一个权重，若某个样本点已被正确分类，那么在构造下一个训练集中它的权重将被降低或直接设为 0；若被错误分类，则其权重将增大，这样就能够重点关注那些较难分类的样本上。分类的结果是一个“弱”分类器的线性组合。每个分类器的权重是和分类正确的数据量成比例的。另外，AdaBoost 也可作为一个附加特征来选择具有最佳表现的特征。

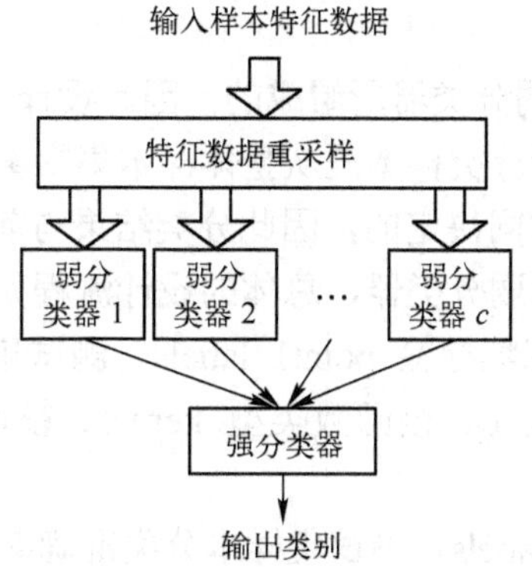

图 4-43　Adaboost 算法框图

Adaboost 算法的具体步骤如下：

1）输入：包含 N 个标记好的训练样本集合$\{(1,c(1)),\cdots,(N,c(N))\}$，其中 $1,...,N$ 代表样本的序号，$c(n)$是样本类别的标记，取值分别为 0 和 1；训练样本的分布空间为 D；过程为弱学习算法；设迭代次数为 T。

2）初始化权重：若 y_i=0 的样本，$w_{1,i}=1/2m$；若 y_i=1 的样本，$w_{1,i}=1/2l$。

3）执行：对于每轮 $t=1,...,T$ （T 为训练的次数），首先进行权重归一化

$$\frac{w_{t,i}}{\sum_{j=1}^{n} w_{t,j}} \rightarrow w_{t,i} \tag{4-166}$$

然后，对每个特征 j 按上面方法生成对应的弱分类器 h_j，计算相对于当前权重的误差

$$\varepsilon_j = \sum_i w_{t,j} \left| h_j\left(x_i\right) - y_i \right| \tag{4-167}$$

选择具有最小误差值 ε_t 的弱分类器 h_t 加入到强分类器里。更新到每个样本所对应的权重

$$w_{t+1,i} = w_{t,i}\beta_t^{1-e_i} \tag{4-168}$$

$$\beta_t = \frac{\varepsilon_t}{1-\varepsilon_t} \tag{4-169}$$

若第 i 个样本 x_i 被正确分类，则 e_i=0；反之，则 e_i=1。最后，形成的强分类器为

$$h_j(x) = \begin{cases} 1, & \sum_{t=1}^{r} a_t h_t(x) \geqslant \frac{1}{2}\sum_{t=1}^{r}\alpha_t \\ 0, & 其他 \end{cases} \tag{4-170}$$

式中，$\alpha_i = \lg(1/\beta_i)$。

Adaboost 算法能自适应地调整弱学习算法的错误率，经过若干次迭代后错误率能达到预定的期望值。同时，它不需要精确地知道样本空间分布，在每次弱学习后调整样本空间分布，更新所有训练样本的权重，把样本空间中被正确分类的样本权重降低，而增加被错误分类的样本权重，这样下次弱学习时就更能更关注这些被错误分类的样本。

3. Adaboost 分类器设计

Adaboost 分类器是由若干弱分类器所组成的，因此设计 Adaboost 的首要任务是确定弱分类器的种类，由于弱分类器所分类样本是从整体样本集中重采样作为训练集，且 Adaboost 的分类结果是由若干弱分类器共同决定的，因此分类结果与前面所讲的 SVM 分类结果无冲突，选取 SVM 作为 Adaboost 的弱分类器，总体的设计流程如下：

输入：训练集 point1、训练集标签 point1_labels、测试集 point2、人工标定的测试集标签 point2_labels、弱分类器个数 c、核函数类型 kernel、核函数参数 lambda、样本类别数 nbclass。

输出：测试集标签 predict_labels、测试集样本分类准确率 ypred。

步骤：

1）初始化：

① 载入 point1、point1_labels、point2、point2_labels。

② 设定各项参数（c、kernel、lambda、nbclass）。

③ 定义样本权重 w，初始化样本权重 w=1/n（n 为训练样本数目）。

2）样本重采样设定：

① 根据 bootstrap 原理进行重采样，确定正负样本数 f_{p} 和 f_{n}。

② 设置迭代次数 N。

3）for($i = 1 : N$)

① 归一化样本权重：$w = w/\mathrm{sum}(w)$。

② 确定重采样样本 F_p 和 F_n，以及样本标签 IndP 和 IndN。

③ 利用 F_p 和 F_n 以及 IndP 和 IndN，训练弱分类器。

④ 利用弱分类器预测测试样本集，计算测试准确率。

⑤ if 错误率>0.5，舍弃该弱分类器；else 加入到强分类器线性组合中。

⑥ 更新样本权重：if 样本分类正确，权重置 0；else 权重置 1；

4）弱分类器线性组合，生成强分类器；

5）测试训练样本，得到 predict_labels，计算 ypred。

4.7.3 支持向量机

支持向量机（Support Vector Machine，SVM）是一种与学习算法相关的监督学习模型。它通过构造一个 N 维超平面来表现二值问题，将向量映射到一个更高维的空间里，在这个空间里建立有一个最大间隔超平面。在分开数据的超平面的两边建有两个互相平行的超平面，使两个平行超平面的距离最大化，此时对应于最小距离值的向量称为支持向量。平行超平面间的距离或差距越大，分类器的总误差越小。

1. 线性 SVM

SVM 的主要思想是建立一个 N 维超平面作为决策曲面，使得正样本和负样本之间的分类间隔被最大化。对于二维线性可分情况，可假定大小为 l 的训练样本集$\{(x_i, y_i)$，$i=1,2,\cdots,l\}$由两类组成，若 $x_i \in R^{(N)}$ 属于第 1 类，则标记为正（y_i=1），若属于第 2 类，则标记为负(y_i=−1)。学习的目标是构造一个决策函数，将测试数据尽可能正确地分类。

如果存在分类超平面

$$\boldsymbol{\omega}\cdot\boldsymbol{x}+b=0 \tag{4-171}$$

使得

$$\begin{cases}\boldsymbol{\omega}\cdot\boldsymbol{x}_i+b\geqslant 1, & y_i=1\\ \boldsymbol{\omega}\cdot\boldsymbol{x}_i+b\leqslant -1, & y_i=-1\end{cases} \tag{4-172}$$

式中，$i=1,2,...,l$，则称训练集是线性可分的；$\boldsymbol{\omega}\cdot\boldsymbol{x}$ 表示向量 $\boldsymbol{\omega}\in R^{(N)}$ 与 $\boldsymbol{x}\in R^{(N)}$ 的内积。式（4-172）中的 $\boldsymbol{\omega}$ 和 b 都进行了规范化，使每类样本集中与分类超平面距离最近的数据点满足式（4-171）的等式要求。

由统计学习理论可知，如果训练样本集没有被超平面错误分开，并且距超平面最近的样本数据与超平面之间的距离最大，则该超平面为最优分类超平面，如图 4-44 所示。

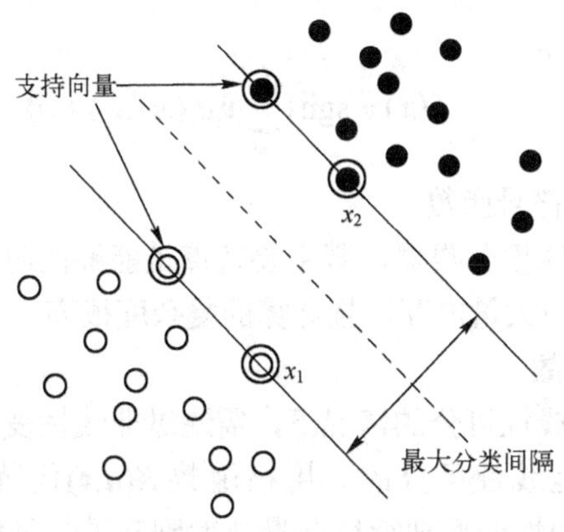

图 4-44　最优分类超平面

假设 $\boldsymbol{x}_1$ 为第 1 类的支持向量，$\boldsymbol{x}_2$ 为第 2 类的支持向量，即

$$\boldsymbol{\omega}\cdot\boldsymbol{x}_1+b=1 \tag{4-173}$$

$$\boldsymbol{\omega}\cdot\boldsymbol{x}_2+b=-1 \tag{4-174}$$

则超平面间隔为

$$dis=\frac{\boldsymbol{\omega}}{\|\boldsymbol{\omega}\|}(\boldsymbol{x}_1-\boldsymbol{x}_2) \tag{4-175}$$

故由式（4-173）、（4-174）和（4-175）可得

$$dis=\frac{2}{\|\boldsymbol{\omega}\|} \tag{4-176}$$

求平行超平面的最大间隔，就是求在式（4-172）的条件下式（4-176）的最大值，即 $\|\boldsymbol{\omega}\|$ 的最小值，也即 $\|\boldsymbol{\omega}\|^2/2$ 的最小值。利用 Lagrange 乘子法求解该问题，即

$$J(\boldsymbol{\omega},b,a)=\frac{1}{2}\boldsymbol{\omega}^{\mathrm{T}}\boldsymbol{\omega}-\sum_{i=1}^{l}a_i(\boldsymbol{y}_i(\boldsymbol{\omega}_i\boldsymbol{x}_i+b)-1) \tag{4-177}$$

式中，$\boldsymbol{\omega}^{\mathrm{T}}\boldsymbol{\omega}=\|\boldsymbol{\omega}\|^2$，$a_i$ 为 Lagrange 算子且 $a_i\geqslant 0$。由此可得

$$\frac{\partial J}{\partial \boldsymbol{\omega}}=\boldsymbol{\omega}-\sum_{i=1}^{l}a_i\boldsymbol{y}_i\boldsymbol{x}_i=0 \tag{4-178}$$

$$\frac{\partial J}{\partial b}=-\sum_{i=1}^{l}a_i\boldsymbol{y}_i=0 \tag{4-179}$$

得

$$\boldsymbol{\omega}=\sum_{i=1}^{l}a_i\boldsymbol{y}_i\boldsymbol{x}_i \tag{4-180}$$

将 $\boldsymbol{\omega}$ 代入式（4-176），即可得到平行超平面最大间隔

$$dis=\frac{2}{\left\|\sum_{i=1}^{l}a_i\boldsymbol{y}_i\boldsymbol{x}_i\right\|} \tag{4-181}$$

最优化分类函数为

$$f(x)=\mathrm{sgn}\{\sum_{i=1}^{l}\boldsymbol{y}_i a_i(\boldsymbol{x}\cdot\boldsymbol{x}_i)+b\} \tag{4-182}$$

式中，“·”是点积；sgn(x)是符号函数。

支持向量机属于一般化线性分类器，其主要特点是能够同时最小化经验误差与最大化几何边缘区，但这种方法会占用大量内存，且计算的复杂度很高。

2．非线性 SVM 与核函数

当样本线性不可分而非线性可分的情况下，需通过非线性变换把学习样本变换到高维空间，使样本在高维空间里是线性可分的。用核函数 $K(\boldsymbol{u},\boldsymbol{v})$代替原来的点积$(\boldsymbol{x}\cdot\boldsymbol{x}_i)$，核函数 $K(\boldsymbol{u},\boldsymbol{v})$通过与其相联系的非线性变换把特征向量映射到高维特征空间，使样本成为线性可分的。常用的核函数有：

1）线性核函数（Linear）：

$$K(\boldsymbol{u},\boldsymbol{v})=\boldsymbol{u}\cdot\boldsymbol{v} \tag{4-183}$$

2）多项式核函数（Polynomial）：

$$K(\boldsymbol{u},\boldsymbol{v})=[(\boldsymbol{u}\cdot\boldsymbol{v})+1]^d \tag{4-184}$$

3）径向基核函数（Radial Basis Function，RBF）：

$$K(\boldsymbol{u},\boldsymbol{v})=\exp\left[-\frac{(\boldsymbol{u}-\boldsymbol{v})^2}{2\sigma^2}\right] \tag{4-185}$$

4）Sigmoid 核函数：

$$K(\boldsymbol{u},\boldsymbol{v})=\tanh[k(\boldsymbol{u},\boldsymbol{v})-\mu] \tag{4-186}$$

式中，$\boldsymbol{u}$ 和 $\boldsymbol{v}$ 为输入的两个向量；d 为多项式核函数的参数；σ 为 RBF 核函数的参数。线性核函数只能处理线性分类问题，以上的核函数适用于所有线性分类器将样本变换到高维空间中，使之线性可分。选择好核函数之后，非线性 SVM 可得到一个最优化的决策函数

$$F(\boldsymbol{x})=\mathrm{sgn}[\sum_{i=1}^{l}\boldsymbol{y}_i a_i K(\boldsymbol{x}_i,\boldsymbol{x})+b] \tag{4-187}$$

式中，$K(\boldsymbol{x}_i,\boldsymbol{x})$是核函数；$a_i$是 Lagrange 算子；$l$是样本总数。

3．设计 SVM 分类器

SVM 分类器主要由训练模型、生成模型和测试样本集三部分组成。

首先，需确定训练集和测试集，训练集已经有明确的样本标签，而测试集则没有样本标签，最终计算的准确率以人工识别的标签作为标准进行判断。训练集的选取对分类器的设计有着至关重要的作用，若样本数据过少，则容易出现过度拟合，导致分类准确率降低，样本数据较多则可能出现分类器训练时间消耗大，分类性能差。

确定训练集和测试集之后，训练分类模型。线性核函数只能处理线性关系，且是径向基核函数的一个特例；Sigmoid 核函数在某些参数上近似径向基核函数的功能，当取一定参数时，径向基核函数也可得到 Sigmoid 核函数的性能；而多项式核函数的参数较多，不易于优选参数。

设置参数之后，对训练集进行训练，可得到 SVM 的分类模型，对测试集进行分类测试，由于测试集标签在预测之前是未知的，故测试集的标签可以随机设定。若测试集的标签为随机标定，则准确率不具有参考性；若测试集已由人工事先标定，则准确率具有参考价值。准确率作为评价分类器分类效果的标准，一方面是由特征数据的可靠性决定的，另一方面也是分类器自身及其参数的设置决定的。

4.7.4 随机森林分类器

随机森林（Random Forest，RF）是一种统计学习理论，它利用 bootsrap 重抽样方法从原始样本中抽取多个样本，对每个 bootsrap 样本进行决策树建模，然后组合多棵决策树的预测，通过投票得出最终预测结果。随机森林通过建立很多决策树，组成一个决策树的“森林”，通过多棵树投票来进行决策，能够有效提高对新样本的分类准确度。

随机森林分类器的设计框图如图 4-45 所示，主要包括以下步骤：

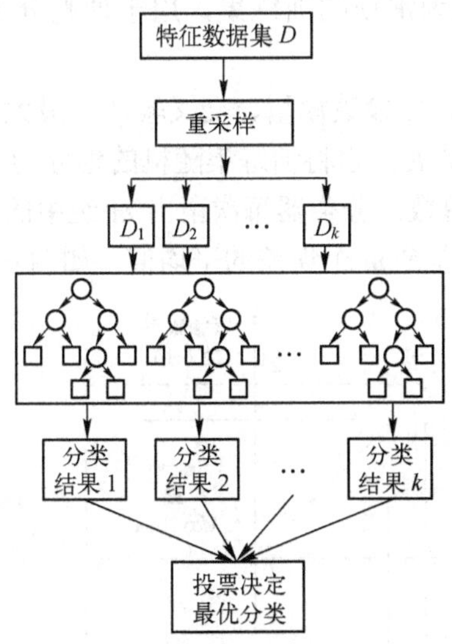

图 4-45　随机森林分类器设计框图

1）对样本进行自举重采样，得到多个样本集，即每次从原来的 N 个训练样本中随机抽取 n 个样本（包括可能的重复样本）。

2）把每个重采样样本集作为训练样本构造一个决策树。构造决策树时，每次从所有候

选特征中随机抽取 m 个特征，作为当前节点下决策的备选特征，从这些特征中选择最好地划分训练样本的特征。

3）得到所需树木的决策树后，随机森林对这些树的输出进行投票，以得票最多的类作为随机森林的决策。

随机森林既对训练样本进行采样，又对特征进行了采样，充分保证了所构建的每棵树之间的独立性，因此它的分类准确度高；且在决定类别时，可评估变量的重要性；还可以处理大量的输入变量。大量的理论和实证研究都证明了 RF 具有很高的预测准确率，对异常值和噪声具有很好的容忍度，且不容易出现过拟合。

RF 的分类模型和 SVM 有相似之处，两者都是由确定训练集和测试集、训练分类模型和对测试集进行分类预测三部分组成，SVM 对测试集样本进行整体预测，而随机森林用到了决策树，每一个决策树都对分类结果进行投票，以得票多的类作为最终决策。随机森林与 Adaboost 分类器也有相似之处，两者都用到了 bootstrap 原理，对训练样本进行重采样，不同的是随机森林的重采样得到的样本作为训练样本构造决策树，并从所有候选特征中随机抽取若干个特征，作为决策备选特征，而 Adaboost 是利用重采样得到的样本作为弱分类器的训练集训练分类器。

4.7.5 分类器的评价与比较

1．分类器的评价

分类器的评价主要包括两方面内容：一是评价分类器的性能，看其分类效果是否足够好，是否适合给定的问题；二是比较不同的分类器，选出更为适合的设计方案。对分类器进行验证的目的是为了获得较低的推广误差（generalization error）。在一般的验证中，将训练样本集分为两部分：一部分作为常规的训练集，用于调整分类器参数；另一部分作为验证集，用于评价推广误差。

对分类器评价的方法很多，如参数模型、交叉验证、最大似然模型比较、贝叶斯模型比较等。交叉验证是一般验证的扩展，它将训练集随机的划分为 m 个不相交的组，每组有 n/m 个样本，n 为训练集中的样本总数。分类器每次留出 m 组中的一组作为验证集，其余作为训练集，训练 m 次，估计出的误差是 m 个误差的平均值，如图 4-46 所示。

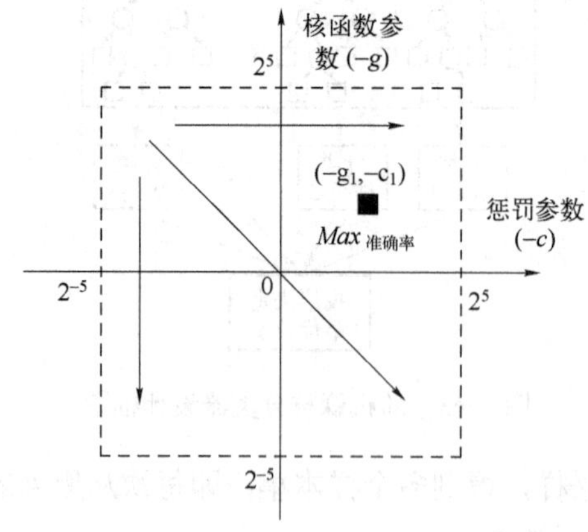

图 4-46　交叉验证示意图

留一验证和 Holdout 验证是常用的交叉验证方法。Holdout 验证是从训练样本中随机选出部分样本数据作为交叉验证的数据，其余数据作为训练集。一般来说，验证数据不超过总体样本数据的三分之一。严格来说，Holdout 验证并非是一种交叉验证，因为数据并没有交叉使用。留一验证是指将训练样本中的一个样本的所有特征数据作为测试集，其余样本作为训练集进行 n 轮测试（n 为总体样本数），将分类器得到的最小错误率对应的参数集作为分类器参数。

通过交叉验证可以保证分类器在训练集上所达到的分类准确率是最好的，但是却不能保证在新的测试集上能达到同样效果的分类准确率。虽然交叉验证有其局限性，但在分类器设计中却发挥着重要作用，可以在没有任何经验参数的情况下，找到最可能有利于分类的参数。

2．分类器的比较

表 4-1 为三种分类器结构的比较，它从优化目标、约束条件、分类超平面、映射、分类器表达式以及优化方法几方面对三种分类器进行了比较。可以看出，Adaboost 和 SVM 分类器在分类准确率方面具有较好表现，但是 SVM 将特征映射到高维空间，会占用大量内存，同时计算复杂度较高。

表 4-1　三种分类器的结构差异

	Adaboost	SVM	随机森林
优化目标	$\max(1/\|\omega\|_1)$	$\max(1/\|\omega\|_2)$	$\max(1/\|\omega\|_3)$
约束条件	$y_i(\boldsymbol{\omega}^{\mathrm{T}}\boldsymbol{x})\geqslant 1$	$y_i(\boldsymbol{\omega}^{\mathrm{T}}\boldsymbol{x}+b)\geqslant 1$	$y_i(\boldsymbol{\omega}^{\mathrm{T}}\boldsymbol{x})\geqslant 1$
分类超平面	$\boldsymbol{\omega}^{\mathrm{T}}\boldsymbol{x}=0$	$\boldsymbol{\omega}^{\mathrm{T}}\boldsymbol{x}+b=0$	$\boldsymbol{\omega}^{\mathrm{T}}\boldsymbol{x}=0$
映射	$h_t(\boldsymbol{x})$	$\varphi_t(\boldsymbol{x})$	$h_t(\boldsymbol{x})$
分类器表达式	$\mathrm{sign}[\sum_{t=1}^{T}\boldsymbol{\omega}_t h_t(\boldsymbol{x})]$	$\mathrm{sign}[\sum_{t=1}^{T}\boldsymbol{\omega}_t \varphi_t(\boldsymbol{x})+b]$	$\mathrm{sign}[\sum_{t=1}^{T}\boldsymbol{\omega}_t h_t(\boldsymbol{x})]$
优化方法	反复调整权值	求解有约束的二次规划问题	改变决策树数目

在模式识别理论中，数据分类的方法还有很多，本节仅介绍几种较为流行的方法。若要得到好的数据分类效果，不仅要设计好分类器，同时还要选取合适的参数以及前期的特征的提取。只有将两者很好地结合起来，才能达到好的分类效果。

4.8　综合应用实例——基于内容的图像检索

4.8.1　研究背景

20 世纪 70 年代以来，在数据库系统和计算机视觉两大研究领域的共同推动下，图像检索技术已逐渐成为一个非常活跃的研究领域。数据库和计算机视觉两大领域从不同的角度来研究图像检索技术，前者基于文本，后者基于视觉。

基于文本的图像检索（Text-Based Image Retrieval，TBIR）技术是将图像作为数据库中存储的一个对象，用关键字或自由文本对其进行描述。查询操作是对基于该图像的文本描述进行精确或概率匹配，有些系统的检索模型还有词典支持。

TBIR 技术存在的严重问题是：TBIR 技术一般需要人工对图像做出标注，这项工作不但费时费力，而且手工标注往往是不准确或不完整的，主观理解的差异将导致图像检索中的失配错误。此外，图像中所包含的丰富的视觉特征（颜色或纹理等）往往无法用文本进行客观描述。

20 世纪 90 年代初期，随着大规模数字图像库的出现，上述问题变得越来越尖锐。为克服这些问题，基于内容的图像检索（Content-Based Image Retrieval，CBIR）技术应运而生。它将多媒体的内容用其感知特征来表示，以实现多媒体信息的管理和检索，是目前多媒体、信息检索、人工智能、数据库等领域共同关注的一个重要研究领域。区别于对图像进行人工标注的做法，CBIR 技术以自动提取每幅图像的视觉内容特征作为其索引，不需要人工标注，而是由计算机自动进行分析和检索，从而使海量图像的管理和索引成为可能。

4.8.2 研究内容

图像的内容是指物体、背景、构成、颜色等。所谓基于内容的图像检索，即从图像库中查找含有特定目标的图像，也包括从连续的视频图像中检索含有特定目标的视频片段。它区别于传统的图像检索手段，融合了图像理解技术，从而可以提供更有效的检索手段。

对于 CBIR 系统，根据其处理的对象可将其分为静止图像检索和活动视频检索；根据图像库的内容可分为通用检索系统和专用检索系统。专用检索系统根据系统的专门要求进行检索，而通用检索系统所采用的技术则较为普遍。目前，对于通用的静止图像检索，用于检索的特征主要有颜色、纹理、形状等。

CBIR 是一个逐步求精的过程，大致包括以下几个步骤：

1）特征提取：由图像分析软件对输入的图像数据进行分析，根据图像中的物体或区域的颜色、形状或纹理等特征以及这些特征的组合，自动或半自动地提取用户感兴趣的、适合检索的特征。在将输入图像存入图像库的同时，将其相应的特征向量也存入与图像库相连的特征库。特征提取可以是全局性的，如整幅图像，也可能针对某个目标，如图像中的子区域等。

2）图像匹配：在检索图像时，对每一幅给定的查询图进行图像分析，并提取特征向量。将该图像的特征向量和特征库中的特征向量进行匹配，根据匹配的结果到图像库中搜索就可以提取出所需要的检索图。此时需要选择或寻找适当的判别准则，从而判断出待识别的图像特征与数据库中的哪些特征最接近。常用的度量准则是距离度量法。

3）结果输出：将满足一定相似性条件的一组候选结果按相似度大小排序后返回给用户。

4）特征调整：通过浏览系统返回的结果来进行挑选，直至找到满意的结果，或从候选结果中选择一个示例，经过特征调整，形成一个新的查询。

4.8.3 研究现状

自从 1992 年"基于内容的图像检索"在国际上被首次提出，二十多年来这方面的研究和应用得到了长足进展。基本上可以分为以下两代：

第一代：视觉信息检索系统允许通过字符串属性访问图像和视频。用字符串表达与内容无关的元数据，使用如相关模型、框架模型、面向目标的模型等表达方案。通过关键字或剧本描述与内容相关的冗数据和内容描述元数据。检索可基于在文字领域工作的传统搜索引擎，使用传统的查询语言（如 SQL）或全文检索。

第二代：新一代视觉信息检索系统支持视觉内容的检索。对视觉信息的访问不仅在概念层利用关键字进行检索（与在文字领域类似），而且也在感知层利用对视觉内容的客观测量和合适的相似模型进行检索。由于查询通过视觉范例来表示，所以用户使用的灵活性得到了很大提高。

目前，国内外许多著名的大学和科研机构已经开发了多种 CBIR 原型系统，如 IBM 的 QBIC 系统、MIT 的 PhotoBook 系统、UIVC 的 MARS 系统、Virage 公司的 VIR Image Engine 系统、哥伦比亚大学的 VisualSEEK 系统、EXalibur 的 Picasso 系统、中科院的 MIRES 系统等。

QBIC 系统支持图像例子、绘制草图或定制图像特征模板来检索图像库，根据颜色、纹理、形状建立相似性准则，其中颜色使用 RGB、YIQ、Lab 和 MTM 颜色空间，颜色的提取采用基于颜色直方图的算法；纹理的提取基于改进的 Tamura 纹理表示（粗糙度，对比度和方向性等）；形状特征主要包括目标面积、连通性、偏心率、主轴方向等草图特征，如边界各点的切线方向等，以及一些矩估计量，并且开发了基于聚类的索引技术。

美国 Virage 公司开发的 VIR Image Engine 类似于 QBIC 系统，它根据颜色、颜色分布、纹理、目标轮廓定义出若干原子特征（atomic features），用户可以根据一种原子特征或多种原子特征的组合进行基于内容的检索。Virage 还提出了一种开放式图像管理系统框架和基于九种原子特征的查询语句规范。

Photobook 是由 MIT 媒体实验室开发的，提供一些交互式工具进行基于内容的浏览和检索，它使用颜色、纹理、形状、变换域系数建立特征向量，并提供多种相似性准则，如欧几里得距离、街区距离、向量内积、小波树距离等。用户可以选择一种或几种算法的线性组合计算图像的相似性。Photobook 还允许用户勾画感兴趣区，参与特征提取过程。

美国加州大学开发的 Netra 系统和其他基于全局特征的图像检索系统不同，它采用基于区域局部特征的图像检索方案，首先将图像分割成区域，然后通过区域的颜色、形状、纹理、空间位置信息表征图像内容。纹理提取采用 Gabor 滤波算子，区域分割算法基于改进的边缘跟踪算法。

国外对 CBIR 的研究还有其他一些较典型的例子，所用特征大多采用颜色、形状、纹理等特征参量，提取算法各异，系统模型有别。国内对 CBIR 研究虽然起步较晚，但已有不少较成功的算法，研究比较多的是基于图像主色的图像检索方法。另外还有基于直方图的检索、基于形状的检索和基于纹理的检索。

随着医学成像技术的发展和医院信息网络（如 PACS、HIS、RIS）的普及，医学图像数据的庞杂性和重要性亟需高效的医学图像检索与管理方法。CBIR 技术避开了文本注解所带来的麻烦，并且扩展了医学图像在医学领域的应用，它在医学领域的成功应用将会对临床、医学研究、远程医疗、异地会诊乃至医学教育等方面产生积极和深远的影响。近年来，基于内容的医学图像检索（Content-Based Medical Image Retrieval，CBMIR）技术已成为生物医学工程领域十分活跃的研究方向。

4.8.4 发展方向

目前，我们能从一幅图像中获得的信息只是每个像素的颜色或灰度值，除此以外别无其他。因而目前 CBIR 技术的研究主要集中在颜色、纹理、形状等底层物理特征提取的基础上，基于高层语义的检索有待研究，也就是说，如何在抽取出的底层特征和图像内容所表示的语义特征之间建立很好的联系是目前研究的主要方向。解决图像分割和检测最根本的方法是在编码（成像）时就给予考虑。这正是MPEG4及未来的视频压缩编码标准的主要工作。

4.9 本章小结

图像特征的提取和描述是图像识别和分析的重要步骤。本章结合实例介绍了图像特征提取和分类的基本理论和相关算法，包括颜色特征的表达和主要提取方法，如颜色直方图、颜色矩、颜色集、颜色聚合向量、颜色相关图和颜色布局等；图像纹理特征的概念、表达和主要的提取方法，包括灰度共生矩阵、Tamura 纹理特征、局部二值模式、局部累积矩、自回归纹理模型、分形分析、基于小波变换和 Gabor 滤波的纹理特征提取等；形状特征的表达和提取方法，包括区域描述（如分散度、伸长度、欧拉数、凹凸性、复杂性、距离、区域面积和周长、密集度和位置与方向、统计矩、投影和截口等）、边界描述（如边界的曲率和挠率、链码描述符、傅里叶描述子、基于内角的形状特征、骨架化等）、Hough 变换等；空间关系特征的表达和提取方法，包括基于图像分割的方法和基于图像子块的方法；特征空间的降维方法，包括主成分分析法（PCA）、Fisher 线性判别分析（FLDA）、KL 变换（KLT）和聚类等；特征向量的分类方法，包括 Adaboost 分类器、支持向量机（SVM）、随机森林分类器。

几十年来经过各国研究者的共同努力，图像特征的提取描述已经取得了巨大的成就，各种特征提取的方法层出不穷。但每种方法都有其优势和不足，只有综合考虑图像特点及实验需求等条件来选取合适的图像特征提取方法，才能让特征提取取得较好的效果，为后续的特征分类工作奠定基础。

第 5 章　基于模板匹配的图像识别技术

本章重点介绍一种简单的计算机图像识别方法——模板匹配（template matching）的基本原理和应用实例。

5.1　模板匹配概述

图像匹配是指通过图像之间的比较，得到不同图像之间的相似度。匹配的精确性、可靠性与速度、算法的适应性与复杂度是图像匹配理论与实践的主要研究内容。模板匹配，也称块匹配（Block Matching，BM）是一种较原始和最基本最常用的图像识别方法之一，同时也是一种重要的图像匹配方法，一般用来根据相似度确定某一特定图案是否存在于图像中，以及确定该特定图案在图像中的确切位置，体现了其他匹配方法的许多概念和手段。

模板匹配不同于前面讲的模式识别方法，也不同于聚类分析方法。“模板”是为检测某些区域特征（形状或图案）而设计的数据阵列，它是由一系列的识别符号串或特征向量组成的。模板匹配方法中使用一个参考模板，然后决定未知的测试模式与该参考模板是最佳匹配。这些参考模板可以是图像场景中的对象，也可能是模式串。例如，在手写文本中组成单词的字母。为此，需定义一种合理的测度来测量参考模板与测试模式之间的距离或相似度。

模板匹配问题可以归结为“相关性”度量的问题。使用图像相关性的大小，衡量图像的匹配程度；若是相关性大，则说明模板图像与目标图像中对应区域的匹配程度高；反之，就说明两幅图像之间并无匹配关系（如图 5-1 所示）。

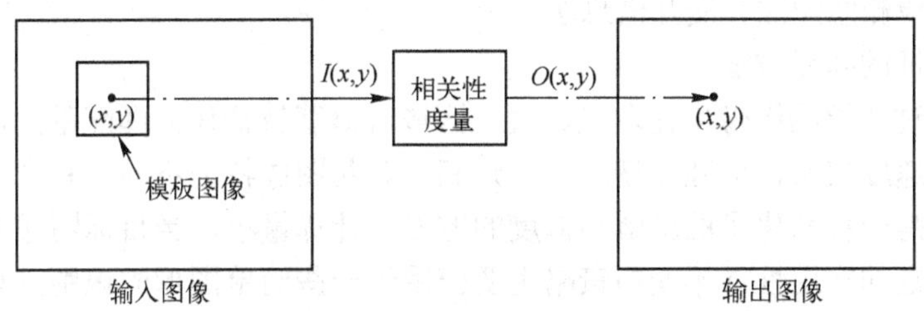

图 5-1　模板匹配示意图

因此，模板匹配问题的研究可以分为两方面（或步骤）：一是匹配特征的选择；二是对特征进行相关性计算方法的选择。匹配特征有不同层次：最底层的是根据图像像素的灰度值进行匹配，可以充分利用图像的所有信息来高精度地区分不同对象，但此处理的信息量很大，计算复杂度高；高层次的是根据图像的物理形状特征进行匹配，如边缘、骨架、角点等，需要进行相关计算的像素数目明显减少，并具有更强的适应能力；更高层次的是基于图像内容描述的特征进行匹配，利用图像特征之间的几何约束，将特征属性值之间的比较作为相似性度量进一步提高匹配算法的速度。相关性计算方法的选择则要根据匹配特征来选择，最通用的是归一化相关计算。根据所选择的匹配特征不同，还可以采用基于距离的判断和计算、基于字符串匹配的判断和计算等。具体的实现方法应与实际的特征选择相联系。

5.1.1 研究现状

在图像目标识别技术的研究应用中，模板匹配技术是其中一个重要的研究方向，它具有算法简单、计算量小以及识别率高的特点。如图 5-2 所示，模板匹配的基本原理是在图像的搜索区域内逐点平移已知的参考模板图像，遍历搜索区域内的每一个位置点。开始时，模板的左上角点和图像的左上角点重合，根据某个相似性测度原则，模板和原图像中同样大小的一块区域进行对比；然后模板平移到下一个像素，进行同样的操作；以此类推，当所有的位置都比对完以后，差别最小的那块就是要找的物体。

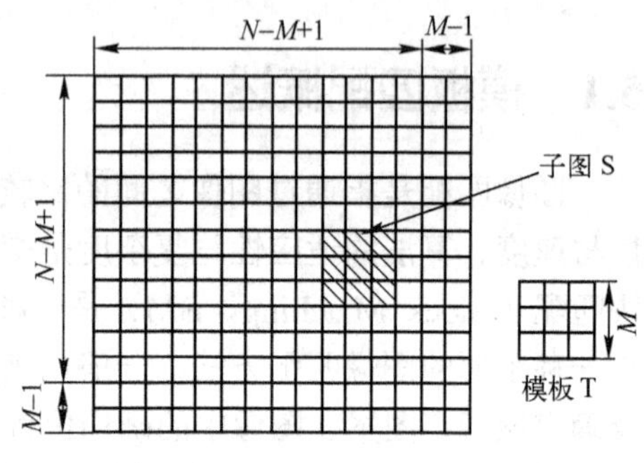

图 5-2 全局模板匹配

模板匹配算法主要分为两类：基于灰度的匹配方法和基于特征的匹配方法。

（1）基于灰度的匹配方法

此类方法主要用空间一维或二维滑动模板进行图像匹配，不同算法的区别主要在模板及相关准则的选择方面，例如归一化互相关法（Normal Cross Correlation，NCC）、差的平方和相关法（Sum of Squared Difference，SSD）、差的绝对值和相关法（Sum of Absolute Difference，SAD）、序贯相似性检测（Sequent Similarity Detection Algorithm，SSDA）算法等。

这类方法一般不需要对图像进行复杂的预先处理，而是利用图像本身具有灰度的一些统计信息来度量图像的相似程度。主要特点是实现简单，一般匹配率高，但应用范围较窄，不能直接用于校正图像的非线性形变，在最优变换的搜索过程中往往需要巨大的运算量。经过几十年的发展，人们提出了许多基于灰度信息的图像配准方法，大致可以分为三类：互相关法、序贯相似度检测匹配法、交互信息法。

（2）基于特征的匹配方法

此类方法通过在原始图像中提取点、线、区域等显著特征作为匹配基元，进而用于特征匹配，一般匹配速度较快，但匹配精度不一定高。针对图像特征不同，有多种匹配算法。例如，绝对差算法是一种简化了的求解相似度的方法，计算量小，当目标图像变化不是很快的情况下，具有一定的实用性；不变矩策略主要应用于一些简单图形的识别，具有大小和旋转不变性，但对于有形状变化的图像识别则不太适合；傅里叶变换或小波变换则将图像变换到变换域，与目标图像变换域特征进行比较，从而得到相似程度，其匹配准确度高、抗干扰能力强，但计算量大。

5.1.2 一般流程

图像模板匹配是一个多步骤的过程，总的来说，可分为图像输入、图像预处理、匹配有用信息提取、图像匹配、输出结果等。由于所采用的方法各异，不同匹配算法的步骤也会有很大的不同，但它们的大致过程是相同的。人们提出了许多匹配算法，而它们都包含如下要素。

1．特征空间

特征空间是由参与匹配的图像特征构成的，选择好的特征可以提高匹配性能、降低搜索空间、减小噪声等不确定性因素对匹配精度的影响。匹配过程可以使用全局特征、局部特征或者两者的结合。

2．相似性度量

相似性度量指用某种度量来确定待匹配特征之间的相似性，它通常定义为某种代价函数或者距离函数。经典的相似性度量包括相关函数、Hausdoff 距离、互信息等。

3．搜索策略

搜索策略是指用合适的搜索方法在搜索空间中找出参数的最优估计，使得图像之间的相似性最大。常用的搜索策略有穷尽搜索、分层搜索、模拟退火算法、Powell 方向加速法、动态规划法、遗传算法和神经网络等。

5.1.3　应用现状

在实际应用中，模板匹配的方法以其计算方法简单，模板选取方便，易于实现等优点，因而在图像识别和基于图像的目标跟踪等领域倍受关注。包括卫星遥感、空间飞行器的自动导航、武器投射系统的末制导和目标搜寻、光学和雷达图像的目标跟踪、地球资源分析与检测、气象预报、医疗诊断、文字读取以及景物分析中的变化检测等许多领域。基于各种匹配算法的优点，它们已被应用于从简单图形（汽车、飞机等）到复杂图像（字符、指纹、人脸等）的识别、目标跟踪等众多领域。以下简要介绍几个典型领域的应用现状。

1．文字识别

图像识别技术目前比较成功的运用领域是文字识别。印刷体文字识别软件早已进入商品化阶段（如汉王 OCR 文字识别软件、清华紫光文字识别软件、尚书 OCR 识别软件、邮局信函自动分拣机等），通常将印刷品上的文字用扫描仪输入，首先经过特征抽取处理，例如，某字的笔画有几笔、收尾端点有几个、拐角有多少等。在电脑中预先保存了各种字的图形和它们的特征，也称为“模板”，全部模板就构成一部“模板字典库”。接下来就是将抽取到的文字特征与模板字典逐一匹配，直到在字典库中找到最接近的模板为止，如图 5-3 所示。

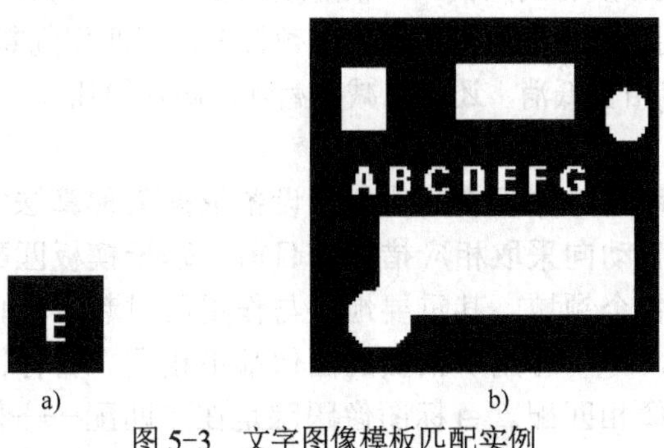

a)　　b)

图 5-3　文字图像模板匹配实例

a) 模板　b) 包含文字的图像

2．生物识别

生物识别技术是利用人体生物特征进行身份认证的一种技术，用于生物识别的生物特征有手形、指纹、脸形、虹膜、视网膜及声音。随着光电技术和计算机技术的发展，指纹识别和人脸识别技术迅速发展成较为成熟的生物识别技术，并在考勤与门禁系统、银行、刑侦、电子商务等领域得到了广泛应用。

目前，常用的指纹识别算法主要有基于细节匹配的方法和基于图像匹配的方法两种。相比而言，前者可靠性较高，但速度慢，需要预先对指纹图像进行大量复杂的预处理（包括图像增强、二值化、二值滤波、细化等），再寻找指纹的中心点，提取细节特征，最后进行比对。而基于图像匹配的方法虽然可靠性稍逊于前者，但其只需要对指纹图像进行简单的滤波、旋转校正或缩放处理，甚至在指纹图像质量较好的情况下，可以无需进行预处理而直接进行比对。

对于人脸识别，一般方法是先抽取照片上人像的特征，如鼻子、嘴巴、眼睛等轮廓特点，进行分类和加工，存放在机器里作为识别的“模板”。然后，将所有人的图像与事先存放的“模板”一一进行比对，如图 5-4 所示。

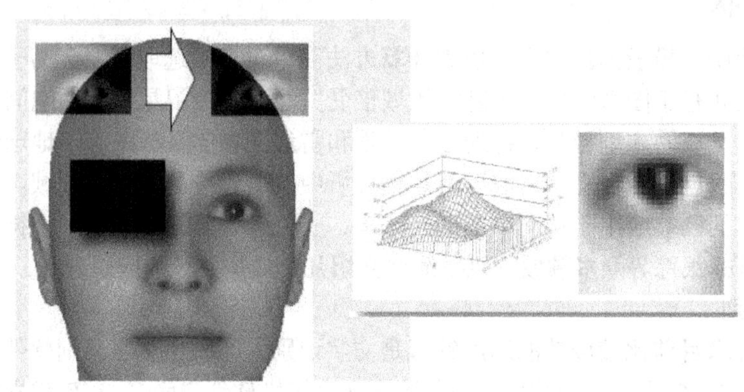

图 5-4　用模板匹配法进行人脸识别

3．条码识别

参考文献[18]针对变造币（即采用将票券正面或背面揭开、剪割拼凑、涂改面额等非法手段所变造的中国人民银行发行的人民币）横竖条码提出了一维灰度投影模板匹配算法，将二维图像灰度投影叠加到一维数轴上，并在一维数轴上进行匹配判断。它提高了匹配速度，同时，在投影中由于噪声相互抵消，还可以减少漏判、误判的几率。

4．目标跟踪

基于图像的目标跟踪是计算机或其他仪器设备依据某种算法实现对目标的跟踪与定位，并根据目标的位置和动向采取相应措施。目前，基于模板匹配的目标跟踪技术已广泛运用于军事、民用等各个领域，其重要地位与作用已引起了国内外专家学者的普遍重视。由于周围环境变化，每一时刻所拍摄的图像都不相同。目标图像跟踪的初步任务是将一幅图像与另一幅图像相匹配。目标图像跟踪是在“匹配——修正——预测”的过程中实现的。

5．工业检测

在工业检测领域中，模板匹配技术被广泛应用于表面缺陷检测、工业测量、产品质量评估等环节，对工业自动化、提高产品质量、提高生产率及节约成本有很高的应用价值。

5.2 基于图像灰度的模板匹配

图像的像素灰度信息包含了图像记录的所有信息。基于像素灰度值的匹配是最基本的匹配思想。通常直接利用整幅图像的灰度信息建立两幅图像之间的相似性度量，然后采用某种搜索方法寻找使相似性度量值最大或最小的变换模型的参数值。常用的相似性度量有两幅图像灰度的平方差之和、互相关、序贯相似度检测和相位相关等。

基于图像灰度的配准方法不需要对图像进行特征提取，而是直接利用全部可用的图像灰度信息，因此能提高估计的精度和鲁棒性。但由于这种方法把匹配点周围区域的点的灰度都考虑进来进行计算，因此其计算量很大，运算速度较慢。

5.2.1 平方误差度量

模板匹配常用的一种测度为模板与源图像对应区域的误差平方和（SSD），衡量原图中的块和模板之间的差别。设$f(x, y)$为$M\times N$的源图像，$t(j, k)$为$J\times K$（$J\leqslant M$，$K\leqslant N$）的模板图像，则误差平方和测度定义为

$$D(x,y)=\sum_{j=0}^{J-1}\sum_{k=0}^{K-1}[f(x+j,y+k)-t(j,k)]^2 \tag{5-1}$$

展开上式可得

$$D(x,y)=\sum_{j=0}^{J-1}\sum_{k=0}^{K-1}[f(x+j,y+k)]^2-2\sum_{j}\sum_{k}t(j,k)\cdot f(x+j,y+k)+\sum_{j=0}^{J-1}\sum_{k=0}^{K-1}[t(j,k)]^2 \tag{5-2}$$

令

$$DS(x,y)=\sum_{j=0}^{J-1}\sum_{k=0}^{K-1}[f(x+j,y+k)]^2 \tag{5-3}$$

$$DST(x,y)=2\sum_{j=0}^{J-1}\sum_{k=0}^{K-1}[t(j,k)\cdot f(x+j,y+k)] \tag{5-4}$$

$$DT(x,y)=\sum_{j=0}^{J-1}\sum_{k=0}^{K-1}[t(j,k)]^2 \tag{5-5}$$

式中，$DS(x, y)$称为源图像中与模板对应区域的能量，它与像素位置(x, y)有关，但随像素位置(x, y)的变化，$DS(x, y)$变化缓慢。$DST(x, y)$模板与源图像对应区域的互相关，它随像素位置(x, y)的变化而变化，当模板$t(j, k)$和源图像中对应区域相匹配时取最大值。$DT(x, y)$称为模板的能量，它与图像像素位置(x, y)无关，只用一次计算便可。显然，计算误差平方和测度可以减少计算量。

图像中的全部像素都比对完以后，找到误差最小的即为匹配结果。由上述算法可见，模板匹配的运算量很大，一次匹配要做$J\times K$次减法，$J\times K$次平方，$J\times K-1$次加法，整幅图像要匹配$(M-J+1)\times(N-K+1)$次。

5.2.2 差的绝对值和相关法

有时也采用差的绝对值和（SAD）作为模板与源图像对应区域相似性的测度：

$$R(x,y)=\sum_{j=0}^{J-1}\sum_{k=0}^{K-1}|f(x+j,y+k)-t(j,k)| \tag{5-6}$$

在模板和图像重叠部分完全不一致的场合下，如果模板内的各像素与图像重合部分对应像素的灰度差的绝对值依次增加下去，其和就会急剧增大。因此在做加法的过程中，如灰度差的绝对值部分和超过某一阈值，就认为这位置上不存在和模板一致的图案，从而转移到下一个位置上计算 $R(x,y)$。

5.2.3 互相关法

互相关法是最基本的基于灰度统计的图像配准方法，通常被用于进行模板匹配和模式识别。它是一种匹配度量，通过计算模板图像和搜索窗口之间的互相关值，来确定匹配的程度，互相关值最大时的搜索窗口位置决定了模板图像在待配准图像中的位置。

在互相关法中互相关值（Correlation Coefficient，CC）的大小反映了匹配的效果。式（5-1）～式（5-5）中，若设 $DS(x,y)$也为常数，则用 $DST(x,y)$便可进行图像匹配，当 $DST(x,y)$取最大值时，便可认为模板与图像是匹配的。但假设 $DS(x,y)$为常数会产生误差，严重时将无法准确匹配，因此可用归一化互相关（NCC）作为误差平方和测度。

设图像 $f(x,y)$的大小为 $M\times N$，目标模板 $w(x,y)$的大小为 $J\times K$，常用相关性度量 $R(x,y)$来表示它们之间的相关性：

$$R(m,n)=\sum_{x}\sum_{y}f(x,y)w(x-m,y-n) \tag{5-7}$$

式中，m=0,1,2…,M−1；n=0,1,2,…,N−1。进一步归一化相关度：

$$R(m,n)=\frac{\sum_{j=1}^{J}\sum_{k=1}^{K}f_1(j,k)w(j-m,k-n)}{\sqrt{\sum_{j=1}^{J}\sum_{k=1}^{K}f_1^2(j,k)}\cdot\sqrt{\sum_{j=1}^{J}\sum_{k=1}^{K}w^2(j-m,k-n)}} \tag{5-8}$$

式中，模板所框出的范围是 j 从 1～J、k 从 1～K，而(m,n)为$f(x,y)$ 中的任一点，$f_1(x,y)$是 $f(x,y)$中以点(m,n)为中心的大小为 $J\times K$ 的区域，当 m 和 n 改变时，搜索到 $R(m,n)$的最大值即为模板匹配的位置。式（5-8）就是模板与图像对应区域之间的归一化互相关。

图 5-5 给出了相关性度量模板匹配的示意图，其中假设源图像$f(x,y)$和模板图像 $t(k,l)$的原点都在左上角。对$f(x,y)$中的任何一个(x,y)，根据式（5-8）都可以算得一个 $R(x,y)$。当 x 和 y 变化时，$t(j,k)$在源图像区域中移动并得出 $R(x,y)$所有值。$R(x,y)$的最大值指出了与 $t(j,k)$ 匹配的最佳位置，若从该位置开始在源图像中取出与模板大小相同的一个区域，便可得到匹配图像。

NCC 算法的鲁棒性较好，具有良好的抗干扰性，但计算量很大，对硬件要求较高。通常采用优化策略来减小 NCC 算法的计算量，并利用硬件流水处理提高计算并行度的方法缩短计算时间，以达到实时的目的。近年来也提出了许多快速搜索算法，例如，用相位相关傅里叶法估算平移和旋转参数；用遗传算法和模拟退火技术减少搜索时间和克服局部极值问题等。而 SSD 和 SAD 算法的计算量相对于 NCC 算法较小，易于实现，适用于目标作刚性运动的情况，但当平均灰度发生较大变化时，采用 SSD 和 SAD 算法无法获得满意的结果。

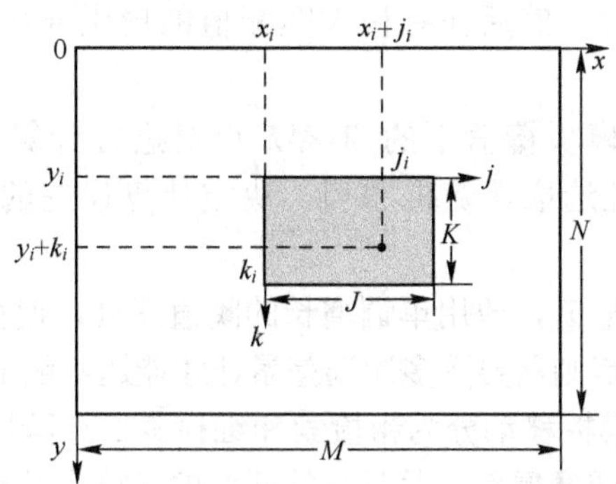

图 5-5 在点(x_i, y_i)处的全局样本相关性度量模板匹配

5.2.4 序贯相似性度量

直接用相关法求匹配的计算量很大，模板要在$(N-M+1)^2$个参考位置上做相关计算。其中，除匹配点外都是在非匹配点上做无用功。序贯相似性检测算法（SSDA）是对相关法的改进，该方法先选择一个简单的固定门限，若在某点上计算两幅图像残差和的过程中，残差和大于该固定门限，就认为当前点不是匹配点，从而终止当前残差和的计算，转向别的点去计算残差和，最后认为残差和增长最慢的点就是匹配点。由于其基本思想是基于对误差的积累进行分析，所以对于大部分非匹配点来说，只需计算模板中的前几个像素点，而只有匹配点附近的点才需要计算整个模板。这样平均起来每一点的运算次数将远远小于实测图像的点数，从而达到减少整个匹配过程计算量的目的。

算法的具体实现步骤如下：设模板 T 叠放在搜索图 S 上平移，模板覆盖下的那块搜索图称为子图 S^{ij}，(i, j)为这块子图左上角像点在 S 图中的坐标，叫做参考点。搜索图的大小为$N \times N$，模板的大小为$M \times M$。首先，定义绝对误差值：

$$\varepsilon(i,j,m_k,n_k)=|S^{i,j}(m_k,n_k)-\overline{S}(i,j)-T(m_k,n_k)+\overline{T}| \tag{5-9}$$

式中

$$\overline{S}(i,j)=\frac{1}{M^2}\sum_{x=1}^{M}\sum_{y=1}^{M}S^{i,j}(x,y) \tag{5-10}$$

$$\overline{T}=\frac{1}{M^2}\sum_{x=1}^{M}\sum_{y=1}^{M}T(x,y) \tag{5-11}$$

然后，取一个不变阈值 T_h。在子图中随机选取像点，计算它同 T 中对应点的误差值，然后把该差值同其他点对的差值累加起来，当累加 r 次后误差超过 T_h时，则停止累加，并记下次数 r，定义 SSDA 的检测曲面为

$$I(i,j)=\{r\left|\min_{1\leqslant r\leqslant m^2}[\sum_{k=1}^{r}\varepsilon(i,j,x_k,y_k)\geqslant T_h]\right.\} \tag{5-12}$$

把$I(i,j)$值大的(i,j)点作为匹配点，该点上需要很多次累加才使总误差$\sum\varepsilon$超过 $T_{\rm h}$。

SSDA 法的显著特点是在保证匹配精度的前提下有效减少计算量，从而提高计算速度。

对其还可以进一步改进，以提高计算效率。例如：

1）可先每隔 m 点搜索，然后在有极大匹配值的周围局部范围内对各参考点位置进行匹配。

2）可按照随机顺序对模板覆盖下的 $M \times M$ 点对进行计算，采用适应图像内容的方式，按照模板中的突出特征选取伪随机序列，决定计算误差的先后顺序，以便及早抛弃非匹配点。

3）也可不选用固定阈值 T_{h}，改用单调增长的阈值序列，使得用最少的计算就能达到阈值而丢弃非匹配点，真匹配点则需要更多次误差累计才能达到阈值。

4）还可把在图像上的模板移动分为粗检索和细检索二个阶段进行：首先进行粗检索，即每隔若干个像素把模板和图像重叠，并且计算匹配的尺度，从而求出待寻找的图案大致存在的范围；然后在这个范围内，让模板每隔 1 个像素移动 1 次，根据匹配的尺度确定寻找图案的所在位置。这样，整体上计算模板匹配的次数减少了，使计算时间缩短，匹配速度提高。但用这种方法会有漏掉图像中最恰当位置的可能性。

5.2.5 最大互信息法

互信息（Mutual Information, MI）是信息论中的一个测度，用于描述两个随机变量之间的统计相关性，或一个变量中包含的另一个变量中的信息的多少，表示两个随机变量之间的依赖程度，一般用熵来表示。熵表达的是一个系数的复杂性和不确定性。变量 A 的熵定义为

$$H(A)=\sum_{-a}P_A(a)\lg P_A(a) \tag{5-13}$$

变量 A 和 B 之间的熵定义为

$$H(A,B)=\sum_{a,b}P_{AB}(a,b)\lg P_{AB}(a,b), \tag{5-14}$$

对于待配准的模板图像 A 和目标图像 B，它们是关于图像灰度的两个随机变量集。设它们的边缘概率分布分别为 $P_A(a)$和 $P_B(b)$，联合概率分布为 $P_{AB}(a, b)$，则它们的互信息 $MI(A, B)$为：

$$\begin{aligned}MI(A,B)&=H(A)+H(B)-H(A,B)\\&=\sum_{a,b}P_{AB}(a,b)\lg\frac{P_{AB}(a,b)}{P_A(a)P_B(b)}\end{aligned} \tag{5-15}$$

当两幅图像的空间位置达到一致时，其中一幅图像表达另一幅图像的信息，即其互信息应为最大。继互信息测度提出后，学者们对基于 Shannon 熵的方法做了进一步的研究，相继提出了比互信息更为稳定的一些形式的熵测度，称为归一化的互信息（Normalized Mutual Information，NMI）：

$$NMI(A,B)=\frac{H(A)+H(B)}{H(A,B)} \tag{5-16}$$

当含有相同内容的两幅图像通过几何变换在空间对齐时，它们所包含的灰度值的互信息量最大。

5.3 基于图像特征的模板匹配

上述方法中，若用向量表示图像中大小为 $J \times K$ 的区域，模板也用向量表示，则可以用求向量差的方法求相关，作为模板与图像某子区的匹配量度。向量仅为 $J \times K$ 维，若用特征向量表示图像待识别部分和模板，则向量的维数还可大为减少。

基于图像特征的模板匹配方法的基本思想是：首先提取模板图像和目标图像中保持不变的特征，如边缘点、闭区域的中心等，作为两幅图像配准的参考信息。这类方法的主要优点是它的匹配对象是图像的显著特征，因而大大压缩了图像的信息量，与基于灰度的匹配方法相比，计算量减小，速度加快，而且它对图像灰度的变化具有鲁棒性。但另一方面，正是由于只使用了一小部分的图像灰度信息，所以这种方法对特征提取和特征匹配的错误更敏感，需要可靠的特征提取和鲁棒的特征一致性。

如第 4 章中所述，不变矩是一种高度浓缩的图像特征，具有平移、灰度、尺度、旋转等多畸形不变性，因此矩和矩函数被广泛应用于图像的模式识别、图像分类、目标识别和场景分析中。用不变矩描述时，$f(j, k)$和 $w(j, k)$特征向量只有 7 维，即

$$\begin{cases} \boldsymbol{x} = (x_{11}, x_{12}, x_{13}, x_{14}, x_{15}, x_{16}, x_{17}) \\ \boldsymbol{w} = (w_{11}, w_{12}, w_{13}, w_{14}, w_{15}, w_{16}, w_{17}) \end{cases} \tag{5-17}$$

可用差向量的范数来表示 $\boldsymbol{x}$ 和 $\boldsymbol{w}$ 的向量差

$$D_j(\boldsymbol{x}, \boldsymbol{w}) = \| \boldsymbol{x} - \boldsymbol{w} \|^2 = (\boldsymbol{x} - \boldsymbol{w})^{\mathrm{T}} (\boldsymbol{x} - \boldsymbol{w}) \tag{5-18}$$

若图像中已分割出 L 个目标物，求其中是否有目标物 W，则只需求出 L 个

$$D_j(\boldsymbol{x}, \boldsymbol{w}) = \| \boldsymbol{w} - \boldsymbol{x}_j \|^2 \tag{5-19}$$

式中，j=1,2,…,L。选出其中最小的一个 D_j，即为与 $\boldsymbol{w}$ 相似的图像。

用不变矩进行图像分析和识别的实验很多，用很少的不变矩就可以重建和识别原图像，误判率很低。例如，在实时图像匹配与识别中，利用不变矩特征作为检测模板和图像中物体轮廓相似度的测度，把遗传算法引入图像匹配识别中，并针对简单遗传算法在应用过程中出现过早和早熟现象的问题，采用不变矩有效检测出具有平移、旋转和尺度变化的物体来研究模板和图像间的有效匹配，这样得到的遗传算法在进化速度上明显优于常规算法，具有很高的精度。但是，目前不变矩技术大多应用于识别几何形状相对较简单的物体，例如飞机和汽车的识别等。

此外，在参考文献[19]中提出了两种改进的特征匹配方法：特征加权模板匹配模型和特征块模板匹配模型。前者对标准模板和样本模板都进行特征加权改造，给模板中有字符笔画的点分配不同的权重，位于笔画中心的点权重最高，位于笔画边缘的点权重最低，忽略模板边缘信息，然后将样本模板与标准模板逐点模糊匹配，按模糊识别规则识别。后者则将特征块引入模板匹配中，按照特征块的多少分别将标准模板和样本模板分割成若干大小相同的方块，统计每块的点数，然后将样本、模板与标准模板逐块模糊匹配，按模糊识别规则进行识别。

5.4 其他模板匹配方法

5.4.1 二阶段模板匹配

该方法把模板在图像上的移动分为粗检索和细检索两个阶段进行。首先，进行粗检索，

不是让模板每次移动一个像素，而是每隔若干个像素把模板和图像重叠，并计算匹配的尺度，从而求出对象物大致存在的范围；然后，在粗检索求出的范围内，让模板每隔一个像素移动一次，根据求出的匹配尺度确定对象物所在的位置。这样，整体上计算模板匹配的次数减少了，使计算时间缩短，从而提高了匹配的速度。但用这种方法会有漏掉图像中最恰当位置的可能性。

5.4.2 投影模板匹配

此方法将二维图像灰度投影叠加到一维数轴上，并在一维数轴上进行匹配判断。它提高了匹配速度，同时在投影中，由于噪声相互抵消，还可以减少漏判、误判几率。算法的基本思想如下：

图像水平和垂直方向的投影曲线充分反映了其在对应方向上的灰度分布特征。首先，求取模板图像和待匹配图像的水平方向和垂直方向的灰度投影，得到模板图像投影序列 $P[i]$和$Q[i]$，以及待匹配图像投影序列 $P'[i]$和 $Q'[i]$；然后，分别将两幅图像的水平投影序列和垂直投影序列进行比较，求取序列之间的相关值。投影图像相关函数为

$$R(i)=\frac{\sum_{i=0}^{N-1}[f_a(i)-f_a'(i)][f_b(i)-f_b'(i)]}{\sqrt{\sum_{i=0}^{N-1}[f_a(i)-f_a'(i)]^2}\sqrt{\sum_{i=0}^{N-1}[f_b(i)-f_b'(i)]^2}} \tag{5-20}$$

式中，$f_a(i)$和 $f_a'(i)$为第 i 点模板图像投影灰度值和投影平均灰度值；$f_b(i)$和 $f_b'(i)$为第 i 点目标图像投影灰度值和投影平均灰度值。匹配过程是将模板投影曲线在目标投影曲线上滑动，对滑动经过的每一个位置计算 $R[i]$，这样就得到一个相关函数序列。选择最佳门限值，并求出相关函数序列的最大值与门限值比较，如果两幅图像匹配，则 $R[i]$大于门限值。在水平方向和垂直方向上采取同样的处理方法，只有水平方向和垂直方向均匹配，才说明两幅图像匹配。实验结果表明，模板图像和目标图像的灰度投影曲线很相似，证明该方法针对条码的匹配效果较好。

5.4.3 自适应模板匹配

在目标图像进行跟踪过程中，目标模板维系了整个跟踪的动态过程。在序列图像中，由于目标运动后形态的改变以及周边环境的改变，因此实际图像必然存在着变形、噪声、遮挡等变化，模板图像与目标中实时图像间的差异将逐渐增大，当误差积累到一定限度时，原有模板图像将无法继续使用，因此适时对模板进行合理的更新是提高跟踪稳定性的重要措施之一。选择合适的模板更新策略，可以在一定程度上克服这些变化对距离效果的影响。此外，在运动中目标可能会因暂时受到遮挡而在视场中消失。因此必须对目标位置做出预测，才能保证连续跟踪。

5.4.4 模板匹配快速算法

由前面匹配的方法可知，任何一种匹配算法的总计算量由采用的相关算法的计算量与搜索位置数的积，即总计算量=（选择算法的计算量）×（搜索位置数）来决定的。为了减少计

算量，除了上述的方法外，还有下面几种方法：

1．相关算法

两个函数 $f(x, y)$ 和 $h(x, y)$ 的相关性可表示为：

$$R(x,y)=\frac{1}{MN}\sum_{m=0}^{M-1}\sum_{n=0}^{N-1}f^{*}(m,n)h(x+m,y+n) \tag{5-21}$$

式中，f^{*} 表示 f 的复共轭。相关理论类似卷积理论，$F(u, v)$ 和 $H(u, v)$ 分别表示 $f(x, y)$ 和 $h(x, y)$ 的傅里叶变换。根据卷积理论有

$$f(x,y)*h(x,y)\Leftrightarrow F^{*}(u,v)\cdot H(u,v)$$

$$f^{*}(x,y)\cdot h(x,y)\Leftrightarrow F(u,v)*H(u,v) \tag{5-22}$$

可知卷积是空间域过滤和频率域过滤之间的纽带。相关的重要用途在于匹配，若设 $f(x, y)$ 是一幅包含物体或区域的图像，需要确定 f 是否包含有感兴趣的物体或区域 $h(x, y)$。如果匹配成功，则两个函数的相关值会在 h 找到 f 中相应点的位置上达到最大。计算相关可在空间域进行，也可在频率域进行。由傅里叶分析中的相关定理可知，两个函数在定义域的卷积等于它们在频域的乘积，而相关则是卷积的一种特定形式。因此可在频域中采用快速傅里叶变换（FFT）实现相关算法，比直接在空间域计算卷积要简单高效。

2．幅度排序相关算法

该算法由两个步骤组成：第一步幅度排序预处理，即把模板图像中的各个灰度值按大小排成列的形式，然后对它进行二进制（或三进制）编码，把模板图像变换为二进制阵列的一个有序集合 $\{C_n, n=1, 2, \cdots, N\}$；第二步，序贯地将这些二进制序列与基准图像进行由粗到细的相关，直到确定出匹配点为止。

5.5 本章小结

模板匹配是一项在图像识别和目标跟踪等研究领域非常重要的技术。本章结合实例介绍了基于模板匹配的各种图像识别方法、研究现状和目前的发展趋势，包括基于图像灰度的模板匹配、基于图像特征的模板匹配、二阶段模板匹配、投影模板匹配、自适应模板匹配和模板匹配快速算法等。

这种方法的优点在于算法较为简单、计算量大、且在图像变化不大的情况下识别率高，因而应用范围很广泛。但是，基于图像灰度信息的匹配方法具有如下不足：受光照影响大，对灰度变化敏感；在搜索空间会出现很多的局部极值点；处理的信息量大，计算复杂度高；对旋转、尺度变换以及遮掩等极为敏感。而基于图像特征的匹配方法就可以避免上述缺点：图像特征比像素在数量上要少得多；特征间的匹配度量随位置变化很尖锐，容易找到准确的匹配位置且特征提取能大大减少噪声、灰度变化、形变和遮挡的影响，有较强的适应力。但是，图像特征提取难度略较大，且对图像质量要求高。

第 6 章　运动图像序列分析

运动图像序列分析是数字图像处理中的一个重要分支，其研究内容主要包括根据二维图像序列检测目标运动、提取运动参数和分析运动规律。本章在介绍相关运动基础知识的基础上，将详细介绍运动图像序列分析的两种方法：光流法和配准法。在对实际的图像进行分析时，既可以单独采用这些方法，也可以把它们组合起来使用。

6.1　运动基础知识

数字图像可以用函数表示为：

$$I(x_i, y_i, t_k, \lambda_l) \tag{6-1}$$

式中，i、j=0,1,…,N−1；k=0,1,…,n−1；l=1,2,…,m；(x_i, y_i)是像素的位置坐标；t_k 是图像拍摄的时刻；λ_l 是光波长。

图像序列又称动态图像，它由一系列图像组成，其中各幅图像之间的相对次序，和相邻两帧图像获取的时间间隔是已知的。式（6 1）中如果固定λ_l=λ，就得到了在λ波段射线作用下拍摄的时间图像序列

$$\{I(x_i, y_i, t_0, \lambda), I(x_i, y_i, t_1, \lambda), ..., I(x_i, y_i, t_k, \lambda), ..., I(x_i, y_i, t_{n-1}, \lambda)\} \tag{6-2}$$

式中，i、j=0,1,…,N−1。为简化起见，式（6-2）一般表示为

$$\{I(x, y, t_0), I(x, y, t_1), ..., I(x, y, t_k), ..., I(x, y, t_{n-1})\} \tag{6-3}$$

如果拍摄的目标是动态的，比如飞行中的炮弹、行进中的车辆、运动员的肢体、心脏和动脉血管等，那么这个图像序列中就包含着目标的运动信息。例如，图 6-1 是一个临床采集到的病人左冠状动脉的 X 射线血管造影图像序列，因为冠状动脉是附着在心外膜表面上的，它会随着心脏进行规律运动，所以在心动周期的不同时刻拍摄到的血管图像是不同的，这个图像序列就记录了心脏搏动时冠状动脉的形态和运动信息。

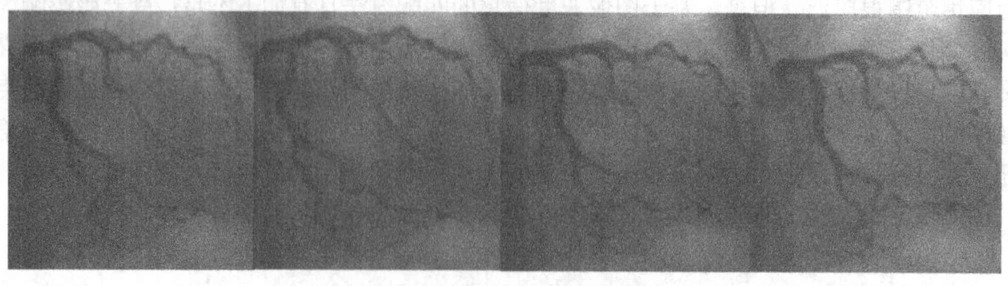

图 6-1　X 射线左冠状动脉血管造影图像序列

既然涉及了运动，那么我们就需要首先了解一些有关运动的基本知识。按照是否发生形

变，物体的运动可以分为两种：刚性（rigid）运动和非刚性（non-rigid）运动。本节主要介绍这两种运动形式的数学描述方法。

6.1.1 刚性运动

物体作刚性运动时，其形状和大小都保持不变，只发生位置上的变化，例如图 6-2 中被运动员击打出的棒球和道路上行驶的汽车。

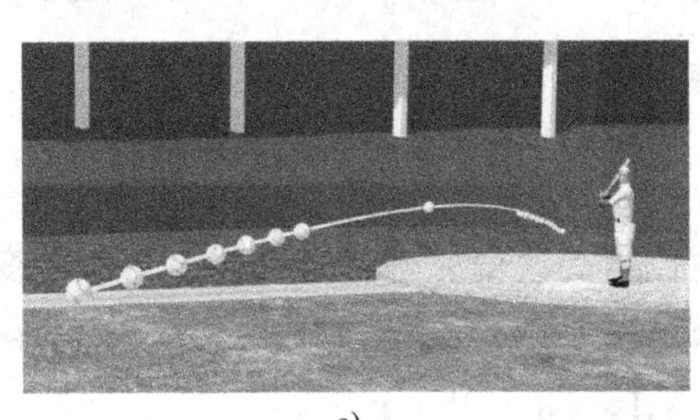

a)

b)

图 6-2 刚性运动示例

a) 被运动员击打出的棒球 b) 道路上行驶的汽车

任何刚性运动都可以分解为平移和旋转。刚性运动前后物体上对应点坐标之间的关系是：

$$[X \quad Y \quad Z]^{\mathrm{T}} = \boldsymbol{R} \cdot [x \quad y \quad z]^{\mathrm{T}} + \boldsymbol{T} \tag{6-4}$$

式中，(x, y, z)和(X, Y, Z)分别是刚体上的一个点在运动前后的坐标。平移向量 $\boldsymbol{T}$ 就是两个时刻的刚体重心位置之差。采用矩阵形式，刚体的平移运动方程可以写作：

$$\boldsymbol{T} = [t_x \quad t_y \quad t_z]^{\mathrm{T}} = \begin{pmatrix} x'_m \\ y'_m \\ z'_m \end{pmatrix} - \begin{pmatrix} x_m \\ y_m \\ z_m \end{pmatrix} \tag{6-5}$$

式中，(x_m, y_m, z_m) 和 (x'_m, y'_m, z'_m) 是两个时刻刚体的重心。

如图 6-3 所示，对于任何刚体，可以将其质心作为坐标原点，建立一个固定在刚体上的笛卡尔坐标系，那么刚体（动系）的绕定点的有限转动可视为动系的坐标变换。设运动前后的坐标系分别为 $\boldsymbol{A}_1 = [\boldsymbol{e}_1 \quad \boldsymbol{e}_2 \quad \boldsymbol{e}_1 \times \boldsymbol{e}_2]^{\mathrm{T}}$ 和 $\boldsymbol{A}_2 = [\boldsymbol{e}'_1 \quad \boldsymbol{e}'_2 \quad \boldsymbol{e}'_1 \times \boldsymbol{e}'_2]^{\mathrm{T}}$，那么 $\boldsymbol{A}_1$ 与 $\boldsymbol{A}_2$ 之间的旋转矩阵就是坐标系 $\boldsymbol{A}_2$ 在坐标系 $\boldsymbol{A}_1$ 中的方向余弦矩阵：

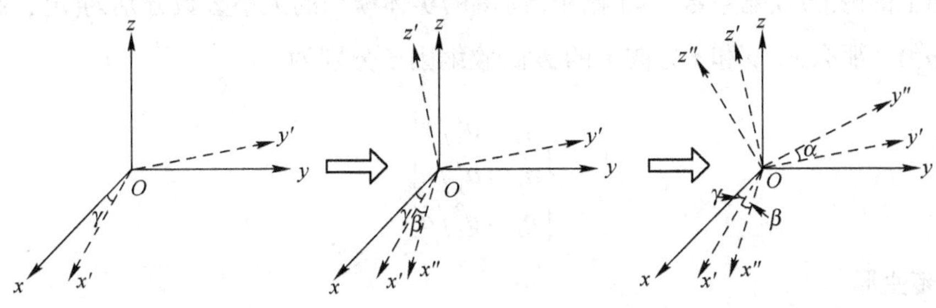

图 6-3 刚体的旋转示意图

$$\begin{aligned}\boldsymbol{R}&=\left[\boldsymbol{e}_1' \quad \boldsymbol{e}_2' \quad \boldsymbol{e}_1'\times\boldsymbol{e}_2'\right]\left[\boldsymbol{e}_1 \quad \boldsymbol{e}_2 \quad \boldsymbol{e}_1\times\boldsymbol{e}_2\right]^{-1}\\&=\left[\boldsymbol{e}_1' \quad \boldsymbol{e}_2' \quad \boldsymbol{e}_1'\times\boldsymbol{e}_2'\right]\left[\boldsymbol{e}_1 \quad \boldsymbol{e}_2 \quad \boldsymbol{e}_1\times\boldsymbol{e}_2\right]^{\mathrm{T}}\end{aligned} \tag{6-6}$$

也就是刚体绕 x 轴、y 轴、z 轴的旋转矩阵的乘积：

$$\boldsymbol{R}=\boldsymbol{R}_z\cdot\boldsymbol{R}_y\cdot\boldsymbol{R}_x=\begin{pmatrix}\cos\gamma & \sin\gamma & 0\\ -\sin\gamma & \cos\gamma & 0\\ 0 & 0 & 1\end{pmatrix}\cdot\begin{pmatrix}\cos\beta & 0 & -\sin\beta\\ 0 & 1 & 0\\ \sin\beta & 0 & \cos\beta\end{pmatrix}\cdot\begin{pmatrix}1 & 0 & 0\\ 0 & \cos\alpha & \sin\alpha\\ 0 & -\sin\alpha & \cos\alpha\end{pmatrix} \tag{6-7}$$

式中，α、β 和 γ 分别是刚体绕 x 轴、y 轴和 z 轴的旋转角。

6.1.2 非刚性运动

物体发生非刚性运动时，除了可能发生位置的改变之外，还会发生形状的变化，即变形，这种物体称为非刚体或弹性体，其运动可以用平移向量 $\boldsymbol{T}_{3\times1}$ 和仿射变换矩阵 $\boldsymbol{A}_{3\times3}$ 来描述：

$$\left[X \quad Y \quad Z\right]^{\mathrm{T}}=\boldsymbol{A}\cdot\left[x \quad y \quad z\right]^{\mathrm{T}}+\boldsymbol{T} \tag{6-8}$$

矩阵 $\boldsymbol{A}$ 可以分解为旋转和变形：

$$\left[X \quad Y \quad Z\right]^{\mathrm{T}}=\boldsymbol{R}\cdot\boldsymbol{D}\cdot\left[x \quad y \quad z\right]^{\mathrm{T}}+\boldsymbol{T} \tag{6-9}$$

式中，$\boldsymbol{R}$ 是旋转矩阵，$\boldsymbol{D}$ 是变形张量，(x, y, z)和(X, Y, Z)分别是弹性体上的一个点在运动前后的坐标。

以弹性体的重心为坐标原点建立一个固定在其上的参考坐标系，那么纯粹的变形是不会改变参考系的，只有当弹性体发生平移、旋转或两者同时发生时，参考系才会发生变化，包括原点位置的变化和坐标轴方向的变化。

弹性体的变形主要包括膨胀/收缩、扭转、尖化、弯曲、蛇形体变形和局部变形（如手风琴式的褶皱变形）等，这里介绍几种常见变形的数学描述方法。

1．膨胀/收缩

膨胀/收缩的变形公式为：

$$\begin{cases}X=\eta_x x\\ Y=\eta_y y\\ Z=\eta_z z\end{cases} \tag{6-10}$$

式中，x、y 和 z 为变形前的坐标分量；X、Y 和 Z 为变形后的坐标分量；η_x、η_y、η_z 分别为三个正交方向上的膨胀/收缩系数。如果两个时刻的实体模型的大小参数分别为(a_x^1，a_y^1，a_z^1)和(a_x^2，a_y^2，a_z^2)，那么 x、y 和 z 方向上的膨胀/收缩因子分别为

$$\begin{cases}\eta_x=a_x^2/a_x^1\\ \eta_y=a_y^2/a_y^1\\ \eta_z=a_z^2/a_z^1\end{cases} \tag{6-11}$$

2．扭转变形

扭转（或扭曲）变形是指某一坐标轴的变量不变，而另两个坐标轴的变量进行旋转变换，可以用非均匀的旋转来近似表示。例如，沿 z 轴的扭转变形就是 z 坐标不变，而另两个

坐标轴的变量进行旋转变换，转角是 z 坐标的线性函数。那么扭转张量就可以采用旋转矩阵的形式来描述：

$$\begin{cases} \alpha = g(z), & c_\alpha = \cos\alpha, \quad s_\alpha = \sin\alpha \\ X = xc_\alpha - ys_\alpha, & Y = xs_\alpha + yc_\alpha, \quad Z = z \end{cases} \tag{6-12}$$

式中，α 为绕 z 轴旋转的角度。例如 $\alpha = K_\omega z(180/\pi)$，$K_\omega$ 为扭转变形参数；x、y 和 z 为变形前的坐标分量；X、Y 和 Z 为变形后的坐标分量。$g'(z)$表达了扭转角度沿 z 轴方向的变化率，即 z 轴方向上单位长度扭曲的弧度。图 6-4b 为图 6-4a 的曲面发生扭曲变形后的曲面，其中 K_ω=0.3。

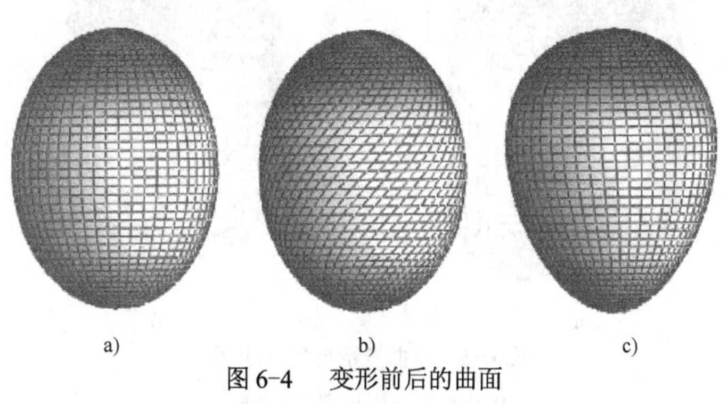

图 6-4　变形前后的曲面

a) 变形前　b) 扭曲变形后　c) 尖化变形后

扭转变形的逆变换定义为

$$\begin{cases} \alpha = g(Z), & c_\alpha = \cos\alpha, \quad s_\alpha = \sin\alpha \\ x = Xc_\alpha + Ys_\alpha, & y = -Xs_\alpha + Yc_\alpha, \quad z = Z \end{cases} \tag{6-13}$$

它实际上是沿相反方向的扭转。

3．尖化变形

所谓尖化变形是指物体沿某一坐标轴的方向逐渐变细，即物体某一坐标轴的变量不变，而另两个坐标轴的变量进行比例变换。为了对物体模型沿 z 轴进行尖化，选取一个与 z 坐标有关的尖化函数：x 方向上是 $f_x(z)$，y 方向上是 $f_y(z)$。设点(x, y, z)尖化变形后变成点(X, Y, Z)，那么沿 z 轴方向的尖化变形可用下列方程组表示：

$$\begin{cases} X = f_x(z)x \\ Y = f_y(z)y \\ Z = z \end{cases} \tag{6-14}$$

式中，$f_x(z)$和 $f_y(z)$是 z 的线性函数。例如：$f_x(z) = k_t z$，k_t 是尖化变形参数。当 $f'(z) = 1$ 时，物体不变形；当 $f'(z) < 1$ 时，物体沿 z 轴方向逐渐变细；当 $f'(z) > 1$ 时，物体沿 z 轴方向逐渐变粗。图 6-4c 为发生尖化变形后的曲面，其中

$$\begin{cases} f_x(z) = (k_x/a_z)z + 1 \\ f_y(z) = (k_x/a_z)z + 1 \end{cases} \tag{6-15}$$

且 k_x=−0.25，k_y=−0.1。

4. 弯曲变形

已知弯曲变形参数 k_b，弯曲角 $\theta = k_b z(180/\pi)$，则沿 z 轴的弯曲变形方程可表示为

$$\begin{cases} X = x \\ Y = C_\theta(y - 1/k_b) + 1/k_b \\ Z = -S_\theta(y - 1/k_b) \end{cases} \tag{6-16}$$

式中，$S_\theta=\sin\theta$，$C_\theta=\cos\theta$。图 6-5 为发生弯曲变形前后的曲面，其中 $k_b=0.1$。

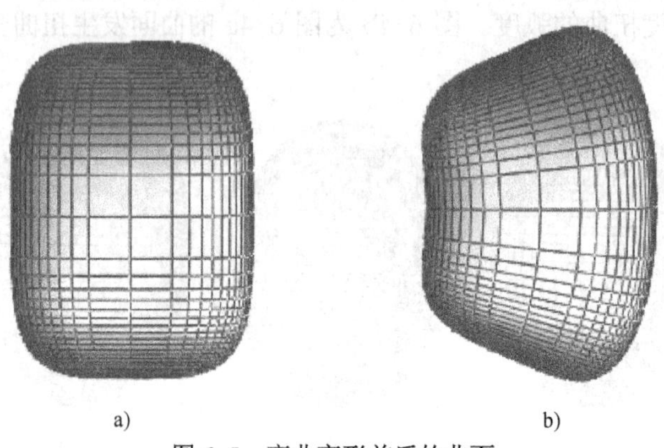

a) b)

图 6-5 弯曲变形前后的曲面

a) 弯曲变形前 b) 弯曲变形后

6.2 基于光流场的运动图像分析

光流法既是运动图像分析的重要方法，也是经典方法。它的基本思想是利用图像灰度在时间和空间上的变化估计物体的运动场，可获得图像上每一点的瞬时速度分布。

6.2.1 光流和光流场

当人的眼睛观察运动物体（或物体不动，观察者运动，或两者都在运动）时，物体的景象在人眼的视网膜上形成一系列连续变化的图像，这一系列连续变化的信息不断“流过”视网膜，好像一种光的“流”，故称为光流（optical flow）。当成像物体运动时，图像中的亮度图案也随之移动。光流是可看得到的亮度图案的运动，或称为表观运动（apparent motion）。光流表达了图像的变化，由于它包含了图像运动的信息，因此可被观察者用来确定目标的运动情况。从光流的定义可以看出，由于光流有如下三个要素：一是运动（速度）场，这是光流形成的必要条件；二是带光学特性的部位（例如有灰度的像素点），它能携带信息；三是成像投影（从场景到图像平面），因而能被观察到。

如果同一个观测器，在相邻两时刻 t_{k-1} 和 t_k 获得的同一个三维景物图像分别为 $f(x,y,t_{k-1})$ 和 $f(x,y,t_k)$，而景物中某物体点在这两幅图像上的相对位置是不同的，这种位置的差是三维景物的运动反映在二维图像上的位移向量（包括大小和方向）。位移向量除以时间间隔 $\Delta t_k = t_k - t_{k-1}$ 就是瞬时位置速度。在图像序列反映的景物范围中，各物体或分部的运动是不同的，形成众多的瞬时位置速度向量。这些不同的瞬时位置速度向量分布在图像上

形成的向量场称为瞬时位置速度场，也即光流场。

这里需要区分两个概念：光流场和运动场。当物体在摄像机前运动，或者摄像机在环境（静态或动态）中移动时，我们就会发现图像在发生变化。在图像中观察到的表面上的模式运动就是所谓的光流场。而运动场则是三维物体的实际运动在图像上的投影（如图 6-6 所示）。

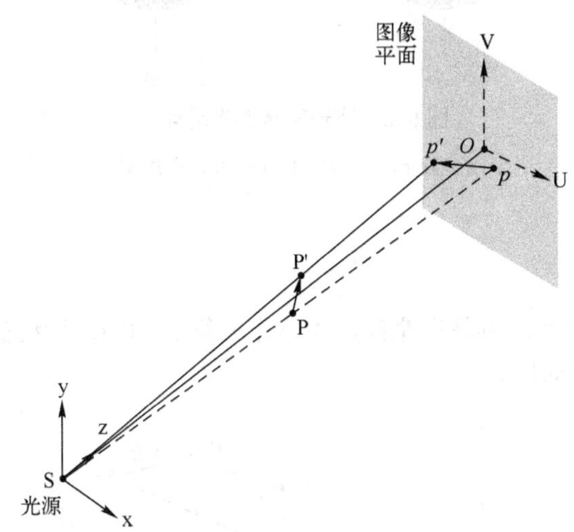

图 6-6 运动场示意图

理想情况下，光流场和运动场互相吻合，但实际上并不如此。例如，如图 6-7 所示的理发店招牌，如果固定摄像机，那么显然所得的运动场和光流场不一致。如果招牌逆时针旋转，那么每个点的运动都是向右的，可是我们看到的条纹的运动是向上的。或者图 6-8 中的光滑均匀的球，若光源和摄像机都固定不动，球绕中心轴旋转，则拍摄到的图像序列中各帧的内容都是相同的，这时运动场不为零，光流场为零；若球和摄像机都固定不动，拍摄两帧图像时的光源位置不同，那么两帧图像的内容是不同的，这时运动场为零，光流场不为零。这两个例子是极端的情况，只是为了说明光流场和运动场并不总是一致的。但一般情况下，认为二者是一致的。

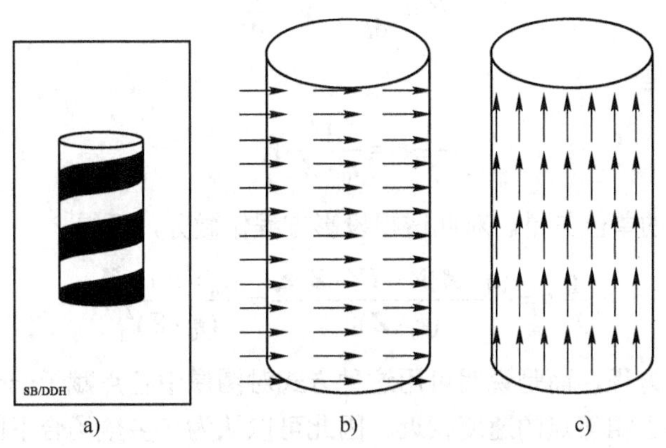

图 6-7 运动场和光流场不一致的情形

a) 理发店招牌 b) 运动场 c) 光流场

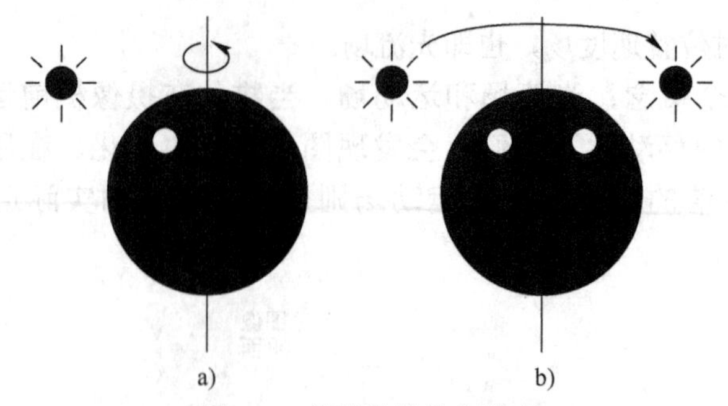

图 6-8　绕轴旋转的光滑球

a) 光源静止，球旋转　b) 球静止，光源移动

6.2.2　光流约束方程

如图 6-9 所示，一个运动物体在空间产生一个三维运动场，运动前后空间对应点在图像上的投影形成一个二维运动场。

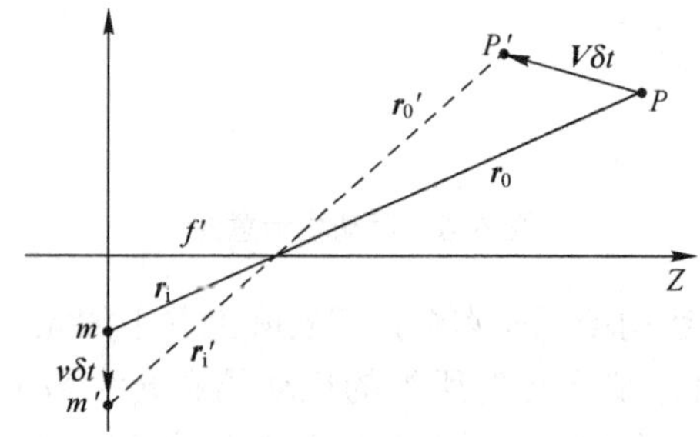

图 6-9　景物中点的位移造成图像中相应点的位移

在某一特定时刻，图像中的 m 点与物体表面上的点 P 相对应，这两点之间的关系符合投影方程。设点 P 相对于摄像机的速度为 $\boldsymbol{V}$，P 点的运动造成图像中的对应点 m 以速度 $\boldsymbol{v}$ 运动。在时间间隔 δt 内，P 点移动 $\boldsymbol{V}\delta t$，对应的图像点 m 移动 $\boldsymbol{v}\delta t$，速度分别为

$$\boldsymbol{V}=\frac{\mathrm{d}\boldsymbol{r}_0}{\mathrm{d}t}\text{，}\quad \boldsymbol{v}=\frac{\mathrm{d}\boldsymbol{r}_i}{\mathrm{d}t} \tag{6-17}$$

式中，$\boldsymbol{r}_0$ 和 $\boldsymbol{r}_i$ 的关系是

$$\frac{1}{f'}\boldsymbol{r}_i=\frac{1}{\boldsymbol{r}_0\cdot\boldsymbol{Z}}\cdot\boldsymbol{r}_0 \tag{6-18}$$

式中，$\boldsymbol{Z}$ 是 Z 轴方向的单位矢量。对此透视投影方程作微分，可得

$$\frac{1}{f'}\boldsymbol{v}=\frac{(\boldsymbol{r}_0\cdot\boldsymbol{Z})\boldsymbol{V}-(\boldsymbol{V}\cdot\boldsymbol{Z})\boldsymbol{r}_0}{(\boldsymbol{r}_0\cdot\boldsymbol{Z})^2}=\frac{(\boldsymbol{r}_0\times\boldsymbol{V})\times\boldsymbol{Z}}{(\boldsymbol{r}_0\cdot\boldsymbol{Z})^2} \tag{6-19}$$

这里并不是求解这个方程，而是说明可用这种方式对图像中各点赋予一个速度矢量，这些矢量构成速度场。物体上相邻点的速度相近，因此可以认为在多数场合下图像中的速度场也是连续的（物体成像的外轮廓处除外，那里的运动场是不连续的）。

光流场的计算最初是由 Horn 和 Schunk 提出的[20]，他们在图像序列中相邻图像之间的时

间间隔很小，且图像中灰度变化很小的前提下，推导出基本的光流约束方程。设图像平面上有一点(x, y)，在时刻t的灰度值为$I(x, y, t)$，它是场景中物体上某一点(X, Y, Z)在图像平面上的投影。假定该点在 $t+\delta t$ 时运动到$(x+\delta x, y+\delta y)$，灰度保持不变，其中 $\delta x=u\delta t$，$\delta y=v\delta t$，$u(x, y)$和$v(x, y)$是该点光流的x和y分量，即：

$$I(x+u\delta t, y+v\delta t, t+\delta t)=I(x, y, t) \tag{6-20}$$

仅有这一个约束不足以唯一地确定 u 和 v。显然我们也可以利用各处的运动场是连续的这个事实。如果亮度随x、y和t平滑变化，可将等式的左边按泰勒级数展开，得到

$$I(x, y, t)+\delta x\frac{\partial I}{\partial x}+\delta y\frac{\partial I}{\partial y}+\delta t\frac{\partial I}{\partial t}+e=I(x, y, t) \tag{6-21}$$

式中，e包括在δx、δy和δt中的二次以上的项。上式中约去$I(x, y, t)$，并用δt除等式两端和取$\delta t\to 0$的极限后可求得

$$\frac{\partial I}{\partial x}\frac{\mathrm{d}x}{\mathrm{d}t}+\frac{\partial I}{\partial y}\frac{\mathrm{d}y}{\mathrm{d}t}+\frac{\partial I}{\partial t}=0 \tag{6-22}$$

此式实际上是$\mathrm{d}I/\mathrm{d}t=0$的展开式，用以下形式简写

$$I_x u+I_y v+I_t=0 \tag{6-23}$$

或

$$(I_x, I_y)\cdot(u, v)=-I_t \tag{6-24}$$

式中

$$u=\frac{\mathrm{d}x}{\mathrm{d}t},\quad v=\frac{\mathrm{d}y}{\mathrm{d}t},\quad I_x=\frac{\partial I}{\partial x},\quad I_y=\frac{\partial I}{\partial y},\quad I_t=\frac{\partial I}{\partial t} \tag{6-25}$$

式（6-23）或式（6-24）就是亮度变化约束方程（Brightness Change Constraint Equation，BCCE），或称光流约束方程（Optical Flow Constraint Equation，OFCE），其中I为图像平面上一点(x, y)在时刻 t 的灰度值；$\mathrm{d}I/\mathrm{d}t$为运动物体的灰度随时间的变化；$u=\mathrm{d}x/\mathrm{d}t$，$v=\mathrm{d}y/\mathrm{d}t$分别为物体的$x$、$y$速度分量；$I_x=\partial I/\partial x$、$I_y=\partial I/\partial y$、$I_t=\partial I/\partial t$分别是$I$对$x$、$y$、$t$的偏导数，它们可从图像序列中直接估计出来；$(I_x, I_y)^{\mathrm{T}}$为图像点灰度的空间梯度，即图像中空间的灰度变化；$I_t$为图像的灰度随时间的变化率；$(u, v)$称为光流。

如果标号i、j和k分别对应于x、y和t，那么一阶偏导数I_x、I_y、I_t的计算方法为：

$$I_x=\frac{1}{4\delta x}[(I_{i+1,j,k}+I_{i+1,j,k+1}+I_{i+1,j+1,k}+I_{i+1,j+1,k+1})-(I_{i,j,k}+I_{i,j,k+1}+I_{i,j+1,k}+I_{i,j+1,k+1})]$$

$$I_y=\frac{1}{4\delta y}[(I_{i,j+1,k}+I_{i,j+1,k+1}+I_{i+1,j+1,k}+I_{i+1,j+1,k+1})-(I_{i,j,k}+I_{i,j,k+1}+I_{i+1,j,k}+I_{i+1,j,k+1})]$$

$$I_t=\frac{1}{4\delta t}[(I_{i,j,k+1}+I_{i,j+1,k+1}+I_{i+1,j,k+1}+I_{i+1,j+1,k+1})-(I_{i,j,k}+I_{i,j+1,k}+I_{i+1,j,k}+I_{i+1,j+1,k})] \tag{6-26}$$

6.2.3 孔径问题

光流有两个变量u和v，而 OFCE 只有一个方程，因而不能同时求出u和v。如图 6-10

所示，我们可以把以 u 和 v 为轴的二维空间称为速度空间。满足约束方程的(u, v)值都在速度空间的直线上，但局部的测量无法辨别实际的(u, v)在约束线上的位置。

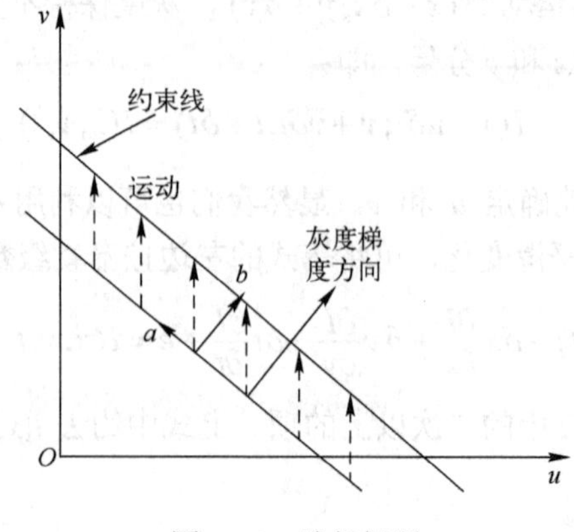

图 6-10　孔径问题

如图 6-11 所示，约束直线上任意一点的坐标为(u, v)，如何求出光流在亮度梯度$(I_x, I_y)^{\mathrm{T}}$方向上的分量？速度空间中约束直线的方程为 $I_x u+I_y v+I_t=0$，该直线与横轴和纵轴的交点分别为 $A(-I_t/I_x, 0)$和 $B(0, -I_t/I_y)$，那么约束直线的方向矢量为 $\boldsymbol{s}=\boldsymbol{AB}/|\boldsymbol{AB}|$（单位向量），而

$$\boldsymbol{AB}=-\frac{I_t}{I_x}\boldsymbol{i}+\frac{I_t}{I_y}\boldsymbol{j} \tag{6-27}$$

亮度梯度方向矢量为

$$\boldsymbol{p}=I_x\boldsymbol{i}+I_y\boldsymbol{j} \tag{6-28}$$

因为

$$\boldsymbol{AB}\cdot\boldsymbol{p}=-\frac{I_t}{I_x}I_x+\frac{I_t}{I_y}I_y=0 \tag{6-29}$$

所以 $\boldsymbol{AB}\perp\boldsymbol{p}$，即亮度梯度方向是与约束直线垂直的。如图 6-11 所示，以亮度梯度方向为 x 轴以 O 为原点建立另外一个直角坐标系 Oxy，求点(u, v)在坐标系 Oxy 中的坐标(x', y')。坐标系 Oxy 在坐标系 Ouv 中的方向余弦矩阵为

$$\begin{pmatrix}\cos\alpha & \sin\alpha \\ -\sin\alpha & \cos\alpha\end{pmatrix} \tag{6-30}$$

那么根据坐标变换原理有

$$\begin{cases}x'=u\cos\alpha+v\sin\alpha \\ y'=-u\sin\alpha+v\cos\alpha\end{cases} \tag{6-31}$$

$$\begin{cases}\sin\alpha=\dfrac{-I_t/I_x}{\sqrt{(I_t/I_x)^2+(I_t/I_y)^2}}=-\dfrac{I_y}{\sqrt{{I_x}^2+{I_y}^2}} \\ \cos\alpha=\dfrac{-I_t/I_y}{\sqrt{\left(I_t/I_x\right)^2+\left(I_t/I_y\right)^2}}=-\dfrac{I_x}{\sqrt{{I_x}^2+{I_y}^2}}\end{cases} \tag{6-32}$$

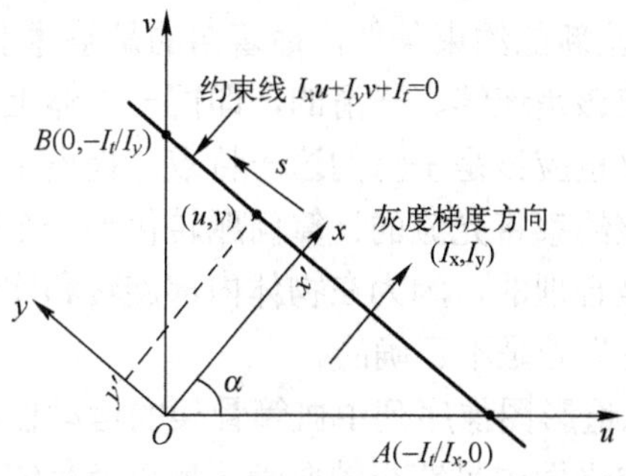

图 6-11 计算光流在亮度梯度方向上的分量

将式（6-32）代入（6-31）中得

$$\begin{cases} x' = -u\dfrac{I_x}{\sqrt{I_x^2+I_y^2}} - v\dfrac{I_y}{\sqrt{I_x^2+I_y^2}} = \dfrac{-1}{\sqrt{I_x^2+I_y^2}}(I_x u + I_y v) = \dfrac{-I_t}{\sqrt{I_x^2+I_y^2}} \\ y' = u\dfrac{I_y}{\sqrt{I_x^2+I_y^2}} - v\dfrac{I_x}{\sqrt{I_x^2+I_y{}^2}} = \dfrac{1}{\sqrt{I_x^2+I_y^2}}(I_y u + I_x v) \end{cases} \tag{6-33}$$

显然由上式只能求出 x 方向的分量，即亮度梯度$(I_x, I_y)^{\mathrm{T}}$方向上的分量为

$$V^{\perp} = -\frac{I_t}{\|\nabla I\|} = -\frac{I_t}{(I_x^2+I_y^2)^{1/2}} \tag{6-34}$$

而无法确定 y 方向上的分量，即与梯度垂直方向（即沿等亮度线）的分量。因此，只使用一个点上的信息是不能确定光流的，这种不确定问题称为孔径问题（aperture problem）。

为了理解光流约束方程不能对光流(u, v)提供足够约束的物理意义，我们可作以下进一步的讨论：如果 I_x 和 I_y 是零或接近于零，那么约束方程就不能提供任何关于 u 和 v 的信息。这相当于直观的观察在灰度是常数或变化缓慢的地方，像素的运动不能精确地确定。如果只是其中的一个为零，例如 $I_x=0$，那么约束方程变为 $I_yv+I_t=0$，所以可求得 $v=-I_t/I_y$，而 u 未知。这相应于在边缘处的直观观察，譬如说边缘沿水平方向（$I_x\approx0$，$I_y\neq0$），这时可以确定垂直于边缘方向的运动，但不能确定沿边缘方向的运动。一般情况下设 g 和 l 分别表示在约定像素处的亮度梯度和亮度不变的方向，即 $g=-\arctan(I_y/I_x)$ 是灰度变化最快的方向，l 是与此垂直的方向，在 l 方向灰度不变。如果用 g 和 l 代替 x 和 y 作为约束方程中的空间坐标，得到 $I_t=-(\partial I/\partial g)\cdot(\mathrm{d}g/\mathrm{d}t)$。所以我们能确定运动在梯度方向$(-\partial I/\partial t)/(-\partial I/\partial g)$的分量，但不能确定灰度不变方向的运动，即可确定运动垂直边缘的分量，但不能确定沿边缘方向的运动。

为了充分确定光流，需要附加一些新的约束条件。也就是说，从基本等式求解光流是一个不适定的问题。以下以 X 射线冠状动脉造影图像序列中血管骨架运动场的估计为例，介绍两种克服这种不适定问题的方法。

6.2.4 梯度光流法

1．方法原理

光流约束方程将物体在图像平面上投影的空间灰度变化$(\partial I/\partial x, \partial I/\partial y)$、图像点的灰度随时间的变化$\partial I/\partial t$、以及物体的 x 和 y 速度分量$(\mathrm{d}x/\mathrm{d}t, \mathrm{d}y/\mathrm{d}t)$联系起来。为了充分确定光流，需

要在 OFCE 的基础上附加一些新的约束条件，最著名的是整体平滑性约束。Horn 等[20]根据同一运动物体引起的光流场应该是连续、平滑的，即同一物体上相邻点的速度是相似的，那么其投影到图像上的光流变化也应该是平滑的这一特点，提出了一种加在光流场上的附加约束，即整体平滑约束，利用该约束将光流的计算问题转化为一个变分问题。这个关于变化率最小的假设在一个物体内部是合理的，因为在物体内部旋转和比例变化使像素间的速度变化很小，但这样的假设在物体边界处是不正确的。

下面以 X 射线冠状动脉造影图像序列中血管骨架的运动估计问题为例，介绍梯度光流法的基本原理。假设对于图像平面中足够小的血管区域以及足够小的时间间隔内，两帧图像之间的运动可以用线性二维运动向量场描述。但这样图像上各点的运动就会和它们的坐标相关，导致计算出来的位移不准确。为了解决这个问题，得到其他的约束条件，从而完全确定光流的两个分量(u, v)，对于图像平面中血管上足够小的区域 ROI（Region Of Interest），在足够小的时间间隔内，两帧图像之间的运动可以认为是线性的，即

$$\begin{cases} u = V_x \\ v = V_y \end{cases} \tag{6-35}$$

式中，V_x和 V_y是常量。

当冠状动脉管腔中充满造影剂的时候，假设两帧图像之间血管的亮度不会发生很大的变化，则

$$\frac{\mathrm{d}I}{\mathrm{d}t}=0 \tag{6-36}$$

将式（6-35）和式（6-36）代入式（6-21）中，得到

$$V_x\frac{\partial I}{\partial x}+V_y\frac{\partial I}{\partial y}=-\frac{\partial I}{\partial t} \tag{6-37}$$

式中的三个偏导数可以根据式（6-26）从图像序列中估计出来。该方程对于所选 ROI 中的每个像素都成立。这样就得到了由 N 个（N 是 ROI 中像素的个数）方程所组成的方程组，可用矩阵形式表示为：

$$\begin{pmatrix} I_{x1} & I_{y2} \\ \cdot & \cdot \\ \cdot & \cdot \\ \cdot & \cdot \\ \cdot & \cdot \\ \cdot & \cdot \\ I_{xN} & I_{yN} \end{pmatrix}\begin{pmatrix} V_x \\ V_y \end{pmatrix}=\begin{pmatrix} -I_{t1} \\ \cdot \\ \cdot \\ \cdot \\ \cdot \\ \cdot \\ -I_{tN} \end{pmatrix} \tag{6-38}$$

其中，第一个矩阵大小是 $N\times2$ 的，包含像素灰度的空间导数。它与一个 2×1 的列向量相乘，该向量中包含运动参数(V_x, V_y)。等式右边是一个 $N\times1$ 的列向量，它包含灰度的时间偏导数。这就产生了方程的超定问题：2 个未知数，N 个方程。采用最小二乘法可以很容易地求解该方程，且所花费的计算时间比常用的迭代法要少。

实际上，在图像平面中只有冠状动脉在运动，这就意味着为了计算出所需的运动，必须只在与运动的血管相对应的像素上应用最小二乘法。要实现这一点，在进行运动估算之前，

可先对图像进行预处理：采用低通滤波减少图像中的噪声和背景亮度的变化，并采用阈值法选择具有足够大的空间和时间偏导数的像素。

血管上的一点 P_i 从时刻 t_{k-1} 的位置 $(X_i^{k-1}, Y_i^{k-1}, Z_i^{k-1})$ 运动到时刻 t_k 的位置 (X_i^k, Y_i^k, Z_i^k)，时间间隔为 $\Delta t = t_k - t_{k-1}$。在图像平面上表现为从位置 $p(x_i^{k-1}, y_i^{k-1})$ 移动到 $p'(x_i^k, y_i^k)$，其位移量为 $(\Delta x_i^k, \Delta y_i^k)$。计算出 ROI 的光流 (u^k, v^k) 之后，就可以得到 ROI 的位移

$$\begin{cases} \Delta x_i^k = u^k \Delta t \\ \Delta y_i^k = v^k \Delta t \end{cases} \tag{6-39}$$

式中，i=1,2,…,N，N 是 ROI 中的像素点数。也就是说，已知 ROI 中的一点在时刻 t_{k-1} 的位置 (x_i^{k-1}, y_i^{k-1}) 就可以计算出它在时刻 t_k 的位置 $(x_i^k, y_i^k) = (x^{k-1} + \Delta x_i^k, y^{k-1} + \Delta y_i^k)$。设 p 点的瞬时速度为 V_i^k，那么 V_i^k 的大小和方向分别为

$$\left|V_i^k\right| = [(\Delta x_i^k)^2 + (\Delta y_i^k)^2]^{1/2} / \Delta t \tag{6-40}$$

$$\theta_i^k = \arctan(\Delta y_i^k / \Delta x_i^k) \tag{6-41}$$

根据亥姆霍兹（Helmholtz）理论，非刚体上任一个有限微元的二维运动可以分解为两个正交方向上的平移、旋转和变形，微元内运动场的数学表达式为

$$\begin{pmatrix} x_i^k \\ y_i^k \end{pmatrix} = \boldsymbol{T} + \boldsymbol{R} \begin{pmatrix} x_i^{k-1} \\ y_i^{k-1} \end{pmatrix} + \boldsymbol{D} \begin{pmatrix} x_i^{k-1} \\ y_i^{k-1} \end{pmatrix} \tag{6-42}$$

该式表达了同一点在时刻 t_k 的位置 (x_i^k, y_i^k)，与它在时刻 t_{k-1} 的位置 (x_i^{k-1}, y_i^{k-1}) 的关系。其中

$$\boldsymbol{T} = \begin{pmatrix} a \\ b \end{pmatrix}, \quad \boldsymbol{R} = \begin{pmatrix} \cos\theta & -\sin\theta \\ \sin\theta & \cos\theta \end{pmatrix}, \quad \boldsymbol{D} = \begin{pmatrix} \alpha & \gamma \\ \gamma & \beta \end{pmatrix} \tag{6-43}$$

$\boldsymbol{T}$ 是微元的刚性平移向量，$\boldsymbol{R}$ 是旋转矩阵，$\boldsymbol{D}$ 是变形矩阵。θ 为像素点绕坐标原点的旋转角。显然 $\boldsymbol{D}$ 是对称矩阵，它的两个特征值 λ_1 和 λ_2 分别表示微元膨胀和收缩变形的量，相应的特征向量表示变形的方向。$\boldsymbol{R}$ 是正交矩阵，由于是小角度的旋转，所以有如下近似：$\sin\theta \approx \theta$，$\cos\theta \approx 1$，那么

$$\boldsymbol{R} = \begin{pmatrix} 1 & -\theta \\ \theta & 1 \end{pmatrix} \tag{6-44}$$

代入式（6-42）中得到

$$\begin{pmatrix} x_i^k \\ y_i^k \end{pmatrix} = \begin{pmatrix} a \\ b \end{pmatrix} + \begin{pmatrix} 1 & -\theta \\ \theta & 1 \end{pmatrix} \begin{pmatrix} x_i^{k-1} \\ y_i^{k-1} \end{pmatrix} + \begin{pmatrix} \alpha & \gamma \\ \gamma & \beta \end{pmatrix} \begin{pmatrix} x_i^{k-1} \\ y_i^{k-1} \end{pmatrix} \tag{6-45}$$

上述方程中包含六个未知数 $(a, b, \theta, \alpha, \beta, \gamma)$，而对于每个像素可以得到两个方程

$$\begin{cases} x_i^k = a + (1+\alpha) x_i^{k-1} + (\gamma - \theta) y_i^{k-1} \\ y_i^k = b + (\theta + \gamma) x_i^{k-1} + (1+\beta) y_i^{k-1} \end{cases} \tag{6-46}$$

因此需要 ROI 中至少三个点才能解出上述方程。对 ROI 中的 N 个点，分别求出它们在下一个时刻的位置，代入式（6-45）中得到用矩阵形式表达的方程组：

$$\begin{pmatrix} x_1^{\ k-1} & y_1^{\ k-1} & 1 \\ x_2^{\ k-1} & y_2^{\ k-1} & 1 \\ . & . & . \\ . & . & . \\ . & . & . \\ x_N^{\ k-1} & y_N^{\ k-1} & 1 \end{pmatrix} \begin{pmatrix} 1+\alpha \\ \gamma-\theta \\ a \end{pmatrix} = \begin{pmatrix} x_1^{\ k} \\ x_2^{\ k} \\ . \\ . \\ . \\ x_N^{\ k} \end{pmatrix} \tag{6-47}$$

$$\begin{pmatrix} x_1^{\ k-1} & y_1^{\ k-1} & 1 \\ x_2^{\ k-1} & y_2^{\ k-1} & 1 \\ . & . & . \\ . & . & . \\ . & . & . \\ x_N^{\ k-1} & y_N^{\ k-1} & 1 \end{pmatrix} \begin{pmatrix} \theta+\gamma \\ 1+\beta \\ b \end{pmatrix} = \begin{pmatrix} y_1^{\ k} \\ y_2^{\ k} \\ . \\ . \\ . \\ y_N^{\ k} \end{pmatrix} \tag{6-48}$$

采用最小二乘法分别求解式（6-47）和式（6-48），即可得到$(a,b,\theta,\alpha,\beta,\gamma)$的值。

Hermite 矩阵 $\boldsymbol{D}$ 的两个特征值 λ_1 和 λ_2 分别表示微元的膨胀\收缩变形的量，相应的特征向量表示变形的方向。

如假设组织的变形是线性的，且心肌是不可压缩的，令 $\lambda_1\lambda_2\lambda_3=1$，即 $\lambda_3=1/\lambda_1\lambda_2$，$\lambda_3$ 是垂直于心外膜表面的变形，即心室壁的增厚。λ_3 是一个重要的参数，因为它包含了两个特征值 λ_1 和 λ_2，因此仅用一个值就可以表达心外膜的收缩性。

2．结果举例

图 6-12 是对从一个 X 射线左冠状动脉造影图像序列中选取的相邻两帧图像进行实验的结果，图像的采集速率为 30f/s。在图 6-12a 中手动选择三个血管分叉点之后，用三个以这些分叉点为圆心、直径为 9 个像素的圆作为跟踪窗口，跟踪它们的运动。在利用梯度光流法估算运动参数之后，跟踪窗口在图 6-12b 中会自动标记出分叉点及其相邻像素在运动之后的位置。图 6-12c、d、e 分别为图 6-12a 中的三个 ROI 被放大 2 倍之后的显示结果。

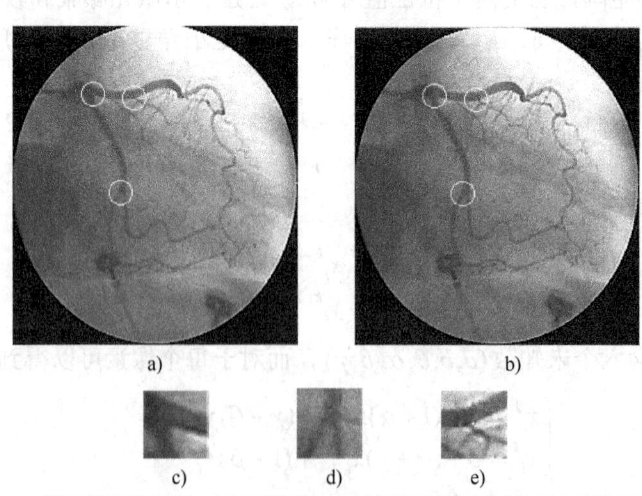

图 6-12　采用梯度光流法，用跟踪窗口对连续两帧图像进行运动估计的结果

a) 第一帧图像　b)第二帧图像　c) d) e)　图 a 中的三个 ROI 被放大 2 倍之后的显示结果

梯度光流法的优点包括：

1）算法简单直观，不需要事先对原始图像进行二维骨架提取，就可直接进行运动估算。

2）由于采用了基于最小二乘拟合的计算方法，因此比迭代的光流法运算速度快。

3）线性运动场可以很容易的分解成平移、旋转和变形（收缩\膨胀）等运动分量，这些运动场反映了 ROI 的整体运动、旋转以及二维膨胀/收缩的模式。

但采用该方法只能得到对目标局部的运动参数估算，无法一次获得对目标整体的运动估算。并且算法不是全自动的，需要操作者在运算开始时选择 ROI。

6.2.5 特征光流法

1．方法原理

特征法即找到图像的特征（如边缘、拐角或其他位置确定的二维结构），然后跟踪它们的运动，计算特征点的光流，得到像素点的位移。包括以下两个步骤：

1）从两幅或多幅连续图像中提取出图像特征：由于特征提取会去掉图像中不重要的部分，所以会减少要处理的信息量（因而也会减少运算量），从而得到对场景更高层次的理解。

2）对各帧图像的特征进行匹配：最简单也是最常用的方法是采用两帧，对两个特征的集合进行匹配，得到一个运动向量的集合。

比如我们选择的特征是图像中运动物体的轮廓线，用二维图像点(x_i, y_i)，$i=1,2,......N$的有序集合表示，需要确定连续两帧图像之间目标轮廓的运动速度(u_i, v_i)。应用全局平滑约束，使光流变化的测度最小，这里选择的测度是沿轮廓的速度变化。如果它被完全最小化了，就会造成大量的数据被忽略。因此需要在最小化方程中加入平衡因子，用来测量估计出的光流与测得的位移的拟合程度。因此，得到如下的最小化问题：

$$\varPhi = \int \left(\left(\frac{\partial u}{\partial s} \right)^2 + \left(\frac{\partial v}{\partial s} \right)^2 \right) \mathrm{d}s + \beta \int (\boldsymbol{V} \cdot \boldsymbol{n} - V^{\perp})^2 \mathrm{d}s \tag{6-49}$$

使$\varPhi$最小的(u_i, v_i)就是所要求解的速度集。其中，$\boldsymbol{V}=(u,v)$是要估计的光流；

$$\boldsymbol{n} = (n_x, n_y)^{\mathrm{T}} = \frac{\nabla I}{\|\nabla I\|} \tag{6-50}$$

$\boldsymbol{n}$是垂直于边缘（即灰度梯度方向）的单位向量，即归一化的梯度向量；β是权重因子，它决定式中两部分的相对重要性；“·”表示两向量的点积；

$$V^{\perp} = -\frac{I_t}{\|\nabla I\|} \tag{6-51}$$

$V^{\perp}$是光流沿灰度梯度方向上的分量；$\nabla I = (I_x, I_y)^{\mathrm{T}}$是图像点的空间灰度变化，$\|\nabla I\| = \sqrt{I_x^2 + I_y^2}$。所以

$$\begin{cases} n_x = \dfrac{I_x}{\sqrt{I_x^2 + I_y^2}} \\ n_y = \dfrac{I_y}{\sqrt{I_x^2 + I_y^2}} \end{cases} \tag{6-52}$$

注意，在计算$\|\nabla I\|=\sqrt{I_x^2+I_y^2}$时，应使$I_x$和$I_y$不同时为零。

式（6-47）中第一部分是轮廓上相邻点的光流变化，第二部分是估算出来的光流在灰度梯度方向上的分量与由光流约束方程直接求得的光流在亮度梯度方向上分量的相似程度，它被β加权。在轮廓封闭的情况下，如果点在空间均匀分布，那么式（6-47）的离散形式为

$$\varPhi=\left(u_1-u_n\right)^2+\left(v_1-v_n\right)^2+\sum_{i=2}^{N}\left[\left(u_i-u_{i-1}\right)^2+\left(v_i-v_{i-1}\right)^2\right]+\beta\sum_{i=1}^{N}\left(\boldsymbol{V}_i\cdot\boldsymbol{n}_i-V_i^{\perp}\right)^2 \tag{6-53}$$

N为轮廓线上像素的总数。

对于 X 射线冠状动脉造影图像序列，由于血管的中心线是开轮廓，所以式（6-49）的离散形式为：

$$\begin{aligned}\varPhi&=\sum_{i=2}^{N}\left[(u_i-u_{i-1})^2+(v_i-v_{i-1})^2\right]+\beta\sum_{i=1}^{N}(\boldsymbol{V}_i\cdot\boldsymbol{n}_i-V_i^{\perp})^2\\&=\sum_{i=2}^{N}[\left(u_i-u_{i-1}\right)^2+\left(v_i-v_{i-1}\right)^2+\beta(\boldsymbol{V}_i\cdot\boldsymbol{n}_i-V_i^{\perp})^2]+\beta(\boldsymbol{V}_1\cdot\boldsymbol{n}_1-V_1^{\perp})^2\end{aligned} \tag{6-54}$$

使上式最小化，令

$$\frac{\partial\varPhi}{\partial u_i}=0 \quad 和 \quad \frac{\partial\varPhi}{\partial v_i}=0 \tag{6-55}$$

得到方程组，用矩阵的形式表示为

$$\begin{pmatrix}\boldsymbol{A}_1&\boldsymbol{A}_0\\\boldsymbol{A}_0&\boldsymbol{A}_2\end{pmatrix}\begin{pmatrix}\boldsymbol{u}\\\boldsymbol{v}\end{pmatrix}=\begin{pmatrix}\boldsymbol{b}_0\\\boldsymbol{b}_1\end{pmatrix} \tag{6-56}$$

式中，

$\boldsymbol{u}=\left(u_1,u_2,...,u_N\right)^{\mathrm{T}}$ ， $\boldsymbol{v}=\left(v_1,v_2,...,v_N\right)^{\mathrm{T}}$ ， $\boldsymbol{A}_0=2\beta\cdot diag(n_{x1}\cdot n_{y1},n_{x2}\cdot n_{y2},...,n_{xN}\cdot n_{yN})^{\mathrm{T}}$ ，
$\boldsymbol{A}_1=2\beta\cdot diag((n_{x1})^2,(n_{x2})^2,...,(n_{xN})^2)+\boldsymbol{T}$ ， $\boldsymbol{A}_2=2\beta\cdot diag((n_{y1})^2,(n_{y2})^2,...,(n_{yN})^2)+\boldsymbol{T}$ ，
$\boldsymbol{b}_0=2\beta\cdot(n_{x1}\cdot V_1^{\perp},n_{x2}\cdot V_2^{\perp},...,n_{xN}\cdot V_N^{\perp})^{\mathrm{T}}$， $\boldsymbol{b}_1=2\beta\cdot(n_{y1}\cdot V_1^{\perp},n_{y2}\cdot V_2^{\perp},...,n_{yN}\cdot V_N^{\perp})^{\mathrm{T}}$ ，

$$\boldsymbol{T}=\begin{pmatrix}2&-2&&&&\\-2&4&-2&&&\\&\cdot&\cdot&\cdot&&\\&&\cdot&\cdot&\cdot&\\&&&\cdot&\cdot&\cdot\\&&&-2&4&-2\\&&&&-2&2\end{pmatrix} \tag{6-57}$$

式中，矩阵$\boldsymbol{T}$中所有没标出的元素都是0。(n_{xi}, n_{yi})由式（6-52）求出，中心线上各点灰度的时间和空间导数可由式（6-26）求出。

式（6-56）对于中心线上的每个像素都成立。$\boldsymbol{A}_0$、$\boldsymbol{A}_1$、$\boldsymbol{A}_2$是$N\times N$的方阵，$\boldsymbol{b}_0$、$\boldsymbol{b}_1$是$N\times 1$的列向量。这样就产生了$2N$个线性方程，$2N$个未知量。该方程为大型稀疏矩阵的线性代数方程组，而且$\boldsymbol{A}_0$、$\boldsymbol{A}_1$、$\boldsymbol{A}_2$组成的矩阵是正定的，可以采用共轭梯度（斜量）法求解。

其优点是，作为迭代法不必像超松弛迭代法那样选取松弛因子，而且对矩阵的元素结构也没有特殊要求（例如相容次序等）。缺点是，计算过程对舍入误差比较敏感。但总的来说，用它来求解上述线性方程组，无论从存储要求或计算工作量方面来看，都不失为一个有效的方法。

计算出轮廓上各像素的光流(u_i, v_i)之后，就可以由式（6-39）得到相应的位移，由式（6-40）和式（6-41）得到瞬时速度的大小和方向。

2. 结果举例

图 6-13 是对采集速率为 30f/s 的左冠状动脉造影图像序列进行特征光流法验证实验的结果，图像大小为 256×256 像素。图 6-13a 为连续两帧原始图像，图 6-13b 是从原始图像中提取出的主要血管分支的骨架，图 6-13c 是采用特征光流法沿血管中心线进行运动估算的结果，其中 β=0.001，图中用线段表示各骨架点的二维运动向量（为了清晰起见，运动向量都被乘以 30 放大了）。

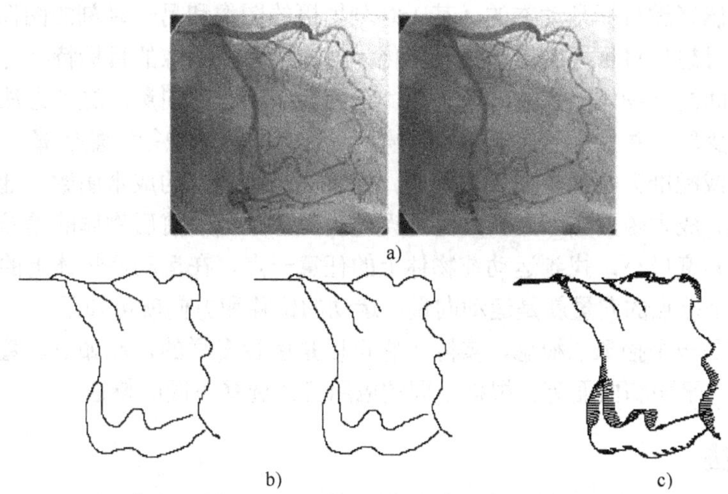

图 6-13　采用临床 X 射线冠状动脉造影图像序列验证特征光流法的实验结果

a) 连续两帧原始图像　b) 主要血管分支的骨架　c) 采用特征光流法，沿血管骨架进行运动估算的结果

与梯度光流法相比，采用特征光流法对运动图像序列中目标的运动进行估算，可以得到对目标整体的运动估算。而且除特征提取之外，其余步骤是全自动的，不需要操作者的参与。但是需事先对图像进行分割，提取出目标的特征，因此估算结果受特征提取质量的影响很大。

光流场的计算与分析是序列图像运动估计的一项重要研究内容，主要方法包括：时空梯度技术、特征点匹配技术、相关方法和频域分析方法等。它们利用图像序列的时空灰度变化估计光流场，可获得图像上每一点的瞬时速度分布。其优点是不考虑特征匹配问题，在实际应用中可降低难度。

采用光流法估计运动图像序列中目标运动场的局限性在于：

1）由于需要计算图像中像素的灰度值对 x、y 坐标和时间 t 的偏导数，因此估计结果受原图像的质量影响很大，对噪声很敏感，且抗噪性能较差。

2）由于在光流场计算基本公式的导出过程中应用了泰勒级数展开，因此隐含着认为灰度变化以及速度场的变化都是连续的。但在实际情况中，图像中的灰度变化以及速度场都可能出现不连续，例如，景物中各个独立的表面就使光流的速度场成为非连续的。光流场计算基本公式在出现这种不连续时是否仍然成立是一个值得讨论的问题。同时，由于通常情况下灰度变化以及速度场的变化都是不连续的，因而应用光流场计算基本等式，理论上只能求解灰度变化小于 1 个像素的连续两帧图像，而无法求得大位移情况下的光流场。

3）要求较高的图像帧采样率。

4）运算量大，实时性差。

5）只能计算出骨架点或轮廓点的运动向量，无法得到两幅图像点之间的对应（匹配）关系。

6.3 基于配准的运动图像分析

如果图像中感兴趣目标是动态的，某一时刻拍摄的图像和另一时刻的图像是不同的，因而该方法的基本思想是将目标的运动估算转化为对连续两帧图像的目标特征进行匹配，通过寻找两帧图像之间同一物体上点的对应关系，得到各点的运动向量。这种方法可用于当目标发生比较严重的变形，并且变形是未知的时候，对目标的运动进行定量估算。

特征匹配（或配准）是一个最优化问题，需事先选择适当的成本函数，通过使其最小，得到最优的匹配。成本函数实际上就是匹配误差函数，是运动前后物体的差异度，配准法就是通过使这个差异度最小，找到运动前物体上的任意一点，在运动后物体上的对应点，那么以对应点作为两个端点的向量就是运动向量，运动的位移和方向就可知了。

这里的特征是一个抽象的概念，实际上它可以是多种多样的，比如点、直线段、曲线、拐角、二维区域、平面和曲面等。根据不同的应用应该选择不同的特征。

6.3.1 配准方法

本节将以 X 射线冠状动脉造影图像序列中血管骨架的运动估计为例，说明配准方法是如何具体实施的。

我们选择的图像特征是图像中血管的中心线，前提是已经从图像序列中提取出了各时刻主要血管分支的单像素、八连通的中心线。要求中心线是单像素的，是为了能够方便的将血管骨架表示成点的有序集合。分别将两帧图像中某一血管分支的中心线表示为像素的有序序列 s_1 和 s_2：

$$\mathbf{s}_1(m)=[x_1(m),y_1(m)],m=0,1,....,M-1$$

$$\mathbf{s}_2(n)=[x_2(n),y_2(n)],n=0,1,....,N-1 \tag{6-58}$$

式中，M 和 N 分别为 s_1 和 s_2 中像素点的个数；$\mathbf{s}_1(m)$ 是骨架 s_1 中的第 m 个像素；$\mathbf{s}_2(n)$ 是骨架 s_2 中的第 n 个像素；$(x_1(m),y_1(m))$ 和 $(x_2(n),y_2(n))$ 为像素的坐标。由于心脏会发生膨胀或收缩变形，因此 M 与 N 不一定相等，这里设 $N \geqslant M$。

问题是选择适当的成本函数，通过使成本函数最小，找到 s_1 和 s_2 之间的最优匹配，即为第一帧图像中的每个像素 $\mathbf{s}_1(m)$（$m=0,1,...,M-1$）找到在第二帧图像 $\mathbf{s}_2(n)$（$n=0,1,...,N-1$）中与之相对应的像素：$\mathbf{s}_1(m)\to\mathbf{s}_2(n)$。其中，$n$ 由下式给出：

$$n = u(m) \tag{6-59}$$

式中，$u(\cdot)$是映射函数。为了简单起见，用$s_1{}^m$表示s_1中的第 m 个像素，$s_2{}^n$表示s_2中的第 n 个像素。用匹配单元$M_{m,n}$来表示骨架像素$s_1{}^m$和$s_2{}^n$之间的匹配关系：如果它们是匹配的，那么$M_{m,n}=1$；否则$M_{m,n}=0$。用对应关系或运动向量表示像素的位置从这一帧到下一帧的变化（如图 6-14 所示）。令$\boldsymbol{d}(m,n)$为像素$s_1{}^m$与像素$s_2{}^n$之间的运动向量：

$$\boldsymbol{d}(m,n) = \boldsymbol{s}_2(m) - \boldsymbol{s}_1(n) = (x_2(n) - x_1(m), y_2(n) - y_1(m)) \tag{6-60}$$

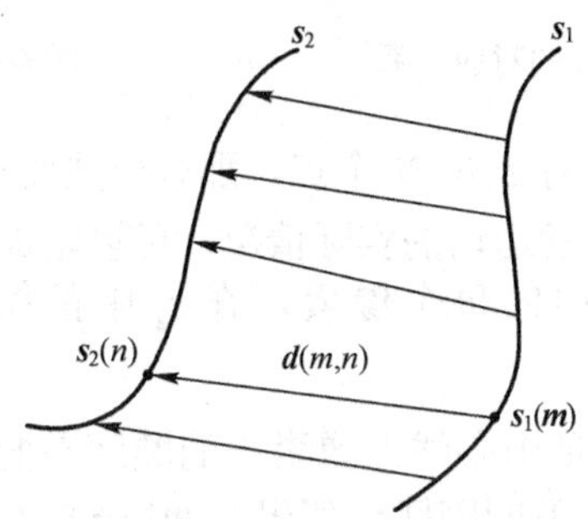

图 6-14　像素的位置从当前帧到下一帧的变化用运动向量来表示

考虑到运动场的光滑性和血管的形状相似度，同时由于变形前后血管的长度可能不同，因而需考虑对无匹配部分的处理，以保证匹配的均匀性，设计如下的成本函数：

$$C(m-1, n_p, m, n) = \sum_{m=1}^{M-1} [|\Delta\boldsymbol{d}(m)| + \lambda|\kappa_2(n) - \kappa_1(m)| + \eta(n-n_p)^2] \tag{6-61}$$

式中，n 是 s_2 中与$s_1{}^m$相匹配的点的序号；n_p 是 s_2 中与$s_1{}^{m-1}$相匹配的点的序号；$\Delta\boldsymbol{d}(m) = \boldsymbol{d}(m,n) - \boldsymbol{d}(m-1,n_p)$为相邻点的运动向量之差，如图 6-15 所示；$\lambda$和 η 是权重参数；$\kappa_i(x)$是曲线 i 在点 x 处的曲率，曲率刻画了曲线的弯曲程度，可唯一确定平面曲线的形状。

曲率定义为曲线切矢量相对于弧长的转动率，即单位弧长上相邻两点切矢量的夹角。这里用曲线的弦矢量近似表示切矢量，则曲率的表达式可写作

$$\kappa_1(m) \approx \theta_1(m) = \arccos\left[\frac{(\boldsymbol{s}_1(m) - \boldsymbol{s}_1(m-1)) \cdot (\boldsymbol{s}_1(m+1) - \boldsymbol{s}_1(m))}{|\boldsymbol{s}_1(m) - \boldsymbol{s}_1(m-1)| \cdot |\boldsymbol{s}_1(m+1) - \boldsymbol{s}_1(m)|}\right] \tag{6-62}$$

式中，$\theta_1(m)$是向量$\boldsymbol{s}_1(m) - \boldsymbol{s}_1(m-1)$和向量$\boldsymbol{s}_1(m+1) - \boldsymbol{s}_1(m)$的夹角，如图 6-16 所示。

成本函数中的第一部分是s_1中相邻点的运动向量变化（包括大小和方向的改变）。考虑到同一物体上物理上相连的两点的运动是相似的，因此为了保证运动场的光滑性，应使s_1中相邻点的运动向量变化最小。第二部分是变形前后的血管骨架上对应点的曲率变化，它表达了血管形状的改变。由于心脏的膨胀和收缩，通常情况下$N \neq M$，若设$N > M$，那么s_2中就有一部分点无匹配。式（6-61）中的第三部分$\eta(n-n_p)^2$是为了保证相邻的匹配像素之间不会有大的跳跃，使无匹配的部分尽量小，从而得到均匀的匹配结果。

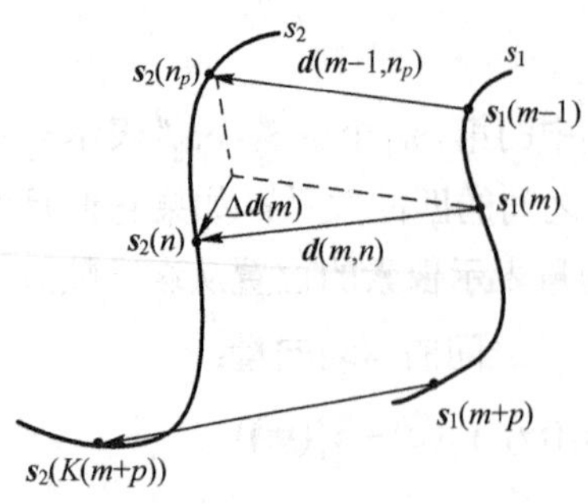

图 6-15　变形前后的血管中心线上点的对应关系

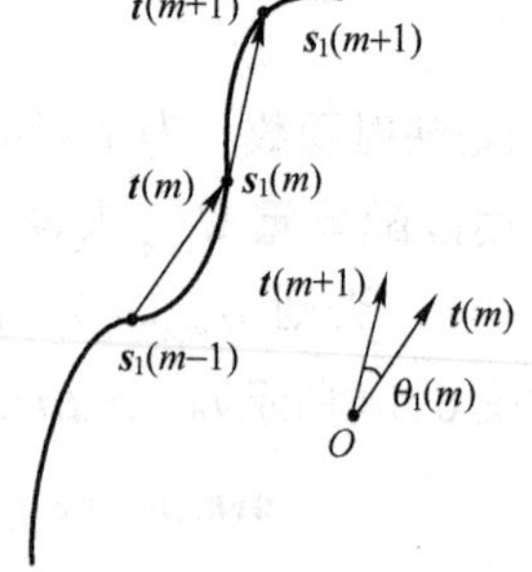

图 6-16　曲线上相邻两点的切线转角

如果时刻 1 有 M 个点，时刻 2 有 N 个点，那么一共要搜索 $N \cdot M$ 个点。为了减小搜索空间，加快搜索速度，考虑到血管运动的实际情况，可以附加一些约束条件：

1）唯一性约束：对于 s_1 中的每个像素，在 s_2 中都能找到一个元素与之相匹配：$\forall m, \exists n \mid \boldsymbol{s}_1(m) \to \boldsymbol{s}_2(n)$。

2）单调性约束：匹配中保证中心线上像素点的顺序不变，不允许交叉匹配，因为大多数的心脏变形并不改变血管上元素的顺序：如果 $\boldsymbol{s}_1(m) \to \boldsymbol{s}_2(n)$ 且 $\boldsymbol{s}_1(m-1) \to \boldsymbol{s}_2(n_p)$，那么 $n \geqslant m$ 且 $n > n_p$。

3）位移约束：如果 $\boldsymbol{s}_1(m) \to \boldsymbol{s}_2(n)$，那么 $n - m \leqslant N - M$。

6.3.2　最优匹配的搜索

通过使成本函数最小，从 s_2 中找出 M 个点，这些点是 s_1 中相应的 M 个点 $(s_1^{\ 0}, s_1^{\ 1}, \ldots, s_1^{\ M-1})$ 的最优匹配。也就是说，寻找这样一个集合 K，它是由 $k_0, k_1, \ldots, k_{M-1}$ 所组成的，k_i 是 s_2 中与 $s_1^{\ m_i}\ (i = 0,1,\ldots,M-1)$ 相匹配的元素的序号。即：

$$K = \left\{ k_i \middle| M_{m_i, n_i} = 1, i = 0,1,\ldots,M-1 \right\} \tag{6-63}$$

式中，$n_i \geqslant m_i$ 且 $n_i < n_{i+1}$。采用动态规划（Dynamic Programming，DP）完成对最优匹配的搜索，可大大减少计算量，节省计算时间，而且非常适合于编程。

动态规划是运筹学的一个分支，是求解决策过程最优化的数学方法。20 世纪 50 年代初美国数学家 Bellman 等在研究多阶段决策过程的优化问题时，提出了著名的最优化原理，把多阶段过程转化为一系列单阶段问题，逐个求解，创立了解决这类过程优化问题的新方法——动态规划。自动态规划问世以来，它在经济管理、生产调度、工程技术和最优控制等方面得到了广泛的应用。例如最短路线、库存管理、资源分配、设备更新、排序、装载等问题，用动态规划方法比用其他方法求解更为方便。虽然动态规划主要用于求解以时间划分阶段的动态过程的优化问题，但是一些与时间无关的静态规划（如线性规划、非线性规划），只要人为地引进时间因素，把它视为多阶段决策过程，也可以用动态规划方法方便地求解。

动态规划的实质是分治思想和解决冗余，是在最优化的假设前提下，把一个 N 个变量的问题分解成 N 个阶段单变量的问题加以解决。可将 DP 看作是一幅图表，如图 6-17 所示，$s_1 s_2$ 平面中的每个栅格点都表示一个数对 $\left[s_1(m), s_2(n) \right]$，它是两幅图像中元素的一个可能的组合。注意：由于会发生变形，以及在骨架中可能会存在遮挡和噪声，因此很可能$M \neq N$。

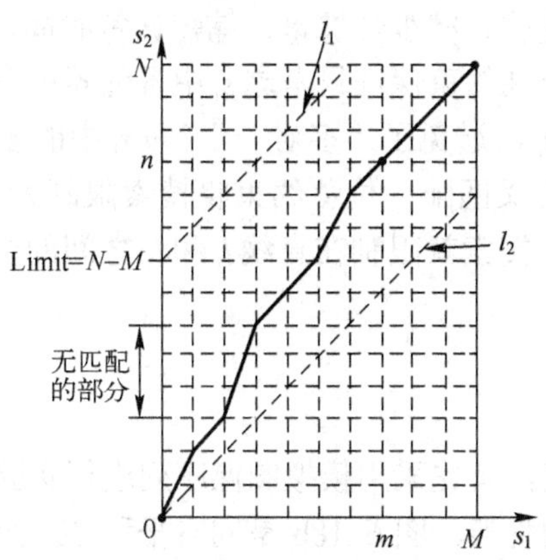

图 6-17　动态规划示意图

两幅图像一个完整的配准可以看作是连接第一幅图像的元素与它在第二幅图像上的匹配元素的组合的一条路径。DP 的目的就是找到最佳路径，即使得 m=M 时各数对的累计成本最小的路径。DP 是通过沿 s_1 轴的 M 步优化求解的：

开始时，m=1，根据已知的成本函数计算出每个可能数对$[s_1(1),s_2(n)],n=1,2,...,N$ 的成本值。在接下来的步骤 $m(m\geqslant 2)$ 中，确定终点为$[s_1(m),s_2(n)],n=1,2,...,N$ 的、具有最小累计成本值的路径（最佳路径）。方法是连接该点与前一步中的各点$[s_1(m-1),s_2(l)]$ ($l=1,2,...,N$)，计算出各条路径的成本值，并且从中选择出具有最小累计成本值的路径。令 $c(m,n,m-1,u(m-1))$ 为连接点$[s_1(m),s_2(n)]$和上一步中的点$[s_1(m-1),s_2(u(m-1))]$的成本值，$C(m,n)$ 是终点为$[s_1(m),s_2(n)]$的路径的最小的累计成本值。将成本值加在 $C(m-1,u(m-1))$ 上，得到累计成本值 $Q(m,n,m-1,u(m-1))$。对于步骤 m 中的每个节点$[s_1(m),s_2(n)]$，有 N 个累计成本值 $Q(m,n,m-1,u(m-1))$，$u(m-1)=1,2,...,N$。$C(m,n)$ 是由下式定义的：

$$\begin{aligned}C(m,n)&=\min_{u(m-1)}\{Q(m,n,m-1,u(m-1))\}\\&=\min_{u(m-1)}\{C(m-1,u(m-1))+c(m,n,m-1,u(m-1))\}\end{aligned}\tag{6-64}$$

如前所述，这里

$$c(m,n,m-1,u(m-1))=|\Delta\boldsymbol{d}(m)|+\lambda|\kappa_2(n)-\kappa_1(m)|+\eta[n-u(m-1)]^2\tag{6-65}$$

且 $C(0,0)=0$。产生最小累计成本 $C(m,n)$ 的节点$[s_1(m-1),s_2(u(m-1))]$就成为节点$[s_1(m),s_2(n)]$的先趋。对于所有的 M 个像素重复上述过程，在最后一步即 m=M 时得到的最佳路径也就是整个问题的最优路径。

最后，令$\{s_2(u_n(m-1)),s_2(u_n(m-2)),...,s_2(u_n(1))\}$为与终点为$[s_1(m),s_2(n)]$的路径相关的像素，这样属于路径 n 的全部节点就是

$$\{[s_1(1),s_2(u_n(1))],[s_1(2),s_2(u_n(2))],...,[s_1(m),s_2(n)]\}\tag{6-66}$$

在每个节点$[s_1(m),s_2(n)]$处，都需要计算连接该点与前一步的每个点$[s_1(m-1),s_2(k)]$

(k=1,2,…,N)的成本值，因此 DP 的复杂度为$O(MN^2)$。

为了避免逐个像素进行比较，减少计算量，缩短计算时间，可利用前面提到的约束条件限制可能解的搜索空间：唯一性约束保证只考虑s_1中各元素的最佳匹配。单调性约束限制了可能解的搜索空间，即$n_i \geqslant m_i$，避免了“多对一”（即s_1中的多个元素与s_2中的一个元素相匹配），且$n_i < n_{i+1}$，避免了交叉匹配。位移约束将搜索限制为$n_i - m_i \leqslant N - M$。如图 6-17 所示，考虑上述约束条件后，搜索就限制在直线l_1和l_2之间的区域，从而减小了搜索空间，加快了搜索速度。

6.3.3 结果举例及讨论

为了定量估计算法的精度，首先采用模拟图像序列进行实验。图 6-18a 是从一幅造影图像中提取出的一个血管分支的骨架。图 6-18b 是向右平移 20 个像素，再上移 10 个像素；图 6-18c 是绕原点逆时针旋转 5°；图 6-18d 是先向右平移 20 个像素，上移 10 个像素，再逆时针旋转 5°，得到运动后的骨架。对运动前后的骨架采用上述算法进行匹配，结果如图 6-19 所示（每隔四点显示一个运动向量）。

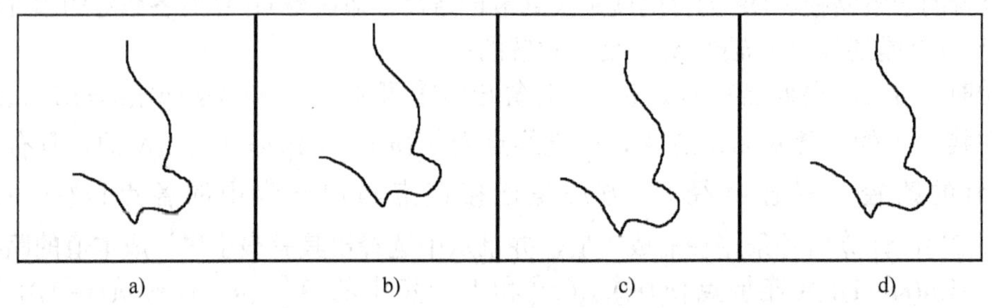

图 6-18 原始血管骨架及其运动后的结果

a) 一个血管分支的骨架 b) 平移后的骨架 c) 旋转后的骨架 d) 平移并旋转后的骨架

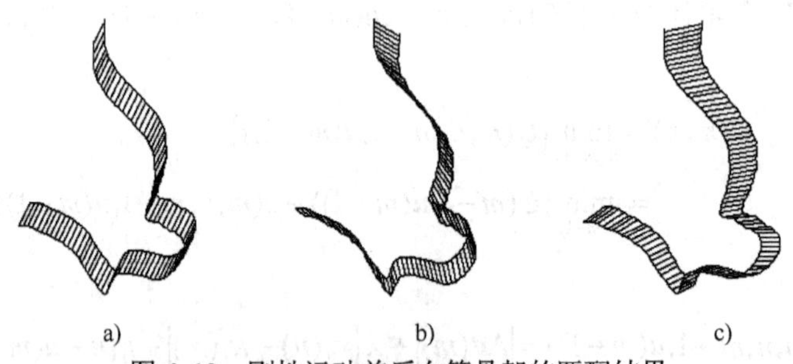

图 6-19 刚性运动前后血管骨架的匹配结果

a) 平移 b) 旋转 c) 平移并旋转

由于实际的冠状动脉运动是非刚性的，因此实验中模拟了发生膨胀的球。如图 6-20a 所示，对半径不同的两个同心圆进行匹配，该实验可看作是对发生膨胀的球上的点进行运动估算。这里膨胀后球的半径是膨胀前的 2 倍。由于圆上任一点的曲率皆为半径的倒数，即圆的弯曲程度各处一样，因此成本函数式（6-61）中的第二部分$\lambda|k_2(n) - k_1(m)|$不起作用。匹配结果如图 6-20b 所示，图中用直线段连接两圆上的匹配像素，表示该点的运动向量（为清晰起见每隔 4 个像素显示一个运动向量）。由图可见虽然两个球半径差别很大，应用该算法仍

然得到了均匀的匹配。如图 6-20c 所示，当球发生平移时（即两圆不同心时）该匹配结果不变。如果 η=0，那么成本函数只考虑运动场的光滑性，所得的匹配结果如图 6-20d 所示，很明显该结果是不正确的。

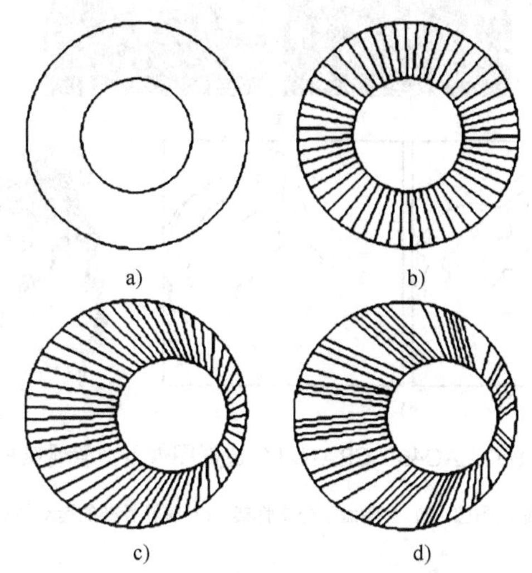

图 6-20　对膨胀前后的球进行匹配

a) 两同心圆的骨架　b) 同心圆的匹配结果（η=1）　c) 偏心圆的匹配结果（η=1）　d) η=0 时偏心圆的匹配结果

表 6-1 是模拟图像运动向量估算的均方根误差，可见对于发生刚性运动的血管，估算误差值很小，对于非刚性运动的估计误差则较大。

表 6-1　模拟图像运动向量估算的均方根误差　　（单位：像素）

图　像	运　动	运动向量估算的均方根误差
球	膨胀	0.741
血管分支	平移	0.0015
	旋转	0.0601
	平移且旋转	0.0429

用采集速率为 15f/s 的 X 射线冠状动脉造影图像序列来检验该运动估算算法。由冠状动脉的解剖结构可知，血管树的各个分叉点之间应该是互相匹配的，因此对于每个血管分支，可以该分支上的分叉点作为 DP 的起始点。图 6-21a 是从 LAO46° CRAN21° 角度拍摄到的左冠造影图像序列中选取的两帧图像，图 6-21b 是提取出的主要血管分支的骨架，图 6-21c 是采用配准法对血管骨架进行运动估算的结果（每隔 5 个像素显示一个运动向量）。图 6-22 是从 RAO30° CAUD24° 角度拍摄的左冠状动脉造影序列中选取的两帧图像、主要血管分支的骨架以及运动估算的结果（每隔 5 个像素显示一个运动向量）。由于引入了约束条件，限制了搜索的空间，所以基于动态规划的匹配算法运算速度很快，匹配大约 1600 个像素点的血管骨架只需要一秒钟左右的时间。因为对实际的造影图像进行运动估算实验时，真实的运动场是未知的，也是无法确定的，从而无法定量衡量算法的估算结果，仅能对估计结果进行定性的评价。从直观来看，上述运动估算得到的运动场是较为均匀和光滑的。

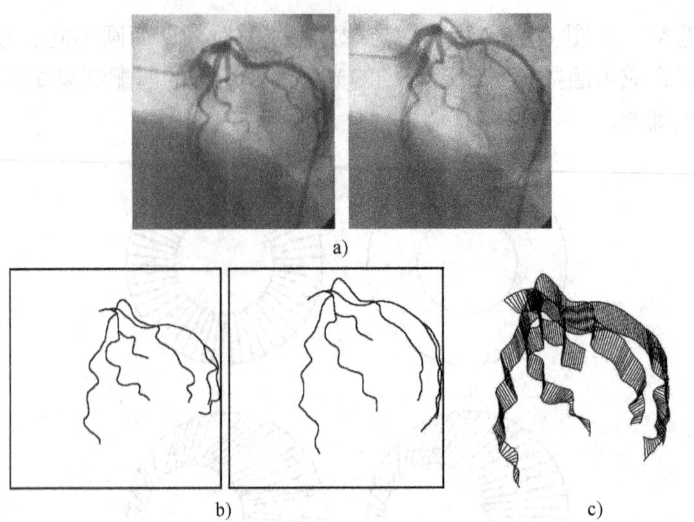

图 6-21　两个时刻的 LAO46° CRAN21° 造影图像及血管骨架的运动估算结果

a) 两帧原始图像　b) 主要血管分支骨架　c) 血管骨架的运动估算结果

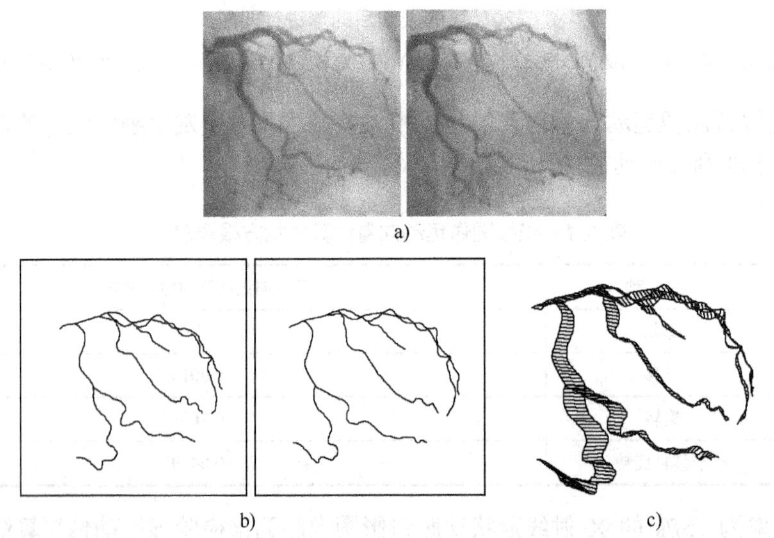

图 6-22　两个时刻的 RAO30° CAUD24° 造影图像及血管骨架的运动估算结果

a) 两帧原始图像　b) 主要血管分支的骨架　c) 血管骨架的运动估算结果

基于配准的运动估算方法是将血管目标的运动估算转化为对连续两帧图像的特征进行匹配，通过使成本函数最小，得到最佳的匹配结果。所采用的成本函数中包含了对运动场光滑性的测量、形状相似度的测量以及对无匹配部分的处理。

该方法没有用到任何有关目标运动或变形的先验知识或者模型，可以利用同一个相似度测量、同一个成本函数来解决不同种类的变形。并且算法的复杂度不取决于变形的复杂性，不管几何变形的复杂性如何，算法的复杂度几乎是相同的。同时，该方法对所处理的两幅图像之间的时间间隔没有严格的约束，可以计算大位移的运动向量场。因此，这种方法适合于当目标发生比较严重的变形并且变形是未知的时候对目标的运动进行估算。

采用动态规划完成对最优匹配的搜索，并且引入相应的约束条件，限制可能解的搜索空间，可大大减少计算量。

但是该方法需首先从原始图像中提取出目标的特征（本例中是血管的中心线），然后对相邻两帧图像中的目标特征进行匹配，因而特征提取的质量直接影响运动估算结果的准确性。

6.4 本章小结

本章针对运动图像序列的分析和目标运动场的定量估算问题，在介绍刚性和非刚性运动基础知识的基础上，对两种常用的运动图像序列分析方法——基于光流场的方法和基于配准的方法进行了详细介绍，并结合具体的工程实例，分析讨论了各自的优势和不足。

第7章　变形模型技术

变形模型（deformable model）是一种基于模型（model-based）的图像分析技术，近年来在图像处理领域中应用十分广泛，它将几何、物理和近似理论结合起来，其最突出的优点是可以将由图像数据直接获得的图像力（自底向上，bottom-up）和有关目标的位置、尺寸和形状的先验知识（自顶向下，top-down）结合起来，完成对目标的分割、匹配和跟踪。同时，它具有强大的可交互性，允许操作者在必要的时候将专业知识应用到图像分析和解释工作中，以改善分析结果。

近十多年来，变形模型技术已经被越来越多的研究者成功地应用于图像处理的许多方面，如图像分割、匹配、运动跟踪、三维重建等，并已发展成为数字图像处理、计算机视觉与模式识别中最为活跃和成功的研究领域之一。

7.1　变形模型的数学基础

变形模型技术是几何、物理和近似理论的融合。利用几何学获得对物体形状的描述；物理学用来获得驱使模型在时间和空间中变形的约束力；同时在由测得的离散数据拟合模型时需要用到最优化近似理论。

“变形模型”的命名来源于物理学中的弹性理论，即 Lagrangian 动力学。从物理学的观点来看，变形模型是一个弹性体，它可在约束力的作用下进行变形。变形模型具有变形能，当模型逐渐远离其最优位置时，能量值会单调增加。变形能中包括保证模型的光滑性或对称性的约束，它是使模型变形的内力；外力是由感兴趣的图像数据获得的。

可变形曲线、曲面和实体模型是在 20 世纪 80 年代中期提出的，并被广泛应用于计算机视觉和计算机图形学的研究中。到目前为止，引起研究者最大兴趣的变形模型是活动轮廓模型（active contour model），又称 snake 模型。snake 模型是由 Kass 于 1988 年提出的一种能量最小化的样条模型，是多维变形模型理论的一个特例。它是平面的可变形轮廓，通常用来从图像中提取目标边界的位置和形状。

7.1.1　能量最小化变形模型

snake 模型是图像平面 $(x,y)\in R^2$ 中的一条参数曲线 $v(s)=(x(s),y(s))^{\mathrm{T}}$， $s\in[0,1]$ 。曲线的形状由其能量函数决定

$$E(v)=E_{\text{int}}(v)+E_{\text{ext}}(v) \tag{7-1}$$

曲线的最终形状对应于能量的最小值。第一项是内部能量

$$E_{\text{int}}(v)=\int_0^1 \omega_1(s)\left|\frac{\partial v}{\partial s}\right|^2+\omega_2(s)\left|\frac{\partial^2 v}{\partial s^2}\right|^2 \mathrm{d}s \tag{7-2}$$

它使得参数曲线保持一定的弹性和刚性。$\omega_1(s)$ 是弹性系数，$\omega_2(s)$ 是刚性系数。能量函数中的第二项是外部能量

$$E_{\text{ext}}(v)=\int_0^1 E_{\text{ext}}(v(s))\mathrm{d}s \tag{7-3}$$

式中，$E_{\text{ext}}(x, y)$是定义在图像平面上的能量函数，其局部极小值需对应于灰度的极值、边缘和其他感兴趣的图像特征。例如，如果选择

$$E_{\text{ext}}(x,y)=-c\left|\nabla\left[G_\sigma * I(x,y)\right]\right| \tag{7-4}$$

那么 snake 模型将被吸引到图像 $I(x, y)$中的边缘，其中 c 是权重因子，∇ 是梯度算子，$G_\sigma * I$ 表示图像与高斯平滑滤波器进行卷积。将式（7-1）取极小值，满足 Euler-Lagrange 方程的具有最小能量的一阶偏微分方程（Partial Differential Equation，PDE）为：

$$-\frac{\partial}{\partial s}\left(\omega_1\frac{\partial v}{\partial s}\right)+\frac{\partial^2}{\partial s^2}\left(\omega_2\frac{\partial^2 v}{\partial s^2}\right)+\nabla E_{\text{ext}}(v(s,t))=0 \tag{7-5}$$

当 snake 模型停留在能量极小值的位置时，内外力达到平衡。前两项分别表示内部的压缩力和弯曲力，第三项是外力，使得 snake 模型与图像数据相吻合。

7.1.2 动态可变形模型

一种求解能量函数极值的有效方法是应用 Lagrangian 动力学构造一个动力系统，它在 snake 模型能量的控制下，逐渐达到平衡状态，这样就得到了一个动态可变形模型（dynamic deformable models）。它将对模型的形状和运动的描述结合起来，不仅可以得到对静态形状的定量表达，而且可以描述形状随时间的变化。由于多数人体组织器官是可变形的，处于不断的非刚性运动中，因此动态可变形模型在医学图像处理中非常有用。而且它同样允许操作者的参与。

一个简单的例子是引入时间参量的动态 snake 模型：$v(s,t)=(x(s,t),y(s,t))^{\mathrm{T}}$，它具有质量 $\mu(s)$ 和阻尼 $\gamma(s)$。snake 模型运动的 Lagrange 方程是

$$\mu\frac{\partial^2 v}{\partial t^2}+\gamma\frac{\partial v}{\partial t}-\frac{\partial}{\partial s}\left(\omega_1\frac{\partial v}{\partial s}\right)+\frac{\partial^2}{\partial s^2}\left(\omega_2\frac{\partial^2 v}{\partial s^2}\right)=-\nabla E_{\text{ext}}(v(s,t)) \tag{7-6}$$

方程左侧前两项表示惯性力和阻尼力，后两项表示内部压缩力和弯曲力，方程右侧是外力。当内力和外力达到平衡时，取得平衡状态，snake 停止运动，即 $\partial v/\partial t=\partial^2 v/\partial t^2=0$，它也是式（7-5）的平衡条件。

7.1.3 离散化和数字仿真

为了计算能量函数的最小值，需要对 $E(v)$进行离散化操作，通常的方法是采用基函数的线性组合来表示连续的几何模型 $\boldsymbol{v}$，例如有限元、有限差分、样条函数和傅里叶基函数。连续模型 $v(s)$的离散形式是用向量 $\boldsymbol{u}$ 表示的，则能量函数 $E(v)$的离散形式为

$$E(\boldsymbol{u})=\frac{1}{2}\boldsymbol{u}^{\mathrm{T}}\boldsymbol{K}\boldsymbol{u}+E_{\text{ext}}(\boldsymbol{u}) \tag{7-7}$$

式中，$\boldsymbol{K}$ 是劲度矩阵；$E_{\text{ext}}(\boldsymbol{u})$是外部能量函数的离散形式。令上式的梯度为 0，可求得能量函数的极小值，即求解下列代数方程组

$$Ku = -\nabla E_{\text{ext}} = f \tag{7-8}$$

其中 f 是外力向量。

式（7-6）的离散形式可以用 $u(t)$的二阶差分方程来表示

$$Mu'' + Cu' + Ku = f \tag{7-9}$$

式中，M 是质量矩阵；C 是阻尼矩阵。式（7-6）中对时间的导数用有限差分来近似。

7.2 变形模型在医学图像处理中的应用

医学成像技术的迅速发展是医学领域的重大革命，它使得医生可以在不进行介入性操作的情况下，获得对病人组织器官形态结构的了解。随着医学成像技术在临床诊断和治疗中的普遍应用，为了准确诊断疾病，制定治疗和手术计划，必须从采集到的图像中有效地提取出准确的、可重复的、具有临床参考价值的有关生物组织信息的定量数据。

由于人体解剖结构的复杂性和多样性，以及庞大的数据量，从医学图像中分割出所需的结构，并用精练的几何描述来表达是很困难的。由于噪声等的影响，所提取出的特征（如边缘）可能是不连续的。如何提取出属于同一目标的特征元素，并将其组织起来，最终得到一个连续的特征描述，是目前需要解决的问题。当把属于同一目标的不同特征元素集合起来时，传统的底层图像处理技术仅考虑局部情况，很可能会得到错误的结果。因此这些非模型的方法需要操作者的大量参与才能获得满意的结果。并且提取出的特征是采用像素或者体素表达的，这会加大后续处理和分析的难度，其结果的精度也会受到影响。

虽然最初变形模型是为了解决计算机视觉和计算机图形学中的问题而提出的，但它很快就被应用于医学图像的分析中，如 X 射线图像、CT、血管造影、磁共振和超声图像。应用二维和三维变形模型技术可从图像中对生物组织进行分割、跟踪和量化，如大脑、心脏、脸部、冠状动脉和视网膜动脉、肾脏、肺、胃、肝脏、头骨、脊椎、脑瘤、胚胎，甚至是神经组织（神经元和染色体）。采用变形模型可以对心脏的非刚性运动、神经突的生长和红血球的运动进行跟踪，可用于对脑组织进行定位，对眼底、脊椎和神经组织图像进行配准等。

下面将对变形模型在医学图像的分割、匹配和运动分析中的应用进行介绍和讨论。

7.2.1 采用可变形曲线的图像分割

分割是医学图像处理的基础，是配准、标定和运动跟踪等复杂处理的第一步。这些处理任务都要求对原始图像中的目标形状采用精练的解析表达式来描述。目前，对医学图像的分割主要有以下几种方法：

（1）全手动

操作者用鼠标驱动画笔逐一在每一幅图像上绘出目标轮廓线。这项工作不仅费时，对操作人员的技术水平和专业知识要求较高，而且结果不可避免地受到操作者技术和主观因素的影响，可重复性差。对处理大量的数据不现实。例如从心脏图像中分割心脏，尤其是左心室。左心室的分割是计算射血分数、心室体积、每搏量和室壁运动分析的先决条件。

（2）全自动

目前的全自动轮廓提取算法仅适用于目标形状比较简单、图像质量较高的情形，如超声心动图中左心室的心内膜的轮廓提取。对于大多数复杂的图像很难得到满意的结果。

（3）自动获取近似形状，再手动修正

初始形状的获取通常是采用简单的图像处理技术，如阈值化、区域生长、边缘提取、形态学操作等。在手动修正时，操作者不仅要利用图像本身的特征信息，而且还要结合局部的解剖和病理知识。该方法同样很耗时，同时结果不具有可重复性。

（4）手动粗略勾画，再自动修正

这种方法减少了操作者的参与，仅需手动勾画出轮廓的粗糙形状，后续的自动提取过程会对其进行修正，因此操作者的参与对最终结果的影响是间接的。在参数设置相同的情形下，轮廓初始形状一定程度上的变化，将不会影响最终结果，因此可重复性很高。Kass 的经典 snake 模型和其后很大一部分改进后的技术都属于第四种方法。与其他不基于模型的轮廓提取方法相比，基于模型的方法的优点在于，它将轮廓看作是一条连续的曲线，因此保证了轮廓的连续性，即使在相应的图像特征很弱甚至缺失的情形下，仍可获得连续的轮廓提取结果。

7.2.2 采用可变形曲面的体视图像分割

从体视图像中重建组织器官，传统的方法是逐片手动或者采用二维轮廓模型从二维切片图像中分割出目标轮廓，然后将二维轮廓连接成连续的曲面，这是一项很费时的工作。重建出的曲面可能会包括不连续的部分，或者环状结构。采用三维变形模型技术不仅可以节省操作时间，而且其结果曲面的连续性和光滑性也得到很大提高。例如，在参考文献[21]中采用多面体近似表示球体，并使该“balloon”模型不断变形直到曲面与 CT 数据中的目标曲面相吻合。分割过程是通过使一个成本函数最小化实现的，成本函数是三项的加权和：使模型顶点向着目标边界膨胀的变形能、图像力以及保证模型拓扑结构的力。

7.2.3 先验知识

对医学图像的自动解释可将医生从繁琐的工作中解放出来，并获得更加准确、一致、可重复性高的结果。自动解释系统不仅要求模型能够描述目标的尺寸、形状、位置和方向，并且在对不同的目标进行处理时，允许这些性质产生变化。通常医学图像中目标的形状、位置和方向是已知的，这些先验知识可以以初始条件、数据约束、模型参数约束的形式包含到变形模型中，或者存在于模型的拟合过程中。采用解剖知识来指导图像分析和形状重建对于医学图像的自动解释十分重要。

许多研究者采用可变形模板（deformable shape template）技术，将目标的形状及其变化的相关先验知识包含在手动设定的整体形状参数中。基于超二次曲面的变形模型是其中的一个例子，在医学图像处理中得到了广泛的应用。超二次曲面描述整体形状的参数很少，可以用来表示目标生物组织的平均形状，而且可将整体形状参数与局部形状参数结合起来得到对复杂形状的更为准确的描述。

7.2.4 图像的匹配

二维和三维医学图像的匹配对于研究疾病的病理发展，或者对不同成像技术获得的信息进行融合都十分重要。采用变形模型技术进行两个独立区域的匹配时，首先应采用边缘提取算法提取出感兴趣的区域，然后提取标志点或特征轮廓（处理三维数据时，提取边界曲面上的曲线）。然后对轮廓对或曲线对采用弹性匹配算法进行配准，方法是初始轮廓在外力的驱使下不断变形，直到停留在目标轮廓处。

例如，从人脑部的 MRI 图像中提取和标定感兴趣的解剖结构。根据相关的解剖知识建立可变形的物理模型，在初始化之后，模型变形与图像中对应的区域相匹配。该方法的一个前提是不同个体的正常大脑的拓扑结构是相同的，仅在某些形状的细节上有所不同。

但是，这种基于可变形模型的匹配方法存在很多问题，例如：它对于模型的初始位置很敏感，如果初始模型与目标相差太远，那么匹配可能会失败。多个目标特征相邻太近也会导致错误的匹配——模型可能会收敛于临近的组织，并非感兴趣的目标。如果不增加手动参与，对于比较复杂的边缘，模型很难收敛于正确的结果。解决这些问题的一种方法是将图像预处理技术和变形模型结合起来。例如，在参考文献[22]中采用该方法从人脑的三维 MR 图像中自动标定大脑皮层表面，将变形模型与预处理后的图像进行匹配。预处理主要包括三维边缘提取和形态学操作，从 MR 图像中自动提取出脑沟，从而得到光滑的大脑表面，使得基于 B 样条的三维变形模型很容易收敛。

7.2.5　运动跟踪和分析

采用变形模型技术对运动图像序列中的目标进行跟踪，最早是由 Kass 在解决计算机视觉的问题时提出的。此后，研究者们将该方法应用于生物医学领域中，例如对显微图像中发生非刚性运动的血红细胞和神经突进行跟踪，或者对造影图像序列中的冠状动脉进行运动跟踪等。

在医学图像处理中，采用变形模型技术进行运动跟踪最基本和最重要的应用是测量心脏的运动功能，尤其是左心室。对心室壁的运动进行定量的分析对于判断心脏病变（如心肌缺血）的程度十分关键。目前，采用 CT、磁共振（MR）或 SPECT 成像可以获得具有满意的时间和空间分辨率的三维心脏图像，变形模型技术非常适合进行此类图像的分析。例如：采用二维活动轮廓模型从一幅图像中分割出左心室的边界，将它作为下一帧左心室边缘的近似，然后模型变形提取出当前时刻的边缘，与由医生手动分割相比，可大大减少处理时间；采用三维动态可变形球（balloon）模型来跟踪 CT 图像序列中左心室的运动；采用弯曲能和曲面曲率来跟踪和分析左心室的运动；构造多层次的左心室运动模型，将整体可变形超二次曲面模型和基于球谐函数的局部变形模型结合起来，按照由粗到精的顺序，采用由 X 射线血管造影图像序列中重建得到的冠状动脉血管骨架数据定量估计左心室的运动。

心脏是一个相对比较光滑的器官，因此可以采用的标志点很少，并且心脏会发生十分复杂的非刚性运动，包括切向运动（扭转）和法向运动。前面提到的运动分析方法都无法捕捉到心脏的切向运动。采用标记磁共振（tagged MR）成像技术可以跟踪心肌上的标记点，通过对相邻时刻间的标记点进行匹配可以定量的测量组织的运动和变形，包括左心室的扭转运动。许多研究者已经将变形模型技术应用到对 MR 图像数据的分析中，例如：采用二维变形矩阵对左心室组织上的 SPAMM（Spatial Modulation of Magnetization）标记点进行定位和跟踪；采用可变形实体模型对左心室的 MRI-SPAMM 数据进行拟合，模型的参数是可以捕捉到左心室的局部变形（如弯曲、扭转和收缩）的函数，将发生心肌病变的心脏与正常心脏进行比较，从而定量分析病变程度；将由标记磁共振图像中获得的心室壁的运动信息包含到变形模型中，采用心室壁上的节点和心内膜及心外膜表面上的节点构造左心室的三维有限元模型，从而得到对左心室运动的更为准确的测量。

7.3 参数活动轮廓模型

参数活动轮廓模型是目前应用最广泛、最成熟的变形模型技术，它从初始位置出发，通过对曲线的能量方程进行最小化，使曲线收敛于目标的边缘。snake 模型是一条在图像力和外部约束力共同影响下的受控制的能量极小化的样条，其能量的大小取决于它的形状和它在图像中的位置。

活动轮廓模型及其许多改进的模型已被广泛应用于遥感图像、生物医学图像、航空影像等的处理中。它们的区别主要在于应用曲线的类型、使用方式和图像能量项的选择等，可以分为两类：

1）参数活动轮廓模型（parametric active contour model，或称 snake 模型）：曲线由一些规则排列的不连续点（也称 snaxels）组成，或通过一些基函数（例如 B 样条、Fourier 指数等）描述成一种连续的参数形式。

2）几何活动轮廓模型（geometric active contour model）：用曲线进化的思想和水平集（level set）的形式来描述曲线的进化。

7.3.1 模型原理

为了提取动态图像中欲处理目标的轮廓，Kass 于 1987 年提出了一种称为 snake 的活动轮廓模型，随后出现了许多改进的模型。利用 snake 模型，可以在不需要更多的先验知识或高层处理结果指导的情况下，实现自动追迹以得到目标的闭合、光滑、连续的轮廓线，且能够较好地解决轮廓的细节问题。模型的能量函数采用积分运算，具有较好的抗噪性，对目标的局部模糊也不敏感，因而 20 世纪 90 年代以来，该方法已经被成功地应用于边缘提取、图像分割、运动跟踪等许多领域。

动态轮廓模型实质上是一个能量最小化模型，snake 模型是定义在待分割图像上的一条任意闭合曲线，对该曲线构造合适的变形能。其变形过程就是 snake 模型在外部能量（外力）和内部能量（内力）的作用下向目标轮廓靠近的过程。外力的吸引使 snake 模型不停的向着真实轮廓移动，而内力在保持 snake 模型拓扑性的同时随着 snake 模型的移动而变化，最终达到内外力之和等于零（对应于能量最小）。这时，snake 模型就停留在物体的真实轮廓上。这种动态逼近方法所求得的边界曲线具有封闭、光滑等优点。这个最小化过程一般由求解 Euler-Lagrangian 方程，用迭代算法得到。

经典的 snake 模型是一条参数曲线

$$c(s)=(x(s),y(s)),\quad s\in[0,1] \tag{7-10}$$

模型的能量函数定义为

$$E=\int_0^1\left[E_{\text{int}}(c(s))+E_{\text{ext}}(c(s))\right]\mathrm{d}s \tag{7-11}$$

其中，E_{int} 定义为

$$E_{\text{int}}(c(s))=\frac{1}{2}(\alpha(s)\left|c'(s)\right|^2+\beta(s)\left|c''(s)\right|^2) \tag{7-12}$$

式中，$\alpha(s)$和$\beta(s)$是权重，前者的作用是调节 snake 模型的张力，后者的作用是调节 snake 模型的刚性，它们都是位置的函数。$c'(s)$和$c''(s)$分别为$c(s)$的一阶和二阶导数。

E_{int}是内部能量，使得参数曲线保持平滑和收缩的性质。在式（7-12）中，一阶导数项代表参数曲线的弹性能量，控制轮廓的“应力”，使得曲线保持收缩，使曲线具有类似弹性绳的特性，所以α是弹性系数，在点数不变的情况下减小该项意味着参数曲线的不断收缩；二阶导数项是曲率，使得曲线保持平滑，曲线具有一定的刚度，所以β是刚性系数，减小该项可以控制参数曲线趋于平滑。α和β决定了各收缩力所占的比例。

E_{ext}是外部能量函数，是定义在整个图像平面$I(x, y)$上的标量函数，反映了图像的某些特性，如边缘等。E_{ext}是保证活动轮廓收敛的外部力，它决定着轮廓的移动方向。由于这些方向只能根据特定的问题而定义，因此，E_{ext}没有统一的数学表达式，必须从问题本身的特征出发，利用灵活的图像处理技术得到。在 Kass 的 snake 模型中，外部能量由两部分组成：

$$E_{\text{ext}} = E_{\text{image}} + E_{\text{con}} \tag{7-13}$$

式中，E_{image}表示图像作用力产生的能量，也叫图像力；E_{con}表示外部限制作用力产生的能量，叫约束力。内部力起到平滑轮廓、保持轮廓连续性的作用；图像力表示轮廓点与图像局部特征吻合的情况；约束力是各种人为定义的约束条件。图像力为直线、边缘和界限能量的线性组合：

$$E_{\text{image}} = W_{\text{line}}E_{\text{line}} + W_{\text{edge}}E_{\text{edge}} + W_{\text{term}}E_{\text{term}} \tag{7-14}$$

式中各项均可以从图像$I(x, y)$算出，W_{line}、W_{edge}和W_{term}为特征系数，E_{line}是线能量，等于图像亮度（灰度）：$E_{\text{line}}= I(x, y)$，通过线性特征系数W_{line}的正负，可以使 snake 模型靠近亮线或暗线。E_{edge}是边缘能量，也可由一个非常简单的函数来表达：$E_{\text{edge}}=-|\nabla I(x, y)|^2$，边缘特征系数$W_{\text{edge}}$控制对轮廓所在区域的强度梯度的约束；$E_{\text{term}}$是用高斯函数平滑过的图像中各级轮廓线的曲率，由特征系数W_{term}决定其影响。

求解 snake 模型就是要使E最小化，点$P(x_r, y_r)$的最终位置确定了序列图像中运动对象的边界，如图 7-1 所示，其中v_i'是点v_i具有最小能量值的位置。将式（7-11）取极小值，满足 Euler 方程的具有最小能量的一阶偏微分方程（即 Euler-Lagrange 方程）为

$$\alpha c''(s) - \beta c''''(s) - \nabla E_{\text{ext}} = 0 \tag{7-15}$$

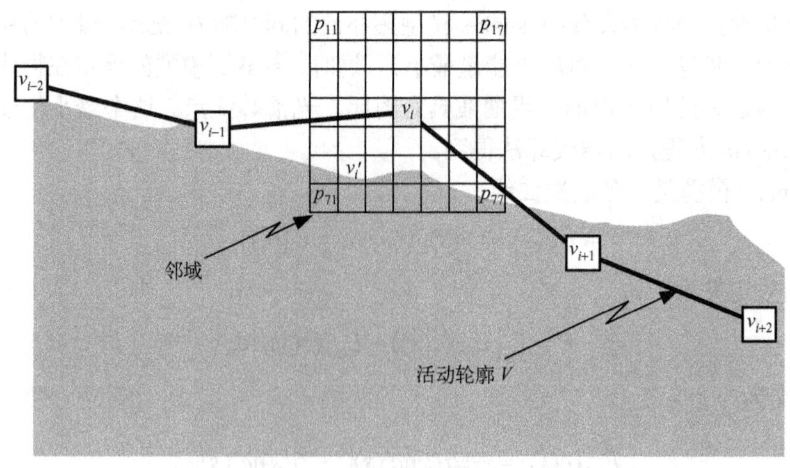

图 7-1　活动轮廓模型示意图

snake 模型具有统一的、开放式的描述形式，为图像变形体跟踪技术的研究和创新提供了理想的框架。在实现活动轮廓模型时，可以灵活地选择约束力、初始轮廓、作用域等，以得到更佳的分割效果。所以 snake 模型自其问世以来，一直是图像变形体跟踪研究中的一个热点。

如图 7-2 所示，在进行运动图像序列中运动目标的跟踪时，对于序列中的第一帧图像，传统的方法是通过人工取点提取目标的初始轮廓，作为 snake 模型的初始位置，然后通过使能量函数最小，snake 模型变形得到第一帧图像中目标的真实轮廓。对于其后的序列图像，根据目标形状不突变的特点，把第 n 帧图像中 snake 模型的停留位置作为第 n+1 帧图像中 snake 模型的初始位置，就能够实现序列图像的自动分割和跟踪。

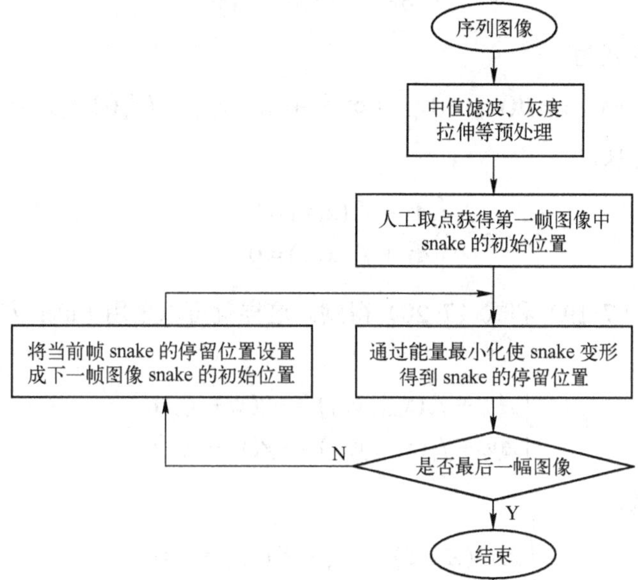

图 7-2 采用 snake 模型的运动图像序列目标跟踪流程图

7.3.2 能量最小值的求解

目前求解能量函数最小化方程的方法主要有变分法（calculus variations）、动态规划法（Dynamic Programming，DP）和 Williams 快速算法（greedy algorithm，贪婪算法）。

1. 经典变分方法

Kass 采用变分的迭代方法求解式（7-15）所示的 Euler-Lagrange（E-L）偏微分方程。式（7-15）表示在内部力 $\alpha c''(s)-\beta c''''(s)$和外部力$\nabla E_{ext}$ 平衡时，snake 模型达到平衡状态，即最优位置。由式（7-15）可以得到 E-L 方程：

$$\begin{cases} \alpha x_{ss} + \beta x_{ssss} + \dfrac{\partial E_{ext}}{\partial x} = 0 \\ \alpha y_{ss} + \beta y_{ssss} + \dfrac{\partial E_{ext}}{\partial y} = 0 \end{cases} \tag{7-16}$$

为了便于计算，可采用有限差分的方法对上式中的偏导数进行近似，对于离散轮廓上的一点 v_i，有：

$$\alpha v_i'' = \alpha_{i+1}(v_{i+1} - v_i) - \alpha_i(v_i - v_{i-1}) \tag{7-17}$$

$$\beta v_i'''' = \beta_{i-1}(v_{i-2} - 2v_{i-1} + v_i) - 2\beta_i(v_{i-1} - 2v_i + v_{i+1}) + \beta_{i+1}(v_i - 2v_{i+1} + v_{i+2}) \tag{7-18}$$

如果对所有点 α 和 β 都取常数，那么

$$\alpha v_i'' = \alpha(v_{i+1} - 2v_i + v_{i-1}) \tag{7-19}$$

$$\beta v_i'''' = \beta(v_{i-2} - 4v_{i-1} + 6v_i - 4v_{i+1} + v_{i+2}) \tag{7-20}$$

令

$$f_x(i) = \frac{\partial E_{\text{ext}}}{\partial x}，\quad f_y(i) = \frac{\partial E_{\text{ext}}}{\partial y} \tag{7-21}$$

则 E-L 方程的离散形式为

$$\alpha(v_{i+1} - 2v_i + v_{i-1}) + \beta(v_{i-2} - 4v_{i-1} + 6v_i - 4v_{i+1} + v_{i+2}) + (f_x(i), f_y(i)) = 0 \tag{7-22}$$

采用矩阵的方式来表达：

$$\begin{cases} \boldsymbol{A}x + f_x(x,y) = 0 \\ \boldsymbol{A}y + f_y(x,y) = 0 \end{cases} \tag{7-23}$$

式中，矩阵 $\boldsymbol{A}$ 由式（7-19）和式（7-20）得到。这样就可以采用 Euler 方法迭代求解轮廓的位置：

$$\begin{cases} \boldsymbol{A}x_t + f_x(x_{t-1}, y_{t-1}) = -\gamma(x_t - x_{t-1}) \\ \boldsymbol{A}y_t + f_x(x_{t-1}, y_{t-1}) = -\gamma(y_t - y_{t-1}) \end{cases} \tag{7-24}$$

整理后得到迭代公式：

$$\begin{cases} x_t = (\boldsymbol{A} + \boldsymbol{I})^{-1}(x_{t-1} - f_x(x_{t-1}, y_{t-1})) \\ y_t = (\boldsymbol{A} + \boldsymbol{I})^{-1}(y_{t-1} - f_y(x_{t-1}, y_{t-1})) \end{cases} \tag{7-25}$$

式中，γ 是步长参数；$\boldsymbol{v}_0=(x_0, y_0)$就是轮廓的初始位置，可以手动给出或自动选择。每次迭代时，轮廓点都在外力的作用下移动，直到内力和外力达到平衡为止。

一种更加简单的迭代方法是按照各力之和移动轮廓点，即按照下述公式，轮廓点从时刻 t 的位置移动到时刻 t+1 的位置：

$$\boldsymbol{v}^{t+1} = \boldsymbol{v}^t - (F_{\text{elast}}(\boldsymbol{v}^t) - F_{\text{rigid}}(\boldsymbol{v}^t) - \nabla F_{\text{ext}}(\boldsymbol{v}^t)) \tag{7-26}$$

这是一种近似的方法，应用起来很方便。其原理是：将离散的轮廓点用非线性弹性绳连接起来形成一个离散的动力系统，其运动是由运动的差分方程来控制的：

$$m_i x_i'' + \gamma_i x_i' + F_{\text{elast}}(x_i) - F_{\text{rigid}}(x_i) - F_{\text{ext}}(x_i) = 0 \tag{7-27}$$

式中，x_i'' 是第 i 点的加速度；x_i' 是速度；m_i 是质量；γ_i 是阻尼系数，控制轮廓点的运动能量的分散程度。为了简化该运动方程，我们将质量 m_i 设为零，得到一个没有惯性的模型，这样一旦内外力达到平衡，轮廓立即停止运动。所以：

$$\gamma_i \frac{x_i^{t+\Delta t} - x_i^t}{\Delta t} = -F_{\text{elast}}(x_i) + F_{\text{rigid}}(x_i) + F_{\text{ext}}(x_i) \tag{7-28}$$

$$x_i^{t+\Delta t} = x_i^t - \frac{\Delta t}{\gamma}(F_{\text{elast}}(x_i) - F_{\text{rigid}}(x_i) - F_{\text{ext}}(x_i)) \tag{7-29}$$

变分法不仅计算复杂，运算时间长，所需迭代的次数较多，而且很容易收敛于局部最小值，并非全局最小值，且可能产生解不唯一的情形。

2．动态规划法

用动态规划法（DP）求解 snake 模型能量函数的极小值，可克服变分方法在稳定性、可靠性、精度与适应性等缺陷。其基本思想是：真实的中心线就存在于 snake 模型初始位置附近。因此，对最优 snake 模型的求解就变为在 snake 模型初始位置附近寻找其最优匹配点的问题，如图 7-3 所示。它将式（7-1）取极小值的问题看作是一个离散的多阶段决策过程，将一个 N 变量的问题分解为 N 个阶段单变量的问题。每次迭代时，只有当曲线的总能量减少时，曲线上点的位置才会发生变化，从而可避免解收敛于局部最小值，较变分法更加稳定。该方法的另一个优点是它是在离散的基础上对点进行操作，从而可以保证数字计算的稳定性。

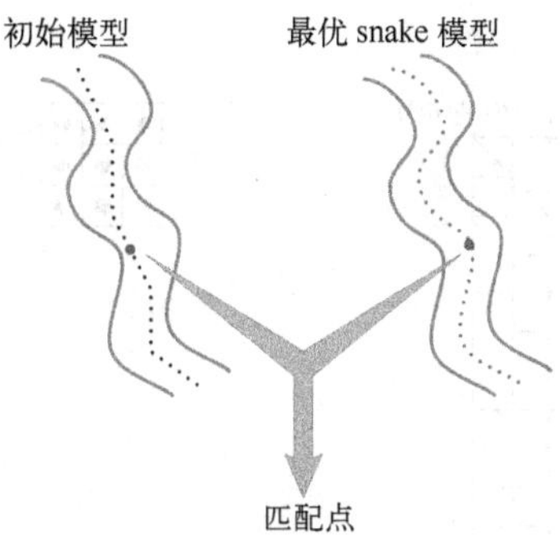

图 7-3　DP 求解最优 snake 模型的示意图

模型的总能量表达式为

$$E\left(v_0, v_1, \ldots, v_{n-1}\right) = E_1\left(v_0, v_1, v_2\right) + E_2\left(v_1, v_2, v_3\right) + \ldots + E_{n-2}\left(v_{n-3}, v_{n-2}, v_{n-1}\right) \tag{7-30}$$

式中

$$\begin{aligned} E_i\left(v_{i-1}, v_i, v_{i+1}\right) &= E_{\text{int}}\left(v_{i-1}, v_i, v_{i+1}\right) + E_{\text{ext}}\left(v_i\right) \\ &= \alpha\left(\overline{d} - \left|v_{i+1} - v_i\right|\right) + \beta\left|v_{i+1} - 2v_i + v_{i-1}\right|^2 + E_{\text{ext}}\left(v_i\right) \end{aligned} \tag{7-31}$$

根据模型的初始位置在图像中寻找目标特征，搜索区域为以该点的当前位置为中心、宽为 w_1、高为 w_2 的窗口。令 v_i 表示在第 i 步决策过程中的状态变量。为了获得最优解，需要产生每个变量的函数序列 $\{s_i\}_{i=1}^{n-1}$（最优值函数）。这里最优值函数是轮廓上三个相邻点的函数：

$$\begin{aligned} s_i(v_i) &= \min_{v_i}\left(s_{i-1}(v_{i-1}) + E_i(v_{i+1}, v_i, v_{i-1})\right) \\ &= \min_{v_i}\left(s_{i-1}(v_{i-1}) + \alpha\left(\overline{d} - \left|v_i - v_{i-1}\right|\right) + \beta\left|v_{i+1} - 2v_i + v_{i-1}\right|^2 + E_{\text{ext}}(v_i)\right) \end{aligned} \tag{7-32}$$

例如，n=5 的情形，

$$s_1(v_1) = \min_{v_1} E_1(v_0, v_1, v_2) = \min_{v_1}\left(\alpha\left(\overline{d} - \left|v_1 - v_0\right|\right) + \beta\left|v_2 - 2v_1 + v_0\right|^2 + E_{\text{ext}}(v_1)\right)$$

$$
\begin{aligned}
s_2(v_2) &= \min_{v_2}\left(s_1(v_1)+E_2(v_1,v_2,v_3)\right)\\
&= \min_{v_2}\left(s_1(v_1)+\alpha(\overline{d}-|v_2-v_1|)+\beta|v_3-2v_2+v_1|^2+E_{\text{ext}}(v_2)\right)\\
s_3(v_3) &= \min_{v_3}\left(s_2(v_2)+E_3(v_2,v_3,v_4)\right)\\
&= \min_{v_3}(s_2(v_2)+\alpha(\overline{d}-|v_3-v_2|)+\beta|v_4-2v_3+v_2|^2+E_{\text{ext}}(v_3))\\
\min_{v_0,\ldots,v_4} E &= \min_{v_3}(s_3(v_3)+E'(v_3,v_4))=\min_{v_3}(s_3(v_3)+\alpha(\overline{d}-|v_4-v_3|))
\end{aligned}
$$

如图 7-4a 所示，图中横轴表示模型初始位置上的各个点，纵轴表示图像上以相应点为中心的 $w_1 \times w_2$ 邻域内的点。v_1v_2 平面中的每个栅格点都表示一个数对 $[v_1(n), v_2(m)]$，它是当前点的初始位置和最优位置的一个可能组合，m 由下式给出

$$
m = u(n) \tag{7-33}
$$

式中，$u(\cdot)$是匹配函数。

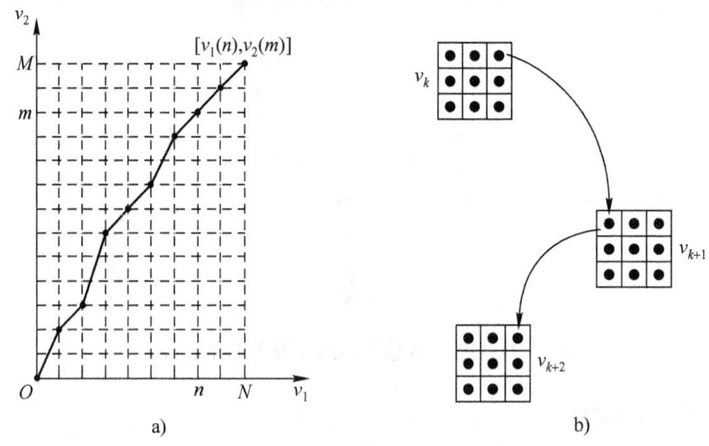

图 7-4　采用动态规划搜索最优 snake 模型

a) 动态规划图　b) 采用 DP 计算最优 snake 模型的示意图（w_1=w_2=3）

一个完整的配准可以看作是连接这些栅格点的一条路径。DP 的目的就是找到最佳路径，即使得 n=N 时各数对的累计成本最小的路径。如图 7-4b 所示，DP 是通过沿 v_1 轴的 N 步优化求解的：开始时，n=1，根据已知的能量函数计算出每个可能数对 $[v_1(1), v_2(m)]$（$m = 1,2,\ldots,M$，$M = w_1 \times w_2$）的成本值。在接下来的步骤 $n(n \geqslant 2)$ 中，确定终点为 $[v_1(n), v_2(m)]$（$m = 1,2,\ldots,M$）的、具有最小累计成本值的路径。方法是连接该点与前一步中的各点 $[v_1(n-1), v_2(l)]$（$l = 1,2,\ldots,M$），计算出各条路径的成本值，并且从中选择出具有最小累计成本值的路径。令 $c(n,m,n-1,u(n-1))$ 为连接点 $[v_1(n), v_2(m)]$ 和上一步中的点 $[v_1(n-1), v_2(u(n-1))]$ 的成本值，$C(n,m)$ 是终点为 $[v_1(n), v_2(m)]$ 的路径的最小累计成本值。将成本值 $c(n,m,n-1,u(n-1))$ 加在 $C(n-1,u(n-1))$ 上，得到累计成本值 $Q(n,m,n-1,u(n-1))$。对于步骤 n 中的每个节点 $[v_1(n), v_2(m)]$，有 M 个累计成本值 $Q(n,m,n-1,u(n-1))$，$u(m-1) = 1,2,\ldots,M$。$C(n,m)$ 由下式定义：

$$
\begin{aligned}
C(n,m) &= \min_{u(n-1)}\left\{Q(n,m,n-1,u(n-1))\right\} \\
&= \min_{u(n-1)}\left\{C(n-1,u(n-1)) + c(n,m,n-1,u(n-1))\right\}
\end{aligned} \tag{7-34}
$$

如前所述，这里

$$
c(n,m,n-1,u(n-1)) = E_{\text{int}} + E_{\text{ext}} \tag{7-35}
$$

且$C(0,0)=0$。产生最小累计成本$C(n,m)$的节点$[v_1(n-1),v_2(u(n-1))]$就成为节点$[v_1(n),v_2(m)]$的前驱。对于所有的 N 个点重复上述过程，在最后一步即$n=N$时得到的最佳路径也就是整个问题的最优路径。$C(N,u(N))$ 就是整条曲线的总能量。最后，令 $\{v_2(u(n-1)), v_2(u(n-2)),...,v_2(u(1))\}$为与终点为$[v_1(n),v_2(m)]$的路径相关的像素，这样属于路径 n 的全部节点就是$\{[v_1(1),v_2(u(1))],[v_1(2),v_2(u(2))],...,[v_1(n),v_2(m)]\}$。如果轮廓上共有 n 个点，每个点有$w_1\times w_2=m$个可能的取值，那么每次迭代的复杂度为$O(nm^2)$。

迭代是向着总能量减少的方向进行的，当总能量不再变化时，迭代终止，这时 snake 模型就停留在目标的真实轮廓上。每次迭代时，只有当曲线的总能量减少时，曲线上点的位置才会发生变化，因此保证了结果的收敛性，所得到的结果曲线是具有全局能量最小值的曲线。动态规划法的缺点是计算速度慢，运算量大，需要较大的存储空间。

3．Williams 快速算法

用动态规划求解 snake 模型的极小值，虽然克服了变分方法的缺陷，但其计算速度慢，且需要较大的存储空间。针对这一问题，Williams 和 Shah 于 1992 年提出了一个求解 snake 模型能量极小值的快速算法，即贪婪算法（Greedy Algorithm，GA），它具有动态规划方法的所有优点，并且算法简单，计算速度快，复杂度为 $O(nm)$，所需存储空间小。

如图 7-5 所示，首先分别计算当前点 $\boldsymbol{v}_i$ 和其周围邻域内点的能量值，在计算内部能量时需要用到轮廓上该点的前驱点 $\boldsymbol{v}_{i-1}$ 和后继点 $\boldsymbol{v}_{i+1}$；然后，从中选择出具有最小能量值的点作为当前点 $\boldsymbol{v}_i$ 的新位置。

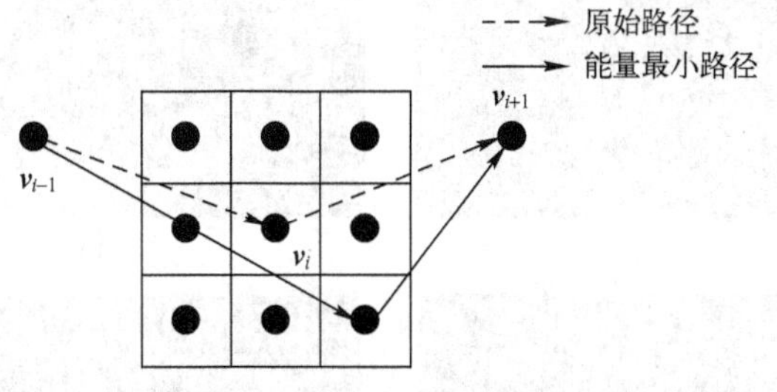

图 7-5　贪婪算法示意图

GA 算法的具体步骤如下：

1）给定 snake 模型的初始位置。设有 n 个点，对于 snake 模型上的每一个点，设置权重参数 α、β、γ、λ等，设置一个较大常数 $E_{\min}$，选择适当的邻域大小 $w_1\times w_2$，计算当前 snake 模型点的平均距离：

$$
\overline{d} = \frac{1}{n-1}\sum_{i=0}^{n-2}\left|\boldsymbol{v}_{i+1}-\boldsymbol{v}_i\right| \tag{7-36}
$$

2）对每个点 $P_i(x_i, y_i)$（$i = 0,1,\ldots,n-1$），分别计算以当前点为中心的窗口内 m 个点的能量值：

$$E_j^i = E_{\text{int},j}^i + E_{\text{image},j}^i + E_{\text{con},j}^i \tag{7-37}$$

式中，$j = 0,1,\ldots,m-1$；m 为邻域内点的总数，即 $w_1 \times w_2$。从中求出最小的能量值，并把具有最小能量值的点的位置作为当前点的位置。最小能量作为该点的能量值 E_i。

3）计算此次迭代结束后轮廓上点的平均距离 $\overline{d}$。

4）检查总能量

$$E_{\text{snake}} = \sum_{i=0}^{n-1} E_i \tag{7-38}$$

是否与上次迭代相同。若相同，则停止迭代；否则转向步骤 2），继续迭代。

由该算法的步骤可见，它并不是全局最优化，即其结果并不能保证是全局最小值，它是在每个 snake 模型点处都找到当前的局部最小值，但这样得到的整条曲线的总能量并不一定是最小的。因此迭代时并不是向着总能量减小的方向的进行的，而是 snake 模型曲线不断变形，直到总能量不再发生变化时停止，这时得到的曲线就认为是目标的轮廓。实验结果表明，它的结果与动态规划法得到的全局最优化结果是相似的，具有可比性。从迭代次数和计算时间来比较，GA 算法的迭代次数多，但总的计算时间短；相应的动态规划法的迭代次数少，但总计算时间长。

图 7-6 是采用 snake 模型对 X 射线冠状动脉造影图像中的一段血管进行中心线提取的实验结果。

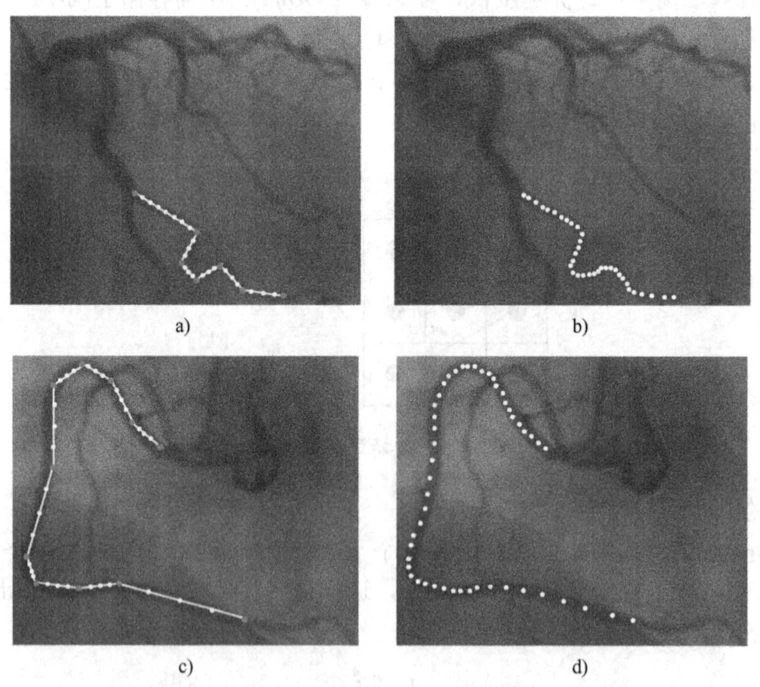

图 7-6　采用 snake 模型对 X 射线冠状动脉造影图像的血管骨架提取结果

a) 左冠状动脉图像中 snake 模型的初始位置　b) 左冠状动脉图像的骨架提取结果

c) 右冠状动脉图像中 snake 模型的初始位置　d) 右冠状动脉图像骨架的提取结果

7.4 改进的 snake 模型

snake 模型作为一种全新的采用“自上而下”机制的图像分割和跟踪方法，由于有效地利用了高级信息，提高了目标提取和跟踪的速度和准确性，已经在数字图像处理和计算机视觉领域得到了广泛的应用。

经典 snake 模型有以下优势：

1）在图像特征提取过程中，图像数据（如灰度和梯度）和先验知识（如轮廓的连续性和光滑性）等被综合到一个能量公式里，它们各自的权重可通过控制参数予以调节。

2）由于采用求解偏微分方程来解决能量极小值问题，偏微分方程可以用有限差分离散化，将图像轮廓提取问题转化成便于计算机处理的数值计算问题。

但是，经典 snake 模型也有以下不足：

1）要求模型的初始位置非常靠近目标轮廓，在实际操作中不易把握，降低了结果的可重复性和自动化程度，限制了其实用性。

2）由于缺乏数值稳定性，可能收敛于局部最优值。采用动态规划法对解决解的不稳定性和点在目标轮廓的堆积问题成效明显。

3）预先确定目标拓扑结构，在变形过程中，模型的拓扑结构固定不变，不能描述具有复杂拓扑结构的目标。

为了克服上述缺陷，研究者们提出了许多改进模型。

7.4.1 气球模型

气球（Balloon）模型的提出将 snake 模型在图像处理领域的应用推广到三维重建和立体匹配等方面。在经典 snake 模型中引入了一个外部膨胀力，这样轮廓线可以象“气球”一样膨胀，具有更强的动态行为能力，初始位置不需要离目标很近，可以在目标内部任选一个起始轮廓。膨胀力的一般形式为

$$\boldsymbol{F} = k\boldsymbol{n}(s) \tag{7-39}$$

式中，$\boldsymbol{n}(s)$是轮廓线上控制点处的单位法向量；k 是膨胀力的幅度，选取正值或负值可以使膨胀力具有膨胀或收缩的能力。一般选取 k 值使边界力略大于膨胀力。

7.4.2 T-snake 模型

针对 snake 模型对初始位置敏感和不具备拓扑变换能力等局限，Mclnerner 等[23]提出了拓扑自适应 snake 模型（topology adaptive snake，T-snake），计算简单高效，既保留了经典 snake 交互性强等优点，又极大拓展了其几何和拓扑变换能力。

基本思想是首先用关联单元图形分解（Affine Cell Image Decomposition，ACID）技术将图像分割为不相交的相连子集。采用三角网格，边长约为 3～5 个像素。将 snake 模型与三角形两条正交边的交点作为节点，将这两点连成一条线段，所有线段组成一个多边形，作为对 snake 模型曲线的近似，如图 7-7a 所示。若三角形的顶点位于轮廓的外部，标记为“-”；

否则标记为“+”。如果三角形的顶点有正有负，则说明它是边界三角形；否则是非边界三角形，如图 7-7b 所示。由顶点的正负号来判定三角形在轮廓外部还是内部。在模型进化过程中，需要更新各节点的位置。每次更新后，重新初始化模型，重新计算模型与三角网格的交点，作为新节点。

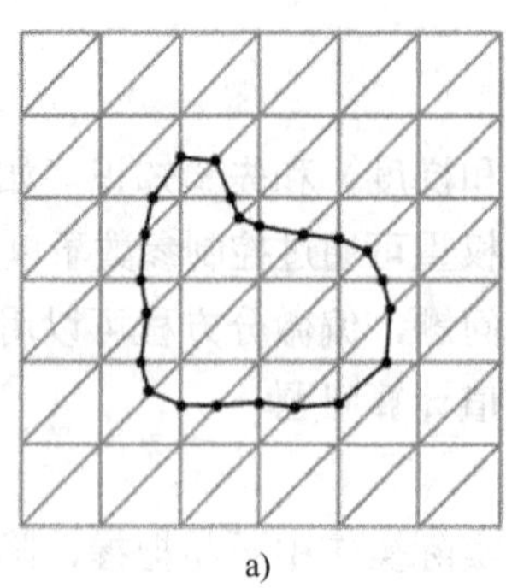

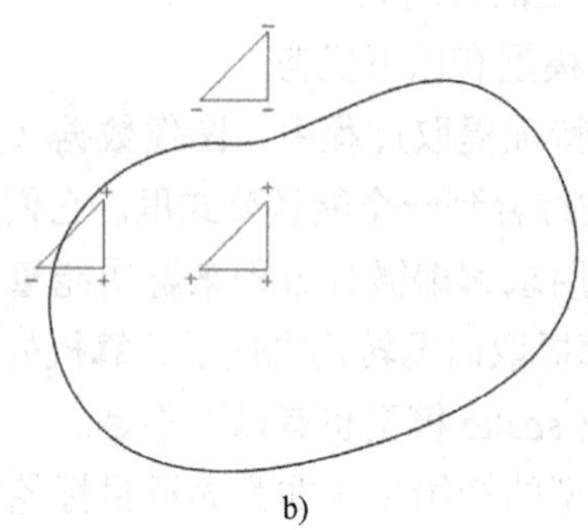

a)　　b)

图 7-7　三角网格划分

a) T-snake　b) 网格顶点的正负属性

当模型发生自相交或多个模型相交时，有些边界三角形将包含两条或更多的线段，一旦检测到这样的情况，就说明发生了拓扑冲突，其过程如图 7-8 所示。由于每个边界三角形只能包含一条近似轮廓的线段，这时只能选择其中的两个交点连成一条线段。选择的原则是这两个交点最接近三角形外部顶点，其他交点被丢弃。这样模型就发生分裂或融合，其拓扑结构也就发生了改变。

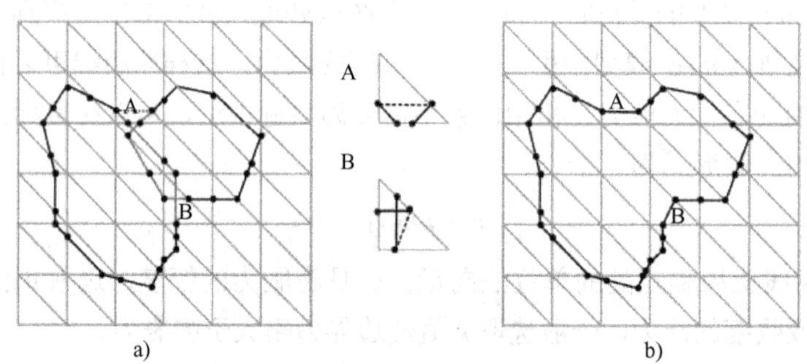

图 7-8　拓扑冲突处理[23]

a) 处理前两条轮廓相交的状态　b) 处理后

模型膨胀变形的过程如图 7-9 所示。用一系列实心节点来近似表示离散化后的模型，每个节点在内外力的共同作用下移动到新的位置，计算这些节点连线和网格边界的交点，在图中用空心点来表示。以这些交点作为新节点顺序连接起来，丢弃旧节点，完成一次变形，产生一条新的封闭轮廓。反复变形直到节点的位置不再发生变化，这时能量函数取得极小值，snake 模型停留的位置就是目标轮廓。

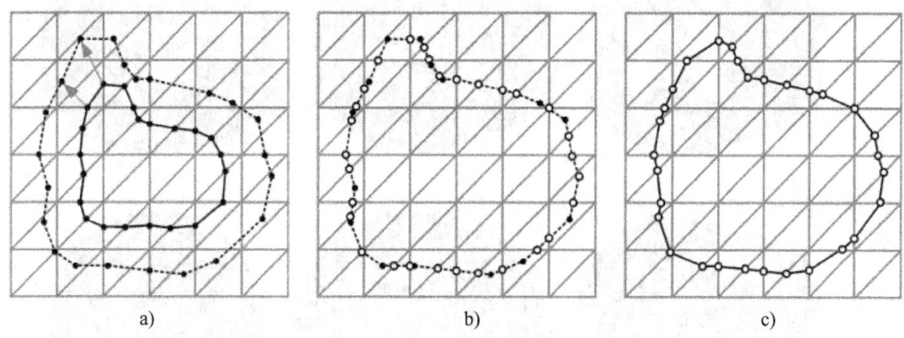

图 7-9　T-snake 模型膨胀变形过程[23]

a) 膨胀变形　b) 计算得到新节点　c) 变形后的新轮廓

图 7-10 和图 7-11 是采用 T-snake 模型分别提取眼底血管图像中的血管边缘和人脑 MR 图像中的脑灰质和脑白质的边界的结果。图 7-12 是采用 T-surface 模型由 MR 图像重建大脑皮层的结果。

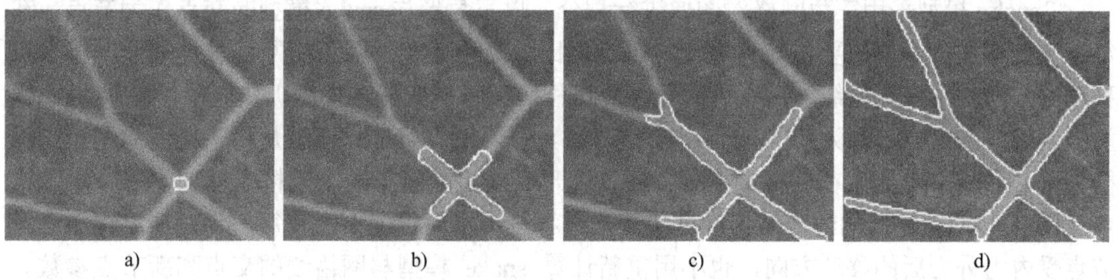

图 7-10　采用 T-snake 模型提取眼底血管图像中的血管边缘[24]

a) 模型的初始位置　b)～d) 模型的进化过程

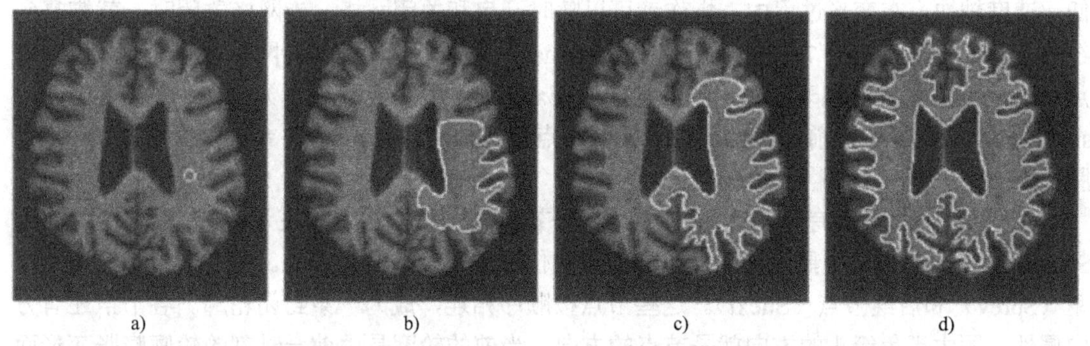

图 7-11　采用 T-snake 模型提取人脑 MR 图像中的脑灰质和脑白质的边界[24]

a) 模型的初始位置　b)～d) 模型的进化过程

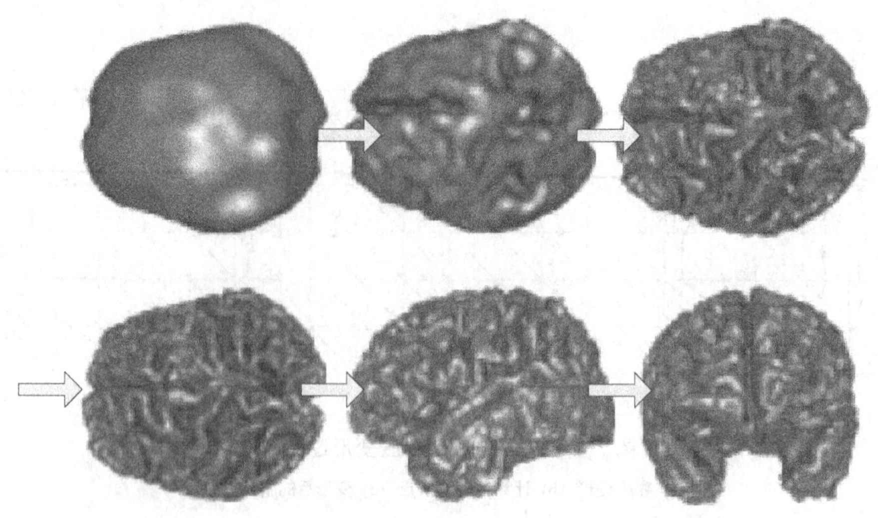

图 7-12　采用 T-surface 模型由 MR 图像重建大脑皮层[24]

7.4.3　强约束 T-snake 模型

T-snake 模型采用三角网格对图像进行划分，以三角形与 snake 模型的交点作为节点，在每一次变形过程中都需要重新计算交点，计算比较复杂。若采用正交网格进行划分，将节点移动的方向约束在网格线上，则可简化计算过程，但每次变形结束后仍然需要计算 snake 模型与网格线的交点，作为新的 snake 模型节点。强约束 T-snake 模型是将整幅图像用正交网格划分，并将节点约束在网格顶点处，每次变形时节点只能从一个网格点移动到下一个网格点（图 7-13a）。这样的约束使得模型的变形过程进一步简化，不用在每一步变形过程中考虑节点受内力外力后的移动方向，也不用重新计算 snake 模型与网格线的交点和新节点参数。其缺点是不能识别一个网格以下的图像特征。

整幅图像被水平和垂直方向的正交网格线划分，网格线的交点称为网格点。网格的大小影响着模型的精度和计算速度。网格越小，精度就越高，但是计算速度越慢；反之精度越低，速度越快。在变形过程中，操作者可以随时开启和关闭网格，当网格关闭时，就恢复到经典 snake 模型。如图 7-13b 所示，在封闭 snake 模型内部和外部的网格点分别称为内网格点（Interior，用实心圆表示）和外网格点（Exterior，用空心圆表示）。在图像网格化后，snake 模型变形开始之前，整幅图像上的网格点都是外网格点。随着 snake 模型的每一步膨胀变形，将不断改变网格点的属性。

将封闭 snake 用有方向和顺序的 n 个节点 $S=\{\boldsymbol{S}_1,\boldsymbol{S}_2,\ldots,\boldsymbol{S}_n\}$ 表示，将这些节点称为 Snaxel，如图 7-13b 中黑色箭头所示，节点的位置被约束在网格点处。每个节点都有一个前驱（Sprev）和后继节点（Snext）。这些节点按顺序相连，成为一条封闭轮廓。各节点还有方向属性，图中黑色箭头的方向就是节点的方向。当前的轮廓是由前一时刻的轮廓膨胀变形而来，当前节点也是由前一时刻节点发生位移得到的，所以前一时刻节点所在的网格点就是当前节点的来源顶点，而当前节点所指向的网格点就是目标顶点。由来源顶点指向目标顶点可唯一确定当前节点的方向。

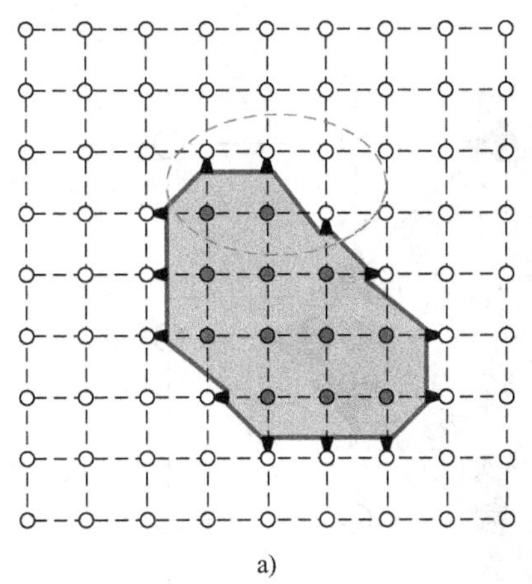

a)

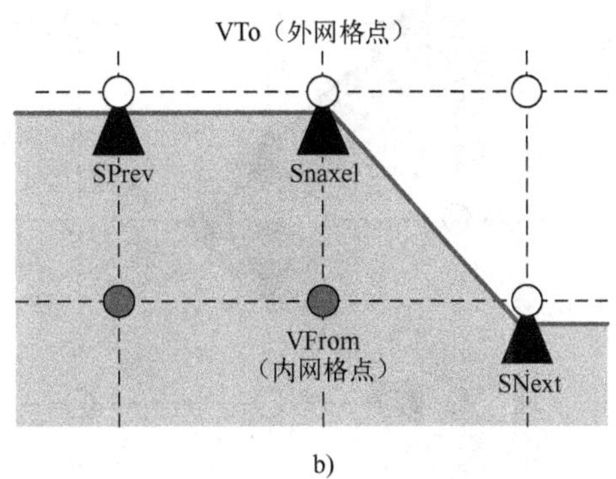

b)

图 7-13　强约束 T-snake 模型结构示意图

a) 正交网格划分　b) 节点定义

为了使模型具有拓扑变换能力，在每一步膨胀变形前都进行一次节点拆分。以图 7-14 的中间节点为例，图 7-14a 表示该节点在拆分之前的状态，其中给出了它的前驱和后继节点。其来源顶点是节点左方内部网格点，目标顶点是右方的外部网格点。当前节点的方向用由左指向右的实心箭头表示。在图 7-14b 中用空心箭头表示当前节点。约束节点移动方向只能沿网格线方向，所以一共有四个方向。除节点来源的方向外，在另外三个方向上将原节点拆分为三个新节点（中间三个黑色箭头），这三个节点按顺时针相联。三个新节点与原节点的坐标是完全相同的，不同的只是方向和在 snake 模型轮廓中的顺序（即前驱后继），在图中为了区分清楚将它们分开表示。比较图 7-14a 和 7-14b 可以看出，当前节点所在网格点的性质在拆分的同时发生了变化，由图 7-14a 中的外网格点改变为图 7-14b 中的内网格点。边界网格点被拆分出的新节点包含在轮廓内部。

遍历 snake 模型的所有节点进行拆分，图 7-14b 中上下两个节点也被拆分出三个新节点，如图 7-14c 所示。灰色表示的新节点是由内网格点指向内网格点，即指向轮廓内部，这样的节点将被抛弃。这样图 7-14a 中三个节点所组成的三点折线，经过节点拆分，就变成图 7-14d 中五个节点所组成五点折线，拓扑结构由简单变得复杂，如此 snake 模型就具有了拓扑变换能力。

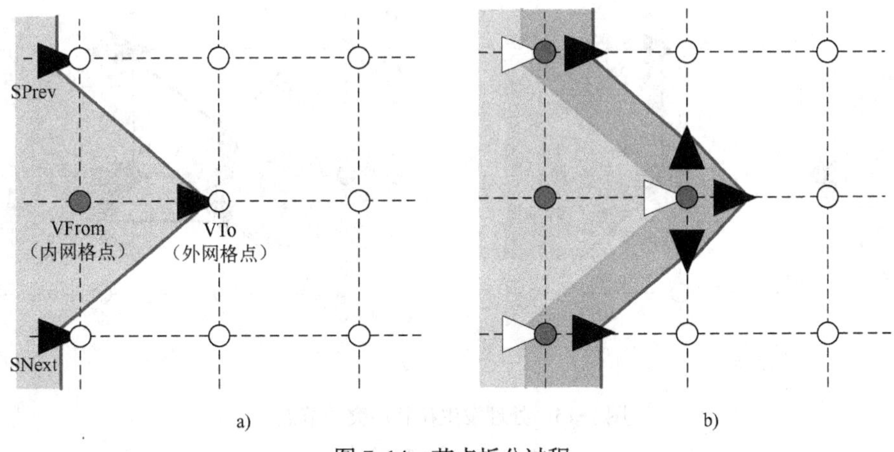

a)　　b)

图 7-14　节点拆分过程

a) 拆分前的状态　b) 拆分后的中间节点

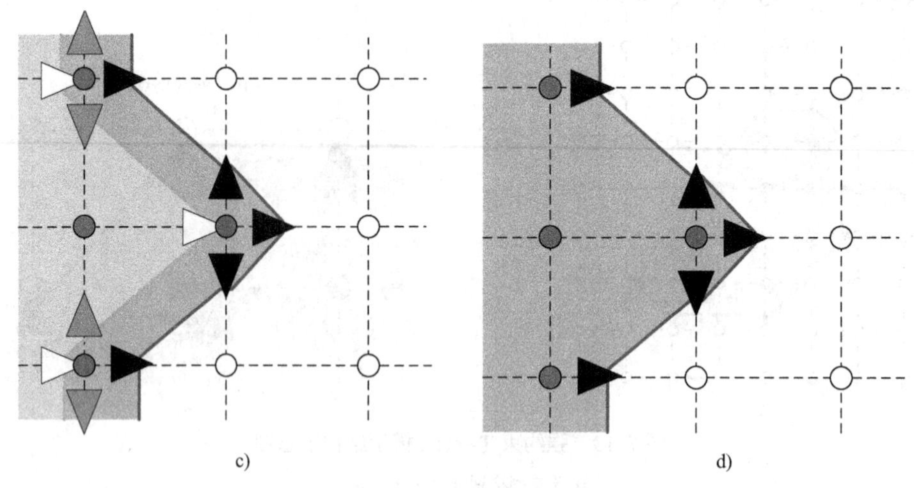

图 7-14　节点拆分过程（续）

c) 拆分后的所有节点　d) 最终结果

在模型变形的过程中，可能会发生拓扑冲突。判断是否发生拓扑冲突的标准是是否有节点指向轮廓内部。snake 发生膨胀变形时，顺序上并不相邻的节点间有可能会发生碰撞重叠，在第一时间相撞的两个节点相互冲突。若出现图 7-15a 中间两节点那样顺序不相邻的节点间的距离小于一个网格，则说明两条轮廓在下一步将要发生碰撞。经过节点拆分后得到图 7-15b 中的节点，其中标出的 A 和 B 两个节点处于同一段网格线上，方向相对，且互相指向对方的轮廓内部。对这种情况作如下处理：连接 A 的前驱和 B 的后继节点，同样连接 A 的后继和 B 的前驱节点，如图 7-15b 中黑线所示，然后删除 A 和 B 节点，两条轮廓合并成为一条新的轮廓，如图 7-15c 所示。整个轮廓的拓扑改变情况如图 7-16 所示，由于还没有进行下一步膨胀变形，所以有些网格点上有位置相同、方向不同的重叠节点。由于拓扑结构发生了改变，合并出外圈的轮廓，分裂出内圈的轮廓。

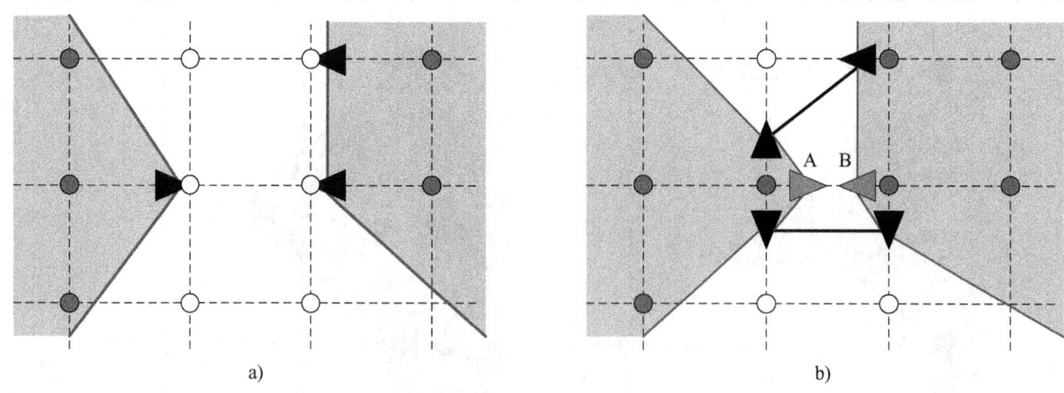

图 7-15　处理发生拓扑冲突的节点

a) 处理前　b) 节点拆分后

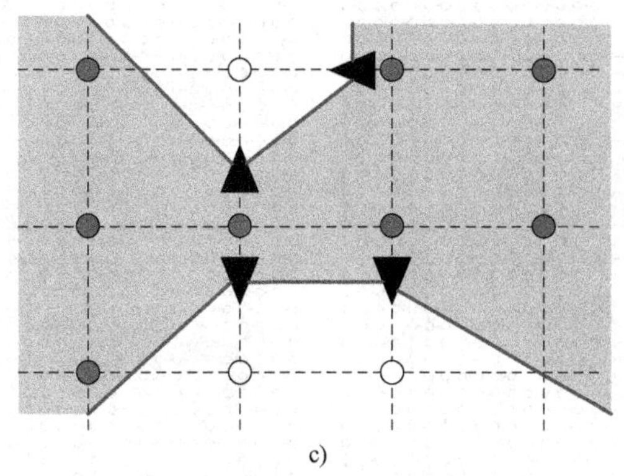

c)

图 7-15　处理发生拓扑冲突的节点（续）

c) 处理结果

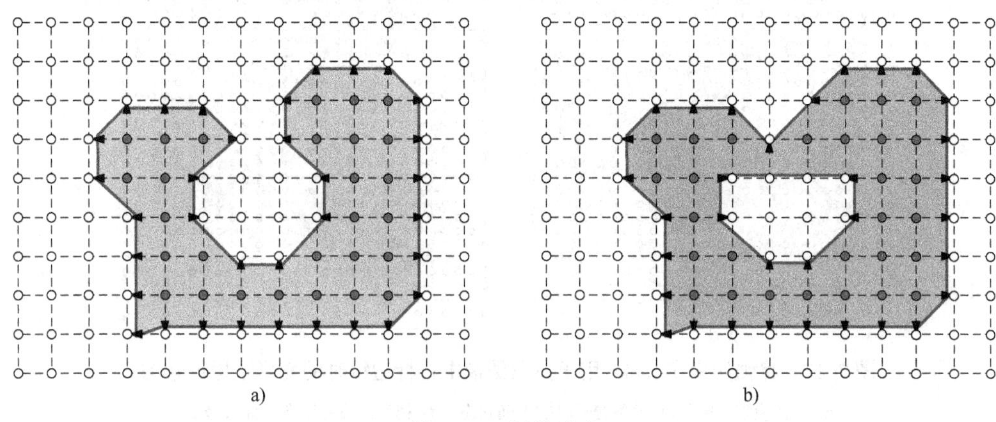

图 7-16　拓扑冲突

a) 处理前的轮廓　b) 处理后的轮廓

强约束 T-snake 模型的优势之一就是对初始位置不敏感，只要在感兴趣区域内任选一个起始点，模型就会从初始轮廓开始膨胀变形直至停留在目标边缘。图 7-17 展示了使用强约束 T-snake 模型提取图像中目标边缘的示意图，首先操作者在图像中的目标内部任选一点，以这个点作为第一个内网格点，以距离它最近的四个网格点作为四个初始节点形成初始轮廓，其半径为一个网格大小，如图 7-17a 所示。从这个很小的且拓扑简单的初始轮廓开始，在节点拆分和使能量函数最小化的过程中模型将不断地膨胀变形，改变拓扑结构，更多的外网格点变为内网格点，最终停留在目标边缘，完成目标的提取。

对具有复杂拓扑结构的模拟二值图像的边缘提取结果如图 7-18 所示，用于测试模型的拓扑变换能力。从图中可以看出，模型的拓扑结构从初始的简单矩形开始变换，捕捉到了拓扑结构非常复杂的目标边缘。模拟图像中设计的边缘发生了突变，所以边缘宽度在两个像素以内。如果将网格大小设置为超过三个像素，那么模型将不能识别出该边缘。对临床采集的 X 射线冠状动脉造影图像中的血管边缘提取结果如图 7-19 和图 7-20 所示，一般情况下造影图像不大于 1024×1024 像素，而在血管边缘处，图像灰度也在 4～5 个像素范围内变至与背景相同的灰度，所以取网格大小为 1～5 个像素，是精度与速度折中的结果。可以看出模型的边缘捕捉能力和拓扑变换能力都很强。

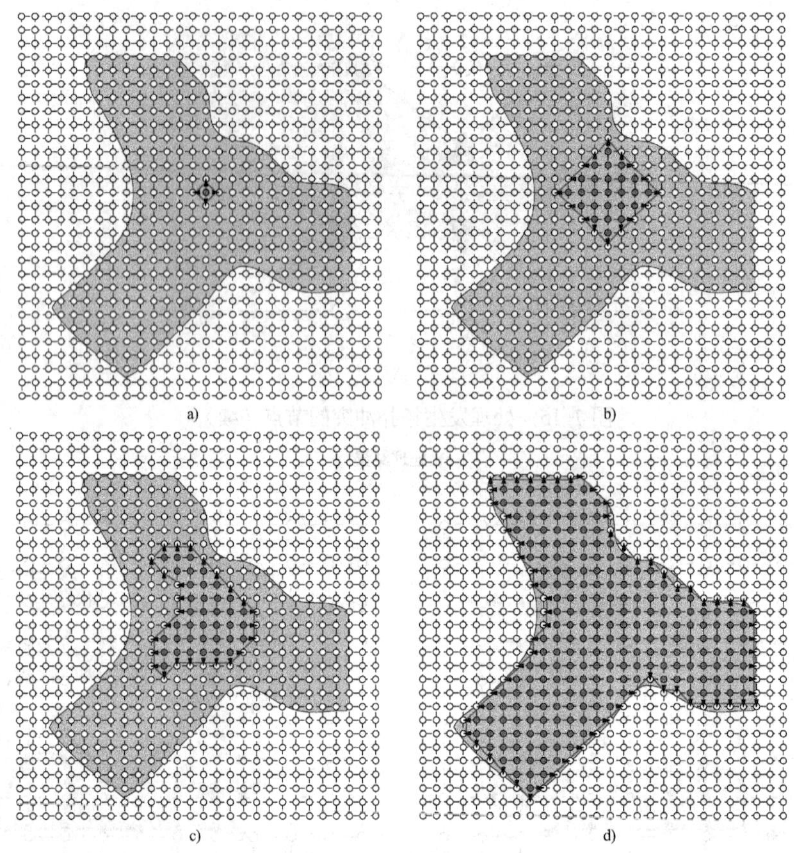

图 7-17　将强约束 T-snake 用于提取图像中目标边缘时的变形过程示意图

a) 初始模型　b)和 c) 模型变形时的中间状态　d) 模型最终停留在目标边缘处

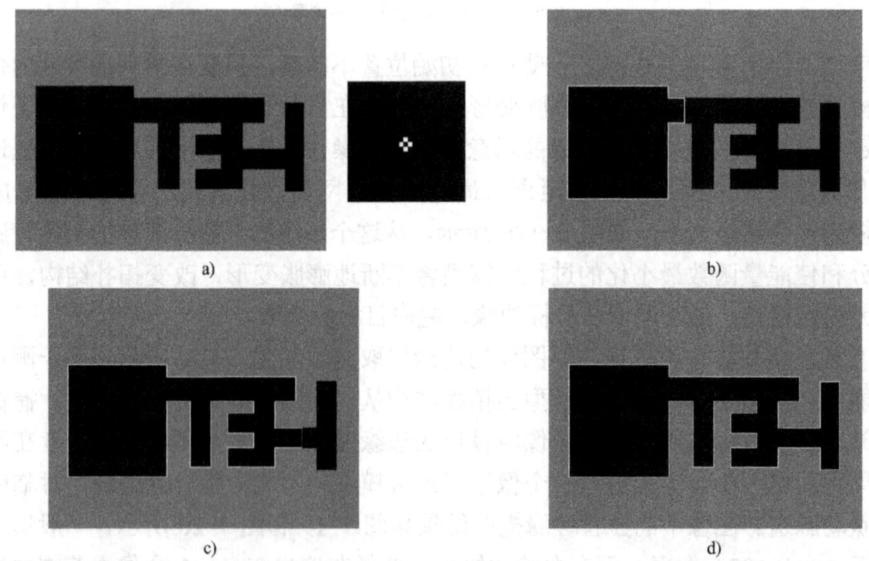

图 7-18　采用强约束 T-snake 模型，提取具有复杂拓扑结构目标的图像边缘

a) 初始模型　b)和 c) 模型变形时的中间状态　d) 模型最终停留在目标边缘处

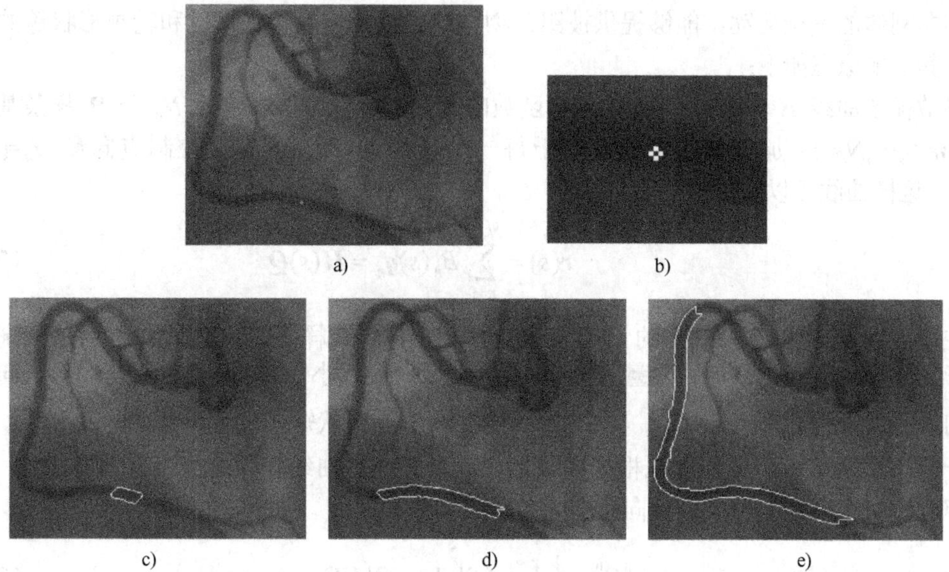

图 7-19　采用强约束 T-snake 模型提取冠状动脉造影图像中的血管边缘

a) 原始图像　b) snake 初始轮廓　c) 简单拓扑　d) “一”型拓扑　e) “L”型拓扑

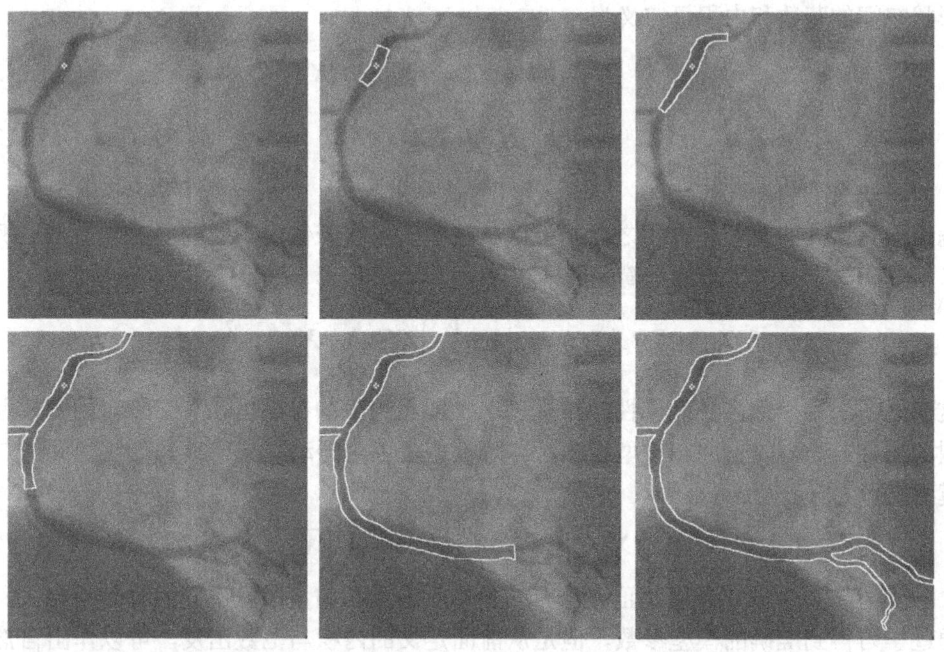

图 7-20　采用强约束 T-snake 模型提取右冠状动脉造影图像中的血管边缘时模型的变形过程

7.4.4　Kalman snake 模型

在采用 snake 模型的运动图像序列跟踪中，统计模型得到了广泛的应用，其中较为常用的是 Kalman snake 模型。它将 snake 动态模型作为 Kalman 滤波器的系统模型，同时考虑了系统噪声和观测噪声的模型，由于该模型受到弹性动力学模型的制约，因此可以有效地跟踪刚体和非刚体的复杂运动，能够提供被跟踪物体的位置、速度、加速度和轮廓形状等的详尽信息。其基本原理如下：

参数样条曲线 $\boldsymbol{r}(s)=(x(s), y(s))$的坐标函数的每一个分量可以表达为 N_B 个 B 样条基函数 $B_n(s)$ $(n=0,\cdots,N_B-1)$ 加权和的形式。对于每一个基函数 B_n，需定义控制点向量 $\boldsymbol{q}_n=(q_x(n), q_y(n))^{\mathrm{T}}$，这样曲线可以表达为

$$\boldsymbol{r}(s)=\sum_{n=0}^{N_B-1} B_n(s)\boldsymbol{q}_n=\boldsymbol{H}(s)\boldsymbol{Q} \tag{7-40}$$

控制点向量 $\boldsymbol{Q}$ 包含控制点的 x 和 y 坐标，其全体组成样条向量空间 S_Q，通过限制模板的变形定义形状空间 S，形状向量$\boldsymbol{X}\in S$，维度 N_x 一般远小于 N_Q，且$S\subset S_Q$。形状向量与样条向量的关系为$\boldsymbol{Q}=\boldsymbol{W}\boldsymbol{X}+\boldsymbol{Q}_0$，其中 $\boldsymbol{Q}_0$ 是模板，$\boldsymbol{W}$ 是形状矩阵表达所允许的变形。

一旦选定基函数，我们可以根据样条加权向量来表达曲线。因此，可根据曲线的 L_2 范数和相应的内积来定义样条加权向量空间的范数和内积：

$$\|\boldsymbol{Q}\|=\frac{1}{L}\int_0^L|\boldsymbol{r}(s)|^2\mathrm{d}s=\boldsymbol{Q}^{\mathrm{T}}\boldsymbol{U}\boldsymbol{Q} \tag{7-41}$$

$$\langle\boldsymbol{Q}_1,\boldsymbol{Q}_2\rangle=\boldsymbol{Q}_1^{\mathrm{T}}\boldsymbol{U}\boldsymbol{Q}_2 \tag{7-42}$$

形状空间的范数和内积可定义为

$$\|\boldsymbol{X}\|=\|\boldsymbol{Q}-\boldsymbol{Q}_0\|=\sqrt{\boldsymbol{X}^{\mathrm{T}}-\boldsymbol{H}\boldsymbol{X}} \tag{7-43}$$

$$\langle\boldsymbol{X}_1,\boldsymbol{X}_2\rangle=\boldsymbol{X}_1^{\mathrm{T}}\boldsymbol{H}\boldsymbol{X}_2 \tag{7-44}$$

式中，$\boldsymbol{H}=\boldsymbol{W}^{\mathrm{T}}\boldsymbol{U}\boldsymbol{W}$。

确定形状空间的范数和内积之后，可以从概率的角度来假定系统的动力学模型。例如在平移形状空间内，一阶模型的最简单的情况是

$$p(\boldsymbol{X}(t_k)\,|\,\boldsymbol{X}(t_{k-1}))\propto\exp\left(-\frac{1}{2b^2}\right)\|\boldsymbol{X}(t_k)-\boldsymbol{X}(t_{k-1})\|^2 \tag{7-45}$$

这表达了二维平面内各向同性的随机移动，即无约束的布朗运动。二阶自回归模型是一阶模型的拓展，与一阶自回归模型相比，二阶模型可以对振动模式建模。形状空间的二阶自回归模型表示为

$$\boldsymbol{X}(t_k)-\overline{\boldsymbol{X}}=\boldsymbol{A}_2(\boldsymbol{X}(t_{k-2})-\overline{\boldsymbol{X}})+\boldsymbol{A}_1(\boldsymbol{X}(t_{k-1})-\overline{\boldsymbol{X}})+\boldsymbol{B}_0\boldsymbol{w}_k \tag{7-46}$$

式中，$\boldsymbol{w}_k$ 是由 N_x 个独立且服从正态分布的变量所组成的向量，且不同的时刻不相关。尽管可以通过学习得到准确的模型参数，但是从前面定义的内积与范数出发，可以作出自然的假定，以匹配关于运动的直观期望。

利用式（7-41）和式（7-42）定义的范数进行曲线拟合时，由于检测目标的继承参数化会出现粘滞现象，所定义的范数不具有参数化的不变性。这里可以引入关于模板曲线或估计曲线 $\boldsymbol{r}(s)$的新的范数，模板曲线的法向量为 $\boldsymbol{n}(s)$：

$$\|\boldsymbol{r}-\boldsymbol{r}_f\|=\frac{1}{N}\sum_{i=1}^{N}[(\boldsymbol{r}_f(s_i)-\boldsymbol{r}(s_i))\cdot\overline{\boldsymbol{n}}(s_i)]^2 \tag{7-47}$$

整理得到

$$\left\|\boldsymbol{r}-\boldsymbol{r}_f\right\|_{\bar{\boldsymbol{n}}}^2=\frac{1}{N}\sum_{i=1}^{N}[(v_i-\boldsymbol{h}(s_i)^{\mathrm{T}}[\boldsymbol{X}-\overline{\boldsymbol{X}}]]^2 \tag{7-48}$$

式中

$$v_i=(\boldsymbol{r}_f(s_i)-\bar{\boldsymbol{r}}(s_i))\bar{\boldsymbol{n}}(s_i) \tag{7-49}$$

$$\boldsymbol{h}(s_i)^{\mathrm{T}}=\bar{\boldsymbol{n}}(s_i)^{\mathrm{T}}\boldsymbol{U}(s_i)\boldsymbol{W} \tag{7-50}$$

进一步可以定义累积观测矩阵 $\boldsymbol{Z}$ 和信息矩阵 $\boldsymbol{S}$

$$\boldsymbol{S}=\sum\frac{1}{\sigma^2}(\boldsymbol{h}(s_i)\boldsymbol{h}(s_i)^{\mathrm{T}}) \tag{7-51}$$

$$\boldsymbol{Z}=\sum\frac{1}{\sigma^2}\boldsymbol{h}(s_i)v_i \tag{7-52}$$

从前面基于法向位移的范数定义出发，一个很自然的量测模型为

$$\boldsymbol{Z}_k=\boldsymbol{S}_k\boldsymbol{X}_k+\boldsymbol{V}_k,\quad \boldsymbol{V}_k\sim(0,S_k) \tag{7-53}$$

根据式（7-46）和式（7-53），可以利用标准的 Kalman 滤波技术中状态预测和状态更新方程来递归地实现轮廓线跟踪。

接下来的问题是如何确定模型参数和可靠地获取图像量测信息。一维连续情况下具有衰减率 β 和振动频率 f 的简谐运动可以离散地表达为

$$\boldsymbol{A}=\begin{pmatrix}0 & 1\\ a_2 & a_1\end{pmatrix},\quad \boldsymbol{B}=\begin{pmatrix}0\\ b_0\end{pmatrix} \tag{7-54}$$

式中，$a_1=2\exp(-\beta\tau)\cos(2\pi f\tau)$；$a_2=-\exp(-2\beta\tau)$。为了获得理想的稳态方差 $\bar{\rho}^2$，选择

$$b_0=\bar{\rho}\sqrt{1-a_2^2-a_1^2-2\frac{a_2a_1^2}{1-a_2}} \tag{7-55}$$

如果 f=0，表示临界阻尼状态；$\beta>0$ 则表示过程是稳定的，且具有稳态有界方差；如果 $f=\beta=0$，则意味着常速度模型，故稳态方差是无界的。将一维情况推广到形状空间的直接方式为

$$\boldsymbol{A}_1=a_1\boldsymbol{I}_{N_X},\quad \boldsymbol{A}_2=a_2\boldsymbol{I}_{N_X},\quad \boldsymbol{B}_0=\frac{b_0}{\sqrt{N_X}}\boldsymbol{H}^{-1/2} \tag{7-56}$$

这意味着各个独立的运动模式具有相同的衰减比和频率。

在形状空间正交子空间内建立不同的谐波模型，使每个不同的子空间具有各自的振动频率和衰减系数。这里需介绍一个基本概念——投影矩阵，例如我们拟将放射空间分为平移和变形两个子空间，相应的投影矩阵分别为 $\boldsymbol{E}^s$ 和 $\boldsymbol{E}^d$，可以从广义逆出发，经过简单推导得到这两个矩阵。这样，动力学模型最终可以表示成

$$\boldsymbol{A}_1=a_1{}^s\boldsymbol{E}^s+a_1{}^d\boldsymbol{E}^d,\quad \boldsymbol{A}_2=a_0{}^s\boldsymbol{E}^s+a_0{}^d\boldsymbol{E}^d,\quad \boldsymbol{B}_0=\left(\frac{b_0^s}{\sqrt{N_s}}\boldsymbol{E}^s+\frac{b_0^d}{\sqrt{N_d}}\boldsymbol{E}^d\right)\boldsymbol{H}^{-1/2} \tag{7-57}$$

Kalman snake 模型的曲线表达是基于离散点的，因此过高的运动维数常导致滤波发散。后来有人对 Kalman snake 模型进行了一系列的改进，例如：

1）基于光流技术改进的 Kalman snake 模型：由于缺乏变形模板的约束，且未改变变形维数过高的本质，因此仍然不能稳定地跟踪目标。

2）基于 B 样条曲线的轮廓线跟踪理论：采用 B 样条函数表达曲线，并建立起一整套基于二阶自回归模型的 Kalman 滤波曲线跟踪的理论与方法。

3）Unscented Kalman 滤波：主要解决非线性的动力学模型，但是噪声统计特性还是高斯的。

4）Condensation 算法：将粒子滤波引入到活动轮廓模型领域，这种方法的不足是采样带来了巨大的时间消耗，此外动力学模型的准确程度在一定程度上也影响跟踪效果。

5）基于 HMM 的 Kalman snake 跟踪算法：结合隐马尔科夫模型（Hidden Markov Model，HMM）与基于 B 样条曲线的轮廓线跟踪理论，利用区域的灰度统计信息和曲线的平滑信息以及多边缘点的测量信息，所得到的结果作为系统测量信息输入到 Kalman 滤波器中，滤波器的确定性部分为 HMM 提供初始的曲线位置。

7.5 几何活动轮廓模型

与参数活动轮廓模型的基于能量函数的最小化不同，在基于水平集（level set）方法的几何活动轮廓模型中，曲线的运动过程是基于曲线的几何度量参数（如曲率和法向矢量等）而非曲线的表达参数，其主要理论基础是曲线演化理论和零水平集的思想，因此基于水平集方法的几何活动轮廓模型也常被称为水平集方法。其原理是先将平面闭合曲线隐式地表达为二维曲面函数（称为水平集函数）的水平集，即具有相同函数值的点集，再通过曲面的进化来隐含地求解曲线的进化。由于是采用水平集方法来进行数值计算，因此几何活动轮廓模型较好地克服了 snake 模型的许多缺点，如可以处理曲线的拓扑变化、对初值位置不敏感、具有稳定唯一的数值解等。

7.5.1 常用的几何活动轮廓模型

1. 隐式几何活动轮廓模型

隐式几何活动轮廓模型（implicit geometric active contour model）是最初的传统几何活动轮廓模型，主要是在曲线的平均曲率运动和图像梯度的基础上构造水平集方法的速度函数。该模型给出了基于均值曲率运动的几何变形流，其定义为全局解，并且不依赖于参数的选择，可通过水平集的数值计算方法来处理曲线的拓扑变化。它的欧拉方程为

$$\begin{cases} \dfrac{\partial \boldsymbol{\Phi}}{\partial t} = g(x,y)\left|\nabla \boldsymbol{\Phi}\right|\left(\mathrm{div}\left(\dfrac{\nabla \boldsymbol{\Phi}}{|\nabla \boldsymbol{\Phi}|}\right)+k\right) & \text{在区域}\Omega\text{外部} \\ \boldsymbol{\Phi}(0,x,y) = \boldsymbol{\Phi}_0(x,y) & \text{在区域}\Omega\text{上} \end{cases} \tag{7-58}$$

式中，k 是常数项；Ω 为图像区域；$\boldsymbol{\Phi}(x,y)$ 是水平集函数。将其初始化为

$$\boldsymbol{\Phi}_0(x,y) = \begin{cases} d((x,y),\boldsymbol{C}_0) & \text{若}(x,y)\text{在}\boldsymbol{C}_0\text{内部} \\ 0 & \text{若}(x,y)\text{在}\boldsymbol{C}_0\text{上} \\ -d((x,y),\boldsymbol{C}_0) & \text{若}(x,y)\text{在}\boldsymbol{C}_0\text{外部} \end{cases} \tag{7-59}$$

式中，C_0为初始化曲线；d 是距离函数。$g:\boldsymbol{R}^2 \to (0,1]$是一个正的单调下降并且趋于零的函数，用于控制水平集曲线向着图像特征（例如边界）运动，并最终停止。例如可以令

$$g(|\nabla I(x,y)|)=\frac{1}{1+\left|\nabla G_\sigma(x,y)^* I(x,y)\right|^p} \qquad (7\text{-}60)$$

式中，$p \geqslant 1$；I 为原始图像；G_σ为方差是 σ 的高斯函数$G_\sigma(x,y)=\sigma^{-1/2}e^{-|x^2+y^2|/4\sigma}$；“*”是卷积运算。在灰度均匀的区域，函数$g(|\nabla I|)$取正值，在边缘处，其值为零。

2．隐式测地线活动轮廓模型

在图像对比度很好时，利用传统的几何活动轮廓模型可以获得满意的分割效果，但对于不连续的边缘就无能为力了。隐式测地线活动轮廓模型（implicit geodesic active contour model）是在 Riemannian 空间最小测地距离理论的基础上提出的，其改进后的欧拉方程为

$$\begin{cases}\dfrac{\partial \boldsymbol{\Phi}}{\partial t}=|\nabla \boldsymbol{\Phi}|\left(\operatorname{div}\left(g\dfrac{\nabla \boldsymbol{\Phi}}{|\nabla \boldsymbol{\Phi}|}\right)+kg\right) & \text{在区域}\Omega\text{外部}\\ \boldsymbol{\Phi}(0,x,y)=\boldsymbol{\Phi}_0(x,y) & \text{在区域}\Omega\text{上}\end{cases} \qquad (7\text{-}61)$$

还可在测地线活动轮廓模型中增加面积约束项，以提高变形曲线跨越图像中目标轮廓中较小缝隙的能力。或者通过在模型中集成边缘的方向性信息，并通过最小化边缘和图像梯度间夹角的方式对测地线活动轮廓模型进行改进。

3．统一模型

结合前面两种模型的统一模型（unified model）的欧拉方程为：

$$\begin{cases}\dfrac{\partial \boldsymbol{\Phi}}{\partial t}=a|\nabla \boldsymbol{\Phi}|(\operatorname{div}(b\dfrac{\nabla \boldsymbol{\Phi}}{|\nabla \boldsymbol{\Phi}|})+|\nabla \boldsymbol{\Phi}|kg) & \text{在区域}\Omega\text{外部}\\ \boldsymbol{\Phi}(0,x,y)=\boldsymbol{\Phi}_0(x,y) & \text{在区域}\Omega\text{上}\end{cases} \qquad (7\text{-}62)$$

显然，当 a=g，且 b=1 时，即为隐式几何活动轮廓模型；而当 a=1，且 b=g 时，即为隐式测地活动轮廓模型；特别地，当 a=b=1 且 k=0 时，上式变为

$$\begin{cases}\dfrac{\partial \boldsymbol{\Phi}}{\partial t}=|\nabla \boldsymbol{\Phi}|\operatorname{div}(\dfrac{\nabla \boldsymbol{\Phi}}{|\nabla \boldsymbol{\Phi}|}) & \text{在区域}\Omega\text{外部}\\ \boldsymbol{\Phi}(0,x,y)=\boldsymbol{\Phi}_0(x,y) & \text{在区域}\Omega\text{上}\end{cases} \qquad (7\text{-}63)$$

这是基本的散射方程，也称为均值曲率运动方程，在图像分析中占有非常重要的地位。

上述基于梯度信息的边缘型方法由于过于依赖目标边缘的梯度信息，因此对于没有明显梯度变化边缘的逼近效果不理想，演化曲线时常会穿越边缘造成分割失败。此外，此类方法对噪声较为敏感，如果图像中存在着大量的噪声，则利用此类方法会产生分割过细的问题。

4．CV 模型

为了分割弱边缘和减少对噪声的敏感性，研究人员提出了区域型（region-based）水平集的思想，即利用某种区域信息来引导曲线向目标轮廓进行逼近。其中，由 Chan 和 Vese 在 2001 年提出的基于 Mumford-Shah 最优分割模型的几何活动轮廓模型，即 Chan-Vese（CV）模型最具有代表性，它在处理弱边缘时取得了很好的效果。

设闭合边界曲线 $\boldsymbol{C}$ 将图像 $\boldsymbol{I}$ 分为目标和背景两部分，定义

$$E(\boldsymbol{C},c_0,c_B)=\mu L(\boldsymbol{C})+\nu S_o(\boldsymbol{C})+\lambda_0\int_{\text{inside}(C)}|\boldsymbol{I}-c_0|^2\mathrm{d}x\mathrm{d}y+\lambda_B\int_{\text{inside}(C)}|\boldsymbol{I}-c_B|^2\mathrm{d}x\mathrm{d}y \quad (7\text{-}64)$$

式中，$\mu,\nu\geqslant 0$；$\lambda_0,\lambda_B>0$为各项权重系数；$L(\boldsymbol{C})$是闭合轮廓线 $\boldsymbol{C}$ 的长度；$S_o(\boldsymbol{C})$（下标“o”表示“object”）是曲线 $\boldsymbol{C}$ 内部区域的面积；c_0 为曲线 $\boldsymbol{C}$ 内部区域的平均灰度，c_B（下标“B”表示“back ground”）为曲线 $\boldsymbol{C}$ 外部区域的平均灰度。

CV 模型实际上是对简化了的 Mumford-Shah 能量泛函的一种优化，其利用曲线的内外灰度均值而不是边缘梯度来促进水平集的演化。CV 模型可以检测内部轮廓，并且对于噪声不敏感，在分割梯度无意义或边缘模糊的图像的分割中取得了极大的成功。

但 CV 模型也存在着一些问题，例如：

1）不能分割具有灰度不均匀性质的图像：由于 CV 模型假设图像灰度在各个区域内是均匀分布的，因此在分割灰度不均匀图像时，灰度均值信息会对演化曲线的运动做出错误的引导，使得曲线不能完全逼近真实的目标轮廓。

2）对初始轮廓的设置较敏感：在分割较复杂的图像时，CV 模型的演化结果较依赖于初始轮廓的设置，不同的初始轮廓经常会得到不同的分割结果。

3）重新初始化问题：为了保证水平集函数不发生振荡，并保持光滑和距离函数的特性，重新初始化是一个有效的数值修复步骤。对于复杂图像的分割而言，为了保证分割的精度，重新初始化是必不可少的步骤，但也因此增加了计算量。

为了提高 CV 模型的分割性能，研究人员提出了许多改进方法。例如：

1）多相 CV 模型：Vese 和 Chan 把他们提出的 CV 模型进一步推广到多相情况，可以在一定程度上解决 CV 模型的问题。但计算量较大，且要求初始轮廓尽量靠近目标。

2）通过搜索 CV 模型的保真项（fitting term）的极值来建立初始轮廓，但这种一维搜索方法非常耗时，并且当目标与背景的灰度差异较小时效果并不理想。

3）先使用 Canny 算子和形态学滤波器进行预处理，然后通过不断连接边缘点产生初始闭合轮廓，该方法对于较简单的图像效果较好。

4）不需要求解偏微分方程的方案，可降低数值求解时的计算量，但对于初始轮廓的选择依然有一定的依赖性，且有时对噪声比较敏感。

5）将一种惩罚性能量作为水平集函数与符号距离函数之间距离的度量，该惩罚性能量可以被加入到 CV 模型中来避免重新初始化。

近年来，将边缘型和区域型两种思想相结合，同时使用局部统计信息和区域描述信息，构建混合型（hybrid-based）水平集模型是一个重要的研究趋势。

7.5.2 数值化求解

对于上述模型的离散化迭代求解算法的研究也是几何活动轮廓模型中的一个重要内容。水平集方法的本质就是求解一个随时间变化的偏微分方程，首先考虑一个规范化后的简单的一般散射方程的离散化，即

$$\frac{\partial\boldsymbol{\Phi}}{\partial t}=\mathrm{div}(g(|\nabla\boldsymbol{\Phi}|)\nabla\boldsymbol{\Phi})\text{，在区域}\,\Omega\,\text{外部} \quad (7\text{-}65)$$

令算子

$$A_l(\boldsymbol{\Phi}^{(n)})=\partial x_l(g(|\nabla\boldsymbol{\Phi}^{(n)}|)\partial x_l) \quad (7\text{-}66)$$

则由定义知

$$\frac{\partial \boldsymbol{\Phi}}{\partial t}=\operatorname{div}(g(|\nabla \boldsymbol{\Phi}|)\nabla \boldsymbol{\Phi})=\sum_{l=1}^{m}\partial x_l(g(|\nabla \boldsymbol{\Phi}|)\partial x_l \boldsymbol{\Phi})=\sum_{l=1}^{m}A_l(\boldsymbol{\Phi})\boldsymbol{\Phi} \tag{7-67}$$

式中，m 是要考虑问题的维数，例如对于二维图像，m=2，x_1=x，x_2=y。

由上式很容易得出下面三种不同的迭代格式：

（1）显式（Explicit Scheme，ES）的迭代格式

$$\boldsymbol{\Phi}^{(n+1)}=[\boldsymbol{E}+\tau\sum_{l=1}^{m}A_l(\boldsymbol{\Phi}^{(n)})]\boldsymbol{\Phi}^{(n)} \tag{7-68}$$

式中，$\boldsymbol{E}$ 为单位变换矩阵；τ 为离散数值计算时的时间步长。在这种格式中，为了能够收敛到一种稳定的状态，必须对时间步长 τ 进行限制。

（2）半隐式（Semi-Implicit Scheme，SIS）的迭代格式

$$\boldsymbol{\Phi}^{(n+1)}=[\boldsymbol{E}-\tau\sum_{l=1}^{m}A_l(\boldsymbol{\Phi}^{(n)})]^{-1}\boldsymbol{\Phi}^{(n)} \tag{7-69}$$

这一迭代格式虽是无条件稳定的，但是计算量太大。

（3）可加分裂算子（Additive Operator Splitting，AOS）格式

$$\boldsymbol{\Phi}^{(n+1)}=\frac{1}{m}\sum_{l=1}^{m}[\boldsymbol{E}-m\tau A_l(\boldsymbol{\Phi}^{(n)})]^{-1}\boldsymbol{\Phi}^{(n)} \tag{7-70}$$

AOS 算法是一种快速、高效、无条件稳定的解决散射方程的数值方法，由于它使用了解决了三对角矩阵问题的 Thomas 算法，因此比半隐式迭代格式至少快 10 倍，其迭代结果与半隐式迭代格式相差 $O(\tau^m)$，当 τ 很小时，可以忽略不计。对于二维图像，其迭代格式为

$$\boldsymbol{\Phi}^{(n+1)}=\frac{1}{2}\sum_{l=1}^{2}[\boldsymbol{E}-2\tau A_l(\boldsymbol{\Phi}^{(n)})]^{-1}\boldsymbol{\Phi}^{(n)} \tag{7-71}$$

7.6 基于超二次曲面的变形模型

7.6.1 超二次曲面的数学描述

超二次曲面（Super Quadrics，SQ）是由丹麦学者 Piet Hein 于 1959 年在街区道路设计时发现的一类参数曲面，由 Barr 引入计算机图形学，Pentland 于 1986 年将超二次曲面模型用于计算机视觉的研究。随后，Bajcsy 等又讨论了如何从合成的或真实的深度信息中恢复其参数。超二次曲线与曲面可用于一大类物体的建模，并具有简洁性，是基本二次曲面和实体的扩展。三维超二次曲面的向量定义为：

$$S(\theta,\phi)=\begin{pmatrix}x\\y\\z\end{pmatrix}=\begin{pmatrix}a_x\operatorname{sign}(\cos\theta\cos\phi)|\cos\theta|^{\varepsilon_1}|\cos\phi|^{\varepsilon_2}\\a_y\operatorname{sign}(\cos\theta\sin\phi)|\cos\theta|^{\varepsilon_1}|\sin\phi|^{\varepsilon_2}\\a_z\operatorname{sign}(\sin\theta)|\sin\theta|^{\varepsilon_1}\end{pmatrix} \tag{7-72}$$

其中，sign(x)是符号函数：

$$\operatorname{sign}(x)=\begin{cases}1, & x>0\\ 0, & x=0\\ -1, & x<0\end{cases} \tag{7-73}$$

θ 和ϕ分别是球坐标系中的纬度角和经度角，且$-\pi/2\leqslant\theta\leqslant\pi/2$，$-\pi\leqslant\phi\leqslant\pi$（如图 7-21 所示）；纬度角$\theta$是向量$[x \quad y \quad z]^{\mathrm{T}}$和 xoy 平面的夹角；经度角ϕ在 xoy 平面中。显然，点 $P(x,y,z)$ 的直角坐标与其经度角和纬度角的关系为

$$\begin{cases}\theta=\arctan\dfrac{z}{\sqrt{x^2+y^2}}\\ \varphi=\arctan\dfrac{y}{x}\end{cases} \tag{7-74}$$

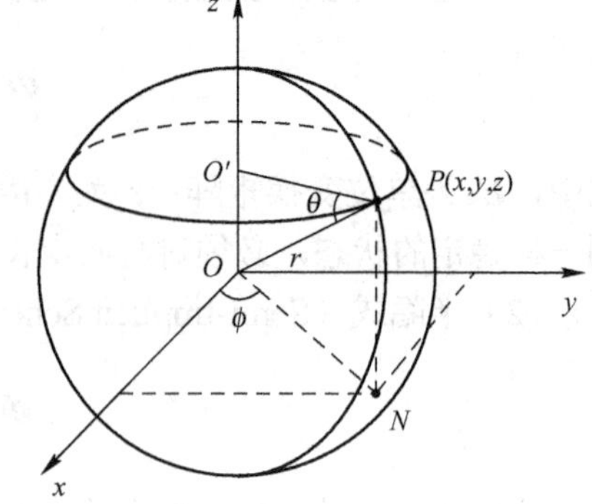

图 7-21　纬度角和经度角的定义

式（7-72）是超二次曲面的特征方程。利用等式$\cos^2\alpha+\sin^2\alpha=1$，可以得到超二次曲面的隐式方程：

$$\left(\left(\frac{x}{\alpha_x}\right)^{\frac{2}{\varepsilon_2}}+\left(\frac{y}{\alpha_y}\right)^{\frac{2}{\varepsilon_2}}\right)^{\frac{\varepsilon_2}{\varepsilon_1}}+\left(\frac{z}{\alpha_z}\right)^{\frac{2}{\varepsilon_1}}=1 \tag{7-75}$$

式（7-72）和式（7-75）由 5 个参数决定，其中 a_x、a_y 和 a_z 决定了超二次曲面在 x、y 和 z 轴方向上的大小；ε_1和ε_2决定了曲面的形状，ε_1是曲面在z轴方向上的矩形程度参数，ε_2是曲面在 xoy 平面上的矩形程度参数。当$\varepsilon_1\approx1,\varepsilon_2\approx1$时，生成的是（椭）球；当$\varepsilon_1\ll1,\varepsilon_2\ll1$时，生成的是立方体；而当$\varepsilon_1\ll1,\varepsilon_2\approx1$时，生成的是圆柱体。当指数$\varepsilon_1$和$\varepsilon_2$同时改变时，超二次曲面可成为一个柔软的实体，它既可以生成如上的基本形状，又可以生成介于这些形状之间的圆角实体，如图 7-22 所示。

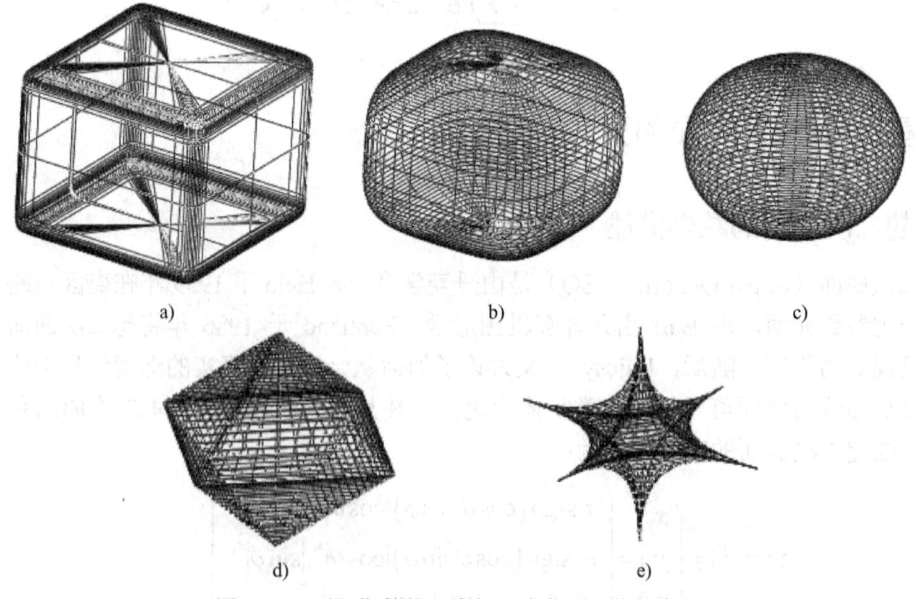

图 7-22　不同指数的三维超二次曲面形状的变化

a) $\varepsilon_1=\varepsilon_2=0.1$　b) $\varepsilon_1=\varepsilon_2=0.5$　c) $\varepsilon_1=\varepsilon_2=1$　d) $\varepsilon_1=\varepsilon_2=2$　e) $\varepsilon_1=\varepsilon_2=4$

7.6.2 超二次曲面的变形

由于超二次曲面的特征指数 ε_1 和 ε_2 是常数，因此它只能描述对称物体。对于一些复杂的物体来说，超二次曲面所给出的描述参数太少，无法精确地描述物体表面的变化，这是利用超二次曲面描述自然物体的一大障碍。因此，需对超二次曲面进行改进，适当加入一些新的参数以提高模型的几何描述能力。Barr 在超二次曲面上进行了尖化、弯曲和扭曲等简单的线性变形。在线性变形的基础上，张超等提出了超二次曲面的非线性变形的方法，即用分段三次 Bezier 曲线代替线性变形中 $f(z)$或 $g(z)$的一次函数，产生了非线性可变形超二次曲面（Nonlinear Deformable Super Quadrics，NDSQ）模型，这些工作都使超二次曲面的描述能力进一步提高。

将超二次曲面经过各种变形和坐标变换后所形成的曲面统称为可变形超二次曲面（Deformable Super Quadrics，DSQ）模型。使用 DSQ 模型表示的物体，使用较少的解析式，少量几个形状和变形参数，就可以表示大量的物体形状，而且具有良好的数学可计算性，是一种灵活简洁、行之有效的模型表示方法，图 7-23 为采用 DSQ 曲面由 CT 图像重建左心室模型的示例。

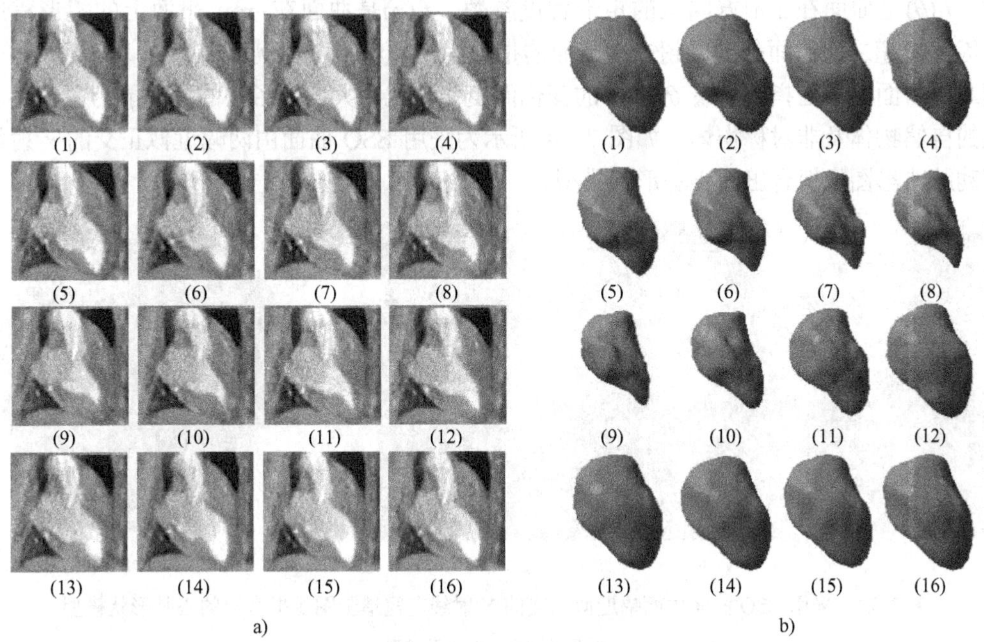

图 7-23 采用 DSQ 曲面由 CT 图像重建左心室[25]

a) 原始心脏 CT 图像 b) 左心室模型

7.6.3 扩展超二次曲面

尽管经过简单变形后的超二次曲面的描述能力得到了提高，但是它仍具有应用的局限性，对于表达大量自然的非对称物体存在很大的难度，同时 36 个几何子中很大的一部分也不能利用简单变形后的超二次曲面得到。Hanson 于 1988 年首先提出了极二次曲面（Hyper Quadrics，HQ）模型。极二次曲面的几何边界是任意的凸多面体，因此具有更强大的表示能力，能够描述非对称的自然物体。但利用极二次曲面构造复杂物体也存在着许多问题，例如，极二次曲面的参数量比超二次曲面要大得多，当从深度数据中恢复极二次曲面时将花费大量的时间，并有可能发散。此外，对于给定的一个极二次曲面可以有多组参数与之对应，即在极二次曲面参数和曲面模型之间存在着多对一的问题。因此寻找一种能表示非对称物体又能避免上述问题的光滑变形曲面模型就显得非常必要了。

扩展超二次曲面（Extended Super Quadrics，ESQ）是将超二次曲面的特征指数由常数扩展为经度角和纬度角的函数，能够表示非对称的自然物体。由于 ESQ 基于超二次曲面的扩展，因而它不存在类似于极二次曲面的“多对一”的问题。ESQ 的向量定义为

$$X(\theta,\varphi)=\begin{pmatrix} x \\ y \\ z \end{pmatrix}=\begin{pmatrix} a_x sign(\cos\theta\cos\varphi)|\cos\theta|^{f_1(\theta)}|\cos\varphi|^{f_2(\varphi)} \\ a_y sign(\cos\theta\sin\varphi)|\cos\theta|^{f_1(\theta)}|\sin\varphi|^{f_2(\varphi)} \\ a_z sign(\sin\theta)|\sin\theta|^{f_1(\theta)} \end{pmatrix} \tag{7-76}$$

式中，θ 和 φ 分别是球坐标系中的纬度角和经度角，且 $-\pi/2 \leqslant \theta \leqslant \pi/2$，$-\pi \leqslant \varphi \leqslant \pi$；$a_x$、$a_y$ 和 a_z 分别是扩展超二次曲面在 x、y 和 z 轴方向上的尺寸；指数 $f_1(\theta)$ 和 $f_2(\varphi)$ 分别是 θ 和 φ 的函数，$f_1(\theta)$ 是曲面在 z 轴方向上的矩形程度参数，$f_2(\varphi)$ 是曲面在 xoy 平面上的矩形程度参数。因此，超二次曲面是扩展超二次曲面的指数为常数的一个特例：$f_1(\theta)=\varepsilon_1$ 和 $f_2(\varphi)=\varepsilon_2$。扩展超二次曲面的特征指数随着 θ 和 φ 的变化而变化，这大大增强了它的描述能力，能够表示大量的自然物体及非对称物体，如图 7-24 所示为采用 ESQ 曲面由两幅近似正交的 x 射线左冠状动脉造影图像拟合出的心脏形状模型。

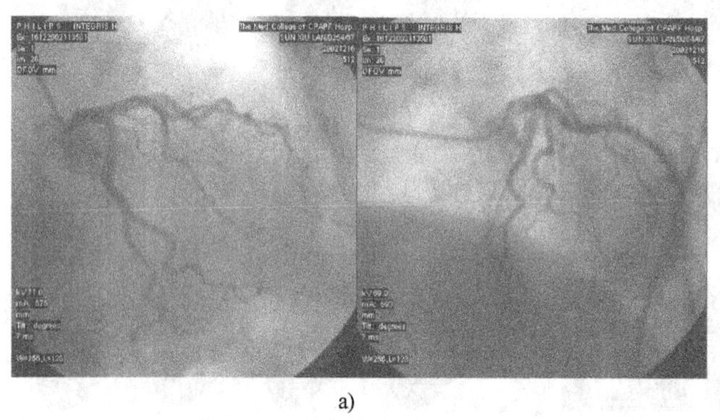

a)

b)

图 7-24　采用 ESQ 曲面由两幅近似正交的 X 射线左冠造影图像拟合出的心脏形状模型

a) 原始图像　b) 心脏模型

7.6.4　拟合 ESQ 曲面模型

为了可以控制扩展超二次曲面的形状，尤其是局部变形，如何选择指数函数的形式就显得非常重要。注意到式（7-71）中的特征指数值大于零，因此函数 $f_1(\theta)$ 和 $f_2(\varphi)$ 的值域必须是在 $(0,+\infty)$。而且为了确保扩展超二次曲面模型表面光滑，特征指数的函数必须连续。

例如，可用 Bezier 曲线作为特征指数函数。用 Bernstein 多项式表示的 n 次 Bezier 曲线方程为

$$C(t)=\sum_{i=0}^{n}P_iB_i^n(t)\text{，}\ (0\leqslant t\leqslant 1) \tag{7-77}$$

式中，P_i 是 Bezier 曲线的控制顶点，$B_i^n(t)$是 n 次 Bernstein 多项式

$$B_i^n(t)=\frac{n!}{(n-i)!i!}t^i(1-t)^{n-i}\text{，}\ i=0,1,\dots,n \tag{7-78}$$

基于式（7-77），特征指数函数可以定义为

$$\begin{cases} f_1(\theta)=\sum_{i=0}^{n}P_{1i}B_i^n\left(\dfrac{\theta+\pi/2}{\pi}\right) \\ f_2(\varphi)=\sum_{i=0}^{n}P_{2i}B_i^n\left(\dfrac{\varphi+\pi}{2\pi}\right) \end{cases} \tag{7-79}$$

Bezier 曲线的一个十分重要的性质就是曲线 $C(t)$上的各个点都必然落在由 P_i $(i=0,1,\dots,n)$ 所形成的凸包之内，即凸包性。也就是说，曲线的形状随着控制点的变化而光滑变化，保证曲线不会出现错误的振荡。因此通过调整控制点，就可以很容易地控制 Bezier 曲线的形状，进而控制整个 ESQ 模型的形状。

由于 $f_1(\theta)$决定了曲面在 z 轴方向上的矩形程度，$f_2(\varphi)$决定了曲面在 xoy 平面上的矩形程度，因此通过调整两个指数函数中相应的控制点就可以很容易地得到局部的变形。通常选用三次 Bezier 曲线作为特征指数函数，实验证明，更高阶的曲线不但会使计算复杂，而且还可以导致不必要的振荡出现。用 Bernstein 多项式表示的三次 Bezier 曲线方程为

$$C(t)=\sum_{i=0}^{3}P_iB_i^3(t)=(1-t)^3P_0+3(1-t)^2tP_1+3(1-t)t^2P_2+t^3P_3 \tag{7-80}$$

为了由已知的离散采样点拟合 ESQ，需要定义一个拟合误差函数（Error-Of-Fit function，EOF），衡量模型与给定数据之间的差异。那么拟合过程也就成为寻找使拟合误差函数最小的模型的过程，即得到式（7-76）中参数的最优估计。对于扩展超二次曲面而言，不存在基于欧氏距离的封闭的误差函数，使用内-外函数（inside-outside function），就可以很容易地定义拟合误差函数。

式（7-76）是扩展超二次曲面的参数方程，其隐函数为

$$\left(\left(\frac{x}{a_x}\right)^{\frac{2}{f_2\left(\arctan\left(\frac{y}{x}\right)\right)}}+\left(\frac{y}{a_y}\right)^{\frac{2}{f_2\left(\arctan\left(\frac{y}{x}\right)\right)}}\right)^{\frac{f_2\left(\arctan\left(\frac{y}{x}\right)\right)}{f_1\left(\arctan\left(\frac{z}{\sqrt{x^2+y^2}}\right)\right)}}+\left(\frac{z}{a_z}\right)^{\frac{2}{f_1\left(\arctan\left(\frac{z}{\sqrt{x^2+y^2}}\right)\right)}}=1 \tag{7-81}$$

发生尖化变形后，方程变成：

$$\left(\left(\frac{x}{a_xf_x(z)}\right)^{\frac{2}{f_2\left(\arctan\left(\frac{y}{x}\right)\right)}}+\left(\frac{y}{a_yf_y(z)}\right)^{\frac{2}{f_2\left(\arctan\left(\frac{y}{x}\right)\right)}}\right)^{\frac{f_2\left(\arctan\left(\frac{y}{x}\right)\right)}{f_1\left(\arctan\left(\frac{z}{\sqrt{x^2+y^2}}\right)\right)}}+\left(\frac{z}{a_z}\right)^{\frac{2}{f_1\left(\arctan\left(\frac{z}{\sqrt{x^2+y^2}}\right)\right)}}=1 \tag{7-82}$$

基于上式，得到内−外函数 $F(x, y, z)$：

$$F(x,y,z)=\left(\left(\left(\frac{x}{a_x f_x(z)}\right)^{\frac{2}{f_2\left(\arctan\left(\frac{y}{x}\right)\right)}}+\left(\frac{y}{a_y f_y(z)}\right)^{\frac{2}{f_2\left(\arctan\left(\frac{y}{x}\right)\right)}}\right)^{\frac{f_2\left(\arctan\left(\frac{y}{x}\right)\right)}{f_1\left(\arctan\left(\frac{z}{\sqrt{x^2+y^2}}\right)\right)}}+\left(\frac{z}{a_z}\right)^{\frac{2}{f_1\left(\arctan\left(\frac{z}{\sqrt{x^2+y^2}}\right)\right)}}\right) \quad (7-83)$$

它决定了任意一点(x, y, z)相对于扩展超二次曲面的位置。若 $F(x, y, z)=1$，则点(x, y, z)恰好就在扩展超二次曲面上；如果 $F(x, y, z)<1$，则该点落在曲面内；如果 $F(x, y, z)>1$，则该点落在曲面外。基于内−外函数定义如下的拟合误差函数：

$$EOF_1=\sum_{i=1}^{N}[F\left(x_i,y_i,z_i\right)-1]^2 \quad (7-84)$$

由于 ESQ 的特征指数是经度角和纬度角的函数，在曲面上的有些部分，指数可能很大，而在另一些部分可能很小。很明显，当点(x_i, y_i, z_i)移动到指数很大的部分上时，函数 $F(x_i, y_i, z_i)$变化的很快；相反，在指数很小的部分上时，$F(x_i, y_i, z_i)$变化很慢，也就是说函数 EOF_1 是有偏的。在 EOF_1 中引入指数函数 $f_1(\theta)$可得到如下近似均匀的函数：

$$EOF_2=\sum_{i=1}^{N}[F(x_i,y_i,z_i)^{f_1\left(\arctan\left(\frac{z}{\sqrt{x^2+y^2}}\right)\right)}-1]^2 \quad (7-85)$$

增加的指数函数 $f_1(\theta)$保证了不管当前的 $f_1(\theta)$值如何，距离曲面相同距离点的 $F(x,y,z)^{f_1\left(\arctan\left(\frac{z}{\sqrt{x^2+y^2}}\right)\right)}$ 值相等（它并不会改变曲面本身）。否则，当 $f_1(\theta)<<1$ 时，即使点在 z 坐标方向与曲面之间的偏差十分小，该偏差也会被放大。

由式（7−83）和式（7−85）可知，由离散采样数据点拟合 ESQ 模型需要估计 13 个参数：指数函数 f_1 中的四个 Bezier 曲线控制点 P_{10}、P_{11}、P_{12}、P_{13}；f_2 中的四个 Bezier 曲线控制点 P_{20}、P_{21}、P_{22}、P_{23}；比例因子 a_x、a_y、a_z；尖化变形参数 k_x 和 k_y。使 EOF_2 最小是一个非线性最小二乘问题，可采用阻尼最小二乘法（Levenberg-Marquardt，LM）求解。由于特征指数必须大于零，因此必须在最小化算法中加入如下约束：

$$P_{1i}>0\text{，}\ P_{2i}>0 \quad (7-86)$$

此外，在采用 LM 算法进行迭代时，初始值的选取十分重要。对于已知数据点变换到局部坐标系中之后的坐标，通常分别选择 x、y 和 z 坐标中绝对值最大的坐标值，将其取绝对值后作为 a_x、a_y 和 a_z 的初始值，k_x 和 k_y 的初始值设为 0。图 7−25 所示为一个 ESQ 模型从初始的球形开始，通过使拟合误差函数最小，而不断变形的结果。

图 7−25　扩展超二次曲面的变形过程

7.7 本章小结

本章介绍了变形模型技术的概念、理论基础及其在图像分割、匹配和运动跟踪等图像分析领域中的应用现状。其中对于样条模型，重点介绍了应用最为广泛的活动轮廓模型（snake 模型）及其改进模型，并给出了具体的实例。对于曲面模型，介绍了基于超二次曲面的变形模型及其在医学图像三维重建中的应用。

第8章　综合应用实例——血管内超声图像的分割和斑块的自动识别

粥样硬化所致的心血管疾病是严重危害人类生命健康的疾病之一。它是一种影响血管壁的炎症，将发展成血管腔内的多种斑块，斑块有可能破裂或继续生长使管腔狭窄，最终导致心绞痛、心肌梗塞、缺血性心肌病或猝死。对斑块进行精确检测和分型对于动脉硬化性疾病的诊断和治疗具有重要意义。

血管内超声（Intra Vascular Ultra Sound，IVUS）是无创伤的超声技术和有创伤的导管介入技术相结合的影像技术，它将微小的超声探头镶嵌于心导管的顶端，置于血管腔内，在回撤导管的过程中获得一系列固定间距的血管腔切面图像。它不仅能够反映血管内腔的变化，同时也能反映含斑块在内的管腔横断面结构、血管壁厚度、形态以及斑块成份（包括钙化、纤维化、脂质池的有无）等，是目前临床诊断血管病变，特别是冠心病的常用影像手段。

血管内超声图像序列的数据量巨大，且由于采用高频超声探头，图像受噪声污染严重，对比度低，存在多种影响视觉效果的伪像。若由医生手动完成对图像的分析和解读（包括找出存在病变的图像、提取血管壁内外膜（包含斑块）的边缘、对血管腔、血管壁和斑块组织的形态进行定量测量以及分析斑块成分等），是一项非常繁琐的工作，而且结果易受操作者的专业知识和临床经验的影响。而利用先进的计算机技术和图像处理技术，对血管内超声图像进行自动分析和处理，可获得精确、客观、可重复性高的分析结果。本章将对目前血管内超声图像的分割和斑块自动识别的国内外研究现状进行介绍，并重点介绍一些常用方法。

8.1　血管内超声成像简介

8.1.1　成像原理

典型的血管内超声成像系统主要由超声探头（如图 8-1a 所示）和超声成像仪（如图 8-1b 所示）构成，用于成像的超声探头安置在导管顶端，超声发生器控制脉冲重复频率和时相。根据导管内有无机械旋转装置，将超声探头分为机械旋转型和电子相控阵型两种。前者包括旋转晶片和晶片固定而旋转一个声学反射镜两种。单晶片位于一个可弯曲的轴心头端，轴心在外鞘管内以 1800r/min 的速度旋转，而外鞘管是固定不动的，因此可以保证回撤路径的稳定，在临床上应用较为广泛。电子相控阵型超声导管由 32～64 个晶片组成，呈环状排列于导管顶端，同时向 360°发射声束形成管腔横断面图像。

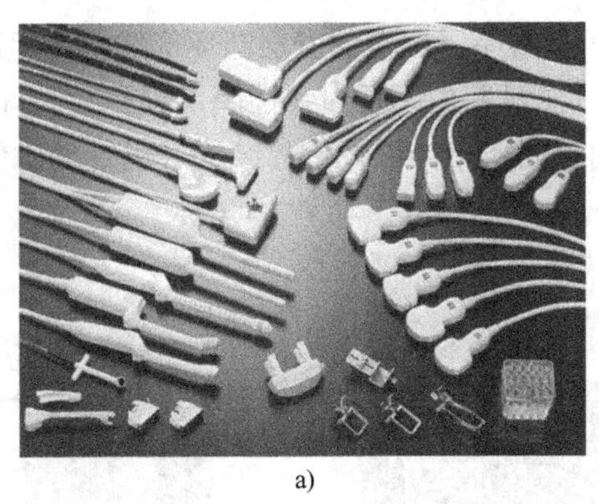

a)

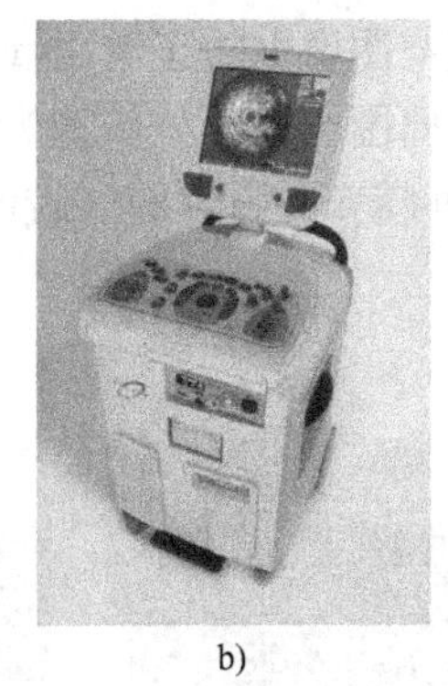

b)

图 8-1

a) 各种血管内超声探头　b) 血管内超声成像仪

常规冠状动脉血管内超声检查的操作要求经右股动脉穿刺，插入导管至相应的冠状动脉开口，进行选择性 X 射线血管造影。然后在 X 射线透视下沿靶血管插入引导钢丝至血管远端，沿引导钢丝将高频（20 MHz～50MHz）超声探头导管插入靶血管远端，在透视下缓慢回撤超声探头导管。当探头作 360°旋转时，可以 30f/s 的速率连续获得血管腔横轴实时切面图像序列，如图 8-2 所示。

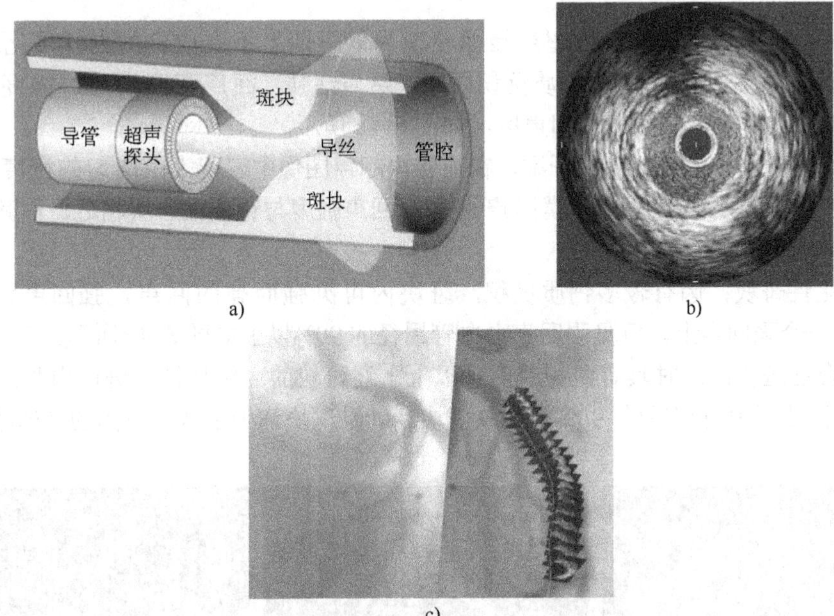

a)　b)　c)

图 8-2

a) 血管内超声成像原理示意图　b) 一帧血管内超声横断面图像　c) 血管内超声图像序列和 X 射线血管造影

8.1.2　图像特点

标准的血管内超声（IVUS）成像系统获取的是单张横断面灰阶图像（B-模式）集合而成的图像序列，完整显示血管横断面信息，包括血管壁外膜和中膜边界、内膜即管腔以及两者之间的斑块负荷情况。血管内超声图像与其他医学图像相比有明显区别，如图 8-3 所示，血管内超声图像中的正常血管壁组织呈现不同回声的三层圆环形结构：超声导管始终位于图像中心，周围由内而外依次为管腔、血管壁内膜及内弹性膜（强回声亮环）、中膜（低回声暗区）、外膜和外弹性膜（较明亮的强回声带）以及毗邻结构（包括动脉侧分支、心脏静脉和心包等）。

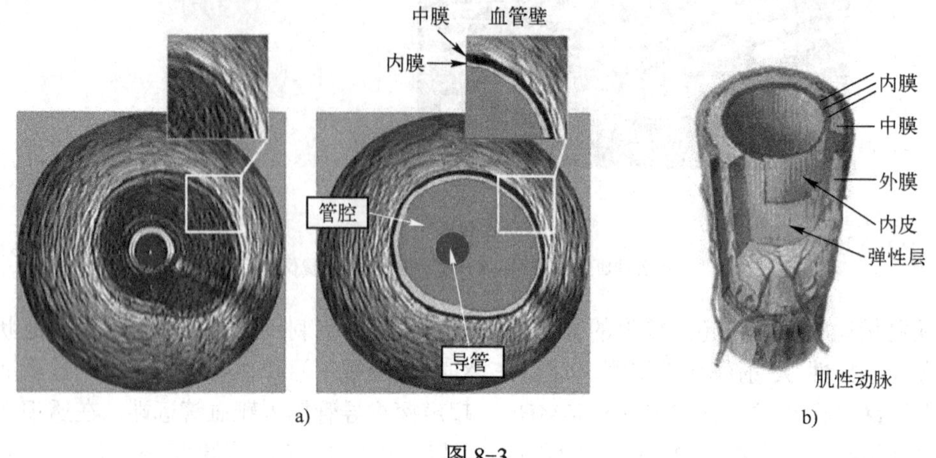

图 8-3

a) 正常解剖的血管内超声（IVUS）横向视图[26] b) 冠状动脉组织结构示意图

如图 8-4 所示，异常血管内超声显像表现为以下四类不同成份的粥样硬化斑块：

1）脂质斑块（软斑块）：由脂质沉积而成，透声性强，回声密度均匀，强度低于血管外膜，没有钙化回声，表现为低回声区，如图 8-4a 所示。

2）纤维性斑块：内富含胶原纤维，在血管内超声图像中表现为由均匀的密度较高的回声组成，密度等于或大于血管外膜回声密度，回声强度与钙化性斑块相近，但其后无负性声影，如图 8-4b 所示。

3）钙化性斑块：因有较多钙质沉积，斑块内可见强而亮的回声，强回声后有负性声影，至少在一个强回声上，可见强回声占血管周径的 90%以上如图 8-4c 所示。

4）混合性斑块：同时具有两种或两种以上上述斑块的声学特征，斑块内强回声并有声学阴影的范围小于血管周径的 90%，或软斑块和纤维斑块均少于病变范围的 80%如图 8-4d 所示。

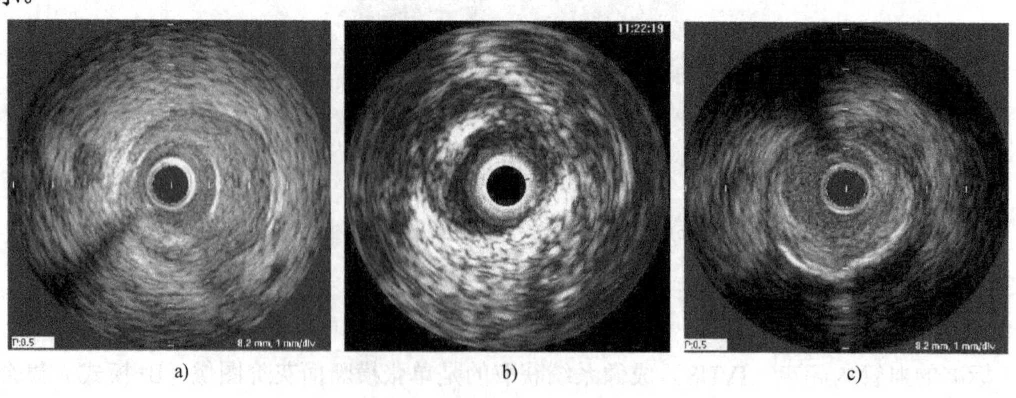

图 8-4 含斑块的血管内超声（IVUS）图像

a) 脂质斑块 b) 纤维性斑块 c) 钙化性斑块

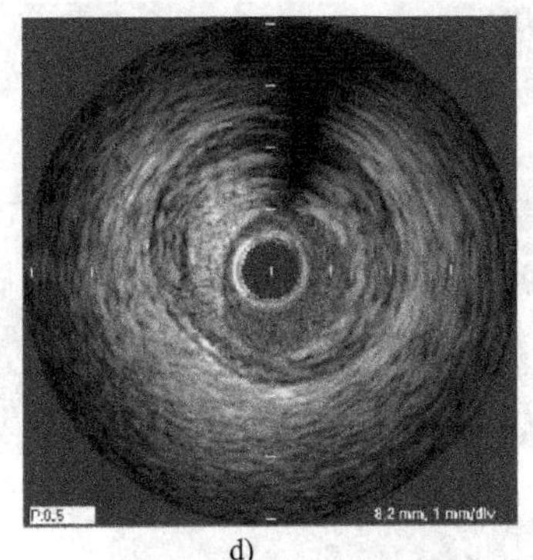

d)

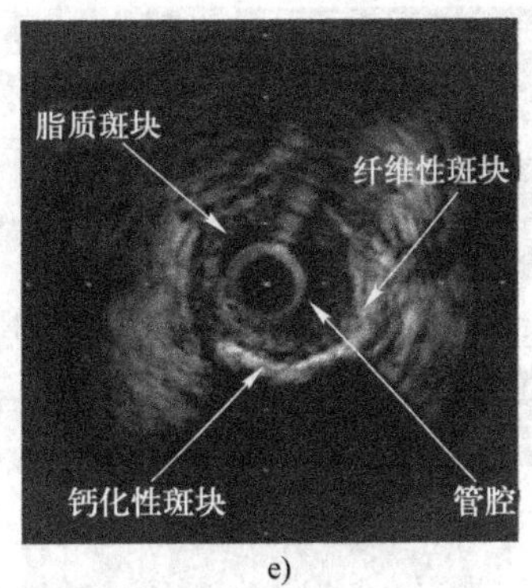

e)

图 8-4　含斑块的血管内超声（IVUS）图像（续）

d) 混合性斑块　e) 包含不同斑块组织的血管内超声图像

临床常用的导管回撤速度是 0.5mm/s，帧速率为 30f/s，以此速率通过 1mm 长的血管段可以得到 60 帧图像，因而图像序列前后帧之间非常相似，具有很强的相关性。检查一段长约 30mm 左右的血管，一个血管内超声图像序列包括约 2000 帧图像，因而血管内超声图像序列的数据量巨大。使用马达驱动的自动回撤系统回撤超声导管，可获得血管的纵向视图（L-模式）。由于心脏运动等因素，纵向视图中会出现“锯齿样”特征性的伪像，如图 8-5 所示。

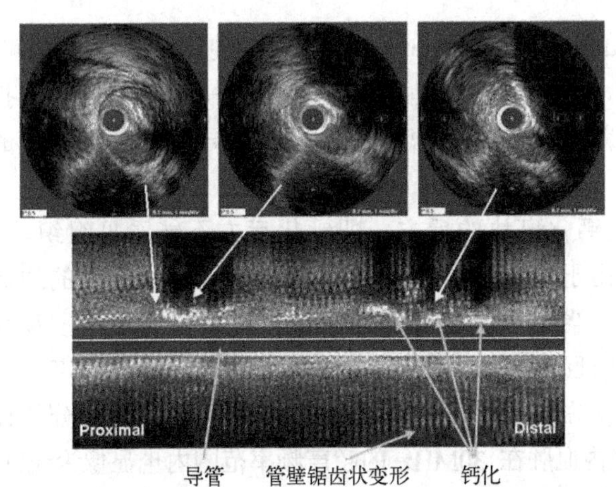

图 8-5　血管内超声（IVUS）纵向视图

由于采用高频超声探头，图像受噪声污染严重，对比度低，图像噪声形式多样，有斑点噪声、回声失落、图像失真等。血管壁内、外膜边缘属于强噪声环境下的弹性体弱边缘，且可能存在多种影响视觉效果的伪像，具体可分为以下几种。

1）环晕伪像（ring-down artifact）：超声波脉冲的传播期间，接收器的电路关闭以防止其电流超负荷，接收器打开时接收返回的信号，传播脉冲的轨迹将出现在中央空白区周围，呈现为白色的晕环，称为环晕伪影，如图 8-6a 所示，在血管内超声图像中心导管黑色影像的周围出现的光亮晕环，这种伪影的出现与否与近场增益的放大有关。

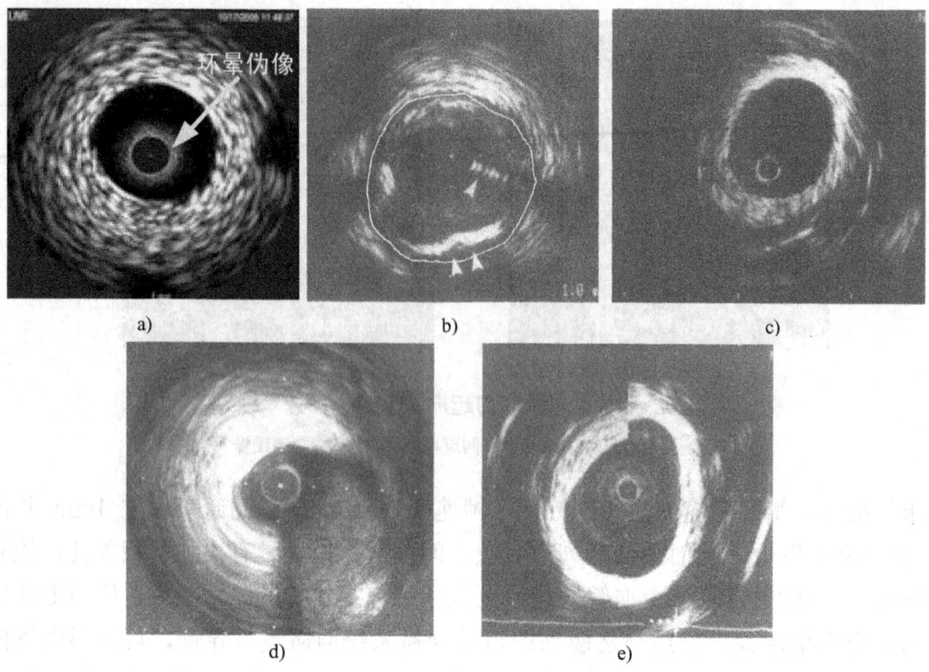

图 8-6　血管内超声图像中的伪影

a) 环晕伪像　b) 声影、导丝伪像和无回声暗区　c) 与导管位置相关的伪像　d) 旋转角伪像　e) 运动伪像

2）导丝伪像（guide-wire artifact）：机械探头使用的导丝侧面可能在 IVUS 图像上呈现为亮的回声信号，在导丝后方是声影，如图 8-6b 中单箭头所指示的位置，一亮回声伴有多重回声。目前新型的旋转探头已采用回撤导丝到导管近端的方法，可避免这种伪像。

3）声影：出现在钙化斑块的后方，即钙化后方不能看见组织，如图 8-6b 中双箭头所指示的位置。这是由于绝大部分声束被组织和钙化斑块之间的边界所反射之故。如果存在高声阻抗的组织，当声束与其反射界面垂直时即可出现多重反射。此时，返回的部分声束被导管再次反射回到界面，如此往复多次，多重反射回声会呈现等距离显现。

4）无回声暗区：指在图像中不出现发光亮点的区域，有时分辨比较困难。流动的血液、脂质池以及血管壁内血肿在 30MHz 的超声频率范围内也显像为无回声区，如图 8-6b 中白色圆环所处的位置。

5）与导管位置相关的伪像（catheter-related artifact）：导管在血管腔内非中心放置时，超声声束照射在血管壁上的入射角度发生变化。由于超声的角度依赖性，可能引起 IVUS 图像中血管壁几何形态的改变，即使血管壁的几何形态没有变化，但图像中血管壁的亮度和形态也将发生改变。如图 8-6c 所示，血管腔横截面因导管位置不同轴而显像成椭圆形，该图中还能看出导管的非中心位置导致管壁回声强弱的改变，即与声束垂直的管壁的回声要强些。

6）旋转角伪像（rotation angle artifact）：机械型旋转探头由于驱动轴的摩擦而产生的不均匀转动可引起图像的变形，使观察斑块的范围发生偏差。另外，机械型超声探头在冠状动脉的急转弯处也可发生不均匀旋转伪影，此伪影多发生于用 Amplatz（血栓切割器）导引导管检左回旋支时产生，如图 8-6d 所示。

7）运动伪像（motion artifact）：冠状动脉覆盖在心脏表面上，而心脏的收缩和舒张运动常常引起超声导管顶端相对于血管腔的侧向移动。由于同一平面只能在同一超声束旋转时间内完成，因此这段时间内任何导管的移动将引起冠状动脉内超声横切面图像中管腔的变形，如图 8-6e 所示，并且导致纵向视图中的血管壁呈现锯齿形，如图 8-5 所示。目前临床上常采用心电（Echocardiogram，ECG）门控的图像采集方式减小此种伪影的影响。

8.2 血管内超声图像的分割

对血管内超声（IVUS）图像进行分割，提取出血管内腔-斑块边界和血管壁中-外膜边界，是血管内超声图像的定量分析（包括测量血管形态和血流动力学参数）、血管三维重建以及血管内超声与其他血管影像融合的重要步骤和保证其精度的关键，对血管疾病的临床诊治具有重要意义。

8.2.1 方法分类

按照方法的自动化程度，可将现有的血管内超声图像分割方法分为以下四类：

1）全手动：由富有经验的医生用鼠标驱动画笔逐一在每一幅图像上绘出目标轮廓线。由于一个血管内超声图像序列常包括上千帧，因而这项工作不仅耗时，工作量大，对操作人员的技术水平和专业知识要求较高，而且结果不可避免地受到操作者技术和主观因素的影响，可重复性差。

2）自动获取近似形状，再手动修正：若采用数字图像处理的方法进行分割，则由于血管内超声图像一般受噪声污染严重，包括斑点噪声、伪影和部分血管壁钙化阴影等的影响，常规的灰度图像轮廓提取方法，如微分法等，难以获得满意结果。初始形状的获取通常是采用简单的图像处理技术，如阈值化、区域生长、边缘提取、形态学操作等。在手动修正时，操作者不仅要利用图像本身的特征信息，而且还要结合局部的解剖和病理知识。该方法同样很耗时，不具有可重复性。

3）手动粗略勾画，再自动修正：这种方法减少了操作者的参与，仅需手动勾画出轮廓的粗糙形状，后续的自动提取过程会对其进行修正，因此操作者的参与对最终结果的影响是间接的。在参数设置相同的情形下，轮廓初始形状一定程度上的变化，将不会影响最终结果，因此可重复性很高。现有的血管内超声图像分割方法中很大一部分都属于此类。例如图搜索、snake 模型及其相关改进算法等。这些方法的分割效果较常规方法有很大提高，但仍需操作者一定程度的手动参与，从而可能延长处理时间或引入误差。

4）全自动：图像分割的整个过程完全由计算机自动完成，分割的初始化和分割结果的修正都不需要人机交互。因此，该方法可重复性好，不受主观因素影响，但对图像质量要求较高。全自动的分割方法目前已成为该领域的研究热点，已提出的方法包括：基于统计活动轮廓模型的方法、基于模糊聚类的方法、自动获得初始轮廓的 snake 模型方法、概率统计分割内腔的方法、基于纹理分析的方法、形状驱动（shape-driven）方法、多智能体（multi-agent）方法、基于 contourlet 变换的 snake 模型方法、二值形态学重建方法等。上述方法都是在二维空间中对图像序列进行串行处理，即对各帧图像进行逐帧分割。近年来，三维分割技术成为该领域新的研究方向。其基本思想是在对原始图像进行预处理（包括滤波去噪和去除导管伪影）之后，获取血管内超声图像序列的若干个纵向视图，并提取纵向视图中的血管壁内外膜轮廓；将这些纵向视图中的轮廓映射到各帧血管内超声切片图像中，得到血管壁的初始轮廓；最后，在各帧血管内超声图像中，使初始轮廓演化变形，得到最终的内腔轮廓和中-外膜轮廓。与二维分割技术相比，三维分割技术的优势在于可以利用整个图像序列的信息，并且可同时完成对各帧图像的分割，实现对整个序列的并行处理，从而大大提高处理效率。

上述方法都是对由超声信号重建出的灰度图像进行分割，其局限性在于重建出的灰度图像内容很大程度上取决于血管内超声的系统参数设置（包括时间增益补偿、动态范围压缩、亮度、对比度和尺度等），采用不同的系统参数重建同一病人的血管内超声图像时，结果图像的内容可能存在很大差异。为了克服该不足，近年来研究者开始探讨利用原始超声射频信号（Radio Frequency，RF）完成对血管内超声（IVUS）图像的分割。但是并非所有的血管内超声成像系统都允许对原始射频信号进行采集，因而限制了此类方法的临床应用。

8.2.2 典型方法

1．基于 snake 模型的二维分割方法

如第 7 章所述，snake 模型是一种重要的图像处理技术，它将几何、物理和近似理论结合起来，使模型变形的约束力包括由图像数据获得的图像力和有关目标的位置、尺寸和形状的先验知识结合起来。它具有良好的可交互性，允许操作者在必要的时候将他们的专业知识应用到图像解释工作中。与其他非模型的轮廓提取方法相比，此类方法的优点在于，它将轮廓看作是一条连续的曲线，因此保证了轮廓的连续性，即使在相应图像特征很弱甚至缺失的情形下，仍可获得连续的轮廓提取结果。目前，此类方法已被成功应用于图像分割、匹配和运动跟踪领域中。

现有的血管内超声图像半自动分割方法中很大一部分都基于 snake 模型。例如：

1）基于知识（knowledge-based）的半自动分割方法：在模型变形的过程中引入了血管横截面的相关先验知识，例如目标形状、边缘的方向、双回声带和血管壁厚度等，模仿医生手动提取的过程。该方法的不足之处在于，能量函数中的边缘强度项不包括斑点噪声的统计数据。

2）结合滤波技术的半自动分割方法：相邻两帧血管内超声图像相减可以增强内腔区域的信噪比，即增强内腔和其他区域的对比度。在采用不同的滤波技术（包括高斯滤波、中值滤波、各向异性扩散滤波等）对图像进行预处理的基础上，采用离散活动轮廓模型对血管的内腔进行分割。

3）基于改进 T-snake 模型的分割方法：可避免自相交现象，同时提高了原始 T-snake 模型的数值计算精度，使 T-snake 模型更易于精确捕捉 IVUS 图像的细节信息。

4）snake 模型和 Contourlet 变换相结合的分割方法：针对传统 snake 模型初始化和鲁棒性的问题，借助 Contourlet 变换）对传统模型进行改进，完成血管内超声图像中斑块的分割。

2. 三维分割方法

近年来活动面法（Active Surface，AS）、快速活动面法（Fast Active Surface，FAS）、邻域搜索法以及利用简化的三维气球模型对血管壁轮廓进行建模的方法等，都只利用灰度梯度信息即可实现血管内超声图像序列的三维半自动分割。

下面详细介绍一种血管内超声图像序列的三维并行分割方法。如图 8-7 所示，该方法的基本思想是在完成对原始图像的滤波去噪、抑制导管伪影等预处理之后，首先获取图像序列的纵向视图，并从中提取出血管壁的内膜和中－外膜轮廓；然后，将该轮廓映射到每帧血管内超声横向视图中，得到各帧中血管壁的内膜和中－外膜初始轮廓；最后采用 snake 模型对初始轮廓进行演化变形，最终提取出目标轮廓。

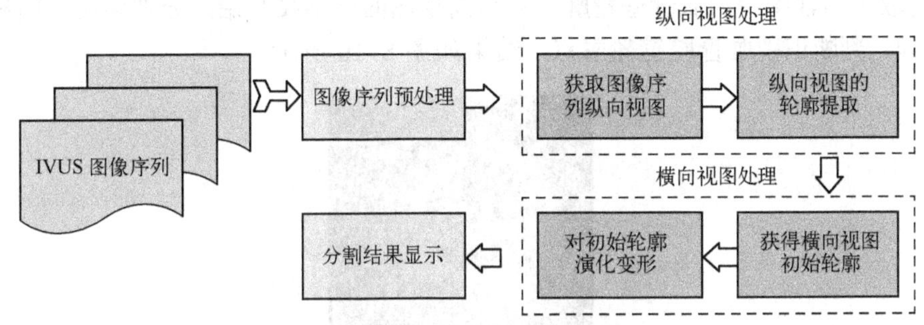

图 8-7　血管内超声图像序列三维分割方法流程图

该方法的原理和基本步骤如下：

1）去除环晕伪像：在血管内超声成像过程中，导管在图像中心区域产生一个无回声暗区，围绕导管黑色影像的厚薄不一的白色环状影像称为环晕伪像，即图 8-8a 中箭头所指处，在极坐标视图中此暗区位于图像上部，如图 8-8b 所示。根据环晕伪像在极坐标视图中的分布特性，采用极坐标变换法对其加以去除（图 8-8c），实验结果如图 8-8d 所示。

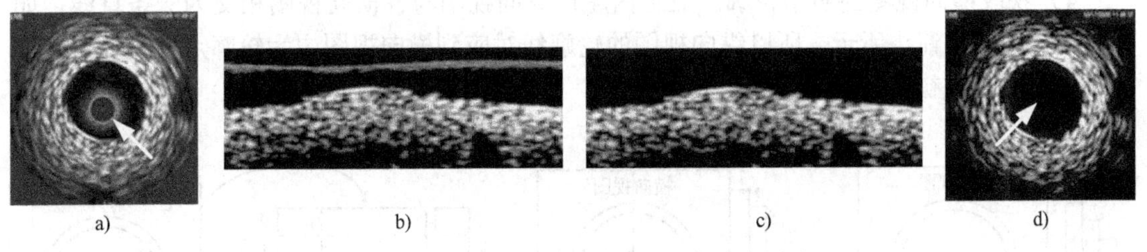

a)　b)　c)　d)

图 8-8　一帧血管内超声图像的环晕伪像去除结果

a) 原始图像　b) 极坐标图像　c) 去除导管伪影后的极坐标图像　d) 去除导管伪影后的血管内超声图像

2）获取纵向视图：临床采集 IVUS 图像时，随着超声导管的慢慢回撤，获得的是一系列血管横截面图像纵向视图是指血管内超声图像序列沿平行于导管方向的纵向截面视图。如图 8-9 所示，沿血管长轴（纵向）方向取四个纵向视图，即垂直切面 A、水平切面 B、左对角线切面 C 和右对角线切面 D。

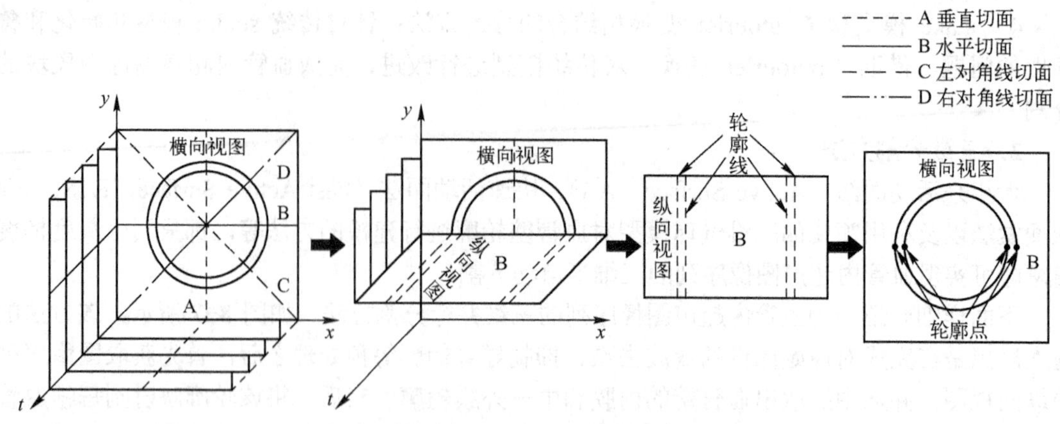

图 8-9　血管内超声图像序列纵向视图和横向视图示意图

3）提取纵向视图中的血管壁轮廓：从纵向视图的中轴线开始，分别向左、向右逐行遍历所有像素，判断识别血管腔壁轮廓点，结果如图 8-10 所示。

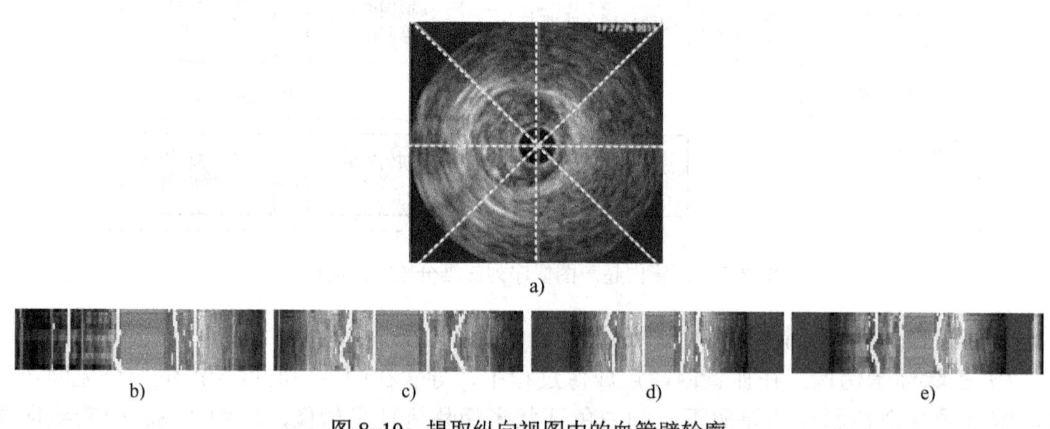

图 8-10　提取纵向视图中的血管壁轮廓

a) 去除环晕伪像的横向视图　b) 垂直切面图　c) 水平切面图　d) 左对角线切面图　e) 右对角线切面图

4）获取横向视图的初始轮廓：血管内超声纵向视图与各横向视图相交为一条直线，如图 8-11 中双向箭头所示。所以纵向视图的轮廓线对应到横向视图中为轮廓点，进而得到横向视图中的管腔初始轮廓，如图 8-12 所示。

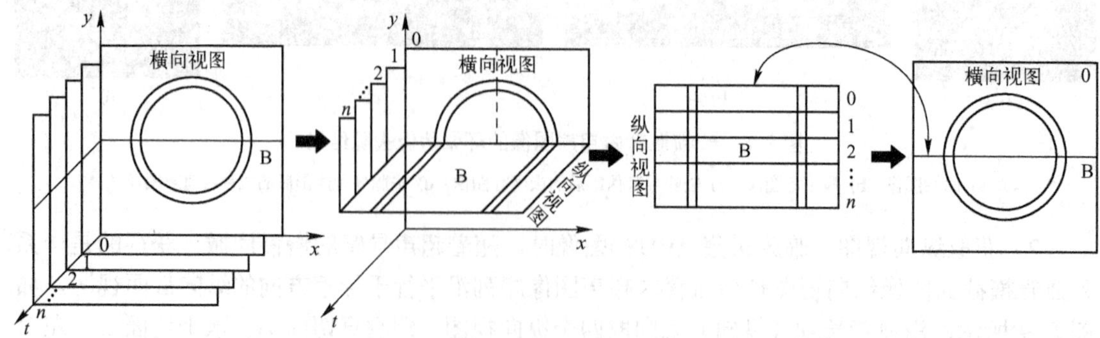

图 8-11　纵向视图与横向视图轮廓的对应关系

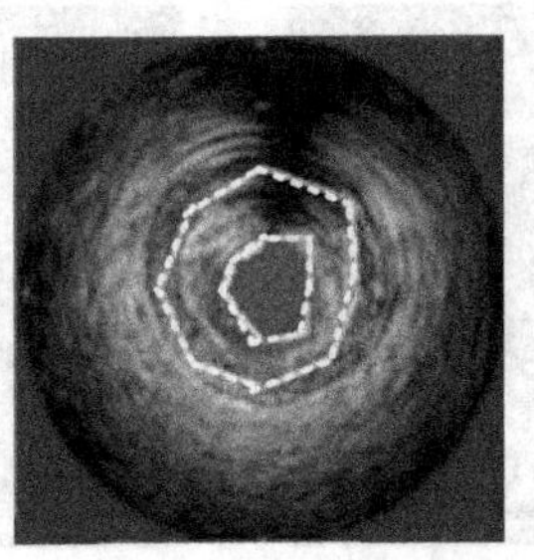
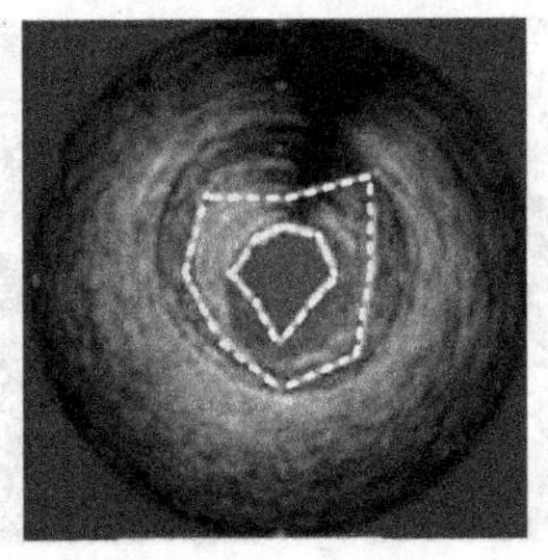

图 8-12　两帧横向视图中的血管壁初始轮廓

5）横向视图初始轮廓的演化：将各帧横向视图中的血管壁初始轮廓作为 snake 模型的初始形状，通过使预先设定的能量函数最小，snake 模型不断变形，当能量函数取得全局最小值时，snake 模型即停留在目标轮廓处，完成对各帧图像中内腔和中-外膜边界的并行提取，结果如图 8-13 所示。

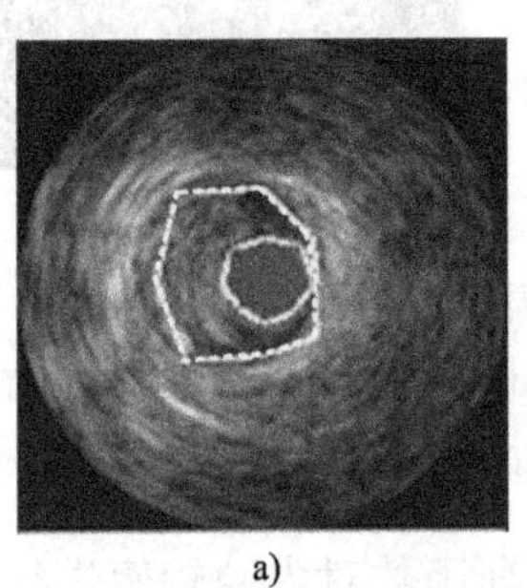
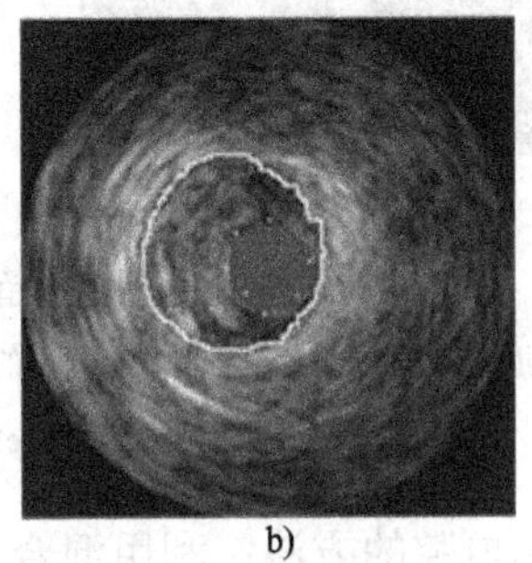

a)　　b)

图 8-13

a) 初始轮廓　b) 血管壁外膜轮廓演化结果

3. 模式识别类方法

这里列举一些近年来出现的分割血管内超声图像的模式识别类方法：

1）基于统计变形模型的方法：此算法利用衍生高斯滤波器在不同的方向和范围对血管壁边缘或非边缘以自适应的方式进行局部描述。通过线性辨别分析来简化特征空间，并且通过参数归类器用最小化图像特征同先验知识之间的差异性来引导模型变形。统计学习法与统计灰度梯度法相比，前者具有更好的鲁棒性。

2）自动/半自动的贝叶斯水平集法：利用瑞利分布来对灰度级的统计数据进行建模，自动计算概率密度函数区域统计参数和水平集的初始轮廓，利用多界面快速推进法完成轮廓的变形。速度函数基于区域统计数据和灰度梯度信息，而不再只是依赖区域统计数据。

3）基于马尔可夫过程和后验概率的全自动分割方法：通过多轮廓和一阶马尔可夫过程对图像序列建模。

4）形状驱动的血管内超声图像自动分割方法：对重采样的矩形区域中的内腔和中外膜轮廓进行建模，同时通过约束内腔和中外膜轮廓为平滑闭合的几何形状，使得分割结果具有足够的灵活性。在分割内腔时，利用了基于图像概率密度能量的非参数强度模型，并且在强度模型中改变了以前逐点测量的方法，而是结合总体图像的测量。而在中外膜分割中，定义了一个定向平滑梯度来克服血管内超声图像中的噪声，并利用边缘信息，大大提高了分割的有效性。图 8-14 为利用此方法对中外膜边界的分割结果。

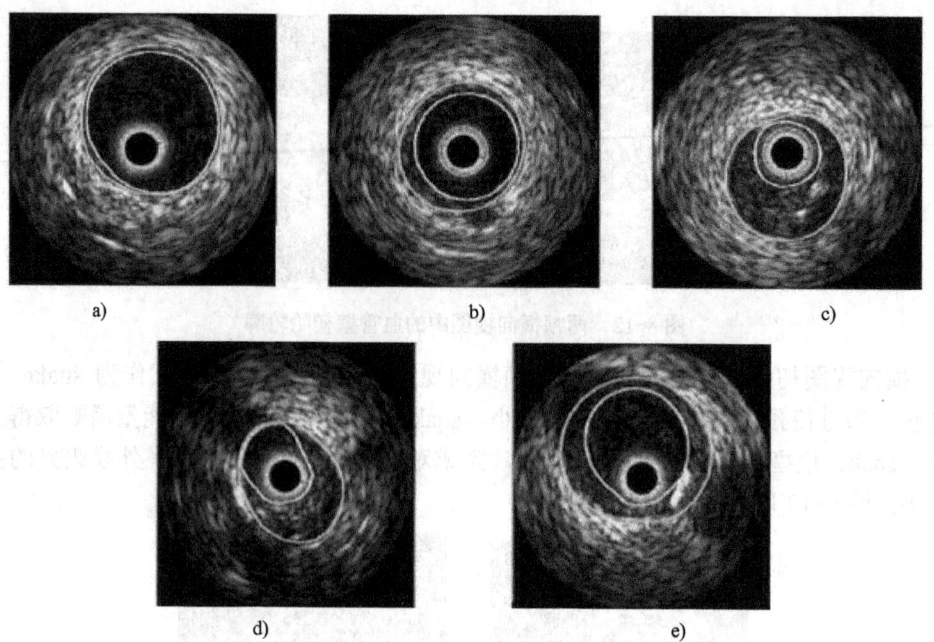

图 8-14　血管内超声图像分割结果[28]

a) 正常的动脉血管图像　b) 正常且导管居中的图像　c) 内腔小且与中外膜之间有噪声的图像

d) 有阴影的图像　e) 有阴影和钙化的图像

5）概率统计分割内腔的方法：利用混合高斯函数对内腔轮廓进行参数化，通过使用贝叶斯法的马尔可夫随机场模型构建的成本函数最小化来实现轮廓的变形。多尺度的方法大大提高了分割速度和成本函数的收敛速度，使分割结果更加精确。

此外，还有模仿人类视觉系统的机器学习法，基于多智能体（multi-agent）技术的血管内超声图像分割方法以及利用回声阴影信息获得自适应阈值，从而自动提取钙化斑块的方法等。

8.2.3　展望

对于血管内超声图像的分割问题，仍有待进一步研究，具体表现为以下几方面：

（1）提高中-外膜边界的分割精度

通过对大量临床图像的实验发现，对血管内腔边界的提取结果通常优于中-外膜边界，这是由于内腔与内膜的差异通常比较明显，只需合理地去除环晕伪像等干扰，便可较准确地提取出内腔边界。而中-外膜边界的精确提取依赖于中膜的形态及初始轮廓的位置，若中膜在图像中表现为较厚的低灰度带，且初始轮廓较接近真实轮廓，则分割结果较好，否则易被伪边缘吸引。如何进一步提高中-外膜边界的分割精度是今后研究的重点。

（2）提高分割方法的自动化程度

到目前为止，大多数分割方法是半自动的，需要操作者的手动参与得到初始轮廓，这样必然会使分割结果的客观性、准确性和可重复性受到操作者主观因素的影响。

（3）图像的实时分割

实时分割是指在得到图像的同时实时地完成图像的分割。目前，血管内超声图像的采集与分割大多是两个独立的操作过程，对实时分割的研究并不多见。

(4) 分割方法的软件化

目前的方法多数还处于研究阶段，并没有在临床上得到广泛的应用和认可，未来应提高分割方法的鲁棒性和灵活性，并开发适合于临床使用的软件产品，从而辅助血管疾病的诊断与治疗。

8.3 血管内超声图像中斑块的自动识别

血管内超声成像可完整显示包括血管壁外膜和中膜边界、内膜（管腔）以及两者之间的斑块负荷情况。不同性质的血管壁组织对超声的吸收和反射不同，因此可以根据接收超声信号的强弱以不同的灰阶形式显示出血管壁的组成结构，并据此判断病变的性质和程度，如图 8-15 所示。

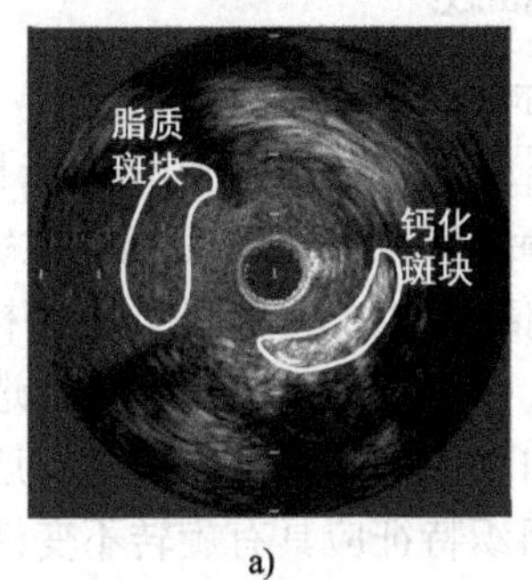

a)

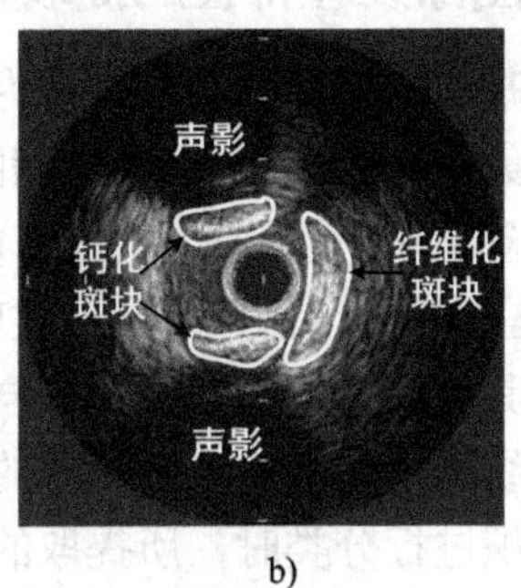

b)

图 8-15 含斑块的典型血管内超声图像

a) 钙化和脂质斑块 b) 钙化和纤维斑块

利用数字图像处理技术，对异常血管内超声图像中的斑块组织进行正确地自动识别，并按照成分对其进行分类，对于评价斑块的易损性、预测其进展以及选择适当的治疗方案具有重要意义和临床应用价值。

8.3.1 方法分类

根据所采用的数据类型的不同，现有的方法可分为两类：

(1) 基于图像的方法

基于图像的方法即通过分析血管内超声图像纹理特征的变化，结合不同斑块特征的先验知识，完成对斑块组织的标定。此类方法的局限性在于由超声信号重建出的灰度图像内容在很大程度上取决于血管内超声成像的系统参数设置，采用不同的系统参数重建同一病人的图像时，结果图像的内容可能存在很大差异，同时重建过程也可能会引入多种伪影。但由于灰度图像较易获取，且其纹理描述较为简单，因此这种方法在实际应用中较为普遍。

(2) 基于射频信号的方法

基于射频信号的方法是利用由超声导管采集的原始射频信号，进行特征提取，从而完成对不同斑块组织的识别和描述；或者在利用射频信号重建灰度图像的同时，通过分析纹理特征完成对血管壁组织的分类。例如，弹性成像技术，即通过评估冠状动脉血管壁的局部应变来识别不同的斑块成分；利用自回归模型从射频信号中获得一个信号窗的功率谱数据集（由 0～100MHz 的 200 个样本频率组所组成），从中提取 8 个参数（如最大功率、梯度等）作为特征用来分类；利用谱分析的方法，对不同的特征进行比较，包括平均功率、最大功率、光谱斜率和 0Hz 截取，实验结果证明 0Hz 光谱斜率是最佳分辨特征；评估血管的整个形态，检测斑块和动脉外膜以及描述不同种类的组织，利用灰度共生矩阵和源于布朗运动的分形维数完成组织标定；通过局部二值模式和高性能的分类器来获得快速的分类等。

此类方法避免了在图像重建过程中由于点插值所引入的运动伪像。而且由于原始数据的高清晰度，小区域斑块也可被分辨出来。但是，血管内超声基本的射频信号被转化为标准显示的常规灰度图像，虽然对于超声信号的高级分析（包括射频信号、背向散射信号以及弹性特征等），可进一步了解组织特征，但是并非所有临床使用的血管内超声成像系统都允许采集原始射频信号，因而限制了此类方法的广泛应用。

8.3.2 血管内超声图像纹理特征的提取和描述

由于血管内超声基本的射频信号被转化为标准显示的常规灰度图像，不包含颜色信息，并且由于图像采集速度极快，导致前后帧之间的图像非常相似，因而无法利用图像的颜色特征和形状特征作为用于检索的量化特征。而血管内超声灰阶图像中包含大量纹理信息，且正常组织与病灶组织的纹理差异明显，因此可利用纹理信息作为斑块组织识别和标定的重要依据。

血管内超声图像具有纹理复杂、变化多样、难以描述等特点，因此选取合适的纹理特征提取方法有效地进行纹理描述对于实现斑块的自动识别和分类具有重要意义。当对血管内超声图像中的血管壁组织进行分类时，所提取的组织特征应具有旋转不变性和尺度不变性。本节结合采用临床图像的实验结果，介绍分别采用灰度共生矩阵、局部二值模式和 Gabor 滤波提取血管内超声图像纹理特征的方法。

1. 灰度共生矩阵

图 8-16 是对一幅含钙化斑块的局部图像，当距离参数 d=1，角度参数 θ=45°时得到的灰度共生矩阵，其中 G 表示灰阶数。由于这里 G=7，故灰度共生矩阵是 8×8 的方阵。

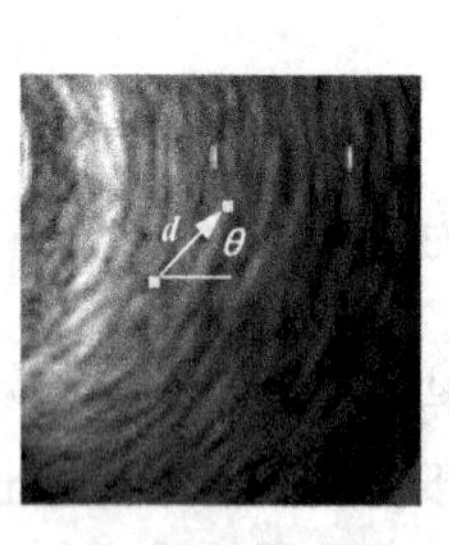

0 … G（列），0 … G（行）

924	294	213	192	138	99	75	66
294	168	72	119	87	72	54	51
213	72	60	90	56	74	44	53
192	119	90	82	72	58	27	24
138	87	56	72	70	38	44	46
99	72	74	58	38	30	38	38
75	54	44	27	44	38	80	67
66	51	53	24	46	38	67	92

图 8-16 含钙化斑块的局部血管内超声图像及其灰度共生矩阵

从异常血管内超声图像库中截取含有钙化斑块、纤维化斑块和脂质斑块的图像作为实验对象（图 8-17 为典型示例），并设置不同的距离参数来测试灰度共生矩阵在血管内超声图像纹理特征提取方面的性能，为了减少特征空间的维数，将 θ={0°,45°,90°,135°}四个方向的特征值进行平均，作为灰度共生矩阵的均值。图 8-18 是当选择不同的距离参数时，灰度共生矩阵的二次统计特征量（包括能量、熵、惯性矩、相关性、明暗度和逆差矩，相关定义参见§4.3.2 内容）变化曲线，其中横轴是距离参数，纵轴是二次统计特征量。

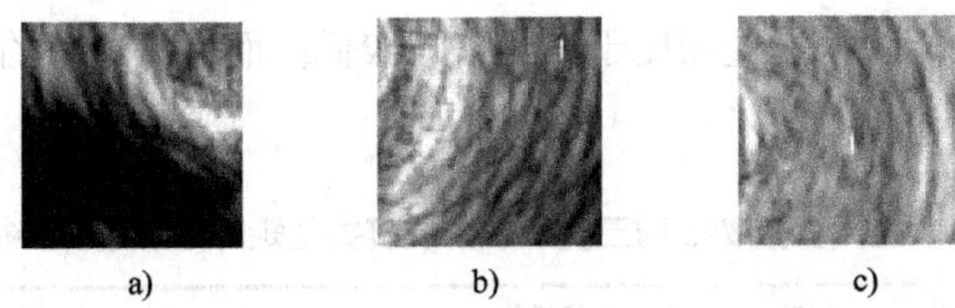

a) b) c)

图 8-17　含斑块的局部血管内超声图像

a) 钙化斑块　b) 纤维化斑块　c) 脂质斑块

图 8-18　不同距离下灰度共生矩阵二次统计特征量的结果曲线

表 8-1 和表 8-2 分别是距离参数 d=5 和 8 时，三类斑块的灰度共生矩阵二次统计特征量，可以看出，钙化斑块在明暗度上比其他类型的斑块表现都要突出，据此可以区分钙化斑

块和其他斑块；纤维化斑块的能量相比于其他斑块较低；而脂质斑块的惯性矩相比于其他斑块较小，但不具有明显的可分性。

表 8-1 距离参数 d=5 时三类斑块的灰度共生矩阵二次统计特征量

	能量	熵	惯性矩	相关性	明暗度	逆差矩
钙化	0.1378	3.7015	5.2430	0.0493	531.32	0.6077
纤维化	0.0139	4.5233	5.3552	0.0836	-2.6949	0.4135
脂质	0.0356	3.7024	3.4395	0.1366	5.5591	0.4912

表 8-2 距离参数 d=8 时三类斑块的灰度共生矩阵二次统计特征量

	能量	熵	惯性矩	相关性	明暗度	逆差矩
钙化	0.1288	3.8265	8.4502	0.0456	483.96	0.5616
纤维化	0.0146	4.4621	5.9464	0.0768	3.3978	0.4051
脂质	0.0413	3.6915	4.4424	0.1043	44.7528	0.4727

2．局部二值模式

局部二值模式（LBP）具有运算方法简单、效率高、特征维数低且能有效地描述图像中的较为精细的局部纹理等特点，同时对图像的旋转具有不变性，可多尺度描述图像纹理，这些优点使得 LBP 在图像纹理特征提取方面得到了广泛应用。

如图 8-19 所示，对血管内超声图像进行 LBP 变换，可见随着邻域半径 R 和邻域点数 P 的增大，图像的纹理被不断加深，局部纹理被放大，细小的纹理被忽略。

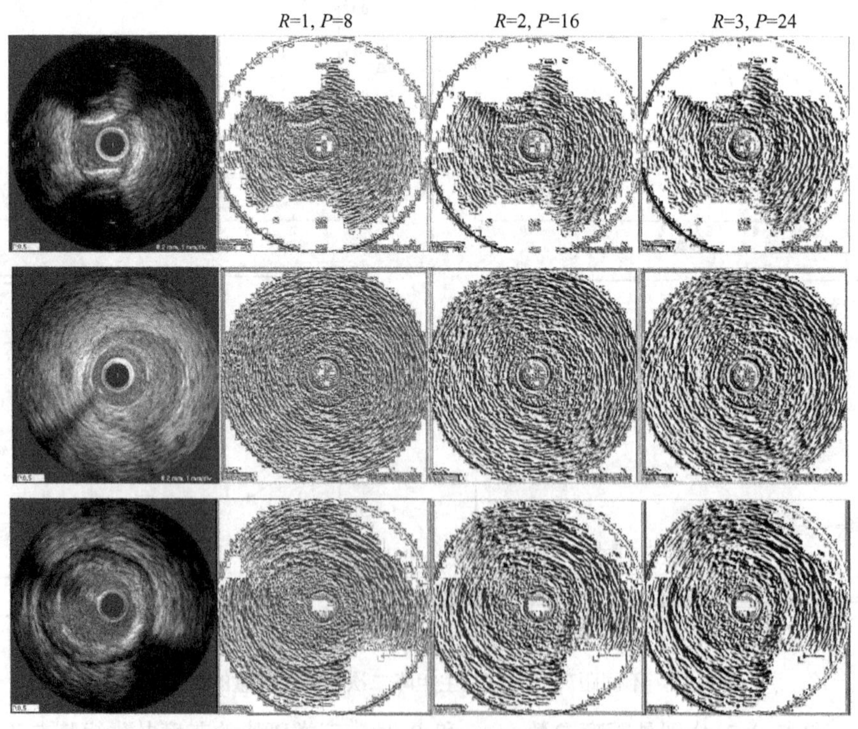

图 8-19 对 3 帧血管内超声图像的进行不同参数的 LBP 处理结果

LBP 在提取血管内超声图像纹理特征中的不足在于：它通过单一映射来反映图像的局部纹理特征，无法反映图像中各类斑块在方向上的变化；当选取的邻域点数量 P 值较大时，计算耗时长，且影响分类性能，因此，需要选取合适的邻域点数量 P 才能提取较好的纹理特征。

3．Gabor 滤波器

Gabor 滤波器具有多尺度特性，且血管内超声图像的内容较为复杂，因而分别选取 0°、45°、90°和 135°四个方向，同时设置四种尺度因数 (0.4，0.4)、(0.45，0.45)、(0.5，0.5)和(0.55，0.55)。一帧血管内超声图像（图 8-20）经过 Gabor 滤波得到 16 幅不同尺度和方向的图像，如图 8-21 所示。可以看出，斑块组织对 Gabor 滤波的方向和尺度是较为敏感的：在 45°和 135°方向，斑块的表现更为突出，钙化斑块的灰度特征得到加强，随着尺度的增大，斑块表现逐渐减弱；0°和 90°方向的 Gabor 滤波对血管内超声图像的纹理特征有削弱功能，图像不再具有明显的纹理特征，且随着尺度的增大纹理特征削弱得越严重，滤波尺度较小时特征提取的效果较为理想。

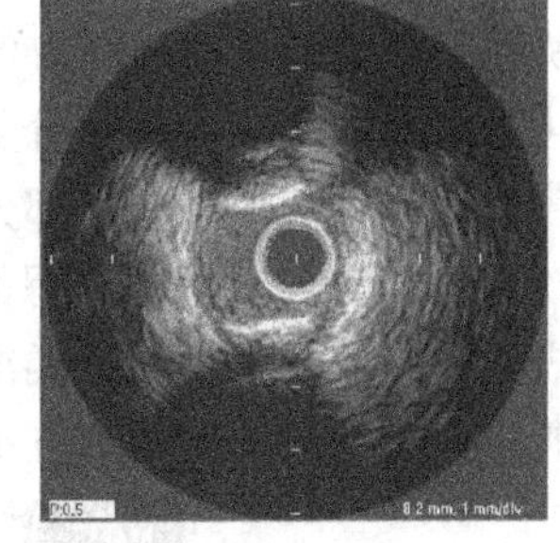

图 8-20　原始血管内超声图像

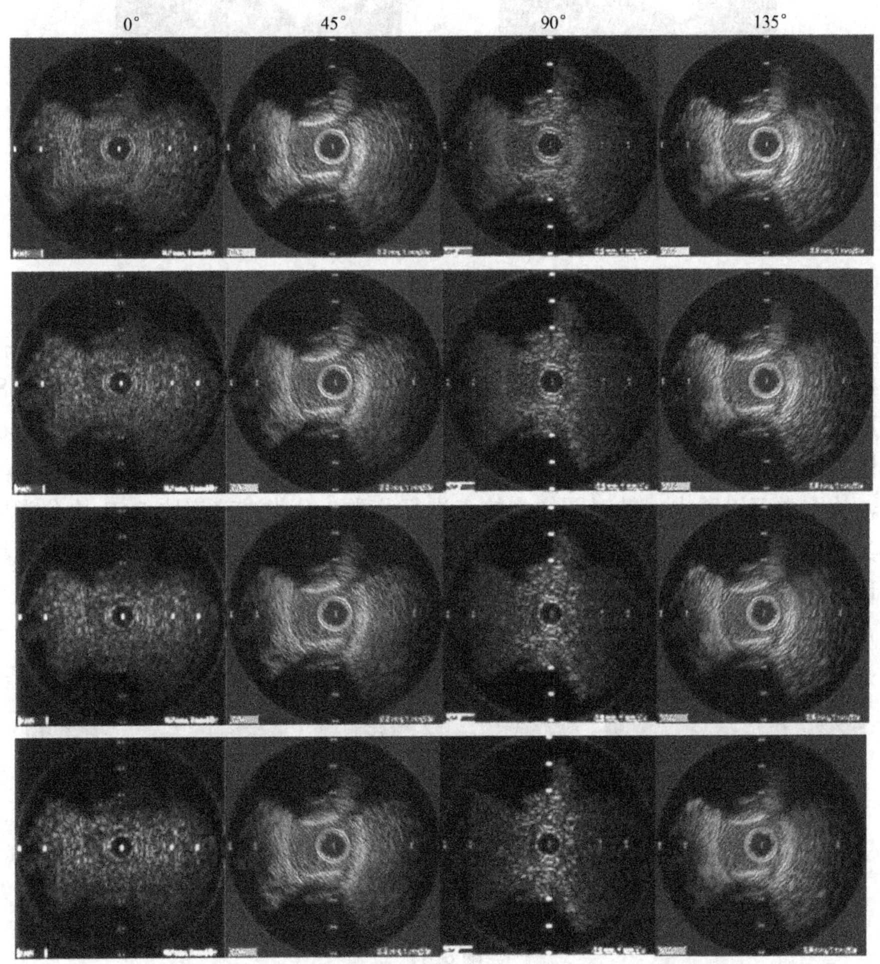

图 8-21　采用不同尺度和方向的 Gabor 滤波器对图 8-25 中图像的处理结果
（从上到下每行尺度依次是(0.45，0.45)，(0.5，0.5)，(0.55，0.55)）

8.3.3 血管内超声图像纹理特征的分类

1. 支持向量机（SVM）分类实验

采用 SVM 对血管内超声图像中感兴趣区域（ROI）的纹理特征分别进行块分类和点分类实验。

在块分类实验中，利用灰度共生矩阵的纹理特征数据确定训练集，将 ROI 分为小块，块越小分类准确率越高，但同时也会增大计算量。若将 ROI 分为 72 块，对钙化斑块、纤维化斑块和脂质斑块进行分类的结果如图 8-22 所示，其中深灰色部分为脂质斑块，浅灰色部分为纤维化斑块，白色部分为钙化斑块。将医生的手动分类结果作为金标准，分类准确率为 72.22%。分类效果不理想的主要原因在于：图像中的斑块具有多样性，且各类斑块的形态不规则；分块的大小对分类准确率的影响很大，较小的块分类较为精确，但时间消耗大，较大的块分类结果不精确，也不具有参考价值。

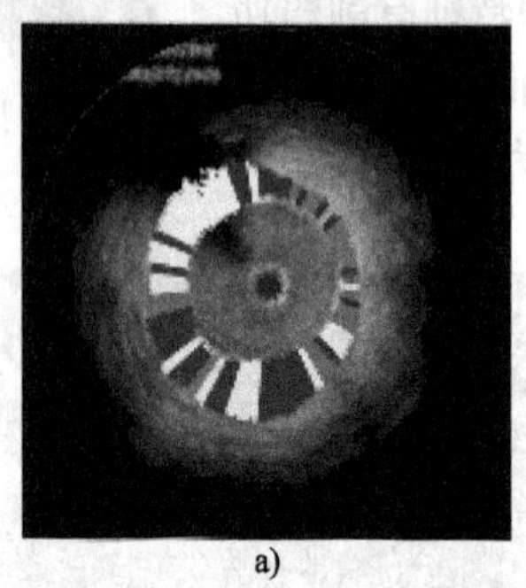

a)

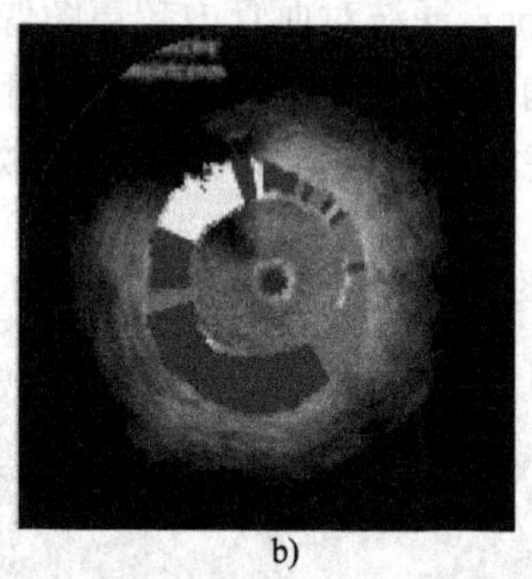

b)

图 8-22　SVM 块分类与人工分类结果对比

a) SVM 块分类结果　b) 人工分类结果

在点分类实验中，选择测试样本，分别用局部二值模式和 Gabor 滤波对其进行特征提取，获取各点的纹理特征值，并用 SVM 分类器对各点的纹理特征进行分类。对图 8-23a 所示的一帧血管内超声图像中的 ROI（图 8-23b）进行 SVM 点分类的结果如图 8-23c 所示，其中白色区域为钙化斑块，浅灰色区域为纤维化斑块，深灰色区域为脂质斑块，分类准确率为 92.4%。从图中可以看出，针对图像中的点进行分类，分类准确率比 ROI 块分类要高。因此下文中其他两类分类器也选取点分类的方式。为了比较各分类器的分类效果，三种分类器所选取的训练集和测试集相同。

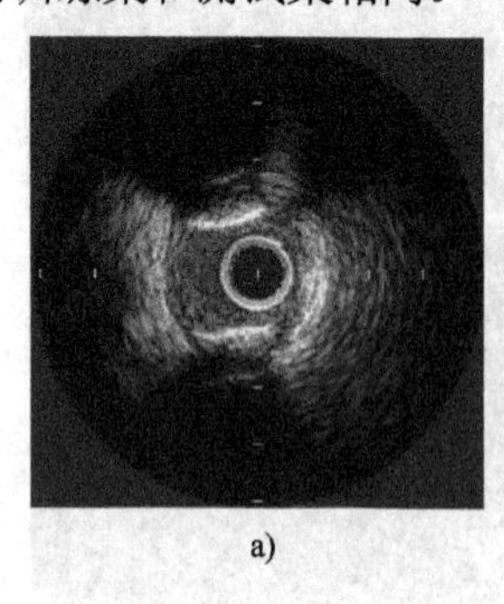

a)

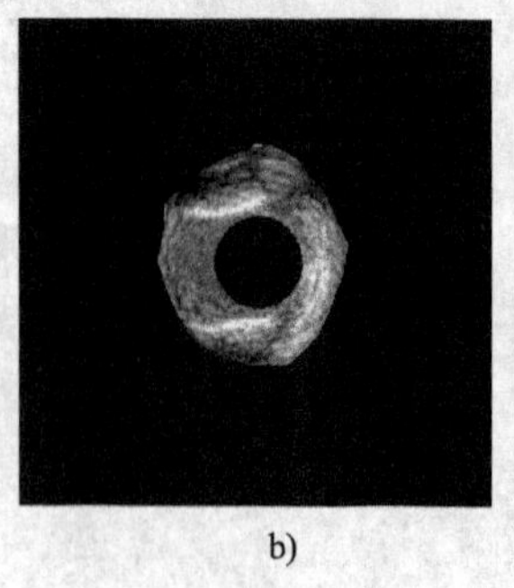

b)

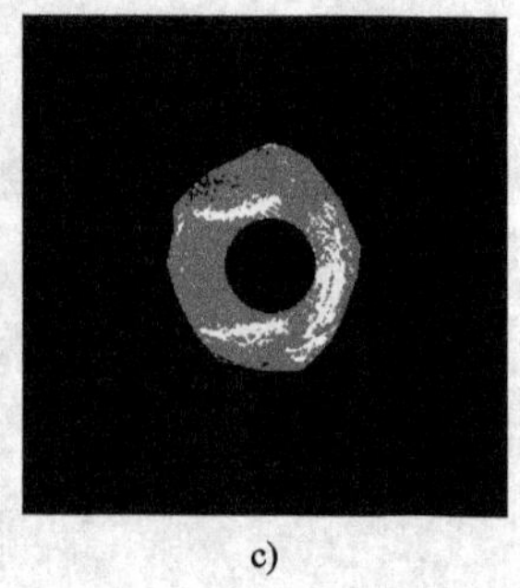

c)

图 8-23

a) 测试图像　b) 感兴趣区域　c) SVM 点分类结果

2. Adaboost 分类实验

获得训练集和测试集的纹理特征数据后，利用训练集训练 Adaboost 分类器，获得分类器模型，之后对测试集进行分类。当迭代次数不同时，分类准确率存在较大差异。图 8-24 所示为迭代次数为 300 时，对图 8-23b 所示的测试样本进行分类的结果，分类准确率为 94.54%。

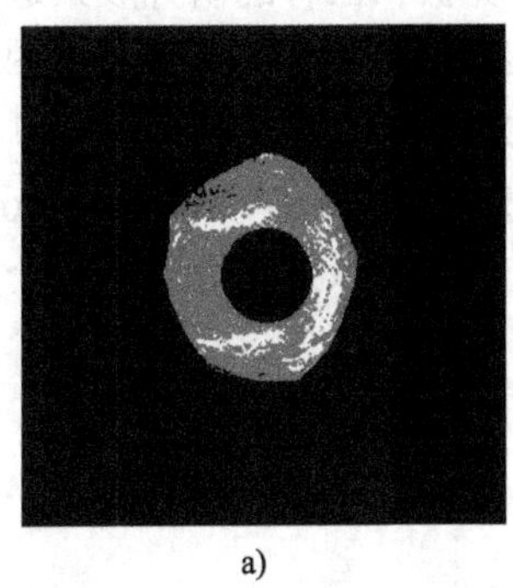

a)

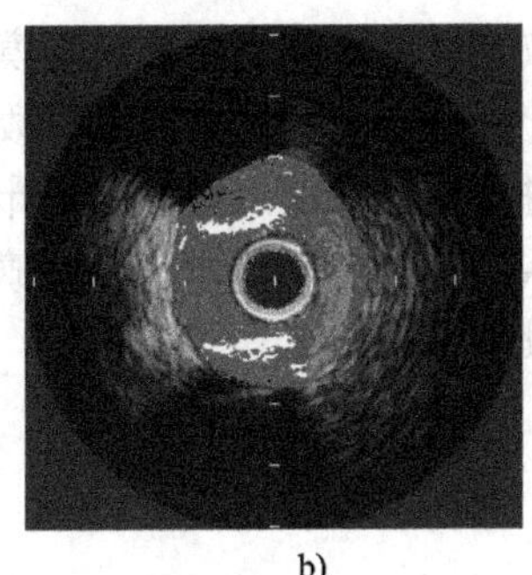

b)

图 8-24 Adaboost 分类结果（白色区域为钙化斑块，浅灰色区域为纤维化斑块，深灰色区域为脂质斑块）

a) 分类结果 b) 分类结果还原到原始图像中

3. 随机森林分类实验

随机森林分类器的主要参数是决策树的数目和迭代次数，改变决策树的数目，其分类准确率见表 8-3，显然决策树数目的改变没有使分类准确率发生大的变化，而且随机森林的分类准确率明显低于 SVM 和 Adaboost。产生这种现象的原因有两点：分类器本身的性能不适用于血管内超声图像中的点分类；所选取的纹理特征不适合用随机森林分类器进行分类。图 8-25 所示为决策树数目为 600 时，对图 8-23b 所示的测试样本进行分类的结果，分类准确率为 76.94%。

表 8-3 决策树数目与分类准确率的关系

决策树数目	50	100	200	300	400	500	600
分类准确率	76.13	76.86	76.83	76.60	76.68	76.75	76.94

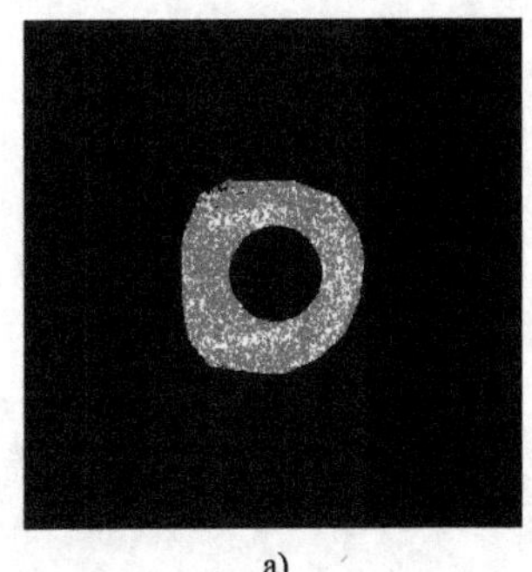

a)

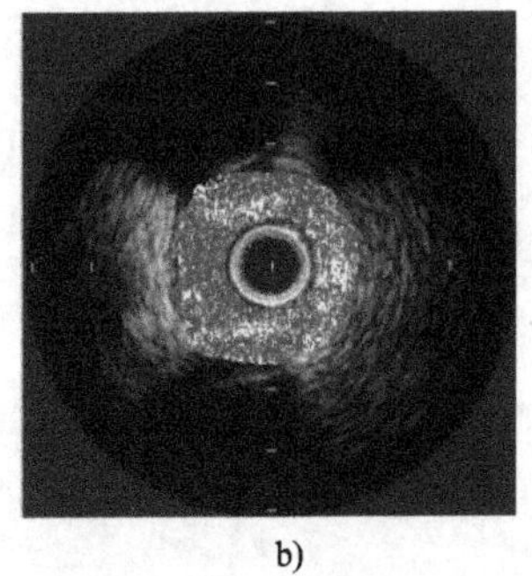

b)

图 8-25 随机森林分类结果（白色区域为钙化斑块和纤维化斑块，深灰色区域为脂质斑块）

a) 分类结果 b) 分类结果还原到原始图像中

8.4 本章小结

本章在介绍了 IVUS 的成像原理和图像特点的基础上，对 IVUS 图像分割的研究现状进行了归纳和总结，并具体介绍了两种典型的方法——基于 snake 模型的分割方法和三维分割方法。对 IVUS 图像中的斑块组织自动标定的研究现状和已有的研究成果进行了归纳总结。介绍了分别采用灰度共生矩阵、局部二值模式和 Gabor 滤波对 IVUS 灰阶图像进行纹理特征提取的实验。在此基础上，分别采用三种数据降维方法——PCA、FLDA 和 MDS 对提取出的纹理特征数据进行降维处理，并分别设计了三种分类器——SVM、Adaboost 和 RF 对降维后的 IVUS 纹理特征数据进行分类，实现斑块组织的自动识别和分类。每个步骤都给出了相应的实验结果以供参考。

第 9 章　综合应用实例——车辆牌照字符的自动识别

随着我国汽车拥有量的迅速增长，对交通控制和安全管理提出了更高的要求。人工管理方式已不能满足现代交通管理的需求，智能交通是当前交通管理发展的主要方向，汽车牌照自动识别技术是智能交通系统的核心，在城市道路和高速公路等项目管理中占有重要地位。汽车牌照自动识别是一项运用车辆的静态图像或汽车的动态视频的模式识别技术，它可以进行车牌照号码和颜色的自动识别。

本章介绍一种汽车牌照图像处理和自动识别的方法，该方法由获取图像、图像预处理、分割图像、识别字符等几部分组成，目的是正确获取图像中车牌所在的区域，并把车牌号识别出来。即对车辆牌照图像进行必要的预处理，包括彩色图像转灰度图像、图像增强、二值化、数学形态学处理、牌照区域的定位等之后，采用模式识别技术识别出牌照上的字符，并输出结果。

9.1　汽车牌照图像的特点

9.1.1　中国汽车牌照分类

中华人民共和国汽车牌号是按照汽车类型和汽车所属地区以不同颜色的车牌和不同汉字划分的。主要分民用号牌、军用号牌、警用号牌等；颜色分蓝色、黄色、白色、黑色；编码使用汉字、英文字母(A～Z)、数字。如图 9-1 所示，4 位或 5 位序号编码规则有三种：序号的每一位都使用阿拉伯数字；序号的每一位可单独使用英文字母，26 个英文字母中 O 和 I 不能使用；序号中允许出现 2 位英文字母，26 个英文字母中 O 和 I 不能使用。

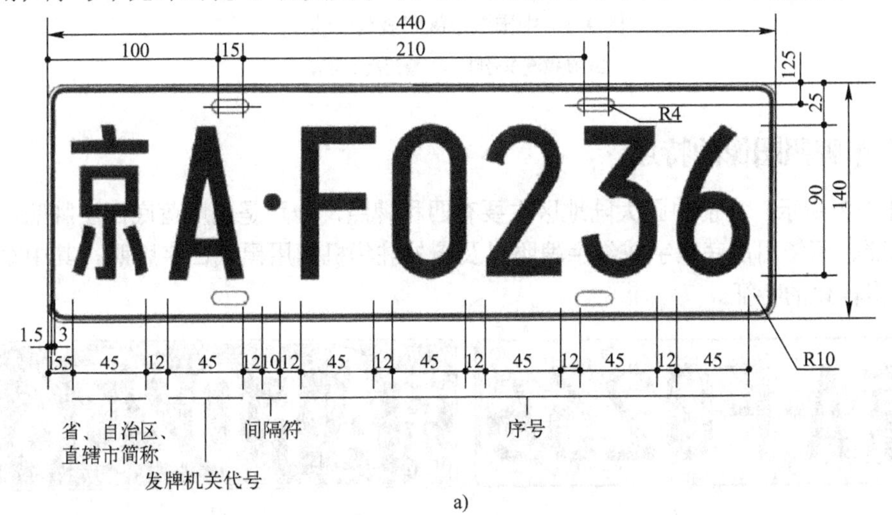

a)

图 9-1　中国汽车牌照规范

a) 大型汽车、小型汽车、领馆汽车、港澳出入境车、教练汽车号牌

b)

c)

图 9-1　中国汽车牌照规范（续）

b) 使馆汽车号牌　c) 警用汽车号牌

9.1.2　汽车牌照图像的特点

如图 9-2 所示，目前中国大陆地区主要有四种牌照，分别是民用蓝底白字牌照、民用黄底黑字牌照、军警用白底黑字或红字牌照以及国外驻华机构用黑底白字牌照，其中军用牌照的格式有多样化的特征。

a)　　b)

图 9-2　中国汽车牌照图像示例

a) 大型汽车号牌

c) d)

e) f)

g) h)

i) j)

图 9-2　中国汽车牌照图像示例（续）

b) 小型汽车号牌　c) 使馆汽车号牌　d) 领馆汽车号牌　e) 香港出入境车号牌　f) 澳门出入境车号牌

g) 教练汽车号牌　h) 警用汽车号牌　i) 军车号牌　j) 武警车牌

归纳起来汽车牌照图像主要有如下特点：

1）虽然牌照种类较多，但牌照的尺寸、字间距、字数和字体基本统一，前车牌水平排列的七个字符是等大小的（特种车辆除外），均为 45mm 宽，90mm 高，也就是说单个号码的宽高比为 1 比 2，而对于整个车牌来说，宽度为 440mm，高度为 140mm，其宽高比为 3.14。

2）虽然汽车图像的背景很复杂，但车牌部分的图像颜色与背景一般具有明显的差异，并且字符和背景各自的灰度基本均匀。

3）牌照文字周围有一类似于长方形的边框，其厚度不一，而且有断裂和弯曲发生，边框内部边缘信息丰富，呈现一定的纹理特征。

4）由于拍摄角度的问题，牌照图像一般具有一定角度范围之内的倾斜。

5）车牌字符集为有限字符集，主要包括约 50 个汉字、26 个字母（I、0 除外）和 10 个数字。

9.2　车辆牌照自动识别系统概述

车牌识别系统是以特定目标为对象的专用计算机视觉系统，该系统能从一幅图像中自动提取图像，自动分割字符，进而对分割出的字符图像进行识别。系统一般由硬件和软件构成。硬件设备有车体感应设备、辅助光源、摄像机、图像采集卡和计算机。软件部分是系统的核心，主要是车牌字符的识别功能软件。

如图 9-3 所示，车牌自动识别系统一般包含以下几个部分：

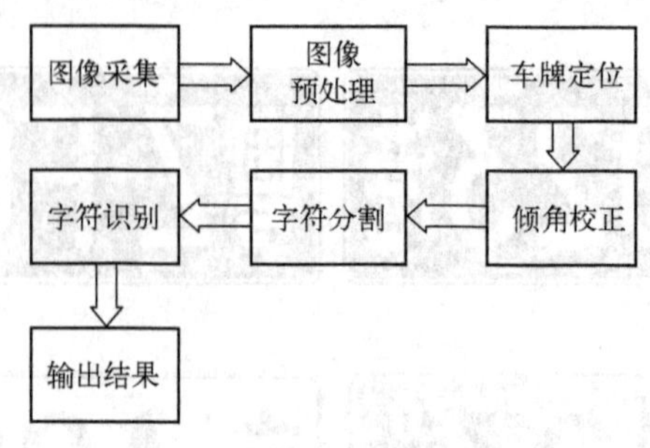

图 9-3　车牌字符识别系统流程图

1）图像采集：当系统发现有车辆通过时（通过埋地感应圈或光束检测），触发图像采集系统，一般采用 CCD 摄像机摄取车牌前视图或后视图，由光照检测装置控制现场的光照，位置检测装置控制摄像机的拍摄角度。

2）图像预处理：需要对采集到的图像进行图像增强、平滑、恢复等操作，目的是突出车牌的主要特征，以便更好地提取车牌。

3）车牌定位：从人眼视觉的角度出发，并根据车牌的字符目标区域的特点，在灰度图像的基础上提取相应的特征。车牌定位是车牌识别系统中的关键和难点，实际图像中的噪声、复杂背景等干扰都会使定位十分困难。牌照的定位是一个寻找最符合牌照特征区域的过程。从本质上讲，就是一个在参量空间寻找最优定位参量的问题。

4）倾斜校正：由于 CCD 摄像机采集汽车牌照图像时，有时候会出现采集到的车牌图像里牌照区域是倾斜的。倾斜的牌照不利于后续的字符分割与识别，严重的还可能引起牌照内容的丢失，直接导致字符识别的失败。因此，在进行字符分割与识别之前，有必要对牌照进行倾斜校正。

5）字符分割：即对获得的牌照分离出单个字符（包括汉字、字母和数字等）以便于字符识别。

6）字符识别：是对分割得到的字符归一化处理，进行字符识别，转换为文本存入数据库或直接显示出来。

7）输出结果：输出识别出的字符结果。

9.3　车牌字符自动识别的研究现状

9.3.1　主要方法

车牌字符识别就是对从车牌图像中分割出的待识别字符进行识别处理。车牌的字符由有限的汉字、英文字母和数字组成。目前最常用于车牌字符识别的方法是模板匹配法、神经网络字符识别算法和统计特征匹配法。

1．模板匹配法

先对每个字符建立一个标准模板，将待识别图像变成大小一样的图像，将每个模板与待识别图像进行逐点比较，并根据其相似程度而得出识别结果。模板匹配的关键在于设计模板，必须使每种模板都和它对应的字符图像相吻合，但和其他字符则有一定的失配量。根据所取特征的不同，有图形匹配、笔划匹配、几何特征匹配等几种形式。

模板匹配法的优点是实现简单，当字符较规整时，对字符图像的缺损、污迹干扰适应力强，且识别率高。缺点是对字符图像质量要求较高，计算速度慢，消耗时间较多，在识别相似字符时识别率低。因此，如何提高模板匹配法的实时性和降低模板匹配法对相似字符的误识别率是此类方法需要解决的问题。

2．神经网络字符识别算法

神经网络理论自 20 世纪中期提出以来，取得了一系列的研究成果。近年来，随着计算机技术和非线性科学的发展，神经网络理论的研究又进入一个新的高潮，其应用已经渗透到各个领域，并在智能控制、模式识别、计算机视觉、生物医学工程等方面取得了巨大成功。

用神经网络进行字符识别主要有两种方法：一种方法是先对待识别字符进行特征提取，然后用所获得的特征来训练神经网络分类器。这种方法实际上是传统方法与神经网络技术的结合，可以利用人的经验来获取模式特征，然后充分利用神经网络的分类能力来识别字符，其识别效果与字符特征的提取有关，而字符的特征提取往往比较耗时。因此，字符特征的提取就成为研究的关键，特征参数过多会增加训练时间，过少则会引起歧义。另一种方法是充分利用神经网络的特点，直接把待处理图像输入网络，由网络自动实现特征提取直至识别。这种网络互连较多，待处理信息量大，且无需特征提取，由网络自动识别字符，抗干扰性能好，识别率高。但该方法的网络结构比较复杂，输入模式维数的增加可能导致网络规模过于庞大。

基于神经网络的字符识别算法一般包括以下四个步骤：对分割出来的字符样本进行预处理；提取样本字符特征；将特征送到神经网络中训练，训练好的神经网络对特征敏感；将待识别字符预处理提取特征后送到训练好的神经网络中进行识别。

对于解析度较高和图像比较清晰的车牌，这些方法能有效识别车牌中的字符，但对于较低解析度和较为模糊的车牌则比较困难，因为这些方法只有在车牌中的每个字符被独立分割出来的前提下才能完成识别工作，而独立分割车牌取得字符，对较低解析度和较为模糊的车牌来说是非常困难的。虽然神经网络在识别效果上提高的余地较大，具有较强的容错能力，还可进一步训练学习，识别率较高，但其识别速度较慢，不能满足实时性的要求。

3．特征统计匹配法

特征统计匹配法的要点是先提取待识别模式的一组统计特征，再按照一定准则所确定的决策函数进行分类匹配。汉字的识别是将字符点阵看作一个整体，根据每个字符的笔画特征不同，将字符分解为横、竖、撇、捺、折、圆中的一种或几种结构特征的集合，经过大量的统计得到所用特征，再与字符库中的特征集合进行匹配，从而得到输入字符的识别结果。最常用的方法是网格特征匹配法。然而在实际应用中，由于外部原因常常会出现字符模糊、字符倾斜等情况，从而影响识别效果，当字符出现笔画融合断裂、部分缺失时，此方法更加无能为力。因此，实际应用效果不理想。

9.3.2 技术难点

汽车牌照自动识别系统在实验室已经取得了令人满意的效果，而在自然环境里，由于受到天气等诸多因素的影响使识别率降低且不稳定。影响汽车牌照自动识别的因素大致归纳如下：

（1）车牌特征的多样性

由于我国车牌缺乏统一的标准，车牌的颜色、规格和适用范围各有不同，车牌样式较多，使得车牌识别过程中字符的分割难度增大。标准汽车牌照由汉字、英文字符和阿拉伯数字组成，汉字的识别与英文字符和数字的识别有很大的不同，从而增加了识别的难度。牌照的复杂性，自然引起了牌照识别的复杂性。

（2）复杂的外部环境条件

外界背景的复杂程度严重地影响着车牌的定位准确率。背景中与车牌区域特征相似大小的区域，例如，与车牌字符相似的背景处的广告语、或者车灯、散热器、标牌等，这些因素都影响着车牌的准确定位。此外，外界光照条件各不相同，光照对图像质量影响很大，不同的光照角度，对车牌光照的不均匀度影响也较大。此外，不同时间，不同气候条件，以及背景光、车牌反光程度决定了车牌区域的亮度特征。

（3）摄像机安装方位与性能

由于摄像机的方位和角度不一样，拍摄到的车牌图像可能会发生倾斜，从而影响到车牌字符的正确分割。牌照识别必须全天候进行，外部环境光照变化剧烈。目前采用的 CCD 摄像机动态变化范围还不够宽；在背光情况下，镜头光圈自动调节速度还不能满足要求，而且反复调节光圈，大大降低了镜头寿命；正对着强光照射时，不同类的牌照反射率不一；夜间光照度不足对于高速行驶的车辆难以拍摄到清晰图像。

（4）车辆牌照本身的状况

由于光照、色度不均的影响，牌照褪色、反光以及环境光照的不均匀，使采集到的车牌灰度图像出现不规律的灰度跳变，容易导致字符分割的不准确；车牌边框和铆钉造成的干扰，在灰度图像中，其灰度值同字符相近，宽度同字符相比拟，对字符分割的干扰程度较大。此外，车牌的安装位置不规范，以及牌照本身的污点、残缺情况也给识别带来了困难。

由上述问题可以看出我国汽车车牌识别的特殊性，采用任何一种单一识别技术均难以奏效。未来高质量的汽车牌照智能识别系统会综合利用车辆检测技术、计算机视觉技术、图像处理技术、人工智能技术等，来达到对车辆牌照的准确、高效识别。

9.4 车牌字符自动识别方法举例

9.4.1 车辆图像的预处理

1. 图像的读取与灰度化

由于采集到的车辆图像一般是彩色图像，颜色种类较多，图像中除了车牌外还有车身和周围景物，其颜色可能与车牌颜色相同或相近，因而简单的基于颜色信息的方法并不一定能准确的定位车牌。其次，因为种种原因，车辆图像中的车牌可能会不同程度的偏离其本身的颜色，因此彩色图像处理起来难度较大。如果彩色图像被灰度以后，其占用的存储空间会减小，不仅方便下一步处理，并且有用信息也不会因此而减少，反而会使处理过程更加简便和省时。

由彩色图像转化为灰度图像的计算公式如下：

$$Y = 0.2989R + 0.5870G + 0.1141B \tag{9-1}$$

式中，R、G、B 分别是彩色图像中像素的红、绿、蓝分量；Y 是该像素在灰度图像中的灰度值。转换后的汽车图像灰度值的范围为 0～255，如图 9-4 所示。

Matlab 程序代码如下：

```
clear ;
close all;
%Step1 获取图像，装入待处理彩色图像并显示原始图像
Scolor = imread('3.jpg');%imread 函数读取图像文件
%将彩色图像转换为黑白并显示
Sgray = rgb2gray(Scolor);orgb2gray 转换成灰度图
figure,imshow(Scolor),title('原始彩色图像');%figure 命令同时显示两幅图像
figure,imshow(Sgray),title('原始灰度图像');
```

a)

b)

图 9-4

a) 原始彩色车辆图像　b) 转换后的灰度图像

2. 图像增强

为了提高识别率，首先对灰度图像进行开操作得到背景图像。然后将原始灰度图像与“背景图像”做相减，对图像进行增强处理，如图 9-5 所示。

Matlab 程序代码如下：

```
s=strel('disk',13);% strel 函数
Bgray=imopen(Sgray,s);%打开 sgray 图像
figure,imshow(Bgray);title('背景图像');%输出背景图像
Egray=imsubtract(Sgray,Bgray);%两幅图相减
figure, imshow(Egray);title('增强黑白图像');%输出黑白图像
```

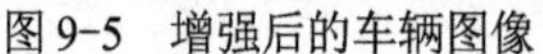
图 9-5　增强后的车辆图像

图 9-6　车辆图像二值化结果

3．图像的二值化

车牌定位和字符分割都是基于车牌区域的二值化结果进行的，二值化的效果直接影响到车牌定位以及字符分割的准确度。这里采用 Otsu 全局动态阈值法，基本原理是取一个阈值 T，将图像像素按灰度大小分为大于等于 T 和小于 T 两类，然后求出平均方差 σ_B^2（类间方差）和两个类各自的均方差 σ_A^2（类内方差），找出使两个方差比 σ_B^2/σ_A^2 最大的阈值，作为最佳阈值对图像进行二值化。算法的具体步骤如下：

1）求出图像的最大灰度值 max_gray。

2）令 k=0。

3）求出大于和小于 k 的两类像素总数和像素灰度平均值。

4）计算类间方差 σ_B^2 和类内方差 σ_A^2。

5）k=k+1，循环步骤 3）～步骤 5)，直到 k>max_gray。

6）找到最大的 k 值，得到阈值。

Otsu 算法具有以下优点：实现简单；基于图像的整体特性而非局部特性；可推广到多阈值的分割方法；适应性强，不论图像的直方图有无明显的双峰，都能得到较为满意的结果。结果如图 9-6 所示。

关键 Matlab 程序代码如下：

```
fmax1 =double(max( max(Egray)));%egray 的最大值并输出双精度型
fmin1=double(min(min(Egray)));%egray 的最小值并输出双精度型
level=(fmax1-(fmax1-fmin1)/3)/255;%获得最佳阈值
bw22=im2bw(Egray,level);%转换图像为二进制图像
bw2=double(bw22);
figure,imshow(bw2);title(‘图像二值化’);%得到二值图像
```

9.4.2　牌照定位

1．数学形态学处理

对二值图像进行数学形态学分析很容易识别出图像的结构特征。这里对前文得到的二值图像分别进行开运算和闭运算。主要程序代码如下：

```
'bg1=imclose(grd,strel("rectangle",[5,19]))';%取矩形框的闭运算
```

```
'bg3=imopen(bg1,strel("rectangle",[5,19]))';%取矩形框的开运算
'bg2=imopen(bg3,strel("rectangle",[19,1]))';%取矩形框的开运算
figure, imshow (bg2);title('图像开运算[19,1]');%输出开运算的图像
```

2．车牌定位

如图 9-7 所示，对于上述二值图像进行车牌定位的方法是，先对二值图像进行区域提取，并计算区域特征参数；然后，比较区域特征参数，提取出车牌区域。具体步骤如下：

1）对二值图像的每个区域进行标记，结果如图 9-8 所示。再计算每个区域的图像特征参数，包括区域中心的位置、最小的包含矩形和它们的面积。

2）计算包含所标记区域的最小宽和高，并根据车牌尺寸和形状的先验知识，比较谁的宽高比更接近实际车牌宽高比，将更接近的提取并显示出来。

主要程序代码如下：

```
[L,num]= bwlabel(bg2,8);%标注二进制图像中已连接的部分
Feastats = imfeature(L,"basic');%计算图像区域的特征尺寸
Area=[Feastats.Area];%区域面积
BoundingBox=[Feastats.BoundingBox];%车牌的框架大小
```

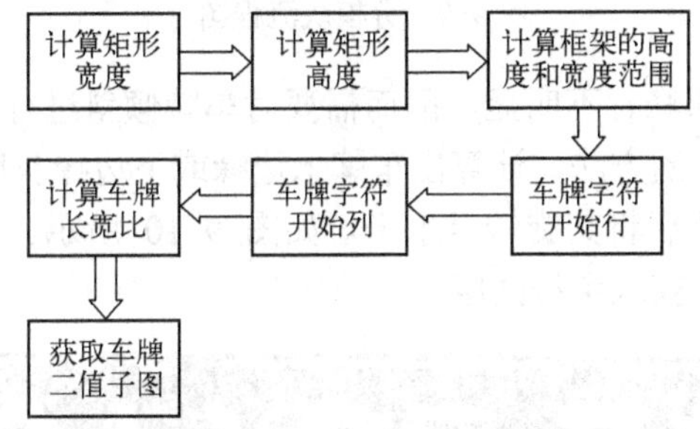

图 9-7　计算车牌位置流程图

a)　　　　b)

图 9-8

a) 车牌灰度子图　b) 车牌二值子图

9.4.3　车牌字符识别及结果输出

1．校正车牌位置

完成牌照区域的定位之后，再将牌照区域分割成单个字符进行识别。利用垂直投影法对复杂环境下的汽车图像中的字符分割有较好的效果。字符在垂直方向上的投影必然在字符间或字符内的间隙处取得局部最小值的附近，并且这个位置应满足牌照的字符书写格式、字符、尺寸限制和一些其他条件。计算车牌的水平投影，并对其进行峰谷分析，计算出车牌上

边框、车牌字符投影、车牌下边框的波形峰上升点、峰下降点、峰宽、谷宽、峰间距离、峰中心位置参数，流程如图 9-9 所示。

主要程序代码如下：

```
histcoll=sum(sbwl);%计算垂直投影
histrow=sum(sbw1');%计算水平投影
figure, subplot(2,1,1), bar(histcoll);title('垂直投影(含边框)');%输出垂直投影
subplot(2,1,2), bar(histrow); title('水平投影(含边框)');%输出水平投影
```

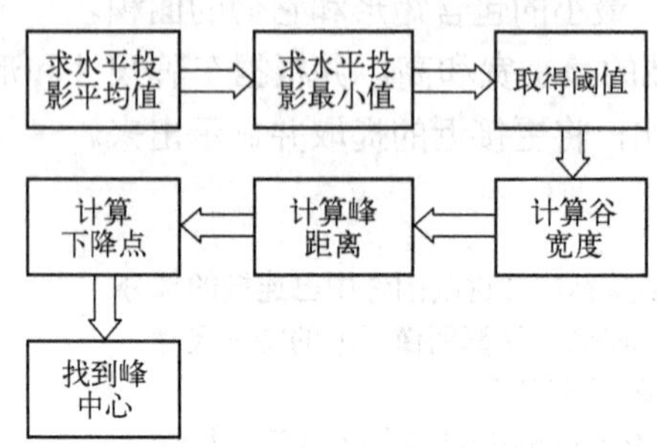

图 9-9　分模块流程图

车牌倾斜会导致投影的峰谷不明显，因而需要对车牌倾斜进行矫正。首先计算车牌的旋转角度，这里采用线性拟合的方法，计算出车牌上边缘或下边缘灰度为 1 的像素点的拟合直线与水平轴之间的夹角。然后将其旋转至水平，如图 9-10 所示。之后重新计算车牌的水平投影，去掉车牌水平边框，获取字符高度。

图 9-10　完成倾斜校正的车牌图像

2. 分割车牌字符

首先计算车牌垂直投影，去掉车牌垂直边框，获取车牌及字符平均宽度。然后计算车牌上每个字符的中心位置，计算最大字符宽度。最后提取分割字符，并变换为列标准子图。主要程序代码如下：

```
maxhight=max(markrow2);
findc=find(markrow2=maxhight);
rowtop=markrow(findc);
rowbot=markrow(findc+1)-markrow1(findc+1);
sbw2=sbw(rowtop:rowbot,:); % 子图为(rowbot-rowtop+1)行
maxhight=rowbot-rowtop+1; %字符高度为(rowbot-rowtop+1)
%计算车牌垂直投影，去掉车牌垂直边框，获取车牌及字符平均宽度
histcol=sum(sbw2);%计算垂直投影
```

```
figure,subplot(2,1,1),bar(histcol);title('垂直投影(去水平边框后)');%输出车牌的垂直投影图像
subplot(2,1,2),imshow(sbw2);%输出垂直投影图像
title(['车牌字符高度：',int2str(maxhight)],'Color', 'r');%输出车牌字符高度
```

车牌字符高度：27

图 9-11　车牌字符高度

3. 识别车牌字符

首先使用样本对神经网络进行训练，然后用训练好的神经网络对车牌进行字符识别。如图 9-12 所示，具体流程为：使用汉字、字母、字母数字、数字四个样本分别对四个子网络进行训练，得到相应的节点数和权值；对已经定位好的车牌进行逐个字符的特征提取，然后读取相应的节点数和权值，把车牌字符分别送入相应的网络进行识别，输出识别结果，如图 9-13 所示。

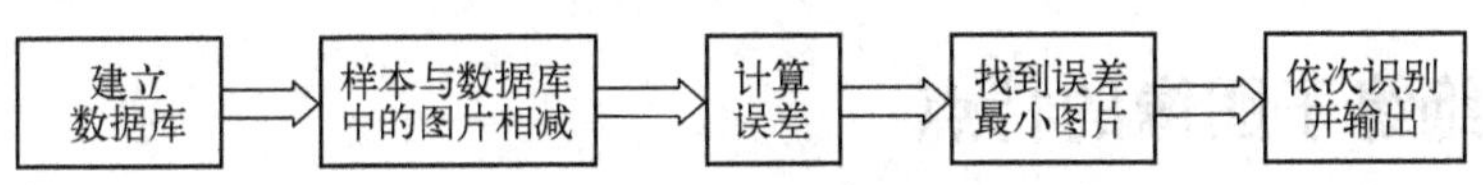

图 9-12　识别字符流程图

车牌字符宽度：18

输出车牌号码：冀 F 7 9 6 1 9

图 9-13　车牌字符识别输出结果

9.5　本章小结

本章给出了一个车辆牌照字符自动识别的具体实例。首先回顾和总结了国内外车牌定位、分割、字符识别方面的研究成果和发展方向，系统介绍了我国车牌的固有特征，以及车牌识别的特点。然后介绍了一种车牌字符的自动识别方法，包括图像预处理、车牌定位、字符分割以及字符识别输出等步骤,并给出了主要的 Matlab 程序代码和对实际车辆图像的实验结果。结果表明该方法既保留了车牌区域的必要信息，又减少了噪声干扰，简化了二值处理过程，使车牌定位准确率提高。

第 10 章　综合应用实例——航拍绝缘子图像的自动分割和定位

绝缘子具有支撑导线和阻止电流的功能，是输电线路中不可或缺的元件；同时它又是故障多发元件，其污秽、裂纹、破损等问题会影响输电线路的正常使用，缩短线路运行寿命，甚至导致跳闸停电，造成重大损失。因此，有必要对绝缘子的运行状态进行实时监测。直升机巡检具有高效、可靠等优点，并且可节省大量人力和物力，已经成为我国输电线路巡检的一种重要手段。航拍图像中绝缘子的自动分割与定位是输电线图像和视频数据处理的一项重要任务，是绝缘子运行状态监测的基础和故障诊断自动化的前提。本章将对航拍绝缘子图像的分割和绝缘子串的自动定位方法进行介绍。

10.1　航拍绝缘子图像的特点

如图 10-1 所示，航拍绝缘子图像是一类特殊的遥感可见光图像，既有遥感可见光图像的共性，又有其独特点：

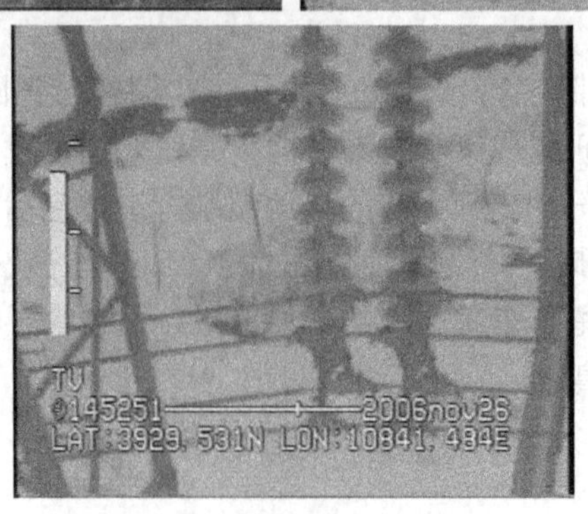

图 10-1　航拍绝缘子图像示例

1）图像背景十分复杂，包含山川、田地、房屋、道路等不同景物，导致绝缘子目标不够突出。

2）绝缘子与导线和杆塔等伪目标相连，甚至相互遮挡，情况复杂。

3）图像分辨率较低，且含有不同程度的噪声。

4）图像中绝缘子具有较为明显的形状独特性，可以此为依据，将其与伪目标和背景相区分。

由上述特点可知，航拍绝缘子图像的复杂性远高于一般的遥感图像。而绝缘子的状态监测和故障诊断要求分割算法具有很高的实时性，直接将现有的图像分割方法用于航拍绝缘子图像中并不能获得满意的效果。所以必须针对航拍图像的特点，在现有方法基础上进行更深入的探索和研究。

10.2 航拍绝缘子图像的分割

直升机巡检图像中记录了大量的绝缘子信息，针对航拍图像分辨率低、背景复杂等特点，找到一种合适的方法对其进行分割，可为绝缘子的自动识别、实时监测及故障诊断提供依据，不仅能够提高巡检的自动化水平，降低巡检人员工作量，同时可有效排除人为主观因素的干扰，提高工作效率和巡检质量，保障电网的正常运行。

针对航拍绝缘子图像背景复杂的特点，本节介绍一种基于 NSCT（非下采样 Contourlet 变换）和灰熵模型的图像分割方法，可实现前景和背景的分离，得到包含绝缘子在内的二值图像。NSCT 具有多尺度、多分辨率分析的能力和平移不变性，解决了小波分解方向受限的缺点，且可以把握信号中具有方向性的奇异特征，用于绝缘子图像分割有独特的优势。灰度-梯度共生矩阵的方法用于图像分割，同时考虑灰度信息与空间梯度信息，对边缘、细节分割效果较好，但是由于该方法直接求取空间梯度信息，导致对噪声较为敏感，抗噪能力差。而 NSCT 可以将图像转换到变换域，对分解系数的合理利用可以在保存高频边缘信息的同时去除噪声干扰，改善分割效果。因而采用基于 NSCT 的方法创建灰熵模型。针对灰熵模型中二维条件最大熵计算复杂的问题，采用细菌觅食-粒子群优化（Bacterial Foraging-Particle Swarm Optimization, BF-PSO）算法，可减少迭代次数，降低运算时间，并且不易陷入局部最优问题，提高分割精度。

10.2.1 建立基于 NSCT 分解的灰度-梯度共生矩阵

首先，对原始图像进行 NSCT 分解，高频系数中包含大量边缘梯度信息，低频系数则主要包含灰度概貌信息，对 NSCT 系数的合理利用可以在保留原始图像有效信息的基础上有效抑制噪声。

然后，分别将 NSCT 分解所得的低频系数和高频系数重构，作为概貌图像 F 和梯度图像 G。按下式进行归一化，将其中的元素转换成 0～255 的整数。

$$F(m,n)=INT\left(\frac{F(m,n)-\min(F(m,n))}{\max(F(m,n))-\min(F(m,n))}\cdot L\right) \tag{10-1}$$

$$G(m,n) = INT\left(\frac{G(m,n) - \min(G(m,n))}{\max(G(m,n)) - \min(G(m,n))}\cdot L\right) \tag{10-2}$$

式中，$INT(\cdot)$表示取整运算；$\max(F(m, n))$和 $\min(F(m, n))$分别表示概貌图像中的最大值和最小值；$\max(G(m, n))$和 $\min(G(m, n))$分别表示梯度图像中的最大值和最小值；L=255，表示归一化后矩阵中的元素值的范围。

最后，创建基于 NSCT 分解的灰度——梯度共生矩阵 **C**o，其元素 c_{ij} 定义为经过归一化处理的概貌图像 $F(m, n)$和梯度图像 $G(m, n)$中同时满足灰度值为 i 且梯度值为 j 的像素个数。则灰度值为 i，梯度值为 j 的共生矩阵的概率为

$$p_{ij} = \frac{c_{ij}}{\sum_i \sum_j c_{ij}} \tag{10-3}$$

10.2.2 采用灰熵模型及 BF-PSO 算法计算阈值

灰度——梯度共生矩阵 **C**o 的大小为 $L\times L$，假设图像分割的最佳阈值在(s, t)处，则该阈值将共生矩阵分为 4 个象限，如图 10-2 所示。在 I 和 IV 象限，元素的梯度值较小，分别代表目标 O 和背景 B。相反，II 和 III 象限中的元素梯度值较大，代表边缘 E。假设 c_{ij} 是 II 象限中的元素，则 p_{ij}^{II} 表示灰度值 i 和梯度值 j 属于目标到边缘的概率；相似地，p_{ij}^{III} 表示灰度值 i 和梯度值 j 属于背景到边缘的概率：

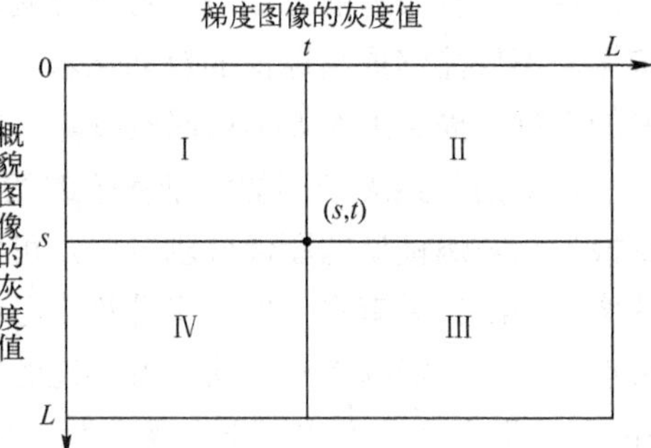

图 10-2　灰度-梯度共生矩阵

$$p_{ij}^{\mathrm{II}} = \frac{c_{ij}}{\sum_{i=0}^{s}\sum_{j=t+1}^{L} c_{ij}} \tag{10-4}$$

$$p_{ij}^{\mathrm{III}} = \frac{c_{ij}}{\sum_{i=s+1}^{L}\sum_{j=t+1}^{L} c_{ij}} \tag{10-5}$$

二维条件熵的定义如下：

$$H(s,t) = \frac{1}{2}(H(E|O) + H(E|B)) = \frac{1}{2}\left[\left(-\sum_{i=0}^{s}\sum_{j=t+1}^{L} p_{ij}^{\mathrm{II}} \log_2 p_{ij}^{\mathrm{II}}\right) + \left(-\sum_{i=s+1}^{L}\sum_{j=t+1}^{L} p_{ij}^{\mathrm{III}} \log_2 p_{ij}^{\mathrm{III}}\right)\right] \tag{10-6}$$

当二维条件熵 H 最大时，取得最佳阈值(s, t)。

将式（10-6）作为适应度函数，利用 BF-PSO 算法求取 H 值最大时的(s, t)值，此时的(s, t)即为最佳阈值；将 s 作为分割阈值，对原始图像进行分割，得到前景与背景分离的二值图像。

采用真实的航拍绝缘子图像 A 和 B，分别用本节方法（简称 NSCT-BF-PSO）、最大类间方差法（OTSU）、基于小波变换和 BF-PSO 的分割方法（简称 Wavelet-BF-PSO）、基于 NSCT 和 BFO 的分割方法（简称 NSCT-BFO）和基于 NSCT 和 PSO 的分割方法（简称

NSCT-PSO）对其进行分割，实验结果如图 10-3 和图 10-4 所示。

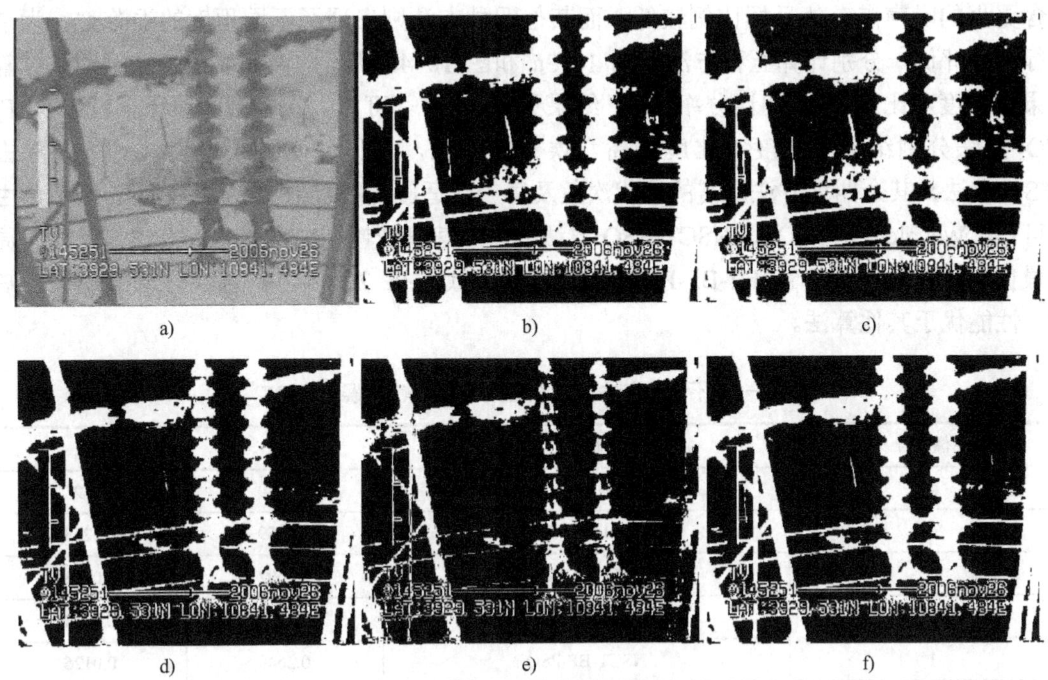

图 10-3 对航拍绝缘子图像 1 的分割结果比较

a) 航拍图像 b) OTSU c) Wavelet-BF-PSO d) NSCT- BFO e) NSCT-PSO f) NSCT-BF-PSO

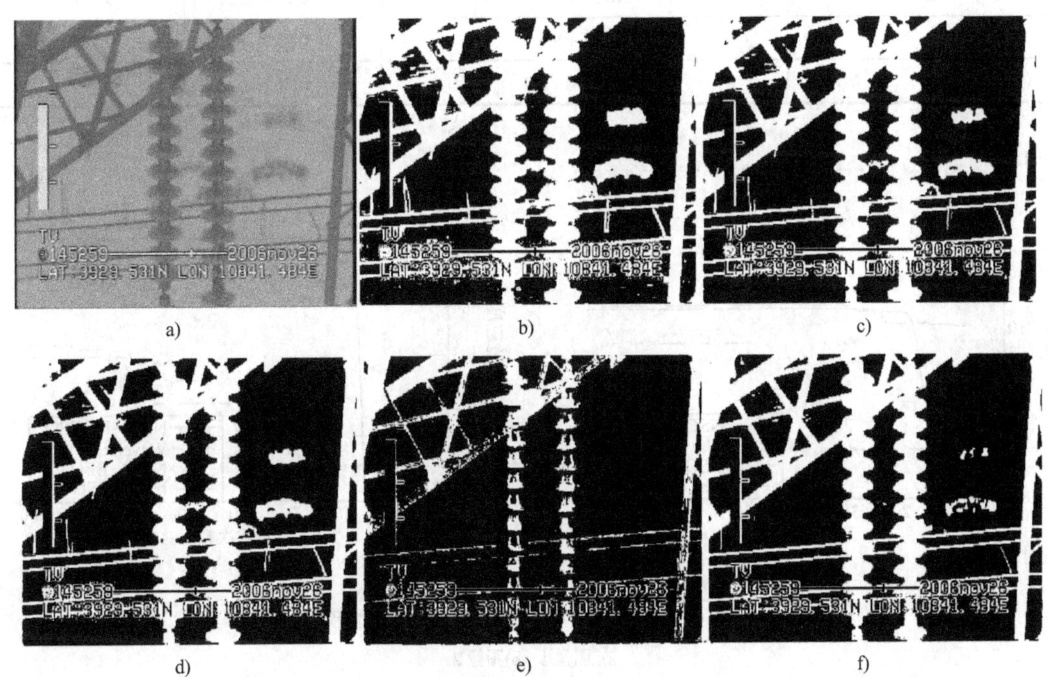

图 10-4 对航拍绝缘子图像 2 的分割结果比较

a) 航拍图像 b) OTSU c) Wavelet-BF-PSO d) NSCT- BFO e) NSCT-PSO f) NSCT-BF-PSO

从视觉上来看，NSCT-BF-PSO 方法的分割结果不仅边缘完整，内部无明显空洞，而且包含更少的噪声点，伪目标比例较低，而其他四种方法则出现了不同程度的误分割。为了进行客观评价，分别计算五种方法对图 10-3a 和图 10-4a 所示的两幅航拍绝缘子图像分割结果的灰度对比度 GC 和误分率 PE，结果见表 10-1。可见，在复杂背景下，NSCT-BF-PSO 方法分割结果的灰度对比度较高，误分率较低，总体分割效果最优。另外，除去 OTSU 方法，其余四种方法所需的迭代次数及每一代适应度的收敛曲线如图 10-5 所示，由图可知，Wavelet-BF-PSO 和 NSCT-BFO 方法的收敛速度较慢，NSCT-PSO 方法容易陷入局部最优，准确度较低；NSCT-BF-PSO 方法的收敛代数在 20 以内，且没有局部最优的缺陷，性能优于其他算法。

表 10-1　不同分割方法的灰度对比度 GC 和误分率 PE

图像序号	分割方法	GC	PE
1	OTSU	0.2389	0.0623
1	Wavelet-BF-PSO	0.2259	0.1253
1	NSCT-BFO	0.2602	0.0823
1	NSCT-PSO	0.2913	0.2434
1	NSCT-BF-PSO	0.2649	0.0126
2	OTSU	0.2245	0.1397
2	Wavelet-BF-PSO	0.2458	0.0648
2	NSCT-BFO	0.2441	0.0710
2	NSCT-PSO	0.3375	0.3062
2	NSCT-BF-PSO	0.2654	0.0099

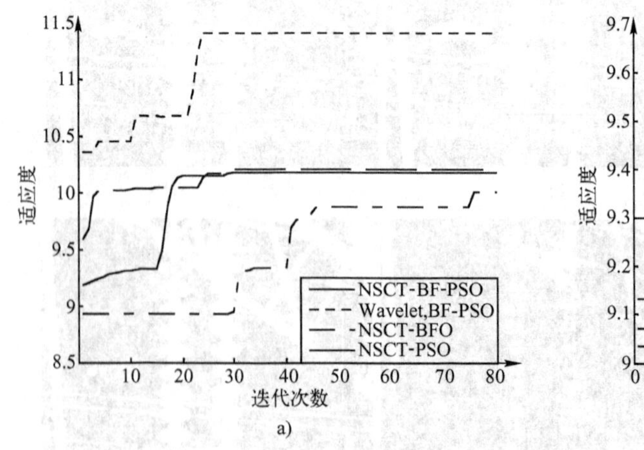

a)

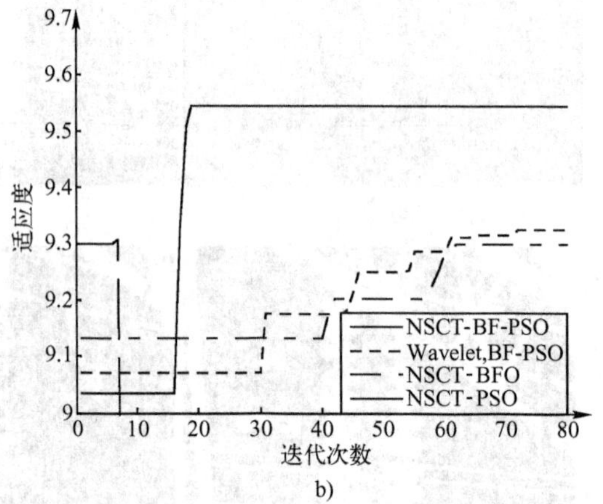

b)

图 10-5　四种不同分割方法迭代次数比较

a) 图像 1　b)图像 2

10.3 绝缘子串的自动定位

图像分割实现了前景与背景的分离，但是前景中仍然包含杆塔、线路、文字等多种伪目标，无法确定绝缘子的位置，如图 10-6 所示。绝缘子串的自动定位是绝缘子状态监测和故障诊断的必要前提。

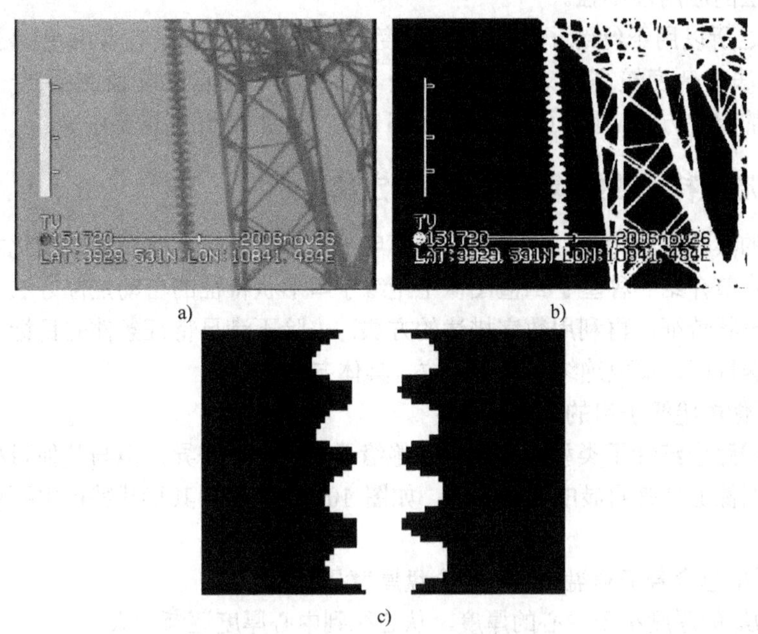

a) b) c)

图 10-6 航拍绝缘子示例图像及其二值图像

a) 航拍绝缘子图像 b) 二值图像 c) 绝缘子局部图

10.3.1 主要方法

绝缘子的类型多种多样，形状也有所差异。现有的基于图像的定位方法大体分为以下三类：

1．基于分割的方法

此方法将原始图像分为多个区域，并标记感兴趣的区域。参考文献[29]采用阈值分割方法，在饱和度分量上提取出绝缘子目标，但不能排除饱和度分量与绝缘子相近的其他目标的干扰；参考文献[30]采用基于区域定位的方法对绝缘子图像进行分割，结合最大类间方差法（OTSU），利用了图像中的色度和饱和度信息，对蓝色绝缘子进行定位，取得了一定成果，但是该方法针对性较强，适用范围较窄，对于色度信息较弱、分辨率较低的航拍图像难以达到理想效果。参考文献[31]研究的绝缘子的定位及裂缝识别方法，可以实现绝缘子的定位，但其背景过于简单，难以直接应用到背景复杂的航拍图像处理中。

2．基于边缘检测的方法

基于边缘检测的方法即找到感兴趣目标的轮廓，实现定位。如参考文献[32]将主动轮廓模型用于绝缘子的紫外放电光斑提取，效果较好。但是航拍图像的背景非常复杂，可能包含噪声，且包含杆塔、线路等伪目标，这些特点造成边缘检测算法准确性降低。

3．基于纹理的方法

基于纹理的方法是通过分析感兴趣目标的纹理特征，并以此为判据将目标与背景区分开来。此方法的最大缺点是计算复杂度高。参考文献[33]采用基于纹理特征的方法对图像中的绝缘子进行定位，对于绝缘子纹理性较强且背景纹理性较弱的图像处理结果较理想。但是航拍图像中，有可能存在纹理性较强的背景，也可能存在纹理特征与绝缘子相近的伪目标，导致该方法的应用性不强。

现有方法之所以用于绝缘子串定位准确度较低，是因为其没有考虑绝缘子串的形状特征，且多数方法复杂度较高，定位速度较慢。而绝缘子的自动化监测要求一种定位精度高、实时性好的定位方法，因而对于绝缘子串定位方法的研究有重要意义。

10.3.2　基于形状特征的绝缘子串的自动定位

与图像中的其他目标相比，绝缘子串具有明显的形状特征，且图像二值化之后，这种特征更加凸显。本节介绍一种基于二值图像中绝缘子串形状特征的自动定位方法。首先总结出绝缘子的三个形状特征，再利用数字描述的方法，去除不满足特征条件的目标，从而保留绝缘子串，去除伪目标，实现绝缘子串的定位。具体方法如下：

1．二值图像中绝缘子串的形状特征

虽然输电线路中绝缘子类型较多，单个绝缘子形状有所差异，但与其他目标相比，整串绝缘子在二值图像上具有明显的形状特征，如图 10-6c 所示。其形状特征主要可以概括为以下三点：

1）绝缘子串包含若干伞盘，且每个伞盘厚度几乎相等。

2）伞盘边缘的厚度小于中心的厚度，从边缘到中心厚度逐渐增大。

3）每个伞盘之间的间隔距离较小且数值相近。

可将二值图像中的上述形状特征描述为数字的排列规律，并以此为依据判断图像中的目标是否为绝缘子串，从而去除非绝缘子串目标，实现绝缘子串的定位。

2．形态学滤波及去除小区域

采用双层级联滤波方法，先对二值化后的航拍绝缘子串图像进行形态学腐蚀运算，在纤细点处分离物体，去除极小面积的噪声；再进行形态学膨胀运算，填补目标内部空洞，平滑较大物体的边界。经过两次形态学运算后，大部分噪声点被去除，目标边缘变得平滑，而目标总体面积变化很小。

滤波后仍有一些小区域残留，这些小区域的面积大于噪声点，可能是不完整的电线、杆塔，也可能是植被的一部分。采用设定阈值的方法，去掉区域面积小于设定值的区域，可以有效排除杂质目标的干扰，提高定位精度，并简化运算。图 10-7c 给出了图 10-6b 中示例图像经过滤波及去除小区域后的结果。可以看到，滤波后边缘更加平滑、完整，目标内部空洞变少，去除小区域后明显减少了细小伪目标的干扰。

3．绝缘子串形状特征描述

首先要完成图—数转换，即二值图像与数字之间的相互转换。假设图像大小为 $m \times n$ 像素，把图像的每一列分别提取出来，则得到 n 组只包含 0 和 1 的数字序列 $l_1, l_2, \ldots, l_j, \ldots, l_n$。找出绝缘子串形状特征在这些数字序列中存在的规律，对其形状特征进行数字描述，从序列中去除非绝缘子串目标，再将序列转化为矩阵，重构二值图像。

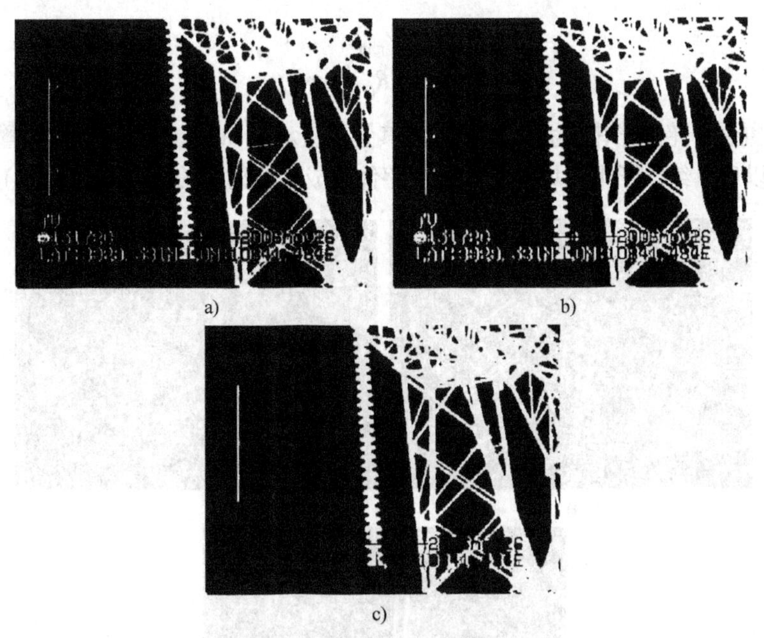

图 10-7　形态学滤波及去除小区域

a) 腐蚀结果　b) 膨胀结果　c) 去除小区域

绝缘子串由多个伞盘构成，在数字序列中表现为连续若干个 0 和连续若干个 1 交替出现。每个伞盘厚度几乎相等，表现为 l_j 中连续出现的数字 1 的个数相近。首先，在序列 l_j 中搜索由 1 变为 0 的像素，即为广义绝缘子串伞盘的边缘点，标记该位置。然后，统计此边缘点之前连续 1 的个数，记为 O。设边缘点有 s 个，则记录 s 个 O 值$\{O_1, O_2, O_3,\ldots, O_i, \ldots, O_s\}$。若二值图像行数是 m，伞盘厚度系数是 t_1，绝缘子串中包含伞盘的最少个数是 $N_{\min}$，则当数列满足如下条件时

$$\begin{cases} s \geqslant N_{\min} \\ \left|O_i - O_{i+1}\right| < m \cdot t_1 \end{cases} \tag{10-7}$$

判断 s 点属于真边缘点，保留该点信息；否则，s 属于伪边缘点，执行“去除”操作。

遍历所有数字序列，进行上述特征描述及判断，可以有效提取出绝缘子串伞盘，同时也会有一些非绝缘子目标残留，如图 10-8a 所示，可见经过上述形状特征的描述及处理之后，图像变为多个非联通区域。

以形状特征 2）为判据，对每一个区域单独进行数字描述，判断该区域是否满足形状特征 2)。若满足，保留该区域；否则，消除该区域。实验结果如图 10-8b 所示，可见经过此处理之后，大部分杆塔、文字等非绝缘子串目标被去除，而绝缘子串伞盘部分保存完好，只有极少部分被去除。

绝缘子串中每个伞盘的间距较小，且数值相近，而其他目标不具备这一特征。对图 10-8b 中的图像进行图-数转换得到 n 组数字序列 $l_1, l_2, l_3,\ldots, l_j,\ldots, l_n$。在序列 l_j 中，搜索由 0 变为 1 的像素，标记该位置。统计这些标记过的点之前连续 0 的个数，记为 R。设标记点有 w 个，则记录 w 个 R 值$\{R_1, R_2, R_3, \ldots, R_i, \ldots R_w\}$。若二值图像行数是 m，伞盘间距系数是 t_2，间隙的最少可能个数是 $V_{\min}$，则当 R 满足如下条件时，

$$\begin{cases} w \geqslant V_{\min} \\ |R_i - R_{i+1}| < m \cdot t_2 \end{cases} \tag{10-8}$$

认为该位置属于绝缘子串伞盘的间隙，将其置为 1。当 $w<V_{\min}$ 时认为该位置不属于绝缘子串。经此处理以后，绝缘子串区域连通为一个整体，成为全局中的大区域，如图 10-8c 所示。

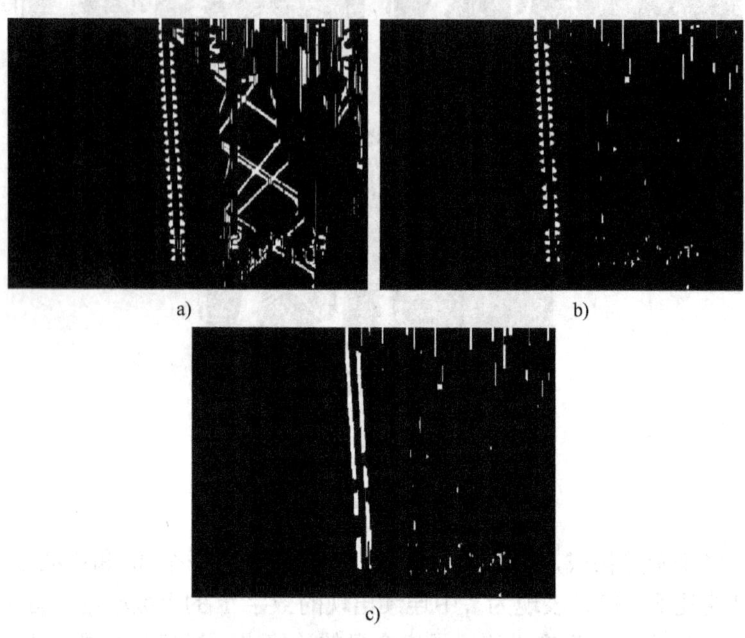

图 10-8　绝缘子串形状特征描述及处理

a) 形状特征 1 描述及处理　b) 形状特征 2 描述及处理　c)形状特征 3 描述及处理

4. 去除小区域及定位标框

经过前述步骤之后，绝缘子串的位置出现大面积联通区域，而其他位置有很多面积较小的非绝缘子目标。通过设置合适的阈值，删除面积小于阈值的区域，得到一幅只包含绝缘子串信息的二值图像。

最后采用最小外接矩形对此时图像中的目标进行定位标框，即得到绝缘子串位置，处理结果如图 10-9 所示。

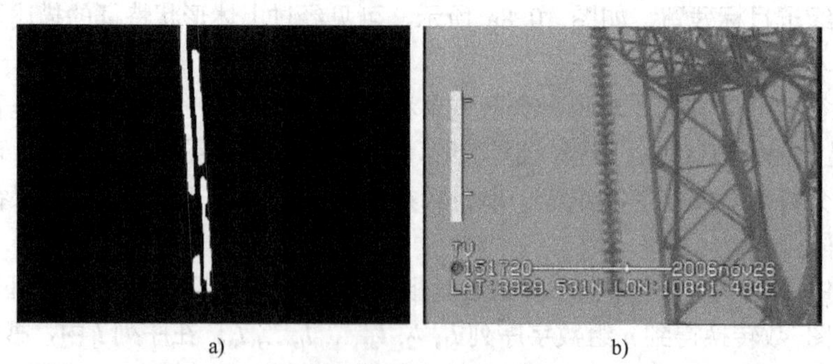

图 10-9　定位结果

a) 最小外接矩形　b) 定位结果

利用真实航拍绝缘子图像，将上述方法与基于多阈值 OTSU 分割的定位方法（Multi-Thresholding Otsu, MT-OTSU）和基于广义 Hough 变换（Generalized Hough Transform, GHT）的定位方法[34]进行比较，结果如图 10-10 所示。图中每行从左至右依次是原始图像、MT-OTSU 定位结果、GHT 定位结果和本节方法的定位结果，定位结果都是用最小外接矩形表示。从图中可以看到，MT-OTSU 方法容易错误地标记非绝缘子物体（如绝缘子串下方的间隔棒等），造成无效定位，原因是 OTSU 方法基于灰度阈值，无法准确区分与绝缘子串灰度相近的目标。GHT 方法定位精度较高，但是容易发生漏检，不能把全部的绝缘子串标记出来。在自动化处理方面，虽然 OTSU 处理速度较快，但是需要人工选择绝缘子所处的灰度等级；GHT 方法需要先创建模板，而不同型号的绝缘子需要不同的模板，且需要设定累加器的阈值。本节方法在图像二值化的基础上完成，计算复杂度小且无需人工参与，可实现绝缘子串的自动定位。

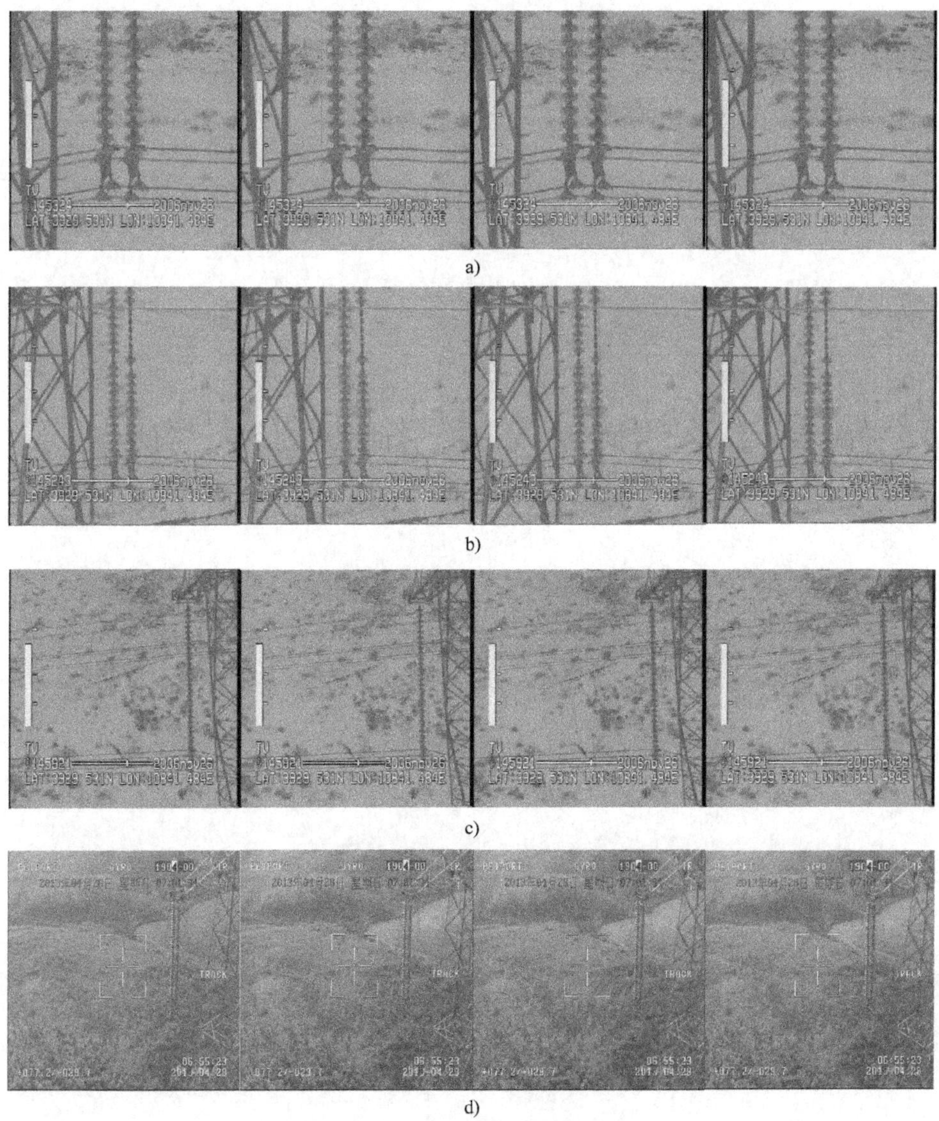

图 10-10　不同方法定位结果图

a) 样本一　b) 样本二　c) 样本三　d) 样本四

10.4 本章小结

本章给出了一个航拍绝缘子图像中绝缘子串自动识别的具体实例。在介绍了航拍绝缘子图像特点的基础上，针对航拍绝缘子图像背景复杂、分辨率低、含有噪声等特点，首先采用基于 NSCT 的图像分割方法分离航拍绝缘子图像中的目标与背景，将原始灰度图像转化为二值图像。由于二值图像中除包含绝缘子之外，还包含杆塔和线路等非绝缘子目标，因此通过分析绝缘子串的形状特征，并对其进行数字描述，最终实现了绝缘子的自动识别和定位。

参 考 文 献

[1] 冈萨雷斯．数字图像处理[M]．3 版．阮秋琦，译．北京：电子工业出版社，2007.

[2] 章毓晋．图像工程[M]．北京：清华大学出版社，2000.

[3] 章毓晋．图像理解与计算机视觉[M]．北京：清华大学出版社，2004.

[4] 边肇祺．模式识别[M]．2 版．北京：清华大学出版社，2007.

[5] 章毓晋．图像分割 [M]．北京：科学出版社，2001.

[6] Ji Qiang, Haralick RM．Efficient facet edge detection and quantitative performance evaluation [J]．Pattern Recognition, 2002, 35(3):689-700.

[7] Olivo JC．Automatic threshold selection using the Wavelet transform [J]．Computer Vision, Graphics and Image Processing- Graphical Models and Image Processing, 1994, 56(3): 205-218.

[8] 薛景浩, 章毓晋, 林行刚．二维遗传算法用于图象动态分割 [J]．自动化学报, 2000, 26(5): 749-753.

[9] Yanowitz SD, Bruckstein AM．A new method for image segmentation [J]．Computer Vision, Graphics and Image Processing, 1989, 46: 82-95.

[10] 刘伟强，陈鸿．基于马尔可夫随机场的快速图像分割 [J]．中国图象图形学报, 2001, 3(5):26-31.

[11] Kass M, Witkin A, Terzopoulos D．Snakes: active contour models [J]．International Journal of Computer Vision, 1987, 1(4):321-331.

[12] Andreas Koschan，Mongi Abidi．彩色数字图像处理[M]．章毓晋，译．北京：清华大学出版社，2010.

[13] Zhang YJ．A survey on evaluation methods for image segmentation [J]．Pattern Recognition, 1996, 29(8):1335-1346.

[14] 刘丽，匡纲要．图像纹理特征提取方法综述 [J]．中国图像图形学报，2009, 14(4):622-635.

[15] Wallace TP, Wintz PA．An efficient three-dimensional aircraft recognition algorithm using normalized Fourier descriptors [J]．Computer Vision, Graphics, and Image Processing, 1980, 13(2):99-126.

[16] Wallace TP, Robert MO, Keinosuke F．Three-dimensional shape analysis using local shape descriptors [J]．IEEE Transactions on Pattern Recognition and Machine Intelligence, 1981, 3(3):310-323.

[17] Taubin G, Cooper DB．Recognition and positioning of rigid objects using algebraic moment invariants [A]．Proceedings of SPIE International Conference on Geometric Methods in Computer Vision [C], San Diego, CA, 1991.

[18] 吴萍萍，关宇东．基于模板匹配法的变造币横竖条码识别算法[J]．计算机工程, 2006, 32 (10):183-185.

[19] 崔政，李壮．两种改进的模板匹配识别算法[J]．计算机工程与设计, 2006, 27(6): 1083-1085.

[20] Horn BKP, Schunk BG．Determining optical flow[J]．Artificial Intelligence, 1981, 17:185-203.

[21] Miller JV, Breen DE, Lorensen WE, et al．Geometrically deformed models: A method for extracting closed geometric models from volume data[A]．Proceedings of IEEE Conference on SIGGRAPH'91[C], Las Vegas, NV, 1991, 25(4): 217-226.

[22] Sandor S, Leahy R．Surface-based labeling of cortical anatomy using a deformable atlas[J]．IEEE Transactions on Medical Imaging, 1997, 16(1):41-54.

[23] McInerney T, Terzopoulos D．T-snakes: topology adaptive snakes[J]．Medical Image Analysis, 2000, 4(2): 73-91.

[24] McInerney T. Topologically adaptable deformable models for medical image analysis[D]. Ph.D. Dissertation, University of Toronto, 1997.

[25] Bardinet E, Cohen LD, Ayache N. A parametric deformable model to fit unstructured 3D data[J]. Computer Vision and Image Understanding, 1998, 71(1):39-54.

[26] Paul Schoenhagen．轻松掌握血管内超声 [M]．刘茜蒨，刘健，陈芸，译．北京：人民军医出版社，2009.

[27] 孙正，杨宇．基于 snake 模型的 IVUS 图像序列三维分割方法 [J]．工程图学学报, 2011, 22(6):25-32.

[28] Bucher S, Carlier S, Slabaugh G, et al. Shape-driven segmentation of the arterial wall in intravascular ultrasound images [J]. IEEE Transactions on Information Technology in Biomedicine, 2008,12(5):335-347.

[29] 徐耀良, 张少成, 杨宁, 等．航拍图像中绝缘子的提取算法[J]．上海电力学院学报, 2011, 27(5): 515-518.

[30] 马帅营, 安居白, 陈舫明．基于区域定位的绝缘子图像分割[J]．电力建设, 2010, 31(7): 14-17.

[31] 刘国海, 蒋志佳．基于改进 ART-2 网络和不变矩的高压瓷瓶裂缝识别[J]．仪器仪表学报, 2009, 30(7): 1420-1425.

[32] 律方成．基于活动轮廓模型的外绝缘紫外放电特征提取[J]．仪器仪表学报, 2013, 34(5): 967-974.

[33] Wu Q, An J, Lin B. A texture segmentation algorithm based on PCA and global minimization active contour model for aerial insulator images [J]. IEEE Journal Selected Topics in Applied Earth Observations and Remote Sensing, 2012, 5(1): 1509-1518.

[34] Windsor CG, Capineri L, Falorni P. A data pair-labeled generalized Hough transform for radar location of buried objects[J]. IEEE Geoscience and Remote Sensing Letters, 2014,11(1): 124-127.